ABORDAGEM CENTRADA NA PESSOA

PERSPECTIVAS SOCIOAFETIVAS E EDUCACIONAIS

Jaime Roy Doxsey

ABORDAGEM CENTRADA NA PESSOA

PERSPECTIVAS SOCIOAFETIVAS E EDUCACIONAIS

Artesã

Abordagem centrada na pessoa – Perspectivas socioafetivas e educacionais

DIRETOR
Alcebino Santana

COORDENAÇÃO EDITORIAL
Karol Oliveira

DIREÇÃO DE ARTE
Tiago Rabello

REVISÃO
Giovanna Marques Hailer Felipe

CAPA
Karol Oliveira

PROJETO GRÁFICO E DIAGRAMAÇÃO
Conrado Esteves

D752 Doxsey, Jaime Roy
Abordagem centrada na pessoa : perspectivas socioafetivas e educacionais / Jaime Roy Doxsey. – Belo Horizonte : Artesã, 2021.

536 p. ; 23 cm.

ISBN: 978-65-86140-86-6

1. Psicologia humanista. 2. Grupos. 3. Aprendizagem centrada no aluno. 4. Aprendizagem experimental. I. Título.

CDU 159.9:37

Catalogação: Aline M. Sima CRB-6/2645

IMPRESSO NO BRASIL
Printed in Brazil

(31)2511-2040 **(31)99403-2227**
www.artesaeditora.com.br
Rua Rio Pomba 455, Carlos Prates - Cep: 30720-290 | Belo Horizonte - MG
/artesaeditora

AGRADECIMENTOS

À Maria da Conceição Passos Almeida, companheira, mãe, amiga, avó e terapeuta, sempre humanista, sempre presente. Sua revisão crítica foi essencial.

Aos meus mentores, Drs. Albert R. Wight, Mike F. Tucker, Jack Harrison, Dave Cartano, Rogério Monteiro, Raquel Rosenberg, John K. Wood e Rich Roccio.

In memoriam: Royal Doxsey, Helen Leona Doxsey, Maria Nina Passos Almeida, Walter Albergaria Almeida.

Ao psicólogo Rodrigo Passos e à equipe de Areté – Instituto Brasileiro da Psicologia Centrada na Pessoa, pela oportunidade de caminharmos juntos no ensino e na prática da Abordagem Centrada na Pessoa.

Aos colegas da Abordagem Centrada na Pessoa, pelas ideias, sugestões, críticas e pelo suporte: Raquel Wrona, Anita Bacelar, António Coppe, Helga Hofmann, Márcia Tassinari, Dalissa V. Teixeira.

Ao Espaço Viver, ao Instituto e à equipe – Adalberto Macabeu Zanot, Anita Bacelar, Daniela Galdino, Doralina Enge Marcon, Maira Flôr, Elizabeth Mönster –, que me resgataram da solidão da aposentaria e com carinho me integraram no caminho humanista.

Ao João Zuccaratto, revisor inicial dessa obra, que partiu para o céu repentinamente, sem avisar.

Ao Francisco Aurélio Ribeiro, professor-escritor, pela revisão final deste trabalho.

Aos colegas da Abordagem Centrada na Pessoa, presentes sempre na nossa história da ACP, pelo acolhimento e suporte ao longo dos anos: Alberto Segrera, Eduardo Bandeira, Raquel Rosenberg, Márcia Tassinari, John K. Wood.

Ao Nildo Ferreira, Diretor-Presidente da ESAB – Escola Superior Aberto de Brasil, pela sua amizade e longa convivência na educação a distância.

Ao Bob e a Mel, companheiros de sol e de chuva no silêncio do Sítio Taquaral.

SUMÁRIO

INTRODUÇÃO

Títulos, muitas vezes como nomes, são impossíveis. Decidi contra vários parecendo ou muito formais ou pouco explicativos dessa tentativa para registrar experiências e questionamentos sobre a aprendizagem humana.

Os pensamentos e as experiências relatadas aqui têm a ver com a aprendizagem em geral. Alguns artigos estão relacionados com os espaços da sala de aula do ensino superior, outros com as aprendizagens realizadas segundo processos grupais e aplicações da Abordagem Centrada na Pessoa – ACP.

Em conjunto, espero que estes textos possam servir de base para futuras reflexões sobre os processos de aprendizagem vivencial humana transcendentes à sala de aula e a qualquer outra experiência coletiva de grupo, curso ou treinamento.

Aqui, o contexto da aprendizagem é o grupo e o foco predominante está na interação humana promovedora das complexas dimensões de aprendizagem. Procuro descrever os processos da interação, não necessariamente detalhando ações ou "papéis" daquele organizando ou "conduzindo" a experiência.

As premissas filosóficas e metodológicas têm como base a teoria e o paradigma integrais da ACP, de Carl Ransom Rogers. Outros enfoques filosóficos e psicológicos são citados quando apropriados.

Embora esse livro aborde principalmente a educação e as experiências da ACP com grupos, não pretendo consolidar qualquer definição teórica de aprendizagem humana, mas sim busco afirmar apenas que **nossas experiências de aprendizagem são vivenciais.**

Acredito que a aprendizagem só pode ser definida e avaliada pelo aprendiz, pelos participantes e pelo grupo humano envolvido na experiência. Nesse sentido, aprender (ou ensinar) é compreendido como um "ato social" de John Dewey.

O Capítulo 1 consiste no relato dos meus processos pessoais, em como eu aprendi sobre quem sou eu e o que eu posso em relação à aprendizagem humana. Tento apresentar as minhas descobertas sobre grupo, sobre treinamento transcultural e sobre como a teoria da abordagem centrada na pessoa afetou minha vida pessoal. Parece-me importante mostrar o que podemos aprender sobre a "intervenção" humana, experimentando e fazendo, e não apenas lendo as teorias dos outros.

Os demais capítulos do livro consistem em textos previamente publicados, ou não, e em artigos reescritos, sistematizando ideias expressas nesses textos. Reconheço haver certo grau de repetição de conceitos e de teorias.

Ao longo da minha produção escrita, insisti em pontos com pouco ou nenhum efeito sobre as ações ou pensamentos de outros. Sem querer, vejo-me repetindo alguns. Torço para que isso não produza tédio no leitor devido às minhas frustrações.

O Capítulo 2 conta com textos que tentam contextualizar momentos que vivi, e vivo, como participante da ACP. O contexto líquido de agora revela as dificuldades e dúvidas de um profissional numa sociedade sempre em transição, cada vez mais globalizada.

No Capítulo 3, examino as definições de aprendizagem de Carl Rogers, Albert Wight e John Dewey, buscando diferenciá-las de tradicionais teorias de aprendizagem. O foco na experienciação da aprendizagem vivencial nem sempre se configura nos textos educacionais tradicionais. O conceito de aprendizagem significativa de Rogers e de outros autores é caracterizado em vários textos.

Algumas considerações teóricas e metodológicas sobre aprendizagem humana vivencial, tanto na educação quanto nas aplicações grupais, compõem o Capítulo 4. Examino o exemplo de um curso recente para psicólogos. Ele teve como pressuposto principal a fusão de experiências vivenciais e leituras teóricas.

As considerações sobre educação apontam a importância da não diretividade dos processos naturais resultantes das reações dos participantes e da desconstrução do papel tradicional do professor.

Também há a exploração do desafio da síntese dos princípios da ACP para a educação, questões éticas e suas aplicações na educação formal e informal.

Durante o Capítulo 5, são apresentadas considerações sobre ética, práticas e desafios na ACP. No Capítulo 6, há a argumentação a favor de uma sistematização das experiências grupais em psicoterapia, educação e aplicações grupais específicas. Há a sugestão também da reformulação de alguns eventos regionais e nacionais brasileiros no sentido de incentivar a sistematização continuada dessas aplicações.

Nas Considerações Finais, contemplo o futuro, destacando alguns dilemas e empecilhos para o desenvolvimento de uma visão mais sistemática sobre aprendizagem humana, dentro e fora da ACP.

Deixo um convite para o leitor desconstruir velhos pressupostos sobre aprendizagem, sobre os possíveis papéis de professor e aprendiz para tornar-se um observador de si mesmo.

A aventura da aprendizagem vivencial é meramente a descoberta da construção do conhecimento ocorrer na experienciação de si mesmo, no contexto da relação com o outro.

As dimensões dessa aprendizagem vivencial transcendem os fenômenos tradicionalmente denominados cognitivos, afetivos, conativos e nos desafiam a realizar profundas transformações em nossos quadros teóricos sobre a aprendizagem humana.

1.

1.0 PROCESSOS PESSOAIS: APRENDENDO QUEM SOU EU

A maior parte desse relato é resultado de uma entrevista gravada há muitos anos atrás em colaboração com dois alunos universitários do Rio de Janeiro. Editamos no intuito de apresentar alguns processos e algumas experiências pessoais da minha vida. Mantenho o formato de entrevista em alguns pontos do texto. O texto é autobiográfico e examina minha historia pessoal na Abordagem Centrada na Pessoa, nas experiências em sala de aula universitária e nos contextos da minha produção teórica apresentados aqui neste livro. Finalizo descrevendo um pouco do meu engajamento com a sociedade brasileira por meio de projetos de pesquisa científica e extensão universitária, relatando o que chamo de "aposentaria ativa".

Início da entrevista gravada

É com prazer que relato as minhas experiências pessoais e respondo a questionamentos sobre aprendizagem humana e aplicações da Abordagem Centrada na Pessoa. Sinto falta da presença de vocês, leitores e leitoras, para me pararem querendo fazer alguma pergunta para esclarecer o texto aqui. Gostaria de dizer, também, que sempre achei interessantes as perguntas que foram levantas por participantes nas aulas ou nos grupos. Foram perguntas que eu gostaria de ter respondido melhor, não somentepara a compreensão da minha prática, mas para ter mais claro para mim mesmo· alguns aspectos da Abordagem Centrada na Pessoa e seu impacto na minha vida. Algumas dessas perguntas coincidiram com várias perguntas que eu continuo me fazendo.

O início

Primeiro, talvez eu conte um pouco sobre o meu passado. Eu nasci numa pequena cidade de 15 mil pessoas na beira do rio Delaware, entre as cidades de Filadélfia e Nova York – Riverside, New Jersey –, em uma comunidade misturada com italianos, poloneses e outras nacionalidades. Desde pequeno, eu escutava línguas que desconhecia e cheirava comidas diferentes na casa dos vizinhos.

Desde cedo, vivenciei experiências transculturais. Acho que a minha vida fora dos Estados Unidos (EUA) e fora da cidade de Riverside apresentou desafios. Com 17 anos, eu fui estudante de intercambio por meio do programa American Field Service, e passei dois meses em Atenas e em uma pequena cidade da costa da Grécia. Hoje, quando volto a pensar nessa experiência transcultural, acho que ela foi um fracasso. Inicialmente, reagindo à novidade da experiência e eventualmente me vendo como uma pessoa que passou, não talvez com tanto sucesso, pela sua primeira experiência transcultural, vejo que essa experiência me alertou para anecessidade de ter mais de cuidado com as minhas tendências de achar isto ou aquilo correto ou errado.

A minha segunda experiência cultural foi estudar durante quatro anos em uma universidade no sul dos EUA. Muitas vezes, fui tratado como estrangeiro mesmosendo do norte do país. Nessa universidade rural, estudei Sociologia com áreas de concentração em História e Educação, chegando a fazer um estágio supervisionado numa escola de segundo grau, ensinando Ciências Sociais. Foi a primeira escola no distrito a ser integrada. Eu tive uma aluna negra que discutia diferencias culturais e raciais até hoje pouco resolvidos.

Um voluntário ingênuo

Ao final do meu tempo universitário, encontrei uma pessoa visitando universidades e falando de suas experiências na África como professor. Ela trabalhou em um país que agora já não me lembro mais o nome. Essa pessoa veio por meio do programa Voluntários de Paz, instituído por John Kennedy. Pareceu-me um programa muito interessante em que a pessoa recém-graduada da universidade, tipo o nosso Projeto Rondon, passava dois anos prestandoserviços numa comunidade ou numa instituição de países em desenvolvimento.

Com um pouco de inocência, eu acreditava ser possível, do ponto de vista pessoal, efetuar essa espécie de transformação. Ao final dos quatro anos da universidade, fiz a minha inscrição no projeto e acabei enviado para a Costa Rica.

A minha primeira experiência com educação alternativa, talvez, tenha sido durante esse tempo de treinamento como voluntário, no Texas. Participei de um programa experimental que utilizava como técnica um laboratório de dinâmica de grupo. Eu tive a minha primeira experiência com o conceito de intervenção não diretiva. Especificamente, o conceito foi aplicado à proposta de desenvolvimento ou ação comunitária. O propósito era tentar eliminar ou minimizar o efeito cultural da pessoa intervindo na comunidade, por meio de um enfoque que facilitava o esclarecimento dos problemas da comunidade com soluções, desencadeando processos de autoajuda e autodesenvolvimento.

Neste treinamento, participamos com tarefas escritas e, em dois momentos, com fitas de simulação, respondendo aos problemas apresentados pela fita ou pelo treinador que nos entrevistava sobre nossas pretensões com a comunidade. As tarefas apresentadas pela equipe de treinamento eram propostas voltadas para o trabalho de desenvolvimento comunitário por meio de grupo.

Ao final de cada atividade, recebíamos um instrumento que perguntava a respeito do processo do grupo. Era basicamente um tipo de trabalho instrumentado sem facilitadores presentes no grupo. Um monitor apresentava-se ao grupo oferecendo os instrumentos ou solicitando nossa colaboração no processamento dos instrumentos coletados. Essa experiência foi muito interessante, pois foi o meu primeiro contato específico com uma abordagem alternativa de aprendizagem e com o conceito de *feedback*. O treinamento me preparou para apossibilidade de eu ser enviado a uma comunidade que eu não conhecia, para estar com um povo que eu não conhecia, dentro de uma cultura que eu não conhecia. Seria um plano de ação mais voltado para eles do que para a minha necessidade de preencher um papel. Desencadeou-me um processo de transformação interna, clarificando a necessidade de agir, mantendo um respeito permanente, com pessoas de outras culturas e nacionalidades.

Eu me formei em Sociologia com uma forte ênfase em Antropologia, e também com muitas aulas de Psicologia. Dentro dessa formação, brotaram raízes de procedimentos abertos, democráticos, promovidos, em parte, por professores que se preocuparam com seus alunos e com a aquisição de conhecimentos e valores democráticos.

Como voluntário, eu fui parar numa comunidade na selva à beira da fronteira da Costa Rica – Panamá, onde existia a "Companhia Bananeira" e uma fábrica de caixas de papel para as bananas. Estive presente em uma comunidade cheia de problemas, com prostituição e violência latentes. Em meio a essa população, constavam pessoas que poderíamos chamar de bandidos, alguns criminosos fugitivos do Panamáe da capital San José. Pessoas essas pouco preocupadas com os outros, e sim a fazer dinheiro. Para imaginar como seria este lugar, penseno pior tipo de cidade ou vila que podería encontrar nas fronteiras do Brasil. Em lugares como esse vale tudo, não há leis, não hárespeito pelas pessoas. Existiam problemas sérios de saúde e falta de infraestruturapara acomunidade. O povo falava "aqui, a vida não vale nada."

Durante seis meses, estive basicamente observando a comunidade, buscando uma forma de me associar àqueles cidadãos preocupados com suas crianças, com a escola e com a falta de serviços. Juntei um grupo que trabalhou comigo. Durante o tempo em que estive por lá havia projetos para a construção de um hospital e de uma igreja. Criou-se um comitê pró-desenvolvimento cívico do qualeu fiz parte como assessor, tentando ajudá-los a organizar atividades para levantar fundos e contatar fontes do governo para os projetos. Eu aprendi muito com eles. Aprendi que eu sabia muito pouco dessas coisas. Muitas vezes, eu entendi que a minha verdadeira educação iniciavasse com esta experiência. Empolguei-me com a possibilidade de estar junto com esta população levantando uma vila eformando uma cidade. Durante dois anos, eu me envolvi também com projetos de construçãode escolas nas montanhas próximas, projetos de saneamento, projetos de saúde e construção de pontes.

Trabalhei com a escola e com outros professores tentando melhorar as condições da escola. Basicamente, tudo isso foi uma experiência centrada nas pessoas muito antes de eu conhecer o conceito, muito antes de eu perceber o que eu estava querendo, fazendo.

O contato com o povo costarriquenho mudou a minha vida. Fez-me questionar muito os EUA e as suas políticas com a America Latina e o mundo e a vida da classe media americana, o consumo ao custo de produtos e recursos da população de terceiro mundo, pelos quais poucas vezes a população ou seu governo recebia justamente o valor do que estavam exportando.

Acho que foi um despertar em mim de um questionamento do capitalismo e, certamente, um questionamento profundo do verdadeiro papel dos EUA na história do mundo. Voltei dessa experiência enquanto aconteciaa guerra do Vietnã, no momento em que a guerra se encontrava muito quente e rachando a população dos EUA quanto à postura político-econômico do país, não só em relação ao Vietnã, mas em relação ao terceiro mundo.

Durante nove meses, eu participei de um projeto de recrutamento dos "Voluntários da Paz", visitando universidades em 20 estados e em Porto Rico, falando sobre asminhas experiências eenfrentando questionamentos dos estudantes em relação à política do governo dos EUA no exterior.

Treinamento transcultural

Foi uma época da minha radicalização (politicamente falando) e de um questionamento profundo de mim mesmo e de uma série de valores que antes não haviaquestionado. Em parte, para escapar desse dilema de ir ou não à guerra do Vietnã, e também, de sairem busca de uma possibilidade de trabalho mais satisfatória, acabei aceitando uma posição em um Centro de Treinamento dos Voluntários da Paz na Ilha de Porto Rico. Nesse campo de treinamento, iniciei minha primeira experiência profissional paga (como voluntário, eu não tinha recebido salário).

Foi durante essa experiência em Porto Rico que encontrei a equipe original do meu programa de treinamento em Texas. Dois psicólogos e eu fomos contratados para trabalharmos no desenvolvimento deuma política nova dentro de um modelo de treinamento experiencial participativo para voluntários que iriam à América Latina. Estava eu de volta com as pessoas que tinham me treinado como voluntário. Iniciamos um projeto para desencadear o que conheci mais tarde como uma das experiências inovadoras mais importantes para o treinamento transcultural, vivencial e participativo de ponto.

E foi por meio dessa experiência com vários programas de treinamento no Centro que tive a oportunidade de trabalhar em equipes multidisciplinares com psicólogos, psiquiatras, sociólogos, técnicos e linguistas, experimentando o treinamento participativo. Ainda não tinha realmente reconhecido este tipo de treinamento como centrado na pessoa, mas era um treinamento, uma espécie de filosofia educacional humanista, com certeza centrada na pessoa do aprendiz do treinando. Voltareia falar um pouco sobre isso, sobre minha confusão teórica inicial.

Especificamente, desempenhei um papel de treinador de grupo, e nós desenvolvemos o que mais tarde chamamos de laboratório de grupo e laboratório de comunicação transcultural. Cheguei a ser monitor de gruposde desenvolvimento, o que chamamos "Grupos D", inicialmente usando técnicas de simulação e resolução de problemas.

Em 1968, iniciamos o uso da filmagem via vídeo, com os primeiros aparelhos japonesesque estavam saindo. Usamos o vídeo junto aos treinandos para gravar suas experiências de processo de grupo e para vermos o desenvolvimento de tarefas em grupo. Eu tive experiências muito positivas e também muito negativas. Nessa época, os treinandos eram pessoas bastante inteligentes. Talvez os melhores graduados de várias universidades dos EUA, às vezes, muito críticas. Cheguei a me conhecer bastante nessa época à medida que estávamos propondo de criar uma comunidade. As pessoas passaram a se examinar para ver como seu comportamento estava afastando outras para, por meio disso, produzir pessoas mais sensíveis à sua influência nos grupos, evitando certos tipos de imposição aos outros, independentemente do programa ser na área de educação, na área cooperativa ou técnica. Como treinadores, buscamos junto aos futuros voluntários aestar com outras pessoas de forma mais democrática, menos técnica, valorizando a cultura e a realidade dessas pessoas.

Também desenvolvemos experiências em laboratórios transculturais com os treinandos dos EUA e com os participantes de Porto Rico envolvidos em trabalhos comunitários na ilha. Tratou-se de um momento muito estimulante para eu aprender de mim mesmo. Aprendi junto aos outros treinadores sobre o que funcionava e o que não funcionava nesse treinamento experiencial/vivencial.

Criamos experiências fora do Centro, na região próxima, problemas complexos a serem resolvidos por meiode estudos de caso ou a descrição de situações críticas a serem confrontadas, com voluntários agindo em pequenos grupos. Simulamosproblemas por escrito que os treinandos enfrentam nas comunidades e nas organizações de atuação nos países de destino. Foi uma experiência muito gratificante, trabalhando em programas abertos para modificação junto aos participantes, diferentemente de quando a gente pensa em um laboratório cheio de exercícios de relações humanas e dinâmicas de grupo. Foram experiências que o próprio grupo decidia se queria fazer ou não, se queria modificar ou não, ou se queria fazer outra coisa.

Depois de um tempo, talvez difícil, aprendique poderia acreditar e confiar nas decisões das pessoas, do grupo e da comunidade de treinamento como um todo. Às vezes, como treinador e membro da equipe, do grupo de treinadores, de psicólogos e de outras pessoas experientes, percebei que tínhamos errado ou tínhamos feito coisas não muito boas, ou que dentro de nosso comportamento reconhecemos que tínhamos dificultado a aprendizagem das demais pessoas. Foi a minha primeira experiência com reflexões de mim mesmo e do que eu precisava mudar. Se eu queria fazer este tipo de trabalho, de intervir na vida e na dinâmica de processos de relacionamento entre pessoas, tinha que estar aberto e consciente das minhas limitações.

Eu acho que basicamente os educadores fazem isso, intervém nas relações das pessoas sem se questionar suficientemente sobre isso. Eu acho que como Voluntário da Paz, ou antes, não tinha a consciência ou a maturidade para questionar isso. Mais tarde, eu aprendi muito sobre mim mesmo como elemento que facilitava e dificultava, às vezes, a mim mesmo e aos outros.

Andando um pouco mais pelo mundo

Depois de praticamente dois anos, e influenciado pela equipe de treinadores e profissionais do Centro, resolvi buscar um mestrado para continuar profissionalmente na área de treinamento ou na área de educação. Eu precisava estudar mais e acabei sendo aceito na Universidade de Miami, em um curso de mestrado em problemas de mudança e desenvolvimento social na América Latina. Foi um programa multidisciplinar que me permitia estudar um pouco de Economia, um pouco de Antropologia, de Historia e de Ciência Política. Ainda nessa época, não sentia a necessidade de um maior aprofundamento na área de Psicologia. Apesar disso, procurei ser aluno especial do Departamento de Psicologia na área de Pós-Graduação em duas disciplinas.

Ao terminar o segundo semestre, recebi uma oferta de meus amigos, que também tinham saído de Porto Rico, para fundar um Centro de Treinamento e Pesquisa em Colorado. Eles conseguiram vários projetos de treinamento dos Voluntários da Paz e me solicitaram um apoio como treinador e coordenador de treinamento transcultural em "Micronésia" (região de ilhas no Pacífico), onde passei de maio a agosto de 1970, treinando inicialmente 75 treinadores "nativos" de Micronésia e ex-voluntários dos Estados Unidos, passando depois, junto a essa equipe, a preparar 180 treinandos para uma adaptação cultural em serviço a onze culturas da Micronésia Trust Territory.

Após este projeto, eu tive uma experiência interessante em American Samoa, onde fui passear e acabei permanecendo por um mês. Foi uma experiência muito gratificante. Entrei em uma comunidade sem saber a língua esem saber nada da cultura. Nesse tempo, aprendi bastante com essa comunidade.

Na sequência, voltei para Costa Rica para fazer a pesquisa de campo e escrever minha dissertação de mestrado. Em Costa Rica, a proposta original foi voltar para aquela comunidade onde vivi durante dois anos e tentar entender mais teoricamente a transformação que esta comunidade estava passando, vinculando-a a uma série de processos macrossociais. Acabei não aguentando ficar na comunidade por razões pessoais e voltei para São José, capital de Costa Rica, a procura de um tópico de pesquisa para a dissertação.

Por sorte, descobri um grupo na Universidade de Costa Rica, em um instituto, já desenvolvendo trabalho de educação de adultos, de treinamentos de liderança que, por incrível que pareça, utilizavam procedimentos que nós havíamos desenvolvido em Porto Rico. Isto aconteceu porque eles tiveram um amigo em comum com a gente.

Era um representante dos "Voluntários da Paz" na época que levou um pacote dos nossos instrumentos e eles os adaptaram para o trabalho com a liderança comunitária.

Vejam bem, muita coisa, por acaso, ocorreu nessa época. Deixei de fazer algoe descobri outro. Como eles estavam terminando os últimos programas de treinamento, já haviam participado mais de 500 líderes, acabei propondo uma avaliação desses programas junto aos treinados. Minha dissertação foi uma análise das atitudes e dos comportamentos desses líderes após os treinamentos. Em 1975, acabei visitando homens e mulheres que haviam passado por esse treinamento e, nessa época, ainda tenho que voltar a dizer, não sabia o que era a Abordagem Centrada da Pessoa – ACP.

Teoricamente falando, não sabia de Carl Rogers e não sabia da proposta humanista. Pouco sabia, talvez, de outros tipos de treinamentos de laboratório que também eram relacionados ao processo de aprendizagem vivencial. Assim, eu venho nessa época, descobrindo uma série de coisas, buscando um aprofundamento teórico, um embasamento teórico sólido. Não que os psicólogos que desenvolveram originalmente o treinamento instrumentado não tivessem uma formação humanista. Mas essa foi uma época em que o que mais influenciava os psicólogos e os treinadoreseram os trabalhos de laboratório que chamam NTL –National Training Laboratórios – nos EUA, onde desenvolviam grupos de sensitividade, "grupos T", com instrumentos e sem instrumentos. Na Costa Rica, no México e em vários países da América Latina, a influência dos laboratórios de treinamento e dinâmica de grupo era muito forte.

Acho que estou tentando apontar aqui coisas que influenciaram a minha aprendizagem. Não sei se é tão importante para vocês leitores, mas à medida que vou escrevendo, descubro que por mais que muito foi por acaso, há uma sequência interessante, uma corrente de aprendizagem.

Já quase terminando as entrevistas em Costa Rica, e pronto para voltar à Universidade de Miami, recebi um contato de novo dos meus amigos me convidando para um seminário de treinamento de treinadores transculturais. Seria um seminário bem experimental com treinadores de treinadores. Eu saí da Costa Rica, por meio deste convite, de volta aos EUA, e passei duas semanas preparando e executando esse programa. Um dos resultados desse seminário foi a fundação da

SITAR – Sociedade Internacional de Treinadores Transculturais – existente até hoje.

O Dr. Albert Wight, um dos treinadores/psicólogos originais em Texas, publicou, em 1970, *Educação Participativa e Revolução Inevitável*. Eu acho que influenciei bastante a segunda parte do conceito de revolução inevitável que, 20 anos depois, não ocorreu nos EUA, e talvez nunca vá ocorrer uma revolução inevitável na educação. Eventualmente, talvez, não sei. Em uma transição revolucionária inevitável, de qualquer forma, algum dia, acredito. O conceito da pedagogia antiga já não satisfaz de uma forma ou de outra. Só por meio de uma revolução de valores e pressupostos teóricos que vamos fazer a reviravolta precisa para recolocar a educação numa perspectiva mais eficiente em termos de aprendizagem humana.

Durante esta visita ao Colorado, encontrei-me com um grupo que estava vindo ao Brasil para desenvolver projetos de treinamento com "Voluntários da Paz". Nessa época, anos de 1970 a 1971, ainda existia esse programa. Convidaram-me para acompanhá-los porque precisavam de alguém. Não sei quem, não sei por que, não sei onde era isso, mas acabei aceitando e, em 1971, chegou o convite para trabalhar no Brasil.

Viajei de Miami para Natal, onde passei um tempo na Secretaria da Educação do Rio Grande do Norte com uma equipe desenvolvendo um projeto para quarenta educadores dos EUA que iam para o interior do Rio Grande do Norte desenvolver um projeto utilizando material local de campo no ensino de Matemática, Química e Física em regiões bem remotas desse Estado. Durante esse tempo, eu conheci uma professora e nos casamos.

Terminado o programa, fui convidado de novo pelo Dr. Wight para trabalhar em um programa de educação afetiva nos EUA. Esse programa foi, talvez, o programa que, em termos profissionais, mais me afetou até aquele momento.

Educação afetiva/humanista

Saindo do Brasil para os EUA, eu entrei em contato com os sistemas educacionais públicos de oito estados do oeste dos EUA. Após cinco anos fora conheci a educacional público, o sistema educacional formal. Nosso projeto foi inovador. Recebemos o convite de oito departamentos de Estado de Educação para explorar o domínio "afetivo" em busca de instrumentos de medidas, de objetivos e de metas de crescimento pessoal do aluno nesses estados. E como fazer isso?

Nessa época nos EUA, predominava a busca de uma metodologia baseada em objetivos cognitivos de aprendizagem de ensino. Cada estado tinha dentro de seus objetivos a avaliação cognitiva. Nosso projeto foi uma tentativa de desenvolver medidas ou instrumentos para averiguar quais os tipos de atitudes e resultados estavam sendo alcançados pelos seus projetos educacionais específicos. Para fazer isso, nós precisávamos de contato com as escolas. Partimos para um trabalho com professores, inicialmente buscando colégios e escolas de 1º grau que estivessem realmente com programas alternativos ou com programas que valorizassem os aspectos afetivos do processo de aprendizagem.

Passei a conhecer a literatura de educação humanista. Nessa época, conheci livros bem populares como *Summer Hill* e obras questionando o ensino primário e secundário dos EUA. Esses livros representaram, talvez, a tentativa dos anos 60 de buscar uma aprendizagem mais pessoal, mais efetiva, um crescimento mais afetivo das pessoas, dos alunos adolescentes e das crianças.

Nessa época, os trabalhos de Carl Rogers e a literatura sobre os grupos de encontro estavam sendo disseminados, tornando-se bem populares. Nessa época, Rogers começava a ser muito lido – *Liberdade para Aprender*. Eu não li Rogers. Eu estava com muito trabalho para ler sobre o que estava saindo em termos de escola. O livro de Rogers, por incrível que pareça, não me chamou muito a atenção (Amigos e alunos aqui do Brasil hoje pensam que sou louco quando digo que li Rogers pela primeira vez em português. Como é possível?).

Dr. Wight e eu desenvolvemos um tipo de *workshop*, um treinamento participativo para professores, um processo aberto, basicamente um procedimento misturando um pouco alguns conceitos de educação participativa e alguns conceitos de aprendizagem vivencial. Inicialmente, nosso trabalho foi bem experimental. Levávamos alguns instrumentos específicos para grupos a convite de escolas edeeducadores.

Por exemplo, houve um grupo que queria falar conosco sobre a clarificação de valores. Examinamos a literatura sobre a clarificação de valores e produzimos instrumentos de diagnóstico dentro de nossa filosofia de trabalho, nossa metodologia. Aplicamos esses instrumentos e, junto aos professores, interpretamos os resultados. Fomos organizando procedimentos dessa forma a ponto de desenvolvermos um workshop compacto de três a quatro dias que levava os professores a refletir o que eles queriam e o que a população da comunidade queria em relação à escola, especificamente na área afetiva. Diagnosticar o que eles queriam, que tipo de escola queriam. Diagnosticamos até que ponto o que eles estavam fazendo na sala de aula reproduzia essa escola ou não. Nunca apresentamos palestras ou aulas, mas estruturamos o tempo do Workshop para eles discutirem o que estavam fazendo.

Adaptamos essa metodologia participativa para usar com educadores, fazendo grupões e grupos pequenos, para discutirmos problemas. Nós acabamos descobrindo procedimentos eficientes depois de três ou quatro dias, deixando junto ao grupo um esboço traçado de um programa que os professores iriam desenvolver com os pais e os alunos dentro da mesma abordagem, usando muito dos mesmos exercícios que nós havíamos aplicado a eles adaptados para a comunidade.

Talvez não tenha ficado muito claro o título formal deste projeto. O projeto foi intitulado *Humanização da Escola*, ou seja, voltado para o desenvolvimento de procedimentos e medidas a fim depromover o crescimento afetivo de alunos em escolas públicas. Portanto, o treinamento focalizava especificamente a área afetiva. Junto aos professores, tentava desenvolver os conceitos, as percepções deles arespeito das áreas específicas do domínio afetivo. O projeto em si tentou identificar, caracterizar e desenvolver instrumentos de medidas na área afetiva.

O projeto ajudou professores e administradores a identificar os objetos afetivos e as dimensões do afetivo que a escola escolheria como meta prioritária para desenvolver um projeto compreensível da escola como um todo. Isso significava identificar dentro de cada escola as dimensões afetivas que seriam alvo do projeto.

É interessante notar que, mesmo com a definição dos professores de autoconceito ou várias atitudes em relação à aprendizagem ou ao autoconceito, na maioria das vezes, independentemente do rótulo ou da prioridade atribuída, os valores latentes nesse esforço da escola em destacar a área afetiva muitas vezes parecia a mesma coisa. Numa comunidade indígena ou na favela de uma cidade urbana desses estados encontrávamos a mesma preocupação em relação às atitudes e aos valores das escolas de elite em "Los Álamos" (uma comunidade científica em que há laboratórios monumentais e um investimento muito grande na escola pública por parte da comunidade).

Gostaria de apontar que quase todos esses professores, em quarenta escolas do projeto com mais de dois mil professores, eram dedicados, de uma forma ou outra, ao crescimento e ao bem-estar de seus alunos, ou seja, sem saber mostraram uma preocupação centrada no aluno.

A discussão principal em todas as escolas era a mesma: Até que ponto o domínio afetivo, os valores, o autoconceito dos alunos influenciavamna aprendizagem cognitiva? O que tinha que ocorrer primeiro? Um clima de aceitação entre alunos e professores em busca de cognição ou até que ponto a cognição é mais importante e estas preocupações afetivas passam a ser relevantes, mas relegadas ao segundo plano?

Então, o debate era muito grande e sempre que nos encontrávamos com os professores surgiam opiniões diversas, até opostas sobre a mesma coisa. O problema que cada comunidade escolar enfrentava era como agir com essas divergências de opiniões, como traçar um programa voltado para uma ação efetiva em conjunto? Nossos procedimentos de treinamento, que eram semiabertos, nossos instrumentos tentavam guiar os professores nesta busca de clarificar aos valores e às atitudes em relação como a escola poderia proceder. Na medida em que eles descobriam esse processo de autodeterminação, de autodefinição, de áreas prioritárias na dimensão afetiva, eles descobriam a possibilidade de repetirem isso com os alunos.

Como refletir junto aos alunos quanto ao objetivo destas dimensões de crescimento pessoal era uma parte importante do treinamento. Muitas vezes, descobríamos que certos grupos ou certas escolas estavam prontos ou precisavam de mais atenção em determinada área. Por exemplo, às vezes, detectamos a necessidade de um grupo resolver conflitos internos, conflitos administrativos ou problemas interpessoais entre grupos de professores. Isso demorou mais. Poderiam ser diferencias entre uma e outra área de conhecimento ou uma discussão que refletiu ideologicamente problemas sérios dentro do grupo.

Alterávamos nosso roteiro de acordo com a necessidade do grupo para confrontar, lidar com sua comunicação na resolução dos problemas. Essa discussão foi necessária para proceder só mais tarde com a organização do projeto. Às vezes, o que era possível em uma escola em três ou quatro dias, era necessária uma ou duas semanas em outra escola.

Nosso roteiro era flexível e tínhamos um cardápio disponível de exercícios, de atividades, de apostilas. Conforme as necessidades do grupo, aplicávamos ou sugeríamos atividades. Em certos momentos, apresentávamos algumas alternativas e o próprio grupo decidia e resolvia que tipo de rumo queria tomar. Era um projeto muito estimulante. Trabalhamos apenas com professores e escolas que escolheram continuar no projeto. Uma vez que desenvolvemos a experiência inicial, voltamos a outros treinamentos durante as férias.

Desenvolvemos o projeto durante dois anos e meio e chegamos a publicar quatro volumes sobre ele. Esses volumes nunca foram traduzidos para o português ou espanhol, e também, não aproveitamos para publicar em formato de livro. Eram relatórios finais oferecidos ao Departamento de Educação Nacional nos EUA.

Por falta de apoio político, o projeto foi eventualmente eliminado. Educadores conservadores queriam destruir o projeto. Isso foi uma decepção muito grande em minha vida profissional. Vimos um bom projeto que trabalhou em prólda comunidade, das escolas, com muitas possibilidades de transformação educacional, ser destruído, anulado simplesmente por falta de fundos para continuar numa segunda ou terceira fase. Esta minha decepção com a política nacional educacional, e também com a política educacional estadual de estados ditos progressistas, levou-me a questionar muito a possibilidade de modificar o sistema educacional nos EUA. É muito difícil algo acontecer mesmo com sucesso e uma produção específica. Nós provamos sucesso à área afetiva aumentando o autoconceito do aluno, a produção "cognitiva" medida por meiodos instrumentos.

Vimos escolas diferentes conseguindo demonstrar afetividade num projeto de domínio afetivo na área da humanização. Não sei se ficou claro, mas nossa preocupação com o projeto era definir melhor o que significava certas dimensões afetivas na sala de aula. Por exemplo, o que é autoconceito do aluno? Todo mundo concorda que o autoconceito vai influenciar na aprendizagem, mas que esse autoconceito se manifesta? O que o aluno está fazendo? O que está pensando sobre ele mesmo? O que está sentindo? Como é que os outros alunos o veem? Como os colegas de um aluno veem esse aluno em termos de autoconceito, autoconfirmação, autovalorização? Como os pais estão o vendo? Como o professor está o vendo? Como o aluno está se vendo?

Nossos procedimentos eram de "triangulação"– uma mediação na área afetiva definindo e esclarecendo junto às pessoas envolvidas aspectos dos objetivos escolhidos. Muitas vezes, há a necessidade de crescimento, de uma prioridade de crescimento em áreas específicas. Nós acabamos testando instrumentos tipo escala de atitudes, mais de 185 subescalas aplicadas em mais de cinco mil alunos. Essa parte, talvez, não interesse muito ao leitor. Infelizmente, meu envolvimento com esse tipo de projeto acabou com a minha saída dos EUA.

Uma pequena história sobre humanização e liberdade

Durante o projeto, nós tivemos a oportunidade de conversar e observar professores de pré-escola até segundo grau. Fomos muito solicitados para participar dedebates, seminários, em nível de graduação e pós-graduação, em várias universidades de Educação na região. Então, completamos a gama epodemos dizer que tivemos contatos com professores e foi muito interessante. Uma coisa que sempre debatemos com professores em todos os níveis foi até que ponto o aluno pode ser envolvido na identificação de seus próprios objetivos de aprendizagem ou até que ponto o professor ou a escola pode abrir para os alunos esta participação de definição e priorização dos objetivos de aprendizagem.

Ao falarmos de área afetiva para os professores está tudo bem, todo mundo concorda. Isso é bom, pois o aluno é uma pessoa, o aluno precisa ser tratado como adulto por menorque seja a criança, ela tem que ser valorizada como ela é, precisamos ter um relacionamento aberto, etc. Todo mundo concorda com isso. Mas quando você começa a falar da necessidade e da possibilidade de envolver os alunos no programa de ensino aprendizagem, aí a história muda.

Mais ou menos, o que me impressionou foi: na pré-escola os professores dizendo "Olha, na pré-escola, os alunos estão iniciando suas atividades educacionais e não são socializados. Os alunos precisam ser ajudados a prestar a atenção. Não há muitas oportunidades para eles, assim, decidir coisas por eles mesmos. Podem até escolher algumas atividades, mas sempre tem que ter o professor junto. Tem que ajudar eles, etc.". Mais tarde, na pré-escola: "Olha, eles vão para o primeiro grau, você tem que prepará-los muito bem para essa primeira experiência de alfabetização. Eles têm que ir lá já mais ou menos sabendo como entrar na sala de aula, como ficar sentado, como prestar atenção, etc.".

No primeiro grau: "Não pode abrir muito para eles com alguma atividade afetiva, uma tomada de decisão nas áreas de aprendizagem. Eles não têm experiência, não estão prontos. Então, nossa participação deve ser de alguma forma de estimulá-los a serem mais responsáveis e eventualmente mais independentes nessas séries superiores e aí por diante.".

No primeiro grau, nas primeiras séries, todo mundo esta preparando o aluno para outra série, para escolher, para participar. Vai para o que corresponde aqui ao ensino médio e encontra a mesma coisa: "Agora eles vão para o colégio. Eles vão para um curso científico, de preparação científica. Então, eles precisam adquirir um conhecimento específico e não podem escolher esses conhecimentos. Eles não podem participar muito na identificação desses objetivos porque não estão preparados. É um currículo bastante pesado para eles. Não há possibilidade agora para eles participarem efetivamente na tomada de decisões e assim por diante.".

Aochegar ao segundo grau acontecea mesma coisa: "Não, agora, eles vão para a universidade. Tem que ter o conhecimento específico dessas disciplinas. Agora mudou a história, eles não ficam mais numa turma só. Eles estão com vários professores. Não é possível que eles realmente participem. Quando chegar à universidade, eles vão poder exercer certo nível de independência, certa participação. A escola, o ensino superior, lógico, é um lugar mais aberto.".

Aí eles vão para a universidade e os professores universitários dizem: "Olha, aqui na graduação, o aluno vem sem o conhecimento que ele deveria ter adquirido no segundo grau, já bloqueado, já com problemas de aprendizagem. Então, nós temos duas tarefas: recuperar o aluno, o que ele não conseguiu alcançar no nível de segundo grau, e prepará-lo com esse conteúdo a nível superior. Isso significa que ele vai querer mais conhecimento, maior aprofundamento em certos conteúdos, e vai eventualmente poder escolher seus projetos de monografia. Aí está, à medida que a universidade ou qualquer outro nível exige do aluno uma escolha, descobre-se que o aluno não demonstra muita habilidade, capacidade de escolha, de participação e, pior ainda, se você colocar isso num debate em nível de grupo.

O aluno não aprende em momento nenhum a trabalhar em grupo. Não aprende como é estar em comunidade de aprendizagem. Se ele aprendeu e conseguiu seguir todo esse percurso educacional, ele aprendeu a seguir as instruções do professor.

Ao chegar, portanto, em uma universidade, em uma sala de aula, em um seminário que exige algo diferente dele, outro tipo de pensamento, outro tipo de empenho, a seleção de um tópico interessante, muitas vezes ele não sabe escolher. Não tem definido o que ele quer porque nunca, neste tempo todo, teve a oportunidade de participar afetivamente do processo de ensino-aprendizagem.

Mais interessante ainda, é o que vimos ao trabalharmoscom professores de nível de pós-graduação, que eles estavam muito mais rígidos ainda do que os professores de outros níveis dizendo coisas como: "Olha, o conteúdo é este. Esta é a ementa. Este é o programa, o roteiro de conteúdo que eles têm que saber. É óbvio que eles têm que cobrir isso. Não tem como discutir com eles o que eles querem ou o que trabalhar com eles com respeito a suas áreas de interesse dentro desse conteúdo. Porque esse conteúdo é muito pesado, mais pesado ainda porque é em nível de pós-graduação.".

Resultado: o aluno chega na hora de escolher sua área de dissertação de definir o tópico e se sente perdido. Ele nunca aprendeu a como fazer este tipo de escolha, e só poderá fazer no final, ao chegaradissertação, quando é permitido, porque muitos professoressó aceitam alunos em pós-graduação se forem estudar algo parecido com o que eles estudaram ou que estejam por acaso estudando ou pesquisando naquela época, ou seja, ele só vai orientar alunos que sabem de antemão mais ou menos o que vai fazer, e os alunos sabem desse jogo também. Sem falar do doutorado que é pior ainda, que deve ser um tipo de dissertação muito mais criativa, muito mais compreensiva, avançar cientificamente.

Ao olharmos bem, nós estamos falando deprofessores muitas vezes interessados em discutir a dimensão afetiva. Não estamos falando daqueles professores que nem se quer querem ouvir. Eles querem discutir a dimensão afetiva em relação à aprendizagem, à cognição. Portanto, acho relevante emuito interessante essa atitude que o aluno independentemente de onde esteja **nunca** estar pronto. Só pode estar pronto uma vez que passa por mim. Passa por meu conteúdo, aí ele vai poder escolher. Mas se juntar todo esse pessoal ao mesmo tempo e perguntar: "Então, onde? Em que pronto? Você concorda com isso? Você discorda disso?".

Por meiodaquele projeto, nós descobrimos quanto era rígido, quanto era, apesar do discurso pedagógico, psicopedagógico dos professores, ao falar de conteúdo que aquele projeto tão bonito estava sempre ameaçado pela própria atitude latente do professor ou da própria escola em relação à cognição. Assim, o papel da escola é ensinar conteúdo, e se a parte afetiva ajuda, tudo bem, se não ajuda, esquece.

O que precisamos, então, é utilizar a dimensão afetiva para garantir a parte cognitiva, ou seja, inverter um pouco o espírito do projeto. Muitas vezes, inverter um pouco os princípios da aprendizagem humana para se beneficiar, para usar aquilo como uma ponte para guiar ou para conduzir o aluno àmelhor aprendizagem.

Lógico, acredito muito mais na valorização do aluno como primeiro passo. Acredito que a aprendizagem cognitiva virá por meio de qualquer tipo de metodologia, uma vez que você demonstra junto ao aluno, junto à sala de aula, junto à comunidade de aprendizagem que é possível um novo relacionamento pedagógico professor-aluno--conteúdo.

Muitas vezes, a Abordagem Centrada na Pessoa é acusada de não se importar com o conteúdo. Em nenhum momento posso dizer que o conteúdo está relegado ao segundo plano, mas acreditamos que algumas coisas são necessárias **antes** do conteúdo poder ser abordado com a atenção que a maioria dos educadores quer.

Eu diria que este projeto foi importante para mim. Foi uma experiência marcante, porque por meio do sistema de apoio ao projeto, do contato com educadores sérios na área de educação humanista afetiva, atuando junto aos colégios experimentais e aos programas experimentais, interagimos com os melhores professores, pensando e agindo na área afetiva nesses oito estados. Lamento muito profundamente que o projeto tenha morrido. Acho que foi um projeto exemplar. Mais um projeto educacional que caiu no descaso por falta de apoio financeiro e político.

O projeto terminou em 1973. Eu ainda fiquei um pouco como consultor em várias escolas com Dr. Wight. Nesse tempo, eu também passei meses coordenando uma equipe de seis pessoas numa favela norte-americana. Fui contratado por uma junta comunitária de assistência na favela em "Salt Lake City", onde desenvolvi treinamentos e administrei um programa de ação comunitária. Voltamos ao Brasil mo ano de1974.

Brasil e a Universidade Federal do Espírito Santo

Em julho, eu fui para o Brasil, mais específico para Vitória, no Espírito Santo, onde trabalhei dois meses na Sub-Reitoria Comunitária da Universidade Federal do Espírito Santo – UFES. Em 1974, fui contratado pelo Centro de Estudos Gerais do Departamento de Ciências Sociais da UFES como professor de Sociologia.

Inicialmente, eu encarei as primeiras aulas como um grande desafio. O que poderia fazer? O que poderia tentar junto ao estudante universitário de primeiro e segundo ano?

Eu lecionava Sociologia Aplica ao Serviço Social e Sociologia Aplicada à Administração. Iniciei de duas formas diferentes. Analisando o curso de Serviço Social, vi que o problema principal no curso era a falta de oportunidades de aprender a trabalhar em grupo e de discutir os problemas sociais do ponto de vista dos próprios alunos.

Os alunos iriam intervir de alguma forma na vida das pessoas em nível de comunidade, instituições e a nível individual, sem uma preparação sobre processo de grupo e sem uma possibilidade de, talvez, encararem a si mesmos como produto de certo nível social, certa classe social.

Por meio dessas aulas, eu quis proporcionar aos alunos uma oportunidade de reflexão. Iniciei as aulas de Serviço Social por meio de uma série de atividades. Primeiro, apliquei um instrumento que traduzi, que havíamos usado com os alunos e com os professores naquele projeto nos EUA sobre pressupostos teóricos da educação. Aí, identificamos a proporção do grupo que tinham valores mais abertos ou mais fechados, mais humanistas ou mais tradicionais em relação à aprendizagem. Itens como "os objetivos devem ser definidos pelo departamento ou pelo curso porque os alunos não estavam preparados para participarem na definição dos objetivos" versus outro item que dizia que os alunos deviam participar ativamente na definição dos objetivos de aprendizagem, e assimpor diante perguntando sobre a possível metodologia da aula, sobre avaliação e quais eram especificamente as metas da educação. Com base nessa discussão inicial, optamos, na maioria das vezes, por um procedimento mais aberto e mais participativo.

Segundo todas as avaliações escritas dessa época, os alunos reagiram positivamente à possibilidade de participarem ativamente na aula. Os grupos foram, às vezes, divididos e apresentados a uma tarefa. Os alunos trabalharam na tarefa e apliquei no final da aula e da atividade um questionário sobre os processos de grupo. Discutimos os processos de grupo, as dificuldades de estarem em grupo, as dificuldades de produzir como grupo.

Refletimos, também, sobre a necessidade de aplicar esse tipo de procedimento com as comunidades ou a possibilidade de fazer isso evitando impor, como muitos professores impõem e como muitos assistentes sociais impõem às comunidades, um discurso distante da comunidade, muito distante das necessidades dos participantes daquela experiência na comunidade. Descobrimos por meio destas atividades um modelo vivencial, um modelo vivencial de aprender fazendo.

Assim, usamos o modelo e o procedimento de avaliação em cada atividade. Os alunos questionavam até que ponto estavam dentro desse modelo. Questionavam-me, muitas vezes, porque eles não poderiam ficar mais livres, definir mais coisas. Eu fui descobrindo com eles a possibilidade de abandonar a sequência de atividades para terminar essas discussões. Descobri que quando eu fui para a sala de aula, estava muito mais preso a um roteiro mesmo de atividades abertas ou semiabertas do que quando estava no treinamento com os professores. Eu também era vítima desse pequeno mundo do professor dentro da sala de aula, achando que ele tinha que manipular, conduzir tudo senão os alunos não iam "aprender".

Aprendi muito com os alunos numa época em que não era possível falar muito abertamente dos problemas sociais, de uma teoria, talvez, mais completa, mais marxista, diagnosticando os problemas sociais como sintomas em vez de vê-los como problemas a serem resolvidos pelos assistentes sociais.

Na área de administração, eu dividi o semestre em duas partes. A primeira parte continhaexercícios com leituras. Pequenas apostilas voltadas para a liderança, para a parte da ementa em que nos encontrávamos preocupados com o processo de grupo, com a tomada de decisão, com os papéis desempenhados no grupo, em como administrar um grupo, em como facilitar. As tarefas foram específicas e aplicamos de novo o questionário de processo de grupo. Se o grupo estava funcionando bem, se as pessoas estavam participando, até que ponto todo mundo estava participando, quem estava dominando. Analisamos a dinâmica de grupo e a comunicação humana como algo muito importante para o administrador.

Na segunda parte, inventei um jogo de simulação em queos alunos formavam pequenas empresas. Nessas pequenas empresas, cada empresa tinha que organizar um produto do conteúdo da ementa que seria vendido às demais empresas como produto final. Esses produtos finais foram apresentados no penúltimo dia de aula para os grupos analisarem qual seria o melhor produto. Recebeu uma nota mais alta aquele grupo que vendeu mais o seu produto.

Essa segunda etapa era importante porque à medida que os alunos começaram a competir, iniciou-se a competição internamente no grupo e externamente com as demais empresas. Eles descobriram que alguns princípios de relações humanas, de comunicação humana, que havíamos descoberto na primeira etapa, não foram muito empregados na prática. Teoricamente, todo mundo concorda que precisam se comportar assim ou assado, mas na hora em que você está competindo, você quer ganhar do outro. Você acha que o outro não está fazendo a sua parte dentro da sua empresa. Todos aqueles exercícios de boas relações caíram e os alunos descobriram como é difícil a questão da liderança, do *feedback*, da tomada de decisão, da participação em grupo. Simulavam algo parecido com o que existe lá fora em termos de competição e, às vezes, o desempenho desigual de pessoas dentro de qualquer empreendimento.

A prova final, que naquela época era obrigatória, foia autoavaliação do aluno em relação às suas experiências. Até que ponto especificamente ele aprendeu e até que ponto a segunda parte colocaria em dúvida a praticidade real de alguns princípios de administração. Olhamos também a parte sociológica. No início, estávamos na microssociologia de empresa, da liderança de conteúdos da ementa da disciplina.

Essas primeiras experiências foram muito interessantes, principalmente na administração, porque harmonizava essas experiências pequenas, experiências realmente de grupo no grupão. O grupo descobriu que precisava de mais tempo para a discussão ampla ou para a transferência da aprendizagem como eles estavam chamando. Chegamos um dia, numa sexta-feira, a destinar três horas para essa possibilidade de discussão mais aberta sobre o que estávamos aprendendo. De repente, depois de uma hora e meia de boa discussão com quase 35 pessoas, acabou qualquer assunto. O grupão caiu num silêncio. Silêncio que eu mais tarde estudei muito. Um silêncio que eu já sentia confortável antes em programas de treinamento de grupo, mas na sala de aula, um silêncio perante uma discussão teórica, o que íamos fazer? De repente, alguém começou a falar do curso, outra pessoa falou de suas dificuldades de estar no curso, de continuar estudando. Outras pessoas começaram a falar de si, o que iam fazer no final de semana, outras pessoas falaram que iam casar, ou seja, ocorreu um grupo, um grupão emergiu espontaneamente de acordo com as necessidades do grupo.

Aconteceu um fenômeno que o próprio grupo reconheceu como tão significativo a ponto de solicitar que nas terças ou quartas-feiras, em que tínhamos a primeira aula, que a gente fizesse exercícios, e na sexta-feira faríamos um grupão sem um horário marcado para terminar, sem um roteiro de discussão preestabelecido. Já havia trabalhado um grupão no acampamento de treinamento. Agora, o fenômeno ocorreu espontaneamente.

O conceito de agrupamento de alunos na sala de aula estava nascendo. Fluía do próprio grupo em relação ao curso, em relação à disciplina, em relação a eles mesmos, em relação a mim, em relação ao nosso relacionamento naquele grupo, sem exercícios, sem instrumentos, sem algo predeterminado. Demonstrou-me a força muito grande desse fenômeno grupal. Como estava dizendo, apesar de já ter participado disso, nunca vi com tanta clareza sua potencialidade para a sala de aula.

Eu fui nessa época o primeiro professor na Universidade Federal do Espírito Santo, e talvez, não sei onde no Brasil de usar, com todos esses alunos em 1975, 1976, 1977, contratos de aprendizagem. O que eram esses contratos de aprendizagem? Dentro da ementa, dentro dos objetivos do curso que havíamos definido em conjunto, participativamente os alunos desenvolveram um contrato por escrito definindo o que eles iriam aprender por meio destas aulas e da lista bibliográfica. O que eles queriam fazer especificamente para receber uma nota.

Era um contrato de aprendizagem, mas também tinha um produto em mente, um trabalho escrito, uma monografia, uma poesia, uma música, uma carta, um trabalho escrito em parte citando livros, e depois um resumo final. Os alunos estavam juntos para descobrirem que tipo de produto final seria mais significativo para eles. Se era apenas uma apresentação oral, se seria algo importante para eles.

No início, eu dividi parte da aula para receber os alunos, um por um, dentro do horário de aula, para discutir o seu contrato de aprendizagem. O contrato poderia ser modificado, logicamente, durante o semestre, mas era um contrato em que o aluno identificava o método ou a forma que ele usaria para atingir seus objetivos. Ele definiria seu produto final e a nota que queria. Essa nota no início foi muito negociada em especialpor parte dos alunos. Estabelecemos critérios com o grupo, mas cada aluno queria discutir comigo o que significaria isso ou aquilo, se eu achava que uma coisa assim ou assado teria um valor nove ou dez, etc.

Os alunos estavam muito interessados em seus contratos, não todos logicamente, mas muita gente levando a sério as suas tarefas. O contrato de aprendizagem foi, então, discutido entre mime o aluno, apesar de que algumas discussões foram levantadas em grupo na medida em que as pessoas demonstravam em conjunto alguns problemas específicos. Por exemplo: Como deveria ser apresentado esse produto final? A gente tinha que discutir com o grupo o horário e a sequência de apresentações.

No grupo de administração isso foi um pouco diferente. A gente tinha um contrato para a primeira parte e a nota para a segunda. Seria uma nota atribuída pelo grupo a cada pessoa dependendo do número de pontos que o grupo recebeu no final, ou seja, o grupo que ganhou recebeu mais pontos e distribuiu maior número de notas entre os seus membros, podendo todo mundo receber, assim, uma nota mais alta. Essa sequência de notas foi muito discutida com eles. Foram mecanismos de discutir aprendizagem promovendo o envolvimento dos alunos.

Cheguei até a experimentar o contrato de aprendizagem feito num grupo específico, um pequeno grupo, um grupo grande, o aluno contratando com o grupo, com outros alunos e não comigo.

Comecei a me questionar. Pareceu-me que a aprendizagem virou um capital. Chegou a ser um esquema muito chato para mim. Talvez mais chato para mim do que para os alunos. Eu não gostei, às vezes, de proporcionar para o aluno um esquema que guiava ele para desenvolver um produto, um trabalho final. Eu acho que no fundo fiquei de saco cheio porque questionei até que ponto estávamos reproduzindo o esquema tradicional de outra forma.

Os alunos, muito preocupados com seus contratos, perdiam-nos, ficavam loucos, etc. Voltavam e queriam saber se tinha cópia, se não tinha cópia, o que fazer, etc. Problemas logísticos, eu diria, de registro dos documentos. Tudo foi uma loucura. Imagina, eu estava, às vezes, com cento e vinte alunos em três disciplinas, cada uma com contratos, segundo contrato modificava o contrato e, então, eu ficava louco. Eu tinha mais papel do que muitos departamentos.

Conhecendo Carl Rogers e uma experiência da ACP: Aldeia de Arcozelo

Foi nessa época que passou por aqui, em Vitória, um psicólogo ainda não formado chamado Eduardo Bandeira, com algumas fitas de Carl Rogers. Ele apresentou essas fitas numa reunião e ofereceu um curso. Eu participei do curso e não entendia muito bem qual era a preocupação de Bandeira em apresentar o curso. Ele estava falando da Abordagem Centrada na Pessoa. Lembrei vagamente de algumas coisas. Casualmente, eu mencionei a ele meu trabalho com grupos. Ele se interessou e nos sentamos durante um almoço para conversar. Acabamos sentando na praia, discutindo meus conceitos de grupo, os conceitos dele e outros assuntos sobre grupos de encontro. Eu questionei muito a questão do facilitador. O que era o facilitador desses grupos? Porque na minha experiência o facilitador se afastava do grupo. Era o grupo que tinha que fazer isso, aquilo, etc. Entendi que afacilitação fosse assim. Entendia que, sendo psicólogo, alguém treinado para facilitar o grupo, estaria talvez interferindo com o processo do grupo. Nessa época, na sala de aula, eu era ainda, talvez, uma espécie de "monitor" dos pequenos grupos e uma espécie de "facilitador" dos grandes grupos. Eu refletia muito com os grupos, mas acho que no fundo eu era muito mais um treinador de grupo do que um facilitador.

Essa discussão aconteceuem 1976. Eduardo e eu discutimos e discordamos de muitas coisas. Ele me convidou para um encontro com Carl Rogers, em fevereiro de 1977, no Arcozelo, no Rio de Janeiro. Nessa época, eu não tinha lido Rogers, não tinha lido praticamente nada da Abordagem Centrada na Pessoa, mas fui para me encontrar com Rogers.

Na época, eu estava lendo muito sobre Gestalt Terapia e já tinha feito alguns cursos sobre Gestalt. Eu lembro muito bem de uma experiência comigo mesmo no ônibus subindo para o Workshop de Arcozelo. Estava mais ou menos num diálogo (imaginário) com Rogers, ou seja, comigo mesmo projetando Rogers (na cadeira vazia do Gestalt). Mais ou menos, a conversa foi assim:

Doxsey – Oi Dr. Rogers, eu queria falar com o senhor.

Rogers – Sim, você quer falar comigo?

Doxsey – É... eu sou o professor Jaime e estou fazendo um trabalho com grupos na sala de aula universitária. Estou insatisfeito pela maneira como estou conduzindo os grupos.

Rogers – Ah, você sente insatisfação com o trato que você está dando aos grupos que você conduz.

Doxsey – Sim, eu gostaria, talvez, de experimentar outra coisa melhor. Abrir mais com eles os processos que estamos descobrindo na sala de aula.

Rogers – Você gostaria de fazer uma transformação de como você conduz suas aulas.

Doxsey – Sim, estou achando que por mais que falo de educação participativa, de uma abordagem aberta, eu acabo controlamdo tudo o que ocorre. Eu tenho contratos de aprendizagem, mas esses mecanismos controlam e limitam os alunos de poderem opinar, de serem mais independentes e interdependentes. Eu não estou satisfeito com isso. Não estou feliz com isso. Eu quero mudar.

Rogers – Se sente insatisfeito com o que está fazendo, com a sua metodologia e gostaria de abrir mais com os alunos.

Doxsey – É... eu tenho tido algumas experiências que me mostram que os alunos são mais capazes de assumir por si mesmos sua própria aprendizagem.

Rogers – Você sente que já tem uma forma de fazer isso, mas não sabe se pode confiar totalmente. Você sente que tem que manter algum controle sobre eles. Jaime, você está querendo abrir mais para os alunos?

Doxsey – Sim, eu estou querendo abrir mais para os alunos.

Rogers – Como você acha que pode fazer isso?

Doxsey – Bom, eu acho que devo falar isso para eles. Eu acho que devo sentar com eles no primeiro dia de aula e dizer: "olha eu venho, assim, dando aulas assim, mas não estou satisfeito. Eu gostaria, desde o início da aula, de estar mais junto com vocês na definição de como vamos usar nosso tempo aqui, nossos recursos e o que vamos especificar juntos, o que vamos fazer".

Então, mais ou menos foi meu processo de imaginar uma conversa com Carl. Ao terminar a viagem de ônibus, eu já havia descoberto o que iria fazer com meus grupos. Eu ia começar realmente a facilitar os grupos. No segundo dia, eu cruzei com Rogers na cozinha. Ele estava pedindo um toddy quente. Então falei:

– Carl, tudo bem? Eu sou Jaime. Vim aqui... Tinha uma série de perguntas para fazer para o senhor, mas no caminho respondi às minhas próprias perguntas. Ele então falou:

– Que bom, talvez, a gente pudesse falar de outras coisas.

Foi assim que eu conheci Rogers. Conversamos depois sobre pesquisa, cultura e grupos. Foi bom para eu sentir Carl como pessoa ao longo do Workshop. Aprendi muitocom essa experiência. Conheci Rachel Rosemberg, John Wood, Maureen Miller, entre outros. Conheci mais o Eduardo e outros psicólogos de todo Brasil. Alguns se tornaram amigos, os quais eventualmente seriam pessoas-chave no meu crescimento pessoal e profissional.

Como sociólogo, eu confesso que me senti fora d'água com tantos psicólogos, psiquiatras, médicos e poucos educadores. Muito do que aconteceu naquele grupo foi forte. Foi uma experiência intensiva dentro de um grupo forte: mais de duzentas pessoas num encontro em uma época em que o Brasil estava se libertando. Incrível estar junto nesse tipo de grupo para falar de si, para falar de política, para falar do país, para falar da vida. Era uma novidade às vezes ameaçadora. Para mim, foi muito bom. Acho que iniciei uma fase no meu crescimento, iniciei e retomei também um crescimento pessoal por meio dessa experiência.

A sala de aula como grupo grande para aprendizagem

Eu voltei para a universidade e conduzi as minhas aulas, em 1977, na base do grupão. Sentado com alunos, e suando muito com eles tentando desenvolver um programa de aprendizagem, de ensino-aprendizagem dentro de uma proposta centrada no aluno. Ainda não falava isso para eles, mas eu falava muito na educação participativa. Nesses primeiros grupos grandes tive oportunidades de experimentar para mim uma nãodiretividade total. Eu digo experimentar para mim porque acho que já havia praticado muito uma filosofia não diretiva dentro de uma perspectiva participativa e dentro do meu treinamento com trabalhos comunitários.

A não diretividade, especificamente o silêncio, a "ausência" de fala da autoridade, introduz todo o resto de um processo de ensino-aprendizagem. A minha experimentação com a não diretividade foi a minha experimentação da minha pessoa conscientemente não dirigindo o início do grupo. Respondendo, às vezes, às perguntas diretas, refletia com eles o que estavam realmente me perguntando. Descobri que muitas perguntas que os alunos faziam inicialmente não eram realmente perguntas, mas sim opiniões. Ajudando os alunos a descobrirem por meiodesse processo de "ausência" do professor, alguém naquele papel direcional, é uma forma de aprendizagem. Acho que a postura não diretiva é uma postura, não como tática, não como método, não como meio ou fim da Abordagem Centrada no Aluno, mas como uma postura inicial necessária para a desestruturação dos papéis rígidos do professor e do aluno.

Esses grupos grandes em aula, em 1977, foram de fato a minha prática mais consciente dentro da Abordagem Centrada no Aluno. Repensando, acredito que no fundo sempre fui de uma Abordagem Centrada na Pessoa. Só que tinha outros nomes, outros rótulos. Talvez, o que me ajuda mais como educador, como "professor", é que dentro da Abordagem Centrada na Pessoa há um embasamento teórico do relacionamento humano e uma postura traçada para o profissional. Logicamente, que todos nós podemos sempre melhorar nossa atuação profissional, nossa intervenção, mas o que me ajudou foi que acho no fundo que eu estava em busca de uma teoria que pudesse me embasar. Talvez, eu estivesse procurando para ler que o que eu estava fazendo estava "certo", uma espécie de autoafirmação. "Não, você pode fazer isso. Isso não é uma coisa louca que você inventou, mas isso é algo que você está cada dia inventando, como diria, até semeando, e depois mudando". Isto que você está fazendo é algo que tem um embasamento teórico.

Eu acho que a Abordagem me proporcionou esta possibilidade, de um embasamento integrando um crescimento teórico científico dentro dessa base. Não é necessário dizer que a Abordagem oferece, também, um embasamento que liberta o profissional, liberta o professor, especificamente para ser ele mesmo.

Não me senti impedido de iniciar aulas usando outras formas de conduzir o processo de ensino-aprendizagem. Dentro de uma aula específica, por exemplo, uma disciplina de pós-graduação chamada Métodos Quantitativos de Pesquisa, apresentei, a proposta de um plano de trabalho no primeiro dia. Trabalhei este plano totalmente dentro da Abordagem. Após da apresentação, sentamos para analisar nossas atitudes em relação à quantificação – nossas dificuldades, nossas resistências à estatística, nosso menosprezo pelas coisas quantificadas. Exploramos as dificuldades como grupo para acreditar que éramos capazes de aprender métodos quantitativos e de usar isso de forma significativa.

Estou dizendo que há momentos em que eu, como profissional dentro da ACP, vi-me claramente dentro da Abordagem mesmo estando na frente, apresentando uma teoria, apresentando uma fórmula, sendo alguém dirigindo a sala de aula, lembrando que temos algumas tarefas que devem ser cumpridas dentro de um roteiro específico. Não é relevante: até que ponto você tem uma experiência estruturada ou não? A questão é até que ponto a estruturação procede de uma postura centrada ou não. Parece-me que éessencial saber até que ponto, em que forma, em que momento, a estruturação inicial pode ser totalmente desmembrada, ou revista, ou jogada fora, uma vez que não satisfaz as tarefas principais com que o grupo concordou como comunidade de aprendizagem. Até que ponto as tarefas ou a estrutura em si são essenciais para aprender.

Uma questão muito polêmica, mesmo para as pessoas que se dizem educadoras dentro da Abordagem Centrada na Pessoa, é o debate de estruturação e nãoestruturação. Porque as resistências e os questionamentos de profissionais dentro e fora da Abordagem se centralizam nesta questão da estruturação e nãoestruturação, da diretividade e não diretividade?

Ao entrar na universidade, eu encarei o ensino mais como uma experiência de treinamento e pesquisa de processos grupais, influenciado pela minha experiência com treinamento transcultural e com professores no projeto de educação humanista participativa. Expandi desse enfoque de treinamento para uma tentativa mais educacional, aplicando uma abordagem de educação participativa. Acabeidescobrindo a riqueza da Abordagem Centrada no Aluno. Iniciei leituras e experiências que me alertaram da riqueza e profundidade teórica da Abordagem.

Meu contato original com a Abordagem começou aqui no Brasil, por meio de contatos diretos com Rogers, sua equipe e alguns profissionais brasileiros que tinham feito treinamentos com Rogers nos EUA. Descobri que durante muito tempo trabalhei dentro da Abordagem Centrada na Pessoa sem conhecer, sem reconhecer sua configuração teórica e prática em nosso trabalho. Acho isso verdadeiro para outros também.

O que julgo ser mais importante e significante na Abordagem é a possibilidade da Abordagem servir como base a ser aplicada de várias formas, adaptada devárias formas, em várias maneiras, de acordo com as necessidades e potencialidades de cada praticante. A Abordagem Centrada na Pessoa é uma abordagem que oferece parâmetros específicos de relacionamentos entre pessoas e interpessoais. Promete em seus processos a compreensão de uma dinâmica própria e a recentralização do poder no outro, no aprendiz, no cliente, no grupo.

Por outro lado, a Abordagem Centrada na Pessoa não parece ter uma aplicação direta para a sala de aula, ou seja, uma aplicação de processos clínicos. Porém, algum paralelo, em termos do relacionamento professor e aluno, pode ser espelhado no relacionamento terapeuta-cliente, terapeuta-pessoa no relacionamento de ajuda. Essa postura tem sentido dentro da dinâmica da sala de aula, dentro do processo ensino-aprendizagem.

Acredito que Rogers escreveu muito isso, até mesmo praticando enquanto educador. Pelos seus relatos, não se sabe exatamente o que ele fez na sala de aula. Rogers é encontrado nos seus escritos como treinador, como pessoa mais tarde oferecendo cursos, seminários. De fato, ele praticava sua Abordagem, mas não conheci Rogers como professor na sala de aula, não sei como ele procedia, como ele fazia, digamos, para aplicar seu próprio modelo. Ele, muitas vezes, cita outras pessoas, como David Aspy, alguns outros educadores americanos que ele acredita que conseguiram transformar a Abordagem Centrada na Pessoa numa Abordagem Centrada no Aluno dentro de uma realidade educacional.

Lembro-me de um debate realizado na USP, durante um seminário organizado pela Rachel Rosemberg. Um debate sobre a Abordagem Centrada na Pessoa aplicada à educação em que as pessoas estavam discutindo até que ponto a ACP tinha sido aplicada ou não na educação brasileira e até que ponto tinha sido aplicada nos EUA. A minha resposta foi que desconhecia sistemas escolares ou escolas específicas que se adaptaram na Abordagem e que estiveram já com algo publicado divulgado com respeito ao desempenho eventual durante os anos nesta prática educacional. Há uma ausência de informações de onde, de que forma, de que maneira, em que tempo foram empregadas essas metodologias em escolas públicas. Com exceção de uma escola no Chile e uma experiência com pré-escola no Brasil, temos poucos relatos sobre.

Na verdade, nunca foi devidamente aplicada se não existem sistemas educacionais que possam representar esta Abordagem na prática. O que temos então, talvez, é uma abordagem educacional nascendo de uma Abordagem, uma teorização, começando a engatinhar em partes do mundo onde temos as pessoas aplicando ou tentando aplicar algo centrado no aluno em suas próprias situações educacionais. Trata-se de práticas educacionais muito dispersas, muito fragmentadas.

No Brasil, há psicólogos e outros profissionais que se dizem pedagogos ensinando algo relacionado à Abordagem ou à psicologia humanista. A maioria das pessoas que se apresentam como educadores dentro da Abordagem Centrada na Pessoa são psicólogos ensinando a Abordagem, e não professores propriamente ditos do sistema privado ou público brasileiro que integram essas metodologias.

O mais significativo para mim em tudo isso é que a Abordagem Centrada no Aluno, a Educação Centrada na Pessoa possa ser vista como uma possibilidade para o futuro dentro de uma perspectiva da ciência pós-moderna. Acredito que a educação só vai sobreviver nessa transformação eventual da ciência se tiver que buscar especificamente nas Abordagens vivenciais experiências e mais experiências psicopedagógicas.

Não tenho muita esperança que a Abordagem Centrada na Pessoa ou a Educação Centrada na Pessoa em si possa salvar a educação. Não acredito que tenho uma fórmula única, uma postura, uma abordagem única que vai ser suficiente para isso. É uma tarefa muito complicada. Duvido muito que a educação tradicional está disposta a mudar. Em discussões, os professores podem dizer o que querem dizer, mas no fundo, quando voltam para a sala de aula depois do seminário, depois de uma sessão de treinamento, de reciclagem, voltam a cometer os mesmos erros, acabam dentro do seu universo, dentro da sua sala de aula, reproduzindo tudo errado, com um sistema educacional fechado como temos agora.

O processo de aprendizagem continua

O texto até aqui foi uma retrospectiva. Tentei captar alguns dos meus processos pessoais de aprendizagem continuada. Muito do que relatei acima aparece nos textos apresentados em eventos da ACP e em capítulos de livros publicados. Grandes transformações estão em curso com a crise do Coronavírus, os avanços tecnológicos afetando a educação e as vidas pessoais de todos. Fecho esse relato na tentativa de destacar as experiências que somaram e formaram a minha existência.

Identidade, engajamento e produção

Penso que há acontecimentos que acabam formando o que somos e que em conjunto permitem que tenhamos ações profissionais e pessoais. Preciso enfatizar, porém, que nada que possa aparecer como "realização" pessoal aqui, **foi**. Sempre trabalhei em equipe, formando novos recursos humanos, novos pesquisadores, produzindo por meio de processos grupais e interpessoais. A seguir aponto fatores significativos dos meus processos pessoais.

Naturalização brasileira

Experiências dentro e fora dos EUA acumularam numa busca para uma redefinição cultural. A nacionalidade norte-americana me tornou alvo de aproximações e afastamentos. Vivendo em outras culturas e falando outros idiomas produz uma visualização interna difícil de explicar. Optei por uma naturalização num momento de compreensão da tremenda rejeição que senti em relação às minhas origens. Poucos entendem isso e continuam a me rotular. Aprendo apenas a ser o que sou: "sou de las Américas". No fundo, a naturalização só me permitiu ser proprietário e votar aqui.

ACP – pertencia e fomento

Após as descobertas dos escritos e da pessoa de Carl Rogers, envolvi-me em eventos nacionais e internacionais da ACP. Ficou evidente a escassez de material escrito em português e em espanhol. As traduções de Rogers foram mal feitas, às vezes distorcendo conceitos básicos das suas teorias. Envolvi-me na organização de encontros e reuniões sempre zelando pelo requisito da produção escrita. O curso "avançado" da ACP, oferecido pelos Drs. Raquel Rosenberg e John Wood, foi o mais significativo para a minha aquisição de identidade com a Abordagem e para o início da minha produção escrita pessoal. Encontros e fóruns apresentaram novos contatos e associações com profissionais de outras regiões do Brasil. Mas não foi totalmente agradável com a emergência natural de lutas de poder e competições que persistem até hoje.

A prática sociológica – pesquisa-extensão

Sempre com uma carga horária de aula maximizada para ter experiência grupal e orientações no Mestrado de Educação, encontrei espaços para desenvolver atividades de pesquisa e extensão. No Mestrado, eu tive a possibilidade de orientar alunos e alunas numa área de concentração que foi rotulado Processos grupais de aprendizagem (Isso porque não foi aceito chamar a concentração de ACP). Preocupado com a falta de oportunidade para mestrandos publicar seus trabalhos, fundamos a **Revista Produção Discente**, no Programa de Pós-Graduação em Educação, Universidade Federal do Espírito Santo, produzindo sete volumes de 1995 a 1997.

> **Pesquisa comunitária:** perfil de liderança comunitária em Vila Vela (1975); perfil da população realocada de favela (1976); diagnóstico

social das comunidades de Santa Rita Alecrim (1976); inadimplência no Conjunto Habitacional Santos Dumont (1981).

> **Pesquisa UFES:** Em colaboração com a **Pró-Reitoria Acadêmica** da UFES e a **Secretaria Estadual da Educação do Espírito Santo**, várias pesquisas e estudos foram realizados:

Uma síntese dos dados do II ciclo de aferição do Sistema Nacional de Avaliação da Educação Básica: Estado do Espírito Santo (1995); Avaliação da eleição direta para diretor. Vitória, ES: Secretaria da Educação do Estado do Espírito Santo (1992); Vestibular na UFES: seleção ou discriminação? (1987); Diagnóstico estadual da educação no Espírito Santo (1985); Estudo piloto de percepção de professores e alunos sobre o ensino na UFES (1985); Estudo das disparidades inter e intrarregionais da educação no Espírito Santo. (1984) [Este trabalho resultou na produção de oito volumes de informações]; Níveis educacionais e sua relação à divisão de trabalho – Estado do Espírito Santo, 1980.

> **Núcleo de Assessoria de Pesquisa Social – NAPS/DATAUFES:** Quatro cientistas (dois sociólogos, um psicólogo e um estatístico) interessados na promoção de pesquisa social, NAPS foi fundado. Foram treinados alunos universitários de vários cursos da UFES para realizar o trabalho de campo. Pesquisas estaduais e municipais de opinião pública foram conduzidas no período de 1991 a 2002. Os estudos incluíram pesquisa eleitoral, levantamento de opinião e avaliação pública, pesquisa sócio-ambiental. Alguns títulos foram:

– (2004) Diagnóstico dos efeitos da explotação de rochas ornamentais para os trabalhadores e para as comunidades no norte do Espírito Santo: Municípios de Barra de São Francisco, Nova Venécia e Vila Pavão; (1991) Pesquisa de opinião pública sobre doação de órgãos – Grande Vitória; (1990) Pesquisa de opinião pública: Revitalização do centro de Vitória, ES; (1990) Administração municipal: Avaliação, expectativas e percepções da população de Vitória, ES; (1989) Pesquisa operacional do transporte coletivo; (1997) Estudo de Impacto Ambiental das Atividades da PETROBRAS no Norte do Estado do Espírito Santo – Área Antrópica – EIA/RIMA; Projeto de avaliação do Plano Estadual de Qualificação Profissional: avaliação da eficácia e da efetividade social do Plano Estadual de Qualificação Profissional/ Espírito Santo. Relatório Final 1997; (1998) Cadastro de Entidades

Executoras de Programas de Educação Profissional: projeto especial de suporte ao Plano Estadual de Qualificação Profissional/Espírito Santo. Relatório Final 1997; (1993) Meio Antrópico, incluindo Pesquisa de opinião e caracterização da comunidade In EIA-RIMA (Relatório de Impacto Ambiental) para Projeto TIMS – Terminal Industrial Multimodal da Serra. Vitória, ES: Centro de Estudos de Ecossistemas Aquáticos – CEEA.

Estudos também foram realizados com:

1) O Ministério de Trabalho (Brasilia, DF) – Projeto de avaliação do Plano Estadual de Qualificação Profissional: Avaliação da eficácia e da efetividade social do Plano Estadual de Qualificação Profissional/Espírito Santo; Cadastro de Entidades Executoras de Programas de Educação Profissional: projeto especial de suporte ao Plano Estadual de Qualificação Profissional/Espírito Santo – 1996-1999.
2) SEBRAE-ES. Relatórios GEOR – estudos sobre arranjos produtivos no Espírito Santo e o projeto Observatório de Competividade Sistêmica das Micro e Pequenas Empresas do Estado do Espírito Santo (2006). Em 2002, NAPS alterou seu nome para **DATAUFES** numa tentativa de modernizar sua visibilidade. Participou com a **Data|UFF**, de 2002 a 2004, na pesquisa nacional **PESB** – Pesquisa Social Brasileira, e em 2002 com a **ESEB** – Estudo Eleitoral Brasileiro, executando a amostra probabilística do Espírito Santo para os três trabalhos.

Na área de extensão foram desenvolvidos projetos com setores da população capixaba: (2001-2007) Projeto Caranguejo: Bioecologia do caranguejo *Ucides Cordatus* e caracterização sócio-econômica e de saúde dos catadores de caranguejo no Espírito Santo. Relatório Final; (2006) Estudo interdisciplinar dos sistemas pesqueiros marinhos do Estado do Espírito Santo, Brasil, utilizando o método *Rapfish*; (2007) Os entraves sociais e políticos para sustentabilidade da aquicultura costeira em Anchieta; (2007) Efeitos da explotação de rochas ornamentais na vida dos trabalhadores e na população: o caso especial de implantação do setor na região norte do Estado do Espírito Santo.

Todos os projetos citados acima envolveram alunos da graduação e pós-graduação da UFES. Com poucas exceções, receberam bolsas de estágio que permitiram permanência na universidade, áreas de estudo e trabalho em projetos e tarefas de estudo. Muitos utilizaram dados coletados nas pesquisas e nos projetos para monografias e trabalhos publicados eventualmente. O crescimento intelectual e o desenvolvimento de habilidades, como pesquisadores de campo, marcaram cada projeto. Suas responsabilidades incluíam registro, computação e análise de dados. Todos conheceram geografica e politicamente os municípios do Estado, bem com conviverem com populações de pescadores, catadores de caranguejo, operários de explotação de granito e comunidades rurais. É com grande satisfação que além dos importantes resultados de atividades de pesquisa e extensão foram formados profissionais pesquisadores muitos dos quais hoje são mestres e doutores nas suas áreas.

Aposentadoria ativa

Para mim, a aposentadoria não significou parar profissionalmente. Continuo como professor em diversos cursos de formação de psicólogos na ACP. Trabalho na promoção de grupos de encontro e de Workshops vivenciais. Depois de um período isolado no estabelecimento de uma reserva florestal, em Marechal Floriano, envolvi-me como avanço da Abordagem por meio de consultorias e projetos de planejamento estratégico para clínicas e institutos de Psicologia. Descobri como a Abordagem e seus processos grupais podem ser aplicados para o desenvolvimento institucional. A Reserva Particular de Patrimônio Natural – Rio Fundo está com 16 hectares de floresta da Mata Atlântica em recuperação. Já foram plantadas em torno de 10.000 árvores nativas na propriedade. Também tenho um projeto Reflorestar – reunindo mudas de pupunha eabacate na Mata Atlântica. O próximo projeto será de um Observatório Florestal para receber visitantes à RPPN e participar em atividades de Educação Florestal. Participo ainda como Vice-Presidente da Associação para o Desenvolvimento de Rio Fundo. E jogando basquetebol com veteranos do Espírito Santo e da Seleção Brasileira de Masters 75+.

> O futuro: resgate, memória e aplicação

Penso que o futuro, perante os acontecimentos recentes do Coronovírus-19, tem desafios especiais para pessoas como eu. Continuo querendo contribuir para o avanço e desenvolvimento da Abordagem Centrada na Pessoa. Meus textos tentaram chamar a atenção para uma sistematização mais consciente da teoria e experiência prática da ACP. Sinto pouco respaldo nos encontros e fóruns para buscar novos caminhos. Precisamos formar não só psicólogos na ACP, mas também pesquisadores. Precisamos, sim, das clínicas e dos institutos da ACP que nos juntam em cursos, seminários e serviços psicológicos. Mas há necessidade de organizações do futuro, que possam elaborar investigações e pesquisas empíricas. Não adianta pensar em faculdades, universidades ou instituições governamentais. O caminho precisa ser descoberto. Há muito material escrito ainda desconhecido. Há partes da teorização rogeriana que precisa ser integrada com outros pensamentos sobre a psicologia humanista e transpessoal. As nossas experiências e aplicações da Abordagem esperam consolidação e maior transparência. Quem pode fazer isso? Ir além da memória e da produção de Carl Rogers? Isso sou eu, o que penso.

2.

2.0 O CONTEXTO LÍQUIDO DE AGORA

A realidade do momento se altera nos segundos para a escrita da frase. Não obstante, é imperativo contextualizar essa obra na medida dopossível. Os textos apresentados aqui foram selecionados para oferecer um fundo para o raciocínio, mesmo fragmentado, de aspectos relevantes das minhas reflexões e pensamentos sobre a Abordagem Centrada na Pessoa — ACP.

Seria necessário um volume a parte para analisar as transformações e tendências sociais, econômicas e políticas da situação brasileira atual num contexto mundial de transtorno. As doenças impetuosas emergiram com força nessa era globalizada, ameaçando a saúde pública em qualquer recanto, impondo à Medicina e à Ciência Biomédica papéis até então desconhecidos.[1]

O contexto educacional brasileiro também alcançou sua própria desconstrução com complexas transformações da significação de educar, ensinar e aprender. A figura do educador profissional, como ator respeitado nas instituições educacionais e nas comunidades locais, é questionada – senão descartada.

As Universidades Federais brasileiras que, em passado recente, tinham reconhecimento e respeito inigualados, agora encaram questionamentos redobrados de sua relevância pela emergência das redes

[1] DINGWALL, R.; HOFFMAN, L. M.; STANILAND, K. Introduction: why a sociology of pandemics? **Sociology of Heath & Illness**, v. 35, n. 2, p. 167-173, 2013.

particulares de ensino e cursos *on-line* de toda espécie, bem como politização do sistema educacional como um todo. Sem dúvida, é um contexto líquido, no qual filosofias e teorias humanistas podem não ter ressonância para alunos, clientes e serviços de ajuda psicológica.

Os textos a seguir examinam a atuação de uma Abordagem Centrada no Aluno — ACA, dilemas da ACP neste mundo em transição, poder, autoridade e conflito na ACP, e algumas experiências positivas na educação.

2.1 ALGUNS DILEMAS DA ABORDAGEM CENTRADA NA PESSOA PARA AS SOCIEDADES EM TRANSIÇÃO

Este artigo examina problemas enfrentados pelo profissional da Abordagem Centrada na Pessoa — ACP nas sociedades em desenvolvimento. E revisa transições globais e regionais ocorridas desde o início dos anos 1980, período marcado por complexos processos culturais, políticos, sociais e econômicas, gerando resistências às teorias e práticas do ACP.[2]

As observações iniciais aqui descritas baseiam-se em experiências com a formação de psicólogos na ACP, grupos de encontro e salas de aula no ensino superior brasileiro. Elas destacam pontos essenciais do sucesso contínuo da ACP, apesar das limitações encontradas para uma compreensão e um acolhimento da proposta centrada na pessoa no Brasil, nos níveis cultural e social.

Qualquer tentativa de generalizações sobre condições sociais, culturais e políticas e seus contextos pode conduzir a erros e distorções superficiais e distantes dessas realidades. A ideia em focalizar alguns problemas mais críticos enfrentados pelo praticante (terapeuta, conselheiro, facilitador, educador, instrutor, pesquisador etc.) da ACP

[2] Este artigo está fundamentado em dois trabalhos publicados anteriormente:
DOXSEY, J. R. Algunos dilemas del Enfoque Centrado en la Persona en sociedades en transición, **Psicologia Iberoamericana**, v. 6. n. 1, p. 26-37,1988.
DOXSEY, J. R. Some dilemmas facing the Person Centered Approach in transitional societies: a sociological perspective. In: **International Forum of the Person Centered Approach**, Oaxtepec, Morelos, México, 1., 1982.

baseou-se no pressuposto de que, na sociedade em desenvolvimento, em transição, há condições que tendem a criar resistências específicas.

Esse mesmo argumento poderia ser utilizado em relação às atitudes, aos valores e aos comportamentos típicos das populações nas chamadas sociedades "desenvolvidas". No entanto, a atenção aqui será dada às diversas condições específicas atualmente encontradas nos ambientes em transição do Terceiro Mundo, com base na hipótese geral de que essas culturas têm características em comum.

Trabalhos escritos e discussões ocorridas durante os eventos internacionais da ACP, desde o 1º Fórum Internacional em Oaxtepec, México, em 1982, tendem a apoiar essa hipótese. A troca de experiências profissionais e pessoais, as frustrações, os problemas e as expectativas, particularmente nos Encontros Latino-Americanos, revelam eixos temáticos semelhantes e processos psicológicos e sociológicos vivenciados pelos participantes das Américas, apesar dos diferentes contextos culturais específicos.

Neste sentido, é relevante continuar essa tentativa de microanálise, felizmente com a plena consciência, inicialmente, da necessidade de aprofundamento e dos perigos do erro das generalizações, atribuindo características gerais do conjunto de fenômenos baseados em características individuais ou singulares.

Uma segunda limitação nesta análise diz respeito aos conceitos do Terceiro Mundo, tais como uma sociedade tradicional, sociedades em transição, etc. Sabemos muito bem que as referências comparativas entre os "mundos em desenvolvimento", além de irritantes e perniciosos, são cada vez mais arriscadas, dados os complexos processos de globalização de sistemas e ideias à vista.

A globalização econômica, com suas ramificações políticas, sociais e culturais, redefine papéis e estratégias e solidifica a estratificação dos lugares. Não há dúvida de que, em diferentes níveis de desenvolvimento, a estratificação inerente de territórios, países e continentes foi solidificada com todas as suas condições de bem-estar e mal-estar.

Segundo Veiga-Neto, neste milênio, nós vivemos amplo e profundo sentimento de crise, independentemente de ser com relação à existência material ou ao produto de nossos discursos, manifestando-se como crise da Humanidade. Ele cita como exemplos a expansão do binômio de esgotamento, poluição ambiental e aumento da miséria endêmica, combinado com a crescente concentração de renda, com a disseminação das várias formas de terrorismo, com a combinação de diferentes formas de opressão social e exclusão, e com a crise moral que parece se expandir pelo mundo.[3]

A intervenção psicossocial da ACP é um processo micro que ocorre dentro de um processo de transição macro. No entanto, permanece, como antes, uma intervenção entre as pessoas e seu meio.

A seguir, examinamos, inicialmente, algumas considerações estabelecidas em um artigo anterior[4] e, em um segundo momento, as mudanças e transformações ocorridas ao longo desse período. Para facilitar a leitura, o texto original, de 1982, é apresentado em letra normal, e os comentários, de 1998,[5] destacados em itálico.

Os comentários em itálico apontam as resistências específicas e as barreiras que continuaram a dificultar a introdução e a implementação do ACP. Também analisamos alguns avanços da ACP e mudanças no contexto global. Os esforços da ACP para "sobreviver" como uma proposta teórica e experiencial são comentados, apontando problemas comuns aos seus profissionais. A última parte critica as estratégias alternativas para enfrentar os problemas previamente configurados, originalmente levantados no texto de 1982.

Condições especiais em sociedades em desenvolvimento

No artigo de 1982, fiz uma reflexão sobre as condições especiais encontradas em sociedades em desenvolvimento. Abordo uma discussão sobre o mundo e a pessoa de amanhã, no qual Rogers[6] sintetiza tendências e desenvolvimentos que sugerem a obtenção de "uma massa

[3] VEIGA-NETO, A. **Crítica pós-estruturalista e educação**. Porto Alegre, RS: Salina, 1955.

[4] DOXSEY, J. R. Algunos dilemas del Enfoque Centrado en la Persona en sociedades en transición, **Psicologia Iberoamericana,** v. 6. n, 1, p. 26-37, 1988.

[5] DOXSEY, J. R. Some dilemmas facing the Person Centered Approach in transitional societies: a sociological perspective. In: **International Forum of the Person Centeres Aproach**, Oaxtepec, Morelos, México, 1., 1982.

[6] ROGERS, C. R. **A way of being**. Boston: Houghton Miffiin, 1980. p. 343-348.

crítica" — uma série de processos convergentes e descobertos que representam uma possível mudança no paradigma dos valores humanos e dos sistemas sociais.

Ele descreveu as qualidades da "pessoa de amanhã" em um cenário futurista centrado nela. Dentre as qualidades listadas está o desejo de alcançar a autenticidade, questionando a Ciência e a Tecnologia; a busca pela amizade íntima; atitudes positivas em relação à Natureza, ao anti-institucionalismo, à centralização da autoridade "dentro de si"; e a falta de importância atribuída às coisas materiais.

Como descrito no artigo de 1982, Rogers, em 1980, pelo menos estava certo em prever a mudança de paradigmas. As mudanças globalizadoras nos sistemas aparecem como pré-condições para transformações de valores. Hoje, no entanto, consumismo, comportamentos egoístas e individualistas caracterizam os valores atuais mais do que as qualidades contempladas por Rogers. (As novas tecnologias, a crise mundial do Coronavírus e suas consequências econômicas, as políticas sociais modificaram totalmente as previsões do passado para todos nós.)

Infelizmente, para a grande maioria da população do Terceiro Mundo, o cenário proposto por Rogers sobre a pessoa do futuro parece distante das duras realidades da pobreza generalizada, das guerras civis e nacionais, da injustiça social e da injustiça política mantida pelos opressores e suas autoritárias regras "fechadas". Os detalhes austeros das condições socioeconômicas e políticas dessas populações estão bem documentados e não precisam ser discutidos aqui. Subsetores sociais e novas elites surgiram em muitas nações, nas quais essas pequenas minorias se beneficiaram de tentativas de modernização, industrialização e mecanização das economias agrícolas.

Estatísticas globais recentes confirmam o empobrecimento de grande parte da população em cada país latino-americano. No Brasil, a concentração de renda é uma das maiores do mundo. Apesar da "abertura política", os processos verdadeiros de democratização são lentos e a economia amplia seu controle político e financeiro sobre a maioria absoluta da população.

O crescimento econômico tem sido acompanhado pelo aumento das desigualdades, do subemprego e da infraestrutura física e social inadequada para a maioria da população do Terceiro Mundo. A rápida urbanização nas últimas duas décadas simplesmente aproximou a população das cidades superlotadas. A destruição de escassos recursos naturais e a delicada ecologia das florestas, vastas terras interiores e áreas costeiras parecem caracterizar essa busca por "desenvolvimento".

A globalização econômica consolida políticas neoliberais que representam retrocessos governamentais na distribuição de serviços, em versões de infraestruturas urbano-sociais, e na luta contra a injustiça social.

Valores familiares, tradições, costumes na vida de pequenas comunidades, têm sido perturbados por esses processos complexos. Há evidências de decepção e desespero pelas consequências negativas dessas mudanças rápidas. Neste momento, em muitas sociedades, os custos humanos da modernização excederam em muito os benefícios limitados do chamado processo de desenvolvimento.

Além dos problemas socioeconômicos e das consequências negativas citadas, o aumento da violência humana urbana está ameaçando cada vez mais a qualidade de vida da população. Tráfico e uso de drogas, violência nas escolas, nas ruas e na família, caracterizam o ambiente sociocultural urbano. A falta de segurança pública é sentida em todos os setores, tornando-se o maior problema que a população em geral tem.

Percebemos um conflito considerável sobre quem ou o que "culpar" pelo estado atual. A responsabilidade é atribuída ao clima, à história, à natureza humana, à sorte, aos capitalistas, aos comunistas, às corporações multinacionais, à divisão internacional do trabalho, ao complexo militar-industrial, às atitudes dos ricos ou dos pobres. As nações mais desenvolvidas, de forma errada ou adequada, são alvos da maioria dos críticos.

Argumenta-se que seu apoio a governos corruptos e minoritários perpetua a maioria dos males do Terceiro Mundo. As mudanças estruturais de longo alcance, necessárias para melhorar os padrões de vida e promover o verdadeiro desenvolvimento dos recursos humanos nessas sociedades são, na melhor das hipóteses, idealizações de transições de longo prazo que devem ocorrer. Pelo menos por períodos curtos e intermediários, as "fontes de oposição e antagonismo para um mundo mais humano e benevolente" como caracterizado por Rogers[7] parecem continuar no comando.

É cada vez mais difícil atribuir responsabilidades às forças e tendências globalizadoras. A reorganização global de recursos, o consumo e a

[7] ROGERS, C. R. **A way of being**. Boston: Houghton Miffiin, 1980. p. 356.

divisão internacional do trabalho, as estratégias citadas como necessárias para equilibrar as irregularidades do desenvolvimento e alterar as condições mínimas de subsistência, aumentando a possibilidade de qualidade de vida digna para a grande maioria do Terceiro e Quarto mundos, têm sido pouco reconhecidas pelas nações mais poderosas. As políticas governamentais neoliberais, que alardeiam a descentralização financeira e a racionalização, tendem a diminuir em quantidade e na qualidade os serviços públicos de saúde, educação e segurança.

É improvável que a visão do futuro de um mundo mais humano seja aceitável para as elites militares e políticas que controlam a maioria das nações do Terceiro Mundo, particularmente se as mudanças estruturais necessárias para garantir um sistema mais humano signifique uma perda de poder econômico ou político ou ambos. Mudança, nas sociedades em transição, é um termo carregado de valores. Aqueles que defendem a "mudança" confrontam o sistema tradicional, mesmo que sutilmente, arriscando reações dos detentores de poder no sistema ou na falta de apoio da maioria política imobilizada. Aqueles que não defendem a mudança tendem a ser alienados por grupos intelectuais e ideológicos que atacam ativamente o sistema.

A "mudança" continua a ser um termo carregado de valores neste final de século, particularmente as estruturais, que preveem a redistribuição da riqueza, do poder político e a expansão dos serviços básicos urbano-sociais. Ao mesmo tempo, há agora um maior consenso político sobre as necessidades de mudança e as "reformas" políticas, mesmo as constitucionais, não garantem as transformações desejadas. O discurso ideológico parece ter diminuído, felizmente ou não, como fator de conflito. Com o fim das forças militares como jogadores políticos visíveis, a elite político-econômica está juntando forças com o mercado internacional sem a aparente.

O profissional da ACP é uma figura visível neste campo de reações extremas e de afirmações filosóficas e ideológicas. Os humanistas, centrados na pessoa, em algum momento são colocados "no meio" desses conflitos, ficando aparentemente "neutralizados" pela extremidade das opções propostas.

Este parágrafo, em retrospectiva, exagera um pouco o nível de visibilidade do profissional da ACP. Também não poderíamos projetar nossos profissionais "no meio do conflito", considerando que alguns são fortemente comprometidos com a resistência e a reforma política em seus países, e altamente conscientes da realidade sociopolítica. (No trabalho escrito em 1982, essas posturas políticas nem sempre foram aparentes.)

Mesmo que a maioria da população seja capaz de suportar alterações políticas que afetem sua situação pessoal, as lições adquiridas ao longo de muitos anosensinaramàs pessoas a permanecerem em dúvida sobre os resultados de "mudança", e aqueles que se identificam com essa mudança. O praticante da ACP, então, trabalha dentro de um sistema social e político que experimenta rápidas transformações e retém os vestígios dos sistemas tradicionais com suas armadilhas culturais. Forças a favor e contra a mudança ameaçam todos em diferentes graus.

A visão cética dos processos globalizadores caracteriza bem a situação atual. Vivemos, no entanto, em sistemas sociais e políticos marcados pela diversidade e pela convivência da modernidade, da tradicionalidade e da pós-modernidade. Tal convivência raramente é pacífica semanifestada na mesma pessoa, família, instituição ou comunidade. Talvez sejamos, hoje, menos ingênuos sobre o ritmo e a extensão da mudança humana, em todas as suas dimensões.

Muito das mudanças convergentes referidas por Rogers podem promover mudança de paradigma e nos parecem mais relacionadas às descobertas feitas principalmente em sociedades desenvolvidas, em resposta ao materialismo ocidental e às consequências desumanizadas de sistemas altamente técnicos e orientados à produção.

O mundo ocidental desenvolvido não está configurado hoje com uma imagem positiva ou algo a ser copiado a qualquer custo. Não estamos tão esperançosos de que os processos convergentes mantidos por Rogers aconteçam em nossa sociedade ou necessariamente produzam os mesmos efeitos. As consequências da não mudança são melhores ou piores do que as consequências desumanas de sistemas altamente técnicos e orientados à produção?

No contexto em desenvolvimento das sociedades em transição, a entrevista de Rogers sobre "massa crítica" está fora de foco. Isso, é claro, não invalida a ACP ou questiona sua aplicabilidade para o desenvolvimento de sociedades. Isso sugere, entretanto, a necessidade de um ponto de referência diferente ao examinar o impacto da filosofia presente na ACP sobre as sociedades em transição e as resistências encontradas.

Hoje, sabemos muito mais sobre a aplicabilidade da ACP nas sociedades em desenvolvimento. Reconhecemos que a ACP não necessita de uma revisão teórica para atender a uma reforma sociopolítica. É óbvio, pela ampliação de sua aplicabilidade em diversas instituições sociais, em grupos sociais diferenciados, em processos psicoterapêuticos com todos os setores e classes sociais, que é uma abordagem com consequências e com resultados positivos. A amplitude da aplicação da ACP está registrada nos trabalhos, artigos e nas pesquisas apresentados nos Encontros Latino-Americanos, bem como em teses, dissertações e publicações científicas.

Não precisamos mais discutir ou verificar se Rogers estava certo ou não sobre o futuro. O importante é refletirmos sobre as tendências transformadoras referidas por ele, tais como "massa crítica", a mudança de paradigmas ou valores humanos e verificar como essas tendências se processam na realidade do mundo atual. Essa discussão agora é nossa e precisamos encarar também um trabalho filosófico crítico.

Barreiras à abordagem centrada na pessoa

No artigo de 1982, um dos aspectos discutidos se refere às barreiras enfrentadas pelos profissionais da ACP, assim como a própria aceitação desse enfoque nas áreas de psicologia e educação. Nas sociedades em transição, o setor profissional que promove uma gama de serviços humanos tem se expandido lentamente. Muitos programas e serviços sociais são limitados por abordagens tradicionalmente rígidas. Há uma tendência entre os profissionais em questionar sobre a aplicação dos métodos não tradicionais ou experimentais.

A abertura a filosofias alternativas ou a abordagens humanistas é obstruída pela educação profissional tradicional. Como no sistema educacional remanescente, o modelo de aprendizagem é basicamente o da transmissão unidirecional do conhecimento focadona autoridade pessoal do professor. Educadores tradicionais raramente reforçam filosofias não tradicionais como a ACP. Muitos deles simplesmente abordam paradigmas tradicionais europeus ou norte-americanos em Psicologia, Psiquiatria, Educação, Orientação, Serviço Social, etc.

Poucos avanços na aceitação de abordagens humanistas podem ser observados nos sistemas educacionais e métodos que formam profissionais que atuam em relações de apoio ou Psicoterapia. Os paradigmas tradicionais da Psicanálise e Psiquiatria dominam no ensino superior e nas escolas de formação, com aumento da influência das abordagens comportamentais. O método construtivista teve um impacto limitado na educação, na política, mas nem sempre associado a uma abordagem verdadeiramente centrada no aluno.

O profissional de ACP, muitas vezes, trabalha direta ou indiretamente com as manifestações da pobreza, com os problemas sociais e com outras formas de sofrimento humano. O psicólogo que atua na área da terapia tende a estar mais envolvido com a elite ou com os setores de classe média alta de sua sociedade. E programas comunitários de saúde mental ou prevenção são raros.

Do mesmo modo, os educadores que trabalham com a ACP nem sempre atuam diretamente nas escolas públicas. Grande parte da população pobre não conclui sua educação. Neste sentido, verifica-se pouco contato direto dos educadores da ACP com a população mais pobre, que é quase sempre a maioria da população.

No artigo de 1998, discutimos que apesar do aumento de profissionais na ACP e de um maior número deles engajados em projetos e programas com abrangência social, a ação psicoterapêutica contínua focada nas classes média e alta. Os programas comunitários de saúde mental ou prevenção permanecem escassos. O número de educadores que trabalham diretamente com educação/aprendizagem centrada no aluno não parece ter aumentado na América Latina.

Enquanto sociólogo, o profissional da ACP é uma figura solitária que raramente recebe total apoio das autoridades, dos gestores ou de seus colegas. Mudanças na orientação pessoal exigidas pela filosofia da ACP podem entrar em conflito diretamente com o sistema tradicional e seu conceito de autoridade, rigidez e controle. Aqueles que se identificam com a ACP são indiretamente e, muitas vezes, inconscientemente tidos como uma "ameaça" para os outros e para o *status quo* do sistema tradicional.

Em 1998, revendo essas ideias, destaco que este parágrafo tem um tom negativo indevido. Considerando o crescimento do número de eventos regionais, nacionais e internacionais, bem como o surgimento de redes de troca de experiências, dúvidas, frustrações e ideias, os profissionais da ACP não são tão isolados ou desamparados. Vejamos as ameaças aos sistemas e às figuras de autoridade como um sinal positivo de propostas alternativas de trabalho. Os consequentes conflitos de trabalho mais humano devem ser enfrentados naturalmente e entendidos como sintomáticos de algum avanço.

No artigo de 1982, descrevo como a ACP abrange valores básicos, comportamentos e premissas de interação humana que contradizem abordagens mais tradicionais ao indivíduo, aprendizagem, tomada de decisão, vida familiar e institucional. Os conflitos ideológicos e políticos descritos acima são mais visíveis nas sociedades tradicionais, onde nem sempre se valoriza a pluralidade de ideias e comportamentos.

Reações típicas e resistências do crescimento ao desenvolvimento pessoal são mais complexas nessas situações. É quase sempre difícil para o profissional da ACP facilitar o diálogo quando surgem conflitos humanos que refletem em si as profundas contradições do grande sistema sociocultural. As metodologias da ACP e seus profissionais são imediatamente responsabilizados pelos conflitos latentes expostos.

Hoje (artigo do ano de 1998), mais do que nunca, eu diria que o mito da pluralidade do pensamento e da ação predomina em toda a sociedade humana, independentemente do seu nível de "desenvolvimento". Os valores básicos, os comportamentos e as premissas da interação humana da ACP continuam a contradizer e a produzir desconforto para as normas culturais e para os valores culturais mais tradicionais. Portanto, nossa abordagem ainda pode ser considerada uma alternativa. Por isso, precisamos estudar melhor nossas premissas sobre saúde mental humana, crescimento e aprendizagem, independentemente e por causa desses conflitos humanos emergentes.

Em 1982, foi observado que as respostas individuais e as reações à relação terapêutica variam, é claro, como em qualquer sistema. Uma pessoa com uma personalidade rígida e autoritária, altamente reforçada pelo sistema social e político, percebe a ACP como uma experiência altamente ameaçadora. Tendo violado as normas terapêuticas tradicionais, o profissional da ACP é vulnerável a críticas.

A postura reflexiva, empática e útil do profissional da ACP tende a ser um alvo fácil para aqueles que antecipam o papel autoritário do sábio analista. O modelo realmente viola as expectativas do grupo, em quese espera que os "líderes" sejam fortes e articulados, demonstrando sua autoridade e responsabilidade no grupo.

Comentando esse parágrafo em 1998, destaco que ele exagera muito a vulnerabilidade do profissional; no entanto, temos ouvido desproporcionalmente críticas generalizadas às terapias humanistas. As críticas mais severas são direcionadas a educadores e facilitadores do grupo de quem ainda se espera uma distância autoritária e uma sabedoria do profissional.

Em nossa opinião, o profissional enfrenta uma série de ataques em relação às fortes implicações culturais, sociais e políticas mais acentuadas em suas experiências profissionais do que em situações semelhantes nas sociedades mais "desenvolvidas".

Não sei se essa alegação de que os ataques aos profissionais são necessariamente mais pronunciados do que nos países do Primeiro Mundo. Depois de um ano ou mais de compartilhamento de experiências via Internet com profissionais da Europa, Canadá e Estados Unidos da América, dentre outras localidades, sinto que há mais semelhanças do que diferenças no clima hostil e competitivo das instituições, em confrontos em grupo em reuniões entre profissionais e em problemas externos com clientes vivenciados por nossos colegas do que eu imaginava.

Cito a seguirvárias reações específicas experimentadas no Brasil, inicialmente o olhar do autor em 1982 e, em seguida, uma releitura realizada em 1998:

O argumento da "tecnologia importada"

Esta crítica é direcionada à filosofia da ACP, bem como aos profissionais que atuam segundo esse enfoque. A ACP é vistacomo um modelo sofisticado, importado dos Estados Unidos da América e de outros países mais desenvolvidos. Argumenta-se que o cliente, aluno ou instituição não está preparado para a ACP. Em outras palavras, o nível de desenvolvimento da sociedade requer uma técnica mais simples, que requer menos do participante, cliente, aluno...

Ainda (escrita de 1998), enfrento esse argumento pessoalmente na sala de aula e nos grupos de aprendizagem. Por um lado, o questionamento parece válido no sentido de estimular a reflexão sobre as formas mais adequadas de preparar os participantes para vivenciar o "novo". Por outro, focar o aprendizado ou o processo terapêutico na pessoa inevitavelmente produz algumas reações normais de resistência. Esse argumento continua a ser sintomático de inferioridade e racionalização superficial.

O argumento do "imperialismo cultural"

Aqui, ele apela para valores nacionalistas ou etnocêntricos, desafiando o profissional da ACP, dizendo que ele tenta impor valores ocidentais, americanos ou culturalmente estrangeiros aos outros. A metodologia é atacada, da mesma forma que no argumento da "tecnologia importada", como inadequada para a cultura do grupo em questão. Este argumento é frequentemente feito em combinação com os outros argumentos descritos a seguir.

O termo "imperialismo" tem sumido ultimamente (1998). Curiosamente, críticas desse tipo raramente são dirigidas à Psicanálise Freudiana ou a outras metodologias "importadas".

O argumento "ideológico"

O argumento ideológico concentra-se em três aspectos principais. Um deles vê uma interpretação da ACP como "individualista", ou seja, principalmente preocupada com o crescimento e, ou mudança individual. Argumenta-se que a filosofia da ACP está de acordo com o dogma subjacente do capitalismo focalizado no bem e no valor do indivíduo, e não no bem da sociedade. Abordagens humanistas são olhadas, portanto, distorcidamente como envolvendo os valores do capitalismo, reforçando assim o sistema capitalista. A ACP é, então, vista como um produto do capitalismo.

O segundo ponto é centrado em torno da percepção da filosofia como focada principalmente na resolução de conflitos. Argumenta-se que tais abordagens são antidialéticas ou antirrevolucionárias. Quando um indivíduo se torna mais empático, "focado", autêntico, é apontado que o rancor pessoal contra o sistema, a elite de classe, é diluído.

Nesse sentido, os profissionais da ACP vendem um falso humanismo que esconde os problemas reais e as profundas lacunas entre as classes socioeconômicas. Argumenta-se que o fracasso de uma filosofia centrada na pessoa em lidar adequadamente com a desigualdade social e a injustiça é a prova de sua inadequação para as sociedades em transição. A ACP, nesse sentido, é vista como elitista, como uma "forma de masturbação emocional" das classes mais altas.

O terceiro ponto está relacionado ao segundo. Os críticos argumentam que as intervenções da ACP estão voltadas apenas para as classes alta e média. Eles questionam também onde estão os esforços dos profissionais para aumentar a conscientização das classes trabalhadoras, que deveriam ser o verdadeiro desafio para o profissional humanistamente orientado no Terceiro Mundo.

Como no argumento anterior, em 1998, percebo que o questionamento ideológico diminuiu em muitas situações em que o capitalismo, o imperialismo e os conflitos sociais de classe eram previamente muito debatidos. A ACP continua a ser rotulada e interpretada como "individualista", embora haja muitas evidências de que há um reconhecimento da sua eficiência para enfrentar problemas na interação familiar, social e cultural. Do nosso ponto de vista, o último ponto continua sendo uma questão válida.

O argumento do "sistema fechado"

Este argumento é mais encontrado em faculdades ou instituições universitárias, em quea validade de uma possível experiência na ACP bem-sucedida é questionada quando o aluno continua depois dentro de um sistema fechado. Essencialmente, o que é desafiado aqui é a utilidade da exposição isolada a uma abordagem não tradicional. Muitos estudantes argumentam que os ajustes difíceis feitos durante a experiência ACP serão de pouco valor para eles no futuro em sistemas.

Muitas das mudanças são vistas como inoperantes, sendo que os comportamentos e as habilidades valorizadas na experiência ACP são interpretados como "fraquezas" ou imperfeições em outras aulas. Aqui, a pessoa parece querer alguma garantia de que as mudanças efetivas serão "de valor", duráveis e, ou, produtivos.

O argumento da "irresponsabilidade"

Esse argumento é comumente utilizado para desacreditar a ACP em praticamente todas as situações ou circunstâncias. Nas sociedades em transição, isso carrega peso adicional ao se destinar à maioria da população menos instruída. Sua premissa básica é que os seres humanos, especialmente os menos educados ou economicamente marginalizados, são incapazes (limitados) de assumir maior responsabilidade pelo seu próprio comportamento, seu aprendizado ou participar ativamente do processo de tomada de decisão. A crença de que certos grupos e indivíduos querem e precisam de controle está implícita aqui.

Em sistemas autoritários, o controle é valorizado. A falta de uma estrutura tradicional é percebida como falta de controle. Se controles externos ou autoridade forem removidos, presume-se que o sistema se desintegrou ou se tornou mais ineficiente. Ao ser aplicado à experiência educacional, por exemplo, espera-se que a falta de uma estrutura tradicional em sala de aula resulte em menos aprendizado, comportamento irresponsável por parte do aluno e, ou, relaxamento de importantes padrões acadêmicos.

Parece-nos que este argumento, infelizmente, continua (em 1998) a ser encontrado em todos os níveis da sociedade. No fundo, há preconceitos enraizados nessas atitudes e percepções autoritárias que expressam desprezo e falta de respeito às normas para um controle e para uma estrutura mais rígida.

O argumento da "imperfeição"

Aqui, o jogo se torna uma reação defensiva à ideia de tomar posse real da responsabilidade real. A pessoa argumenta que está inadequadamente preparada para começar neste momento a assumir maiores riscos sem orientação ou apoio considerável. O foco está aqui na questão da dependência. A dependência pessoal do educador, facilitador, terapeuta, líder ou figura de autoridade é a característica do sistema tradicional.

O sistema educacional é responsável pelo cultivo da síndrome da imperfeição nos alunos. Ficamos constantemente surpresos com o número de bons alunos nas universidades brasileiras que se sentem incapazes de aprender por si mesmos, que não confiam em suas habilidades básicas e verbalizam sentimentos de imperfeição pessoal no desenvolvimento de seus próprios interesses, na avaliação de suas necessidades de aprendizagem e progresso.

Muitos educadores tradicionais criam e reforçam sentimentos de imperfeição nos alunos como um mecanismo de controle. A síndrome de imperfeição é difícil de superar no curto período de um semestre, em condições limitadas de treinamento ou em laboratórios em grupo.

Dependência, sentimentos de inferioridade e imperfeição pessoal são posições que são cultivadas e reforçadas em nossas sociedades ainda em 1998.

A argumentação da "falta de estrutura"

Este argumento é quase sempre experimentado por todos os praticantes da ACP. A falta de um tipo tradicional de estrutura ou modelo é interpretada como uma total falta da mesma. Como mencionado antes, em sistemas tradicionais, isso leva a uma mensagem dupla. A falta de uma estrutura formal significa a ausência de dois ingredientes necessários para um acordo com o resultado palpável: direção e controle.

Em certas culturas e instituições, a experiência não estruturada é traduzida como desorganização, falta de preparo, ausência de conhecimento e credenciais insuficientes (ou mesmo não profissional). Às vezes, a percepção da falta de estrutura produz sentimentos no participante de que o facilitador não se importa com os resultados ou não respeita os outros, as "regras", a instituição, etc.

A ACP é quase sempre atacada como sendo um processo não produtivo ou uma perda de tempo. Discussões políticas polarizadas, como "orientação de tarefas" contra "orientação de processos", metodologia de gestão não diretiva, experiências estruturadas contra experiências nãoestruturadas, adquirem dimensões sutis em sociedades em transição em que a maioria dos sistemas e desempenhos pessoais é presumivelmente ineficaz ou ineficiente.

Participantes dos grupos e estudantes que experimentam a abertura inicial da ACP, raramente são pacientes com o processo. Seus resultados são percebidos como intangíveis (Decepções com experiências da ACP são quase sempre decepções consigomesmos.). Eles alegam a falta de algum tipo de estrutura ou intervenção do profissional, a qual deveria ter acelerado ou facilitado o processo.

Essas acusações e esses argumentos contrários à ACP tipificam os mecanismos mais intelectualizados de autodefesa e autojustificativa. São comuns em instituições de ensino em que os educadores transferem maior responsabilidade pelo sucesso da aprendizagem ao grau de controle externo que conseguem impor aos aprendizes.

O argumento da "revelação pessoal"

O temor das consequências de uma revelação pessoal, exposição de sentimentos, emoções ou opiniões é aumentado nas sociedades em transição, em que fofocas comunitárias e a mídia informal podem potencialmente prejudicar reputações ou relações familiares.

Os participantes argumentam que o envolvimento total na experiência ACP requer um grau de revelação pessoal que eles não estão dispostos a arriscar. Embora parecendo trivial, muitas pessoas em sociedades em transição ainda se percebem como vulneráveis a fofocas ou a rumores destrutivos. Assim, há um elemento adicional de risco pessoal envolvido na experiência ACP para esses indivíduos. Construir confiança no grupo e uma atmosfera livre para uma interação humana autêntica tende a ser mais difícil nessas condições.

Esse argumento se torna menos prevalente na medida em que as sociedades na América Latina desmistificam uma série de preconceitos em relação à terapia, à saúde mental e às expressões mais diretas de sentimento e emoções. O medo da revelação pessoal persiste em ambientes institucionais e de trabalho, onde as relações de poder e interação humana não são trabalhadas em termos de cultura institucional e muitas vezes em comunidades menores.

"Ataque ao profissional"

Em 1982, observamos que este problema é mais uma barreira para qualquer intervenção profissional do que um argumento diretamente contra o ACP. Ataques ao facilitador, terapeuta, educador, treinador e outros mais são comuns em qualquer cultura ou país.

Alguns teóricos afirmam que esse tipo de comportamento de confronto é um bom indicador do crescimento da pessoa e/ou do grupo. Nas sociedades em transição, o profissional é quase sempre atacado com muitos dos argumentos descritos acima, mas raramente diretamente. Ele ou ela é rotulado de "ser vendido" para outro sistema, como "americanizado", sendo algum tipo de agente "contrarrevolucionário".

A figura autoritária projetada no profissional é difícil de ser confrontada pelas pessoas. Ressentimentos profundos em relação às figuras de autoridade (pais, policiais, professores...) são disfarçados até mesmo na abertura da experiência com a ACP. Confrontos pessoais com o profissional tendem a ser evitados, ou, às vezes, bloqueados por outros em uma situação de grupo.

"Respeito" requer atitudes de deferência nos sistemas tradicionais. É difícil lidar com esses pontos corretamente, a menos que eles se manifestem. E é ainda mais difícil reconhecer a importância destes para o crescimento. O crescimento pessoal, a liberdade e o senso de poder pessoal têm dimensões complexas em um sistema fechado e autoritário.

Não sabemos se este item pode ser considerado válido hoje (em 1998). Críticas e ataques a ideias fazem parte da experiência humana. Estamos mais expostos e vulneráveis do que outros profissionais?

Confrontando os dilemas

No artigo de 1982, um dos aspectos discutidos refere-se à aplicabilidade de novos métodos de psicoterapia. Há muitas perguntas sobre os significados dos argumentos encontrados na nossa prática e sobre as resistências à ACP aqui listadas. Elas serão verdadeiras? Que outros pontos merecem nossa atenção? Até onde os profissionais da ACP estão realmente experimentando esses dilemas? Obviamente, essas perguntas não podem ser respondidas aqui.

Em primeiro lugar, parece importante reconhecer que, nas sociedades em transição, a ACP acontece em um contexto cultural, socioeconômico e político diferente daqueles de Primeiro Mundo. Esse reconhecimento não é aparente hoje na literatura, pois se refere às aplicações do ACP nos países em desenvolvimento.

Em segundo lugar, muito trabalho é necessário para documentar os esforços e problemas atuais da ACP nas sociedades em transição. Muitos iniciaram esse processo individualmente, mas não há uma rede visível para consolidar esforços de todos e de fornecer apoio aos profissionais e organizações da ACP. As comparações culturais das experiências na ACP poderiam testar *insights* necessários e promover uma maior compreensão da ACP.

Em 1982, achei que essa preocupação era válida. Hoje, o reconhecimento ou a compreensão dos profissionais do Primeiro Mundo de nossas condições de trabalho ou progresso profissional não tem relevância para o desenvolvimento contínuo do ACP na América Latina.

Oito Encontros Latino-Americanos produziram a documentação e produção profissional e científica como suficientes para registrar nossos esforços e problemas. Ao contrário do início dos anos 1980, hoje temos dissertações, teses e livros publicados por nós. Só no Brasil há mais de uma dúzia de centros e grupos promovendo cursos e atividades permanentes na ACP.

A rede de Internet da ACP com um subgrupo comunicando-se em espanhol/português está em constante crescimento. O problema de uma rede invisível não existe mais. Também houve avanços importantes no Brasil e em outros países latino-americanos com aplicações de grandes grupos, atendimento hospitalar e psicoterapia.

Finalmente, a percepção da filosofia centrada na pessoa, sendo mais atenta ao indivíduo do que à sociedade, precisa ser discutida. Até que ponto o ACP e seus praticantes deixaram de lado as implicações sociais da filosofia ACP? ACP é, realmente, uma alternativa viável para a promoção pessoal e para o desenvolvimento social, bem como para mudanças significativas? Como a ACP pode ser implementada de forma mais eficaz em países em desenvolvimento?

Essas dúvidas foram parcialmente respondidas acima. No entanto, trata-se dequestões relevantes para as próximas décadas, dada a atual situação sociopolítica e cultural da América Latina.

Estratégias alternativas

As seguintes alternativas são oferecidas como sugestões para um esforço mais substancial a fim de lidar com os problemas levantados nesta breve discussão. Essas ideias e estratégias não são totalmente desenvolvidas. Talvez possam ser melhores chamadas de "sugestões estratégicas".

A Abordagem Centrada na Pessoa precisa ser "desnacionalizada"

Assim como Rogers retirou a "estigma" da nãodiretividade da terapia "Rogeriana", os profissionais da ACP precisam trabalhar para disseminar uma filosofia centrada na pessoa de forma apropriada para a humanidade, e não apenas para os países do Primeiro Mundo. Esta é uma tarefa gigantesca. Já há evidências suficientes, em relação às consequências positivas da ACP, para iniciar essa tentativa. Em termos de desenvolvimento das sociedades, uma opção para a ACP é enfrentar abertamente as implicações sociológicas de seu modelo.

Em 1998, observei que a ACP já foi "desnacionalizada" com os eventos internacionais e nossa produção escrita, estimulada em parte por esses eventos. Isso revelou a extensão do nosso trabalho profissional e muitas qualidades particulares de algumas aplicações em nossos países.

Um sistema de suporte robusto deve emergir para os praticantes da ACP

Aqui, concordamos com Rogers quando ele levantou a questão:[8] "Uma organização centrada na pessoa será sempre uma contradição? Nós não pensamos assim." Uma organização internacional não só é possível, mas necessária. O sistema de suporte terá que enfrentar e evitar problemas de credenciais e reconhecimento profissional. Deve ter um alcance internacional e ser constituído e mantido por meiode esforços internacionais. Deve abordar os aspectos importantes da documentação, pesquisa e divulgação das atividades do ACP.

Discordo da firmeza com que expressei a necessidade de uma organização internacional em 1982. Lá, senti a falta de cobertura institucional e uma identificação mais formal com a ACP. Hoje, estou satisfeito com as redes construídas, a continuidade e sucesso dos eventos. Tenho uma desconfiança com tendências recentes na direção organizacional de alguns eventos nacionais e internacionais. Também continuo aberto ao diálogo sobre novas formas de comunicar e apoiar uns aos outros.

A ACP deve ser disseminada como uma abordagem interdisciplinar

É hora do profissional da ACP explorar ativamente os mecanismos de integração de profissionais de outras ciências naturais ou humanas. A prática e a teoria da ACP precisam se expandir ainda mais como uma Psicologia Humanista.

Após anos de trabalho prático e interdisciplinar com psicólogos, médicos e profissionais de outras disciplinas, acredito que os aspectos interdisciplinares ou transdisciplinares da ACP ainda são pouco explorados. Não vejo muita preocupação com isso em colegas terapeutas e

[8] ROGERS, C. R. **A way of being**. Boston: Houghton Miffiin, 1980. p. 161.

não sei mais se essa ênfase seria tão importante para avançar teoricamente e metodologicamente em direção a uma psicologia humanista.

Há necessidade de maior sofisticação na pesquisa e no desenvolvimento de experiências centradas nas pessoas

Isso pode ser alcançado, em parte, por meio da integração previamente sugerida com profissionais de outras áreas. Ao mesmo tempo, os esforços para a construção teórica devem proceder mais cientificamente entre os praticantes da ACP. Essa preocupação certamente deve ser mais discutida nos eventos e atividades do ACP na América Latina. No entanto, vem o questionamento: mais pesquisa para quem? E para que fim?

Os sistemas educacionais são vulneráveis para uma intervenção centrada na pessoa. Apesar da orientação universal da educação centrada no professor, há um espaço para esforços mais concentrados por parte dos educadores da ACP se focalizarem mais na aprendizagem dos aprendizes.

Estou mais pessimista do que nunca em termos da possibilidade de impactar de forma consequente o modelo educacional tradicional. A educação pública na América Latina continua a enfrentar uma crise de recursos e credibilidade. A educação formal, pública e privada, em todos os níveis, não busca uma abordagem mais humana ou centrada no aluno e parece cada vez mais invulnerável à verdadeira transformação de seus objetivos e métodos.

A filosofia da ACP deve incorporar plenamente os conceitos de poder e conflito em seu atual quadro de referência

Esses conceitos têm enormes implicações psicológicas e sociológicas para a compreensão de processos humanos básicos que parecem estar bloqueando o desenvolvimento de "um mundo humano e benevolente". Os pontos centrais de controle, direção e estrutura, encontrados na experiência com a ACP, precisam de maior clarificação para mostrar o seu verdadeiro potencial de transformação educacional.

Reafirmamos nossa percepção da necessidade de lidar de forma mais consistente com os conceitos de poder humano e conflito em nosso quadro de referência.

Uma crítica à ACP que sempre faço não foi incluída no que foi dito acima. Ela diz respeito à reação, tão frequentemente expressa, "mas eu esperava muito mais da experiência." Parece haver alguma qualidade mágica envolvendo a experiência na ACP, pois espalha fantasias sobre os resultados. A experiência centrada na pessoa parece prometer mais do que muitas vezes alcança.

Quando alguém luta para se tornar o que ele poderia ser e não atinge esse objetivo mais plenamente, não há falha, mas uma descoberta de sua humanidade. Alguns recebem a mensagem, outros não. Percebemos o enorme potencial da ACP como uma força contra "fontes de oposição e antagonismo para um mundo mais humano e benevolente". Optamos por continuar a nos expor a essa crítica.

Não temos grandes conclusões para esta discussão. Pessoalmente, mais confiante nessa referência teórica em vias de construção e no valor das experiências acumuladas na ACP; sinto-me ao mesmo tempo menos idealista e mais paciente com a evolução da nossa prática. Concordo com John K. Wood, de que a ACP não é um movimento, mas uma postura. Eu escolho permanecer ligado ás ideias e às pessoas que acreditam em trabalhar para melhores relações entre pessoas e um mundo mais humano.

REFERÊNCIAS

DOXSEY, J. R. Some dilemmas facing the Person Centered Approach in transitional societies: a sociological perspective. In: **International Forum of the Person Centered Aproach**, Oaxtepec, Morelos, México 1., 1982.

DOXSEY, J. R. Algunos dilemas del Enfoque Centrado en la Persona en sociedades en transición, **Psicologia Iberoamericana**, v. 6. n, 1, p. 26-37,1988.

ROGERS, C. R. **A way of being**. Boston: Houghton Miffiin, 1980.

ROGERS, C. R.**Carl Rogers on encounter groups**. New York: Harper & Row, 1970.

VEIGA-NETO, A. **Crítica pós-estruturalista e educação**. Porto Alegre, RS: Salina, 1955.

WOOD, J. K. *et al.* CURY, V. (Org.). **Abordagem Centrada na Pessoa**. Vitória, ES: Fundação Ceciliano Abel de Almeida, 1994. p. 283.

2.2 PSICÓLOGOS E A PSICOLOGIA NUM COMPLEXO MUNDO EM TRANSIÇÃO: NOTAS DE UM SOCIÓLOGO

Este texto foi publicado em 2016.[9] *Com certeza, nos últimos anos, o mundo tornou-se bem mais complexo: aquecimento global, violência continuada, pandemia.... Atuações* on-line *e novidades em cursos e no atendimento psicológico não são abordadas aqui. Os desafios continuem e merecem nossa atenção redobrada.*

> *A era da modernidade líquida em que vivemos – um mundo repleto de sinais confusos, propenso a mudar com rapidez e de forma imprevisível – é fatal para nossa capacidade de amar, seja esse amor direcionado ao próximo, ao nosso parceiro ou a nós mesmos.*[10]

O complexo mundo em transição traz como contexto descontinuidades e desafios para profissionais e para a profissão da Psicologia (Na verdade para todas as profissões; aqueles oferecendo serviços de ajuda ou não.). Aqui, focalizamosas simplicações para a Psicologia e a Abordagem Centrada na Pessoa — ACP. O formato é simples: apenas observações e opiniões pessoais, sem grandes conclusões.

Num evento da ACP, John K. Wood nos apresentou uma pergunta instigante: "Estamos vivenciando o fim da Psicologia?" E observou: hoje em dia, todos somos "psicólogos": na mesa do bar, no fundo da

9 BACELAR, A. (Org.). **Psicologia humanista na prática**: reflexões sobre a abordagem centrada na pessoa. v. 2. Florianópolis, SC: UNISUL. p. 119-122.

10 BAUMAN, Z. **Amor líquido**: sobre a fragilidade das relações humanas. R.J.: Jorge Zahar, 2004.

sala de aula, nas novelas da televisão, no elevador, etc. Ele ponderou isso antes da popularização do celular e das redes de Internet, numa tentativa de questionar os rumos da ACP.

Certamente, a Psicologia não está acabando. Mas, talvez, a Psicologia e seus paradigmas históricos estejam sendo desconstruídos pelos desafios complexos deste mundo em transição. Como andam as terapias individuais de qualquer das abordagens existentes perante os acontecimentos desse novo milênio?

Vivemos neste mundo em transição como sujeitos ou observadores? Até que ponto a mídia eletrônica nos transforma automaticamente e simultaneamente em observadores, participantes e vítimas? É um mundo repleto ainda de diversidade, desgraça e desigualdade, em quedesastre, violência, guerras sem fim penetram em nosso mundo interior. Alguns pensadores observam a banalidade dos fatos, mortos, corrupção e violência produzindo imobilidade e indiferença.

É, sem dúvida, um mundo **exterior** cada vez mais presente em nosso mundo **interior**. Durante um tempo, a globalização era vista como malvada, vilã e uma distorção da realidade. Agora, internalizamos e valorizamos informações da "vila global" como essenciais a nossa construção da realidade e visão desse mundo exterior. E criamos sofisticadas barreiras sociais e psicológicas para nos proteger de todas as implicações para nossa vida.

Surge um descrédito cada vez mais forte, presente das relações primárias em queexperienciamos a desconstrução do casamento, do amor para sempre, da família como núcleo de proteção e segurança, da amizade como um laço significativo e confiável. Segundo Bauman,

> os homens e as mulheres(...) contemporâneos, desesperados por terem sido abandonados aos seus próprios sentidos e sentimentos facilmente descartáveis, ansiando pela segurança do convívio e pela mão amiga com que possam contar num momento de aflição, (estão) desesperados por "relacionar-se". E, no entanto, desconfiados da condição de "estar ligado", (...)"permanentemente", para não dizer eternamente, pois temem que tal condição possa trazer encargos e tensões que eles não se consideram aptos nem dispostos a suportar, e que podem limitar severamente a liberdade que necessitam para(...) relacionar-se(...)"[11]

[11] Idem. p. 8.

Para Bauman, então, a fragilidade dos vínculos humanos está relacionada ao sentimento de insegurança que ela inspira e aos desejos conflitantes de "apertar os laços e, ao mesmo tempo, mantê-los frouxos". Há também um descrédito cada vez maior nas instituições sociais, educacionais, políticas e religiosas.

Por mais que sejam prometidas políticas públicas novas para minimizar a disparidade humana, os processos da modernidade e da tecnologia inviabilizam a utilização sustentável de todo o capital humano disponível. No Brasil, este fato se manifestou claramente nas eleições presidenciais de 2014, mostrando uma Nação dividida pelas suas desigualdades e qualidade de vida.

Neste mundo interior de fenômenos, sendo vivenciados de ordem pessoal e, ou, global, muitas reações, informações e experiências, antes configuradas como pessoais ou até íntimas, agorasãoexpostas como públicas e compartilhadas com outros em rede. Parece uma busca incessante de mostrar ao outro o que vivemos, sentimos e vemos.

Blogs, *selfies*, fotografias e as páginas nossas da Internet são **provas** – evidências de que existimos –, simultaneamente divulgadas para conhecidos, amigos, amantes, família. Elas formam parte de uma nova busca de identidade ou da necessidade para estabelecer uma identidade mais pública? Usando a terminologia de Bauman, essa comunicação instantânea constrói uma "misteriosa fragilidade dos laços humanos".

E, em tempo, não sabemos as consequências para a vida pessoal e para a sociedade. No Brasil, a fragilidade dos laços humanos tem outras dimensões em parcelas da sociedade não conectada: criminalidade, violência contra mulheres, tráfico e consumo de drogas.

Como as demais ciências humanas e sociais, a Psicologia parece não ter incorporado novas conceituações, teorias ou pressupostos para atuação neste mundo em transição. Nem registra claramenteem seus cursos de graduação ou formação a necessidade deparadigmas mais complexos para acompanhar as mudanças (Alguns cursos de pós-graduação são mais "atrevidos" e permitem "conteúdos contemporâneos" nas suas linhas de pesquisa e produção científica.).

Acompanho a formação de gerações recentes de psicólogos na ACP. Em conjuntosde vivência e em comunidades de aprendizagem, observo suas dificuldades e medos na interação íntima dos processos de grupos (Natural e semelhante às nossas dificuldades para alcançar transparência no compartilhamento de nossas vidas íntimas.).

Como produtos da Psicologia acadêmica, que "diagnostica e trata", os novos profissionais também sofrem com suas dúvidas de preparo para estarem numa relaçãode ajuda centrada. Encaram os grupos de encontro e vivencias em comunidade, desenhados para proporcionar possibilidades de aprendizagem intrapessoal e interpessoal, com silêncio e fuga. Apesar de os seus celulares exibirem fotos tiradas dos participantes, vivenciam a fragilidade dos laços humanos neste contato direto.

Talvez aqui esteja parte da evidência de que precisamos, como profissionais de uma abordagem humanista centrada na pessoa, para rever nossos pressupostos sobre a intervenção humana e os eixos que nos proporcionam parâmetros de ação e prática. Sabemos que podemos esperar pouco dos cursos de graduação no momento. Sabemos que nossas clínicas ou nossos plantões não chegam igualmente a todos os setores da sociedade, nem encaram estrategicamente a violência e as necessidades de jovens em vias de destruição e morte.

Se pensarmos que a terapia é um processo para termosmais clareza sobre as consequências das nossas escolhas e da realidade que nos cerca, não será importante ter mais clareza sobre as consequências das escolhas que fazemos em relação à formação – e reformação – de nossos psicólogos e colegas de profissão? Por que temos tanta dificuldade para romper com a academia e seus formatos arcaicos?

Não!Nem a Psicologia e nem a ACP morremperanteesse quadro complexo. Mas encarar a fragilidade dos laços humanos começa quando questionamos mais a fragilidade dos nossos esforços, de todas as nossas práticas, à luz de uma realidade pouca agradável ou aceitável, para vivenciar a nossa própria abordagem. As novas gerações certamente vão detectar as nossas incoerências e dicotomias. Não é por nada que nos chamam de "velhos".

REFERÊNCIA

BAUMAN, Z. **Amor líquido**: sobre a fragilidade das relações humanas. RJ: Jorge Zahar, 2004.

2.3 CONTRA TEMPOS E MUDANÇA EDUCACIONAL: EMPECILHOS SÓCIO-CULTURAIS, POLÍTICOS E PESSOAIS QUE DIFICULTAM AS ABORDAGENS PEDAGÓGICAS ALTERNATIVAS

A mudança não vem nem de dentro nem de fora, mas do difícil espaço ... onde um está.

Introdução

O objetivo deste texto é sintetizar e ser direto na comunicação. Não se pretende, apenas, citar, ou repetir discussões teóricas sobre as tendências nos movimentos sociais contemporâneos ou na educação de base praticada por esses movimentos.

A partir dos anos 1990, as grandes transformações reconhecidas como o processo de globalização do mundo apresentam "novos desafios para pensar a relação das pessoas como seu contexto social ou do indivíduo com o coletivo ou ainda do sujeito com o movimento".

Tanto na interface do indivíduo com o coletivo ou do sujeito com o movimento social ocorrem relações diretas e imediatas. O professor e seus alunos, o instrutor e seus treinandos, interagem entre si na estrutura da instituição. Neste contexto social e institucional, todos os atores educacionais produzem e reproduzem o sistema educacional vigente repleto de seus mitos, valores, qualidades e defeitos, sucessos e fracassos.

No sistema educacional formal, predomina um conjunto de comportamentos, pressupostos e condições que sustentam a pedagogia tradicional. O sistema "continua imune, praticamente intacto e sobrevive tanto nas 'sociedades desenvolvidas' quanto nas 'não tão desenvolvidas', contudo, sem reformas substanciais em seus objetivos primordiais, sua filosofia ou sua prática cotidiana.".

Ironicamente, exatamente na educação, com todas as vantagens das novas tecnologias da mídia e dos descobrimentos científicos sobre a mente e o corpo humano, há pouca mudança na sala de aula. A pedagogia tradicional permeia não só o sistema educacional inteiro, mas também o conjunto de forças estruturais externas que o sustenta, social e politicamente enquanto sistema.

Os programas educacionais alternativos formam uma rede paralela emergente e desenvolvem uma variabilidade de projetos numa tentativa de suprir as necessidades negadas ou ignoradas pelos sistemas públicos. Embora com objetivos diferentes dos sistemas educacionais tradicionais e sem muitos dos constrangimentos institucionais tradicionais para condicionar a relação pedagógica, seu rótulo de popular nem sempre garante o sucesso de uma abordagem pedagógica alternativa ou uma utilização eficiente e produtiva.

Este pequeno ensaio pretende examinar alguns empecilhos que possam dificultar as abordagens pedagógicas alternativas. No Quadro 1, a seguir, algumas diferenças substanciais entre as duas redes aparentemente favorecem a rede alternativa em relação à abordagem pedagógica.

À primeira vista, a natureza informal, participativa, do programa, a possibilidade de maior controle, participação local na determinação do currículo e um recrutamento de alunos e professores engajados na comunidade parecem ser elementos para se criar as importantes condições de um programa alternativo bem-sucedido.

Quadro 1 – Contrastes da rede pública ou particular e redes alternativas

Redes do Sistema Educacional		
Elementos	Formal	Alternativa
Administração	Municipal Estadual Federal Privada	Instituto ONG Comunidade Outras

Redes do Sistema Educacional		
Elementos	**Formal**	**Alternativa**
Professores	Funcionário público Empregado CLT	Voluntário Contratado CLT
Alunos	Frequência regulamentada por lei ou contrato	Voluntários Convidados Participantes
Currículo	Formal Inflexível Não participativo	Formal ou informal Estabelecido localmente Flexível Participativo

Na realidade, programas e propostas pedagógicas alternativas nem sempre têm um resultado positivo assegurado. Muitos esforços educacionais encontram problemas sérios para serem implantados e sustentados. Assim, pode-se questionar: Quais os empecilhos comuns aos programas educacionais de base? Que fatores contribuem para dificultar a implementação e a sua manutenção?

Empecilhos são obstáculos, impedimentos, dificuldades. Eles podem ser bloqueios leves, apenas complicando o andamento de uma ideia proposta, meramente um incômodo. Também existem os mais fortes, resistências impedindo espaços para experimentação ou mudança. A oposição ativa de uma proposta alternativa pode ter efeitos desastrosos tornando qualquer mudança inviável. Oposição e resistência, porém, também podem ser passivos: recusa, subversão dos planos aparentemente acordados e apoiados...

As instituições educacionais, em todas as dependências administrativas no Brasil, estão constantemente promovendo reformas do ensino e das propostas curriculares, e treinando seus professores em "novas" metodologias e práticas pedagógicas. Mas os empecilhos para a mudança educacional são tão grandes que essas novas propostas, mesmo quando desenhadas pelos próprios professores, raramente são implementadas ou permanecem por muito tempo. As mudanças educacionais não são concretizadas; ficam apenas como grandes ideias transformadoras.

Os projetos e programas educacionais da rede popular sofrem muitos dos mesmos problemas na implantação e na sustentação de abordagens educacionais alternativas. Um grande desafio desses programas é de evitar reproduzir os mesmos erros da Pedagogia tradicional. A grande maioria dos educadores envolvidos com a educação de base já está viciada e contaminada pela educação formal. Alguns até defendem práticas pedagógicas idênticas.

Quais são e de onde vêm os empecilhos para a mudança educacional? A maioria é mais externa do que interna? As dificuldades e reações dos educadores são apenas reações humanas normais, sinais de bloqueioem relação ao novo, ao desconhecido? Ou será que existem motivações e valores específicos que tendem a condicionar educadores em geral a se oporem às transformações que definirão diferentemente o seu papel, o seu lugar (poder) no espaço social e institucional ou no processo de ensino-aprendizagem? E, tratando apenas da rede popular, que empecilhos especiais podem ameaçar uma abordagem pedagógica verdadeiramente alternativa?

Em geral, nas sociedades em transição, o setor profissional que proporciona serviços humanos e educacionais temse expandido lentamente. Muitos dos programas educacionais e serviços sociais são limitados por enfoques tradicionalmente rígidos. Há uma tendência entre esses profissionais para duvidar e resistir aos métodos considerados nãotradicionais, experimentais.

A abertura para filosofias e enfoques alternativos é restringida pela educação profissional tradicional, mais especificamente nos cursos pedagógicos, em que muito se fala de inovações, mas, na prática do próprio curso, pouco se encontra verdadeiramente transformado.

As abordagens pedagógicas alternativas existentes na educação de base são variadas, com pressupostos, métodos e aplicações diversas. Porém, a grande maioria propõe uma visão alternativa do aprendiz, de suas capacidades e da relação pedagógica a ser estabelecida com respeito à tarefa a ser alcançada.

Muitas são menos diretivas, menos autoritárias, promovendo mais participação, ação, engajamento do aprendiz. Suas filosofias (metas, princípios...) tendem a respeitar mais a cultura e o contexto sociocultural ou econômico dos participantes. Várias dessas propostas jamais serão aceitas no sistema tradicional do ensino.

Mas existem processos e condições em todas as sociedades e culturas que intervêm a favor e contra as transformações. É relevante analisar os possíveis empecilhos à mudança através de uma perspectiva multidimensional desses fatores, dessas forças, em ação.

Partimos do pressuposto de que certos fatores estão mais associados às dimensões sociais macro, e outros fatores às dimensões sociais micro ou psicossociológicas. Mesmo correndo o risco da superficialidade nessa tentativa de generalizar sobre condições e contextos socioculturais e políticos distintos, examinamos as seguintes dimensões.

A dimensão sociocultural

A dimensão sociocultural, por ser abrangente e complexa, engloba o conjunto de estruturas, instituições e dinâmicas que condicionam o comportamento humano na sociedade. São as forças socioculturais que moldam os sistemas de valores, as atitudes e os comportamentos, determinados em grande parte pelas relações de produção, sustentados pelas relações sociais e políticas.

As transformações culturais e sociais macrojá foram consideradas mais lentas, criando menos descontinuidades nas outras dimensões. Hoje, a globalização econômica acelera e desencadeia transformações abruptas, com um aumento da miséria endêmica e diferentes formas de opressão e de exclusão social.

Propostas sociais ou educacionais alternativas, que atuam nesse contexto, em qualquer nível mundial de desenvolvimento, são afetadas pelas transições das condições macro. Mas em todas as culturas predominam atitudes, preconceitos e estereótipos que geram conflitos e acentuam as diferenças socioculturais. Esses processos podem ter implicações sérias para as propostas sociais ou educacionais alternativas.

A Dimensão Política

As ideologias e o estado de desenvolvimento da cultura política também afetam as propostas sociais ou educacionais. Atitudes conservadoras, independentemente do lado do espectro político ou ideológico que as produzem, podem invalidar ou dificultar práticas pedagógicas percebidas como perigosas. Em alguns países, é o Governo que intervém; em outros contextos, grupos políticos organizados ameaçam fisicamente participantes e organizadores de projetos de educação de base.

A Dimensão Institucional

Podemos conceber a dimensão institucional como sendo composta, por um lado, pelo conjunto de instituições externas existentes na sociedade e comunidade. A própria instituição ou organização que promove a educação de base temaspectos institucionais que podem afetar seus projetos, mesmo em se tratando de uma entidade simples, recentemente formada.

As instituições externas, dependendo de suas funções e alcance, podem, formal ou informalmente, obstruir, interferir ou dificultar as ações da educação de base. A própria organização, corno qualquer outra, tem uma estrutura interna, uma história, uma prática institucional, mesmo incipiente.

Não está isenta de possíveis conflitos ou problemas comuns às organizações modernas, que precisam estar em constante mutação para sobreviver e alcançar os seus objetivos. Esses conflitos podem afetar o funcionamento de seus programas e o trabalho de seus voluntários ou empregados.

A Dimensão Comunitária

A comunidade local é, muitas vezes, a base principal dos programas educacionais populares. A dinâmica comunitária pode interferir diretamente na organização e seu trabalho educacional. As outras dimensões citadas manifestam-se ao nível local. Em muitas comunidades, as opiniões mais críticas, fofocas e boatos circulam rapidamente, podendo atingir o trabalho educacional dos professores e o engajamento dos alunos. O conhecimento e o apoio comunitário podem ser elementos cruciais para o sucesso de projetos educacionais não formais com propostas pedagógicas alternativas.

A Dimensão Pessoal

Para nós, educadores, que pensamos ou trabalhamos nas pedagogias alternativas, existe em nossa experiência educacional pessoal pelos menos duas realidades e uma série de condicionamentos internos, raramente explicitados ou conscientes. Uma grande parte da nossa experiência pessoal está altamente associada às pedagogias tradicionais.

Em retrospectiva, por mais bem ou malsucedidas que fossem, essas experiências formam o maior referencial existente para a nossa reflexão. O segundo referencial é construído por nossos processos internos de cognição e de valorização, talvez determinados em parte pela nossa personalidade e maneira de ser.

A forma pela qual, eventualmente, entendemos a nossa ação pedagógica é composta de ideologias, experiências emotivações conflitantes. Investir numa abordagem pedagógica alternativa exige autoconfiança, autoestima e uma postura individual comprometida com essa proposta pedagógica.

Dúvidas e questionamentos internos sobre a relação pedagógica, sua eficiência e significação eventual são comuns aos educadores inovadores, muitas vezes, iniciando a sua profissão. As nossas experiências com a pedagogia tradicional podem contaminar, às vezes até envenenar, a nossa liberdade interna para ensinar, afetando a liberdade dos outros para aprender.

Um Convite para Reflexão

No Quadro 2, visto a seguir, levanta-se uma série de perguntas que podem ser feitas em uma avaliação ou reflexão sobre as forças e os fatores que interagem sobre a ação pedagógica.

Quadro 2 – Questões para avaliação da ação pedagógica

Dimensão	Avaliação ou Reflexão
Sociocultural	Quais os aspectos culturais que mais afetam a filosofia e a prática pedagógica do programa? Há diferenças étnicas, religiosas e, ou sociais dificultando o trabalho ou merecedoras de atenção especial? Essas diferenças estão presentes na relação professor e aluno, aluno e aluno? Há fatores afetando a aprendizagem e a prática pedagógica relacionados ao gênero, à idade, à classe social, à raça, à procedência geográfica ou cultural dos atores? Existem valores, tradições, comportamentos ou atitudes em conflito? Isso gera algum obstáculo para o programa, para o professor ou para os alunos?
Política	A filosofia do trabalho educacional é interpretada como tendo implicações políticas negativas ou positivas? Organizadores, administradores e professores são percebidos como radicais, conservadores, antirrevolucionários, a favor ou contra algum grupo ou doutrina política? Governo e autoridades locais conhecem e, ou apoiam o projeto? O sistema educacional formal é afetado pelo programa? Alguém questiona politicamente o projeto, fontes de financiamento, equipe de trabalho ou alunos?
Institucional	Quais instituições podem ter efeito sobre o trabalho educacional? Quais pessoas relacionadas a essas instituições estão interessadas em ajudar ou dificultar o seu trabalho? Como isso ocorre e quando? A forma da estrutura de sua instituição ou organização ajuda ou dificulta a ação educacional? O que precisa ser mudado internamente para melhorar as condições existentes?

Dimensão	Avaliação ou Reflexão
Comunitária	Quais os aspectos da vida comunitária que mais afetam o programa, professores e alunos? A comunidade conhece e valoriza o programa? O programa cria algum problema especial para algum grupo ou para a liderança local?
Pessoal	Quais aspectos de sua experiência individual afetam mais sua ação pedagógica? De que forma a Pedagogia tradicional e os outros educadores ainda influenciam sua postura e conduta? Você se sente livre para ensinar, inovar, desenvolver umaação pedagógica menos tradicional? Quais os fatores e as forças internas que mais dificultam seu trabalho atual? Qual a relação pedagógica que você realmente tem para com seus alunos? Você acredita neles e em você mesmo? Sua ação pedagógica é importante para você e para os outros?

Finalmente, em minha opinião, o maior empecilho para uma ação pedagógica alternativa é o argumento preconceituoso dirigido à população alvo da educação de base. E este argumento pode ser encontrado em todas as dimensões comentadas.

É a premissa básica de que os seres humanos, especialmente os menos instruídos e economicamente excluídos, são incapazes (limitados) para assumir maior responsabilidade para o seu próprio comportamento, sua aprendizagem ou de participar ativamente nos processos de tomada de decisão.

Está implícita aqui a crença de que determinados grupos e indivíduos querem e precisam de controle. Em todos os sistemas autoritários, o controle é valorizado. A falta de uma estrutura tradicional é percebida como uma falta de controle. Essa atitude me parece fatal para uma ação pedagógica, para uma abordagem educacional alternativa.

Esses preconceitos estão enraizados nas atitudes e percepções autoritárias que expressam menosprezo e falta de respeito nas prescrições educacionais para um controle e uma estrutura mais rígida. É o maior contratempo a ser confrontado na busca para uma efetiva mudança humana.

Referências

BOFF, L. Ética mundial e processo de mundialização. ln: L.M. HÜHNE (Org.). **Ética**. Rio de Janeiro: UAPÊ/SEAF, 1997. p. 69-98.

DOXSEY, J. R. Educação enquanto intervenção humana: reflexões sobre a prática ética. In: Seminário Regional de América Latina. **Instituto para Desenvolvimento e Educação de Adultos –IDEA**. Port-au-Prince, Haiti 3 a 12 de setembro de 1997.

READINGS, B. **The universityin ruins**. Harvard University, 1998. p. 238.

SCHERER-WARREN, I. Movimentos em cena e as teorias por onde andam? **Revista Brasileira de Educação**: publicação da Associação Nacional de Pós-Graduação e Pesquisa em Educação, n. 9, Set/Out/Nov/ Dez, 1998.

VEIGA-NETO, A. **Crítica pós-estruturalista e educação**. Porto Alegre – RS: Salina, 1995. p. 175.

2.4 PODER, AUTORIDADE E CONFLITO NA ABORDAGEM CENTRADA NA PESSOA: NOVOS HORIZONTES OU MAIS FANTASIAS?

Não é que esta abordagem dê poder à pessoa; ela nunca o tira.

O primeiro de todos os bens não é a autoridade, mas a liberdade. O homem verdadeiramente livre quer somente o que pode e faz o que lhe agrade.

Introdução

Li recentemente uma dissertação sobre poder, uma tentativa de síntese das teorias psicológicas e sociológicas mais modernas. A primeira reação foi de questionar o autor se poderia conceber "poder" em termos positivos, tendo em vista suas posições altamente críticas sobre o tópico. Perguntei se ele havia percebido o negativismo constante em cada página. Sua resposta foi que, realmente, não conseguiu configurar o exercício de poder de uma forma positiva.

Minha segunda reação foi refletir sobre "poder", as tentativas de conceituá-lo dentro da Abordagem Centrada na Pessoa – ACP – e de como ele, às vezes, se manifesta entre as pessoas que mais conheço e admiro na ACP.

P. Natiello escreveu um excelente artigo, infelizmente inédito: *A Abordagem Centrada na Pessoa – Poder colaborativo e transformação cultural*. Ele afirma ter produzido o trabalho baseado na crença de que o poder sobre os outros ou o poder autoritário, é a principal orientação política no mundo. Ele acha que este valor nos tem levado à beira da destruição, e que mudanças na definição da função de poder são centrais à transformação social.

Em sua opinião, a visão do poder na ACP é radicalmente diferente e "oferece uma nova moralidade (ética) do poder, bem como uma metodologia para chegar a essa nova moralidade."

Poder

As definições do conceito de poder são várias. Somente o Novo Dicionário Aurélio da Língua Portuguesa apresenta vinte e oito. A palavra tem raíz no Latim *posse* e no Francês *pouvoir*, "de ser capaz". Agrupamos algumas definições no quadro a seguir:

Quadro 1 – Definições de poder

PODER				
De Agir	**Para Agir**	**Sobre**	**Sob**	**Qualidade**
Aptidão Capacidade Faculdade Meios Oportunidade Possibilidade	Ânimo Energia Força Robustez Vigor	Autoridade Autorização Direito de agir Direito de deliberar Direito de mandar Domínio Força física Força moral Império Influência Soberania	Autorização Domínio Força moral Força física Influência	Calma Efeito Eficácia Paciência Virtude

As definições classificadas nas categorias "poder para agir", "poder de agir" e "poder como qualidade" são positivas. "Poder sobre" também é considerado de forma positiva, dependendo dos processos de sua legitimidade e sua forma de exercício.

Natiello descreve poder como "energia que permite às pessoas agir; causa ou impede mudança, aumenta suas satisfações ou a possibilidade de alcançar suas metas. Poder é absolutamente vital para todos nós. É por meiodo exercício do poder que somos capazes de cuidar de nós mesmos, dirigir nossas vidas, crescer, sobreviver. Em si mesmo, poder não é bom, nem mau, mas sua prática possivelmente conduz à destruição ou ao crescimento criativo."

Poder Autoritário

Autoritarismo tem contextos históricos e políticos muito especiais no Brasil. Permeia desde os conceitos mais tradicionais do Estado, passando pela política e os sistemas institucionais, indo até os papéis sociais das "figuras" de autoridade e relações familiares e conjugais. Características da personalidade autoritária são ainda hoje confundidas como traços de liderança, produtividade, eficiência e responsabilidade.

A política de poder na história humana é basicamente explorativa e destrutiva, "fundada na crença de que poder é uma força coerciva exercida sobre a terra e os demais, em vez de uma energia criativa que utilizamos para o nosso próprio bem."

De acordo com Natiello, as relações que se desenvolvem em culturas com a perspectiva autoritária são caracterizadas pela:

a) crença em que alguma pessoa, grupo político, grupo econômico, raça, sexo ou Nação é superior ao outro;
b) opinião de que o participante inferior na relação precisa ser controlado, manipulado ou dirigido;
c) dominação e subordinação;
d) competição em vez de cooperação.

Na opinião de Natiello, as relações baseadas em dominação e subordinação resultam na desconfiança, competição e no medo de perder o controle por parte do grupo "dominador", ao mesmo tempo em que os "dominados" desenvolvem autoestima baixa, perda da potencialidade social, econômica e pessoal, raiva, desespero e inquietação.

A menção da palavra *poder* induz a essas imagens de coerção, violência e inquietação. Por causa disso, ela acredita que a maioria de nós, a favor de relações igualitárias, rejeita o conceito de poder em qualquer forma.

Poder Colaborativo

O trabalho de Natiello explora um novo paradigma – o poder colaborativo (*collaborative power*) –, conceito de poder difícil de discutir porque a linguagem contém certas associações que não representam esse poder de uma forma adequada. Em resumo, apresenta a concepção de um poder sinergético, mais humano, definido por vários autores como a capacidade do indivíduo ou grupo para aumentar a satisfação de todos os participantes por meiode processos que intencionalmente geram o aumento de energia e de criatividade.

Tal capacidade inclui a influência e o comportamento impactante de participantes diferentes no sistema, em momentos variados. Não se nega uma sabedoria que vem da experiência, da aprendizagem e da idade, nem os recursos das pessoas com uma visão excepcional. "(E)ssas qualidades não são atribuídas ou relegadas a pequenos números de pessoas. São antecipados como inerente na singularidade e na individualidade de cada pessoa e respeitados quando e onde emergem."

Numa relação de poder colaborativo, as características predominantes são opostas aos padrões das relações autoritárias. É um poder compartilhado, participativo, em que cada pessoa tem a possibilidade de ser ouvida, de responder às necessidades dos outros, de influenciar o processo coletivo de sua própria maneira.

O processo grupal é de influência alternada. O impacto do processo muda de uma pessoa para outra, como resultado de uma autoconsciência intensiva, da sabedoria, experiência ou necessidade expressa de cada um.

Esse conceito de poder é coerente com os pressupostos da ACP. É equidistante de um poder individualista e de um poder coletivo em queo indivíduo se submete ao bem coletivo. É um poder complexo, um modelo que emana da autenticidade e qualidade da relação, que emerge da comunicação, de uma consciência crescente da solidariedade mútua em construção.

Não sabemos muito de suas implicações institucionais ou macrossociais. Mesmo porque, ainda não praticamos tal poder na sua plenitude nas próprias relações de abordagem.

Poder na Abordagem Centrada

Por falta de espaço aqui, não pretendo explorar as confusões e as interpretações teóricas errôneas (em relação ao poder) da ACP, fora ou dentro dela. Tais interpretações se concentram, principalmente, nos questionamentos da não diretividade, do papel e do poder do facilitador, terapeuta ou professor (a figura de autoridade) da ACP.

É interessante notar, no entanto, a frequência com que profissionais da ACP teorizam sobre "o não abandono do poder", a necessidade de reconhecer o saber, a experiência, o papel, a função legítima (a autoridade?) do psicólogo, professor ou facilitador.

Apesar do fato de Carl Rogers ter sido conduzido por alguns eventos e processos mundiais no final da sua carreira, ao confrontar aspectos interpessoais, institucionais e internacionais da política e do poder, ele não será lembrado por ter postulado posturas críticas em relação ao poder autoritário. Preferiu descrever a política da Abordagem Psicoterapêutica Centrada no Cliente, mais tarde conhecida como a ACP, como sendo parte de uma revolução silenciosa.

Para Rogers, o constructo da palavra política "adquiriu um novo conjunto de significados" que resultou na reavaliação de "todo o meu trabalho." Tinha percebido, embora de uma forma tardia, que as implicações de sua abordagem transbordavam da microrrelação interpessoal terapêutica para a gama das relações entre as pessoas e a sociedade como um todo, de uma forma abrangente e inclusiva.

Sua maior contribuição histórica concentra-se na dimensão microssocial: propôs e sustentou a possibilidade da localização e manutenção do *lócus* do poder na pessoa do cliente, do aprendiz:

> Política, no uso psicológico e social atual, refere-se a poder e controle: o grau em que a pessoa deseja, tenta obter, possuir, compartilhar ou delegar poder e controle sobre outros e/ou si

> mesma. Refere-se às manobras, às estratégias e tácticas, intencionais ou não, pelas quais tal poder e controle sobre a própria vida e a dos outros é procurado e obtido — ou compartilhado, ou abandonado.
>
> Refere-se ao lócus de controle de tomar decisão: quem toma decisões que, consciente ou inconscientemente, regulam ou controlam os pensamentos, sentimentos em comportamentos, sentimentos em comportamentos de outros e de si mesmo.
>
> Refere-se, aos efeitos dessas decisões e dessas estratégias, seja procedendo de um indivíduo ou de um grupo, seja dirigido a obter ou a abandonar o controle sobre a própria pessoa, sobre os vários sistemas da sociedade e suas instituições. Em resumo, é o processo de obter, compartilhar ou abandonar poder, controle, tomada de decisões. É o processo de interações e efeitos altamente complexos desses elementos, da forma como existem nos relacionamentos entre pessoas, entre uma pessoa e um grupo, ou entre grupos (Rogers, 1978).

É com bastante clareza e força que Rogers se pronunciou a favor de um poder pessoal que rompe com as formas opressivas de controle externo e interno.

As Multifaces das Relações de Poder na ACP

Entendo toda a relação humana como uma relação de poder, inclusive as relações entre pessoas e grupos dentro da ACP. Encontros, fóruns, grupos de vivência, cursos e outras reuniões de profissionais vinculados à ACP são oportunidades para se observar a variedade de opiniões e interpretações existentes entre esses profissionais. Há conflitos e discordâncias produzidos por essas diferenças experiências e teóricas. Parte da riqueza da ACP está vinculada a essa possibilidade de troca, a exploração das diferenças e semelhanças existentes.

A dinâmica mais comum nesses encontros é a reunião aberta, o grupão, onde os envolvidos vivenciam a estruturação e a manutenção de um processo grupal, característico do enfoque humanístico e centrado. A experiência é conflituosa, emocionante, amorosa e ameaçadora.

Nem sempre somos satisfeitos, felizes ou necessariamente convencidos que foi válida.

Há, portanto, poderes implícitos e explícitos revelados nessa dinâmica: o poder de organizar esses eventos, de participar ativamente, influenciar momentos críticos do processo grupal, facilitar, ajudar ao outro, envolver-se e se comunicar de formas valorizadas pela ACP e seus praticantes: autenticidade, congruência, aceitação incondicional do outro e da realidade do grupo, o poder de acreditar nesse processo e na sua validade como procedimento humano.

Como em todos os grupos humanos, as necessidades básicas de identidade (Quem sou eu neste grupo? O que posso contribuir? O que posso receber?) e de relacionamento significativo (Quem me aceita e me valoriza aqui? Quem me aprecia, me respeita? Quem me quer neste grupo?) são misturadas às necessidades de sentir que o indivíduo tem algum controle (poder) sobre o que acontece no grupo, e a ele, no grupo.

Essas necessidades são inter-relacionadas. À medida que tenho identidade definida no grupo, um lugar, relacionamento significativo, eu posso participar, interagir sem manipular ou ter medo de manipulação pelos outros. Meu poder pessoal me permite "ser" e "estar" no coletivo, colaborar, produzir e criar sem chamar atenção, dominar a fala dos outros, criticar constantemente o que o grupo faz ou não faz.

A busca de satisfazer essas necessidades básicas nem sempre é processo tranquilo. Competimos, julgamos, criticamos, brigamos. Enfim, reproduzimos os mesmos comportamentos destrutivos comuns a todos os grupos humanos. Na linguagem da Psicologia Social, desempenhamos funções socialmente negativas. Agimos sobre o outro sem ouvir, compreender, aceitar esse outro e seus processos interiores.

Num bom grupo de trabalho ou de vivência, esse comportamento negativo é examinado por nós e pelo grupo. O "espelho" do grupo é levantado, dando-nos a oportunidade para uma autoavaliação, uma autocrítica, sobre as nossas reais intenções e necessidades. Esse *feedback* nos abre a possibilidade da mudança, de transformações intrapessoal e interpessoal.

Mecanismos inerentes no processo do grupo criam e recriam condições para expressões do poder pessoal e do poder colaborativo do grupo. Avançamos.

Infelizmente, nem todas as relações ocorrem nas condições necessárias para desencadear esse processo coletivo (e corretivo). Acredito que um dos problemas mais sérios que temos com o poder está associado à questão da institucionalização da:

a) situação das nossas relações de trabalho;
b) produção científica para o avanço da ACP enquanto ciência;
c) seleção e preparação adequada e continuada de profissionais na ACP.

Quem fala pela ACP? Quem é considerado legitimamente da ACP? Como é que reconhecemos competências, validamos experiências, dispensamos favores e recompensas? Quais são os processos de reconhecimento e a aceitação dos nossos aprendizes? Permitimos lideranças? Temos autoridades? Quais são as nossas lealdades? Somos todos iguais? Todo mundo sabe tudo? Todos são tratados iguais?

Se acreditarmos em grupos, em processos grupais fortes, na potencialidade do coletivo para resolver problemas complexos, criar condições terapêuticas que possibilitam a transformação, por que não aplicamos essas crenças para estabelecermos grupos permanentes? Somos críticos e descrentes quanto à necessidade de formar organizações e contrários à institucionalização da ACP em si.

Na prática, o cotidiano das poucas instituições, dos centros, dos núcleos e das associações existentes tem produzido e sofrido os mesmos conflitos comuns a todos os grupos organizados permanentemente. O poder institucional, às vezes, é um poder pouco colaborativo, pouco participativo.

Nossas "fofocas clínicas", "malhações" e diagnósticos sofisticados de problemas de companheiros e colegas são tão destrutivos quanto às restrições profissionais que colocamos para fazer trabalhos juntos, formar equipes e comissões, convidar colegas e conhecidos para cursos e eventos.

É interessante refletir sobre a noção de verdade como empregada por Foucault:

> Por "verdade" entende-se um conjunto de procedimentos regulados para a produção, ... a repartição, a circulação e o funcionamento dos enunciados.

Como é que a ACP no Brasil e no mundo estabeleceu seus procedimentos regulados para garantir a sua verdade? A ACP tem o poder de verdade? Quem se responsabiliza ou toma conta disso? Para Focault, "o problema não é mudar a 'consciência' das pessoas, ou o que elas têm na cabeça, mas o regime... institucional de produção da verdade." Nesse sentido, ao optar pelo regime não institucionalizado de produção (e de reprodução principalmente) da verdade, escolhemos legitimar as redes interpessoais e ocultas de poder para cuidar da ACP e de seu desenvolvimento futuro.

Estamos livres do poder institucional formal e subordinados de certa forma a outro tipo de poder. Os nossos únicos representantes e autoridades reconhecidas estão mortos?

Precisamos questionar mais conscientemente porque os mais diversos grupos nãogovernamentais conseguem constituir redes de relações horizontais dinâmicas para comunicar e compartilhar informações, buscando agir mais coletivamente, ao mesmo tempo em que a ACP e seus participantes apenas lamentam a ausência de um esforço mais unido.

Precisamos estar atentos às formas ocultas que o poder e as relações de poder se manifestam entre nós, tanto nos grupos, encontros e fóruns quanto na vida cotidiana.

Nesse sentido, parece-me importante observar os conflitos e as competições que se manifestam em seminários, fóruns e encontros regionais. Há competição, às vezes não muito velada com respeito a espaços para apresentar trabalhos individuais, conflitando com outras apresentações. Há pouco esforço individual para organizar discussões e debates coletivos com outros profissionais.

A natureza semiestruturada desses eventos contribui para os conflitos. Porém, a competição é problema e uma tendência individual para a hegemonia (autoridade, liderança, predominância ou superioridade).

E, finalmente, concordando com Foucault — "Não se trata de libertar a verdade de todo sistema de poder — o que seria quimérico, na medida em que a própria verdade é poder —, mas de desvincular o poder da verdade das formas de hegemonia." Pergunto-me: O que eu posso? O que posso fazer para evitar ser parte dessa hegemonia? O que eu posso buscar para ser parte de uma forma mais expressiva, de um poder verdadeiramente colaborativo?

Referências

FOUCAULT, M. **Microfísica do poder**. Rio de Janeiro – RJ: Graal, 1989. p. 174.

HOLANDA, A. B. de. **Novo Dicionário Aurélio da Língua Portuguesa**. Rio de Janeiro – RJ: Nova Fronteira, 1986. p. 687.

NATIELLO, P. **The person-centered approach**: collaborative power and cultural transformation, 1990. (Trabalho não publicado).

ROGERS, C. R. **Sobre poder pessoal**. São Paulo-SP: Martin Fontes, 1978. p. 273.

ROUSSEAU, J. J. **Emílio ou da Educação**. 1972.

2.5 REFLEXÕES TEÓRICAS SOBRE APRENDIZAGEM CENTRADA NO ALUNO: O MITO DA NÃO DIRETIVIDADE[12]

O termo não diretivo cobrirá sempre uma realidade ambígua. De certa maneira, nenhum professor pode se pretender não diretivo. Só sua presença física, suas atitudes e mesmo os silêncios, por exemplo, por serem suscetíveis de interpretação, exercem sobre o grupo uma influência muito diretiva e frequentemente determinante.[13]

Uma noite, eu sonhei que minha professora nos cortava o pescoço.[14]

Se então a técnica essencial de terapia é desafiar as suposições falsas e neuróticas do paciente de maneira que, quanto mais ele se apegar a elas, mais se encontrará em uma prisão dupla, parece fazer pouca diferença que a teoria seja freudiana, jungiana, rogeriana, existencial, interpessoal ou simplesmente eclética. A teoria não diretiva extrema de Carl Rogers é um judô que impõe prisões duplas tanto quanto a teoria mais diretiva.... (a)penas aceitar o que o paciente diz ou faz é permitir seu comportamento, e assim tomar o controle dele.[15]

12 ROSENBERG, R. (Org.). **Vivência Acadêmica**: O Enfoque Centrado na Pessoa. Cadernos USP: publicação da Universidade de São Paulo – USP, São Paulo, n. 2, p. 105-113, mar. 1987. [Publicado sob o título "Reflexões teóricas sobre aprendizagem universitária numa abordagem centrada na pessoa do aluno: o mito da não diretividade", teve como finalidade original apontar dificuldades encontradas na explicação do modelo de aprendizagem centrada no aluno, examinando o princípio da não diretividade, os argumentos, as críticas e reações contra uma aprendizagem vivencial focadano aprendiz.]

13 HAMELINE, 1977.p. 26.

14 MARCHAND, M. A. p. 61.

15 WATTS, A. W. p. 158.

Introdução

O confronto pedagógico entre educadores e proponentes de uma Abordagem Centrada no Aluno –ACA – deve acontecer com maior ênfase na aprendizagem afetiva resultante de um processo democrático de ensino-aprendizagem. A ACA produz transformações psicopedagógicas (afetivas e emocionais) na pessoa doaluno, no relacionamento grupal e no vínculo aluno-professor.

O que tem isso a ver com a aprendizagem cognitiva? E como é que se aprende, se realmente resultados cognitivos também são consequências diretas de uma aprendizagem centrada no aluno?

Num projeto em andamento, gostaríamos dedesenvolver um modelo teórico do processo de aprendizagem centrada no aluno, por meio de análise de conteúdo de depoimentos de alunos, uma revisão da literatura da Abordagem de Psicologia da aprendizagem. No levantamento inicial da literatura, examinamos as teorias clássicas e mais recentes no que diz respeito à aprendizagem vivencial, holística e psicossocial.

A finalidade deste artigo é iniciar uma reflexão teórica sobre o modelo de aprendizagem implícito na ACA e apontar algumas dificuldades encontradas na explicitação deste modelo. É nossa opinião que a ênfase colocada no conceito de aprendizagem significativa pelos proponentes da Abordagem e distorções intencionais de defensores de uma educação cognitiva (formal, autoritária e rígida) obscurece a compreensão mais lúcida dos benefícios de uma aprendizagem alternativa, centrada no aluno.

Não Diretividade

Não é por acaso que a maioria das críticas da ACA focaliza o princípio da não diretividade. A não diretividade é citada como característica fundamental da Abordagem, às vezes, até como fim em si mesmo. É percebida como "sem direção", "sem limites", "sem restrições", "sem controle", um processo "*laissez-faire*", não produtivo, sem rumo.

A reação à Abordagem e à sua metodologia parece ligada à desestruturação temida pelos educadores da ordem lógica do processo linear, disciplinado de ensino-aprendizagem. Assim entendido, ameaça diretamente o poder (do saber) do professor e seu papel de dirigir, administrar a aprendizagem.

Colocam-se em risco algumas condições fundamentais valorizadas por educadores (e educandos), condições reforçando a patologia do saber que mascara o real relacionamento do poder na aula e o papel verdadeiro do sistema educacional para socializar o aluno em assumir uma postura passiva perante o saber. Quem obedece às regras do sistema educacional, de fato, aprende também obediência às regras sociopolíticas do sistema econômico em vigor.

A última frase é bastante polêmica, mas foge de nosso alcance na presente discussão. Basta dizer que o poder do professor, e mais ainda na sala de aula, é um poder simbólico muito forte. Todos os dias, em todas as salas de aula do mundo, está em jogo muito mais do que a simples aprendizagem de um conteúdo específico.

O argumento de que a Abordagem Centrada no Aluno – ACA – não produz aprendizagem é um argumento falso.[16] O próprio conceito de aprendizagem, como atualmente definido pelo sistema educacional na prática, é um termo falso. Precisa ser denunciado como palavra chavão do sistema tradicional do ensino. Não há evidência científica em toda a pesquisa educacional já conduzida que uma metodologia de ensino produz mais aprendizagem do que a outra. Mas a ACA está denunciada como ineficiente e inviável porque não dá resultado:

> (O) argumento clássico da extensão da utilização ACP em educação no Brasil é a hipótese de que não funciona. Os alunos estão condicionados a um ensino autoritário e para que eles se adaptem a essa nova metodologia ocorre uma enorme perda de tempo frequentemente inútil. O caráter institucional da escola contribui para a não funcionalidade da ACP. (Leitão, 1983, 13)

A não diretividade é então utilizada pelos críticos como prova em si de que a Abordagem não garante resultados concretos. "Liberdade" para aprender, nessa perspectiva, é interpretada como licença de não

[16] Veja os resultados de pesquisa sobre a Abordagem Centrada no Aluno citados por Wood (1986: 1).

fazer nada, não ter resultados. O argumento geralmente é acompanhado com um perfil negativo ou pessimista do aprendiz como inativo, inexperiente, desinteressado, omisso, fraco, impulsivo, irresponsável.

Logicamente, pessoas com tais características não podem ter liberdade para aprender. Elas precisam ser controladas, dirigidas em direção à aprendizagem. Poucos perguntam até que ponto este perfil do aluno não é uma reação à experiência da pedagogia tradicional.

A relação pedagógica é uma relação entre pessoas. A pedagogia antiga valoriza uma relação formal, distante entre professor e alunos. A Abordagem Centrada no Aluno dá ênfase a um relacionamento aberto, em processo de definição junto aos participantes da experiência pedagógica.

Surge um papel transparente do professor – um papel que possa transformar um processo fechado em um processo aberto. A não diretividade é uma postura e também uma técnica. É uma técnica particularmente útil no início de uma aula (numa sessão de grupos ou em terapia individual) para desencadear no outro um papel de sujeito ativo no processo de aprendizagem ou transformação humana.

O Snyders (1973), um crítico da ACP, comenta:

> A contribuição da não diretividade é ter situado no primeiro plano das preocupações a relação entre professores e alunos, a confrontação entre a dominação do mestre e a fraqueza passiva do aprendiz e, portanto obrigar-nos a procurar as condições de uma autonomia do aluno, duma tomada de iniciativa e responsabilidade. Obrigar também a saber como dar lugar e valor à sua experiência pessoal e à expressão dessa experiência, inclusive a experiência da situação do aluno, da sua prática social, das ligações sociais e escolares que são as dele. E por este modo abrir um acesso à vida democrática da classe. (Prefácio)

Na ACA, a importância terapêutica do processo de desestruturação-reflexão – reestruturação – é amplamente conhecida e acontece no contexto do relacionamento terapêutico, gerando estados emocionais diferenciados, associados, muitas vezes, à maturidade, à personalidade, à história pessoal do indivíduo e a outras variáveis intervenientes.

Na situação didática, o quadro psicológico geral do indivíduo, somado às suas experiências educacionais e expectativas como aprendiz, influencia suas reações à desestruturação da segurança emocional previamente alcançada na sala de aula tradicional.

A não diretividade é o meio pelo qual o professor inicia a desestruturação do vínculo dependente que o aprendiz algumas vezes quer manter. É o meio de explorar uma nova relação pedagógica na qual o relacionamento professor/aluno/conteúdo adquire novas dimensões no quadro referencial (cognitivo e afetivo) do aprendiz.

Tornou-se postura na medida em que o educador/facilitador adapta um estilo autêntico e nãomanipulativo dos outros. Seus conhecimentos e suas experiências não são negados ao aprendiz. Sua "autoridade" se transforma de um domínio, de árbitro, para um papel em quemostra capacidade, idoneidade e vontade para coparticipar em busca de aprendizagem e de significação na relação pedagógica.

Isso não é a negação de saber ou uma brincadeira de prisão dupla (Watts, 1961), em que se frustra o aprendiz para ver o que acontece. A caracterização da não diretividade tem por fim raízes ideológicas que encobrem a defesa de um sistema fechado autoritário. A reconstrução do papel (simbólico e real) do professor é altamente ameaçadora para os educadores tradicionais.

A não diretividade precisa ser mais bem clarificada como técnica didática ocasional, ou meio, no contexto total de ensino-aprendizagem centrada no aluno. Essa redefinição é necessária, tanto para esclarecer a estratégia e importância da reestruturação do vínculo professor/aluno, quanto para contrabalançar as distorções filosóficas e ideológicas dirigidas à Abordagem.

Aprendizagem Significativa

Outro problema que dificulta a explicitação do processo de aprendizagem na ACA é a própria forma limitada que seus proponentes vêm conceituando aprendizagem. Rogers caracteriza aprendizagem como significativa, acontecendo no interior do aprendiz.[17]

[17] Veja **Liberdade para Aprender**, Belo Horizonte: Interlivros, 1973.

Guedes (1981) explica aprendizagem significativa como um processo onde:

> A pessoa inteira – cognitiva, social e afetivamente – participa e se empenha de forma autoiniciada e consciente na busca dos significados e das experiências que condizem com seus objetivos (p. 42).

Nessesentido, aprendizagem significativa parece mais uma condição necessária para que algo aconteça dentro do aprendiz. Também as definições descrevem mais o processo de ensino do que a aprendizagem em si. A literatura na ACP dá muito mais ênfase às características da relação pedagógica, às atitudes do professor, do que examinar como, quando e se a aprendizagem aconteceu ou não.

Na verdade, a Abordagem Centrada no Aluno é um processo complexo – uma experiência vivencial complexa que leva em consideração o contexto total da pessoa. Qualquer aprendizagem dentro desse processo é difícil de descrever fora do momento existencial do processo.

É mais do que provável que pessoas diferentes vão aprender diferentemente nesse processo e aprender coisas diferentes nas mesmas condições. Portanto, a Abordagem pressupõe uma série de princípios sobre a pessoa humana que conflita com conceitos e abordagens tradicionais de conhecimento e aprendizagem. Entender isso, talvez, queira dizer não aceitar que a educação tradicional predetermina os parâmetros de uma definição da aprendizagem centrada no aluno.

A teorização e pesquisa em geral sobre aprendizagem é fragmentada e insatisfatória. A maioria das teorias clássicas rejeita a presença do afetivo no processo de cognição. Não há uma teoria integrada da aprendizagem humana consolidando os vários domínios dessa aprendizagem.

Numa reavaliação do trabalho existente sobre aprendizagem, Hill faz uma crítica interessante:

> Um problema na construção de teorias de aprendizagem, os cientistas tentam estruturar a realidade que será mais útil e significativa a eles mesmos. As diferenças nas teorias produzidas refletem em parte as diferenças nos tópicos mais interessantes aos cientistas e em parte nas estruturas sistemáticas que vários consideram de valor em reproduzir (1977: 25).

Na maioria das experiências com aprendizagem (com animais ou seres humanos), a experiência de aprendizagem é limitada estritamente a algum comportamento ou aspecto específico de conhecimento. Os resultados estão limitados por como o tipo de experiência é definida.

Parece que algum tipo de aprendizagem sempre acontece, apesar de que as "taxas" de retenção (memória) ou extensão da aprendizagem variam com o reforço recebido ou com a situação subsequente que exige a repetição do ato, resposta verbal ou escrita. Mesmo assim, os educadores estão pouco satisfeitos com esse tipo de aprendizagem. Todo aprendiz precisa mais ou menos atingir o mesmo nível de conhecimento do mesmo conteúdo, pela mesma forma. É só assim que a maioria aprende?

A teoria de aprendizagem focaliza como os sujeitos individuais aprendem. Mas, na prática, a aprendizagem acontece na sala de aula, num grupo. O aprendiz não está isolado na sala de aula, mesmo se não se integra totalmente com os demais alunos. Quais os outros fatores psicossociais que atuam no processo de aprendizagem?

Como que as famosas teorias da aprendizagem levaram em consideração o contexto total da aprendizagem ou a natureza especial do(s) sujeito(s) na experiência? O que significou para os ratos estar numa caixa? Porque que eles queriam escapar tanto das caixas?

Na universidade, uma sala de aula não está isolada das demais, nem as disciplinas do curso no qual o aluno estiver matriculado. Os estudantes rapidamente desenvolvem sentimentos, atitudes, predisposições e valores sobre o que estão aprendendo ou não, sobre o professor que está "ensinando", e quando, o que e até que ponto aquela aprendizagem tem significação.

Não obstante, a avaliação da aprendizagem desses alunos vai ser limitada ao conteúdo cognitivo transmitido ou organizado pelo professor. Porque os alunos querem terminartão rápido a Universidade?

O Desafiopara a Abordagem Centradano Aluno

A Abordagem Centrada no Aluno precisa de uma reconceituação de aprendizagem centrada no aprendiz. O modelo de aprendizagem necessariamente será abrangente. Terá que ser dinâmico, capaz de explicitar processos complexos operando ao nível intrapessoal e ao nível do grupo.

Terá que levar em consideração aspectos afetivos, cognitivos e conativos dessa aprendizagem. Precisa ser também baseado, de alguma forma, em princípios de aprendizagem humana que englobam a vivência existencial do aprendiz.

Algumas pistas já existem. O conceito da significação da aprendizagem continua central. Outras contribuições existem em conhecimento já adquirido sobre a Abordagem em terapia individual e trabalho com grupos. Wood, em particular, tem estado atento às implicações secundárias de certos momentos críticos na vivência de grupo que parecem ligados ao processo de aprendizagem inerente na Abordagem Centrada na Pessoa.[18]

Cornejo e Gonzalez (1982) desenvolveram uma discussão essencial para a reformulação teórica da ACA. Baseando-se no trabalho de Wukmir e sua "Teoria Orética", há dez anos, sua equipe examina a aprendizagem humana dentro de uma perspectiva da Psicologia Humanista.

A Teoria Orética, segundo os autores, parte de uma fundamentação biológica:

> Cujas observações vão da célula para o organismo como um todo e no homem como a pessoa como a última maneira em que "tudo isso"se manifesta, integrando-se ao social (1982: 2).

A teoria coloca emoção como o determinante explicativo do comportamento humano. Propõe uma modificação no esquema Estímulo – Resposta (S-R), apresentando Valorização (biopsicossocial) como parte integral do processo de orientação vital da pessoa (S-V-R).

Os autores afirmam que:

> O homem sabe de sua própria natureza através da valorização subjetiva de suas experiências como ser vivo, e esse autoconhecimento é o ponto de partida de todo o conhecimento (p. 3).

[18] Veja seus comentários sobre o momento criativo no grupão, sabedoria do grupo, o processo isomórfico, comunidade de aprendizagem (1983); estados de consciência (1985).

O marco teórico conceitual deste enfoque pressupõe que toda a realidade humana seja intrinsecamente articulada em órbitas geradoras de âmbitos inter-relacionados e convergentes na pessoa. Essa teorização permite uma visão holística de aprendizagem como processo interno, evitando a compartimentalização do comportamento humano em níveis estanques (nível biológico, nível psicológico, nível social, etc.).

O conceito da pessoa nesta Teoria Orética se integra com a Teoria da ACP, e pode contribuir para uma compreensão maior das descobertas recentes na ACP.

Cornejo e Gonzalez se preocupam também com uma metodologia adequada para construir uma verdadeira ciência do homem como ser humano. Inconformados com um "saber científico" fragmentado do objeto "homem", que continua a "reduzi-lo a aspectos isolados e micro dimensionais", afirmam que é necessária a qualificação de dados e processos que são macro dimensionais (1982, p. 13, p. 15).

O trabalho desses autores com atitudes e educação da criatividade revela a aplicabilidade do modelo teórico. Entre as técnicas e os instrumentos de estudo científico destacam, além da observação sistemática, os métodos de introspecção e deextrospecção. O próprio organismo da pessoa ensina que pode "cossentir subjetivamente (e depois também copensar) várias coisas ao mesmo tempo, tornar consciente os sinais espalhados de estímulos e de fenômenos (coestasia)" (1982, p. 22).

Defendem a ideia de que o método de introspecção é o único capaz de alcançar a tarefa de desencovar a verdade do objeto-sujeito:

> Toda a verdade é primeiro uma compreensão emocional; em seguida, uma equação pré-verbal; então ainda, uma conclusão interna; e se pudermos torná-la comunciável, é ... uma abstração expressa do sentido, mais ou menos precisa. O procedimento é o mesmo porque a lógica é de origem biopsic: o silogismo primário nasce da distinção entre o agradável e o desagradável, medido no critério da utilidade vital. Cada homem pode medir com bastante precisão o que está sendo e é potencialmente capaz de medir o que o outro sofre (1982, p. 23).

Aprendizagem centrada na pessoa do aprendiz pode ser avaliada em todas as suas dimensões, macro e micro. A sistematização dessa cognição de aspectos multivariados da aprendizagem é tarefa para os coeducados – aluno e professor. É necessário definir aprendizagem e alterar as condições básicas nas quais o sistema educacional funciona, da pré-escola até a pósgraduação.

A transformação radical da escola e a pedagogia antiga que a sustenta, neste momento, nos parece uma ilusão. Entretanto, há muito para fazer no desenvolvimento de uma Abordagem Centrada no Aluno, no sistema educacional brasileiro atual.

Precisamos de estratégias específicas para avaliar melhor o trabalho já em andamento na ACA. A divulgação e a publicação do material teórico e prático são fundamentais para o avanço dessa Abordagem. A democratização do ensino brasileiro, sem dúvida, abrirá novos espaços para metodologias mais abertas. Espera-se que educadores da ACA encontrem formas coletivas e individuais de participar efetivamente nessa democratização.

Em Busca de um Modelo Vivencial de Aprendizagem

Se a Abordagem Centrada no Aluno vai desencadear desestruturação do processo de ensino/aprendizagem, será importante antecipar formas alternativas da reestruturação do espaço didático da aula. Quais as estratégias que a ACA utiliza agora? Que novos mapas conceituais podem ser desenvolvidos para explicitar como a Abordagem Centrada no Aprendiz pode ser realizada na prática?

A literatura da Abordagem é muito teórica. Preocupa-se demais com atitudes do professor e o conceito de aprendizagem significativa. De acordo com Wood (1986, p. 18), a facilitação de aprendizagem precisa ser reformulada e a Abordagem ampliada com vistas em questões práticas para planejamento e estratégias de avaliação.

Após anos de experiência experimentando com treinamento transcultural e Educação Participativa, Wight (1971) desenvolveu um modelo de aprendizagem vivencial para assistir alunos na compreensão do processo de aprendizagem em Educação Participativa. O modelo tem sido utilizado como guia para atividades individuais e em grupo (Veja Figura 1).

Segundo Wight, o modelo também serviu para aprender a aprender:

> (N)a estruturação de atividades na aula e no processo é reforçado pelo professor em toda oportunidade. O propósito do modelo não é somente para facilitar a aprendizagem, mas clarifica a aprendizagem (ou reaprendizagem) de como aprender. O modelorepresenta não só o pressuposto do processo educacional a ser adotado na sala de aula, mas reforça um processo contínuo a ser internalizado pelo aluno (p. 18).

No esquema de Educação Participativa, a responsabilidade pelo processo é gradualmente transferida do professor para o aluno. O modelo proposto por Wight é atualmente um modelo de ensino/aprendizagem que incorpora a vivência, uma reflexão da vivência, a busca para (discernimento) de descobertas a serem internalizadas, generalizadas e reestruturadas no âmbito afetivo/emocional.

Em nossa utilização do modelo, termos dado ênfase àdescoberta do modelo pelos alunos, numa tentativa de examinar junto a eles as formas que aprendem fazer coisas ou adquirir conhecimento fora do sistema educacional. O modelo é interessante porque o processo de aprendizagem pode acontecer ou ser iniciado em qualquer ponto do modelo. O aprendiz também pode se conceber como ativo, capaz, responsável pela aprendizagem e por seu processo.

O modelo serve ao grupo, aos grupinhos de trabalho ou ao aprendiz independente também como guia para a tomada de decisões sobre como estruturar sua aprendizagem. Alunos compreendem rapidamente que a aprendizagem neste modelo não é linear. Eles podem escolher as palavras mais adequadas do modelo para descrever melhor seu próprio processo.

O modelo sugere dois momentos de avaliação: após a experiência e na fase de generalização/aplicação/transferência, mesmo se "nada" aconteceu, se a aprendizagem foi pouco útil ou bem sucedida, o aluno é livre para reestruturar sua vivência. O aluno ou grupo pode examinar até que ponto vivencia o processo implícito no modelo. Discussão de aprendizagens no grupo se torna uma nova experiência para ser analisada, conceituada e generalizada, assim repetindo o processo em outro nível, para expandir e fixar aprendizagem.

O modelo experiencial tem semelhança com o método científico e reforça qualquer metodologia pedagógica que incorpora a vivência, resolução de problemas ou simples observação como estratégia básica.

Em nossa opinião, o modelo sugerido por Wight está implicitamente presente na Abordagem Centrada na Pessoa e no Aluno. O modelo em si tem potencial como mapa conceitual de uma aprendizagem centrada no aprendiz.

Finalmente, o modelo vivencial ou experiencial é centralizado no aluno e num processo democrático de ensino. É um modelo aberto para uma estrutura didática aberta. O papel facilitador do professor se dirige, então, à facilitação desse processo de aprendizagem. Os conhecimentos teóricos de fatos relacionados ao conteúdo específico do professor servem como basepara a intervenção direta, quando apropriada, ou indireta, na identificação de recursos, problemas, na prática ou ação do aluno, e na avaliação do processo como um todo.

Se o processo de aprendizagem experiencial não se parece totalmente com o modelo de Wight, algum modelo melhor deve ser construído na ACP. Mapas cognitivos em comum são essenciais para o desenvolvimento de um esquema teórico-metodológico educacional na Abordagem.

Também será fundamental explorar um marco teórico/filosófico mais abrangente para estabelecer princípios claros de uma aprendizagem centrada no aprendiz. A Teoria Orética sugere macrodimensões para aprendizagem significativa. Ela oferece um referencial alternativo para confrontar seriamente outras teorias de aprendizagem.

O desenvolvimento de uma teoria adequada de aprendizagem na Abordagem será feito com pessoas, no contexto autêntico da sala de aula, e não nos laboratórios de aprendizagem. As experiências e experimentações na ACA são conduzidas com a cooperação, a ação e a consciência plena do aluno.

O novo vínculo pedagógico – professor/aluno/conteúdo – e um processo democrático de ensino/aprendizagem são as características básicas de uma abordagem educacional centrada no aluno. As deturpações ideológicas da Abordagem são sintomas de ameaça que a ACA faz igualmente ao educador conservador ou ao ideólogo que projeta na Abordagem uma tendência psicologizante (Leitão, 1983).[19]

[19] A ACA, além de ser capaz de criar uma consciência crítica da ideologia dominante, mostra-se como se faz isso sem doutrinação dos outros. Ideólogos preferem outros

O mito e o rótulo da nãodiretividade têm sido utilizados como denúncia à Abordagem. Dentro de um processo mais explícito de ensino/aprendizagem, tais denúncias são claramente defesas do sistema fechado.

A não aceitação da Abordagem Centrada no Aluno é, em parte, uma função do sucesso dos educadores tradicionais em reduzir a tarefa educacional à simples transmissão de conhecimentos e conteúdo, à aquisição de "fundamentos". Precisamos provar que a aprendizagem centrada no aprendiz funciona, como funciona e em quais condições. Precisamos desenvolver material didático dentro da perspectiva da Abordagem.

Acima de tudo, precisamos contribuir para a redefinição da Educação Brasileira no contexto sociopolítico de uma democracia pluralista. Essa redefinição levará em consideração a consciência crítica da sociedade de classes, de injustiça social e da função da escola para fomentar um novo conceito de cidadania. Uma educação centrada na pessoa do aprendiz, reconceituada, ampliada, comcompetência, sim, para redimensionar a educação humana.

Referências

BIGGE, M. L. **Learning theories for teachers**. New York, Harpes & Row, 1976.

BUROW, O. A.; KARIBEINZ, S. **Gestalt psicologia**: um caminho a escola e a educação. São Paulo: Summus, 1985.

CORNEJO, J. M.; GONZALEZ, M. Del Pilar. **El enfoque oréctico y la psicologia humanista. Una metodologia del mesmo**. Trabalho apresentado no First International Forum on the Person- Centered Approach, Oaxatepec, Mexico, 1982.

GAGNÉ, R. M. **Como se realiza a aprendizagem**. Rio de Janeiro: Livros Técnicos e Científicos, 1976.

GUEDES, S. P. **Educação, pessoa e liberdade**: propostas rogerianas para urna práxis psicopedagógica centrada no aluno. São Paulo: Editora Moraes, 1981.

modelos, muitas vezes sem abertura ou liberdade acadêmica para questionar a "nova" ideologia sendo transmitida.

HILL, W. F. Learning: **A survey of psychological interpretations**. New York: Thomas Crowell, 1977.

ISADE –INSTITUTO SUPERIOR DE ADIESTRAMEN'IO PARA EL DESARROLLO. Aprender haciendo. San José, Costa Rica, 1974. (mimeo).

LEITÃO, V. M. **Limites da Abordagem Centrada na Pessoa**: um estudo inicial. (Trabalho não publicado). Apresentado no I Encontro Latino, Petrópolis, RJ, 1983.

MARCHAND, M. A. **Afetividade do educador**. São Paulo: Summus, 1985.

PICHON- RIVIERE, E. **Teoria del vínculo**. Buenos Aires: Nueva Visión, 1980.

ROGERS, C. R. **Liberdade para Aprender**. Belo Horizonte: Interlivros, 1973.

WATTS, A. W. **Psychoterapy east and west**. New York: Ballantine Books, 1961.

WIGHT, A. R. Educação participativa e a revolução inevitável. UFES: Vitória, ES. Artigo publicado em **Journal for Creative Behavior**, Oct., 1971. (mimeo).

WOOD, J. K. **Mais princípios da Aprendizagem Centrada na Pessoa**. Trabalho apresentado no Simpósio: Vivência Acadêmica – O Enfoque Centrado na Pessoa. São Paulo: USP, 1986.

WOOD, J. K. Sombras de entrega e terapia o centrado na pessoa. In: C. R. Rogers et. al. **Em busca de vida**: da Terapia no Cliente a Abordagem Centrada na Pessoa. São Paulo: Summus, 1983.

Figura 1 – O Modelo de Aprendizagem Vivencial

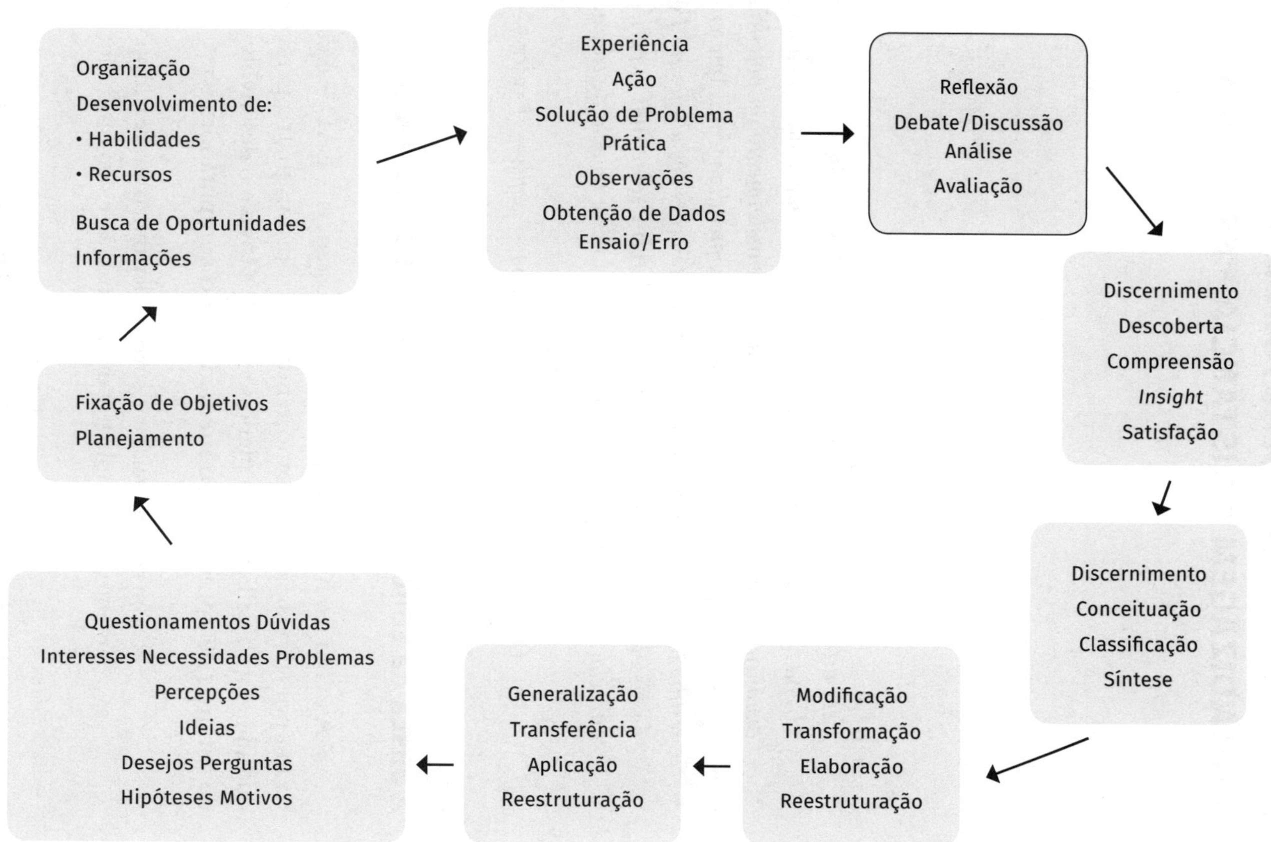

2.6 EDUCAÇÃO CENTRADANO APRENDIZ: NOVOS RUMOS PARA AUTONOMIA NA APRENDIZAGEM A DISTÂNCIA – ESAB 2009

Este artigo analisa as contribuições de Carl R. Rogers e da Psicologia Humanista e está voltado para uma tendência emergente na educação a distância.[20] *Esta tendência valoriza o desenvolvimento do potencial do aprendiz e sua autonomia no processo de aprendizagem. Apresenta os resultados de um estudo de caso sobre as interações dos alunos no Fórum da Escola Superior Aberta do Brasil – ESAB e sobre suas experiências em relação a uma aprendizagem autônoma nesse modelo de educação.*

Dadas as condições certas, as pessoas podem ser confiáveis (FARSON, 2009).

A Busca da Educação a Distância para Entender-se

A evolução histórica da educação adistância – EAD – é caracterizada por vários autores como tendo passado por quatro gerações. A quarta geração da EAD, em pleno século XXI, vive o desenvolvimento de sistemas de comunicação mediados pelo computador:

> (C)om conferências e o correio eletrônico através do aperfeiçoamento das tecnologias de informação e comunicação. Temos

[20] Trabalho publicado em 2009 em A. L. PALMA (Org.). **A Psicologia Humanista na prática**: reflexões sobre a prática da abordagem centrada na pessoa no contexto brasileiro. Florianópolis, S.C., p. 92-114.

> um vasto campo tecnológico disponível que encurta a distância entre aprendizes. Os recursos tecnológicos disponíveis que facilitam o intercâmbio de aprendizagem a cada dia se tornam mais potentes. .... (há) encontros entre tutores (orientadores) e aprendizes disponível em videoconferência o que possibilita um contato face a face em tempo real (tutor-orientador x aprendiz). A velocidade da comunicação se estabelece em tempo real. Temos a facilidade de poder nos comunicar com pessoas que estão distantes fisicamente mais próximas na aprendizagem e comunicação. (Ne@ad, 2001: 8).

A maioria das definições da modalidade EAD enfatiza os aspectos sistêmicos das novas tecnologias de informática (TI). Implícito nessas descrições está a afirmação de que a comunicação eletrônica entre as pessoas substitui a interação presencial e que isso ocorre "a distância". No *Dicionário Interativo da Educação Brasileira* – EducaBrasil, a educação a distância é definida como um:

> Processo de ensino-aprendizagem no qual professores e alunos não estão normalmente juntos, fisicamente, mas podem estar conectados, interligados por tecnologias impressas (livros, apostilas, jornais), sonoras (rádio, fitas cassete), audiovisuais (TV, vídeo, CD-ROM) ou telemáticas (Internet) ... Ou seja, a educação a distância pode ter ou não momentos presenciais, mas acontece fundamentalmente com professores e alunos separados fisicamente no espaço e/ou no tempo, podendo estar juntos através de tecnologias de comunicação (Menezes e Santos, 2002).

A definição encontrada no Dicionário da Educação Profissional (2000), porém, caracteriza melhor a modalidade EAD em termos da mediação da aprendizagem e da possibilidade da construção do conhecimento:

> A EAD é um modelo educativo, que pode ser organizado de modo a possibilitar ao aluno fazer a reconstrução do conhecimento através de sua própria experiência. Ela acontece mediante a separação física entre os atores do processo de aprendizagem (professor e aluno), porém, estabelecendo uma relação de comunicação e aprendizagem multidirecional. Em geral, vem ocorrendo através do uso de novas tecnologias,

> mais precisamente da internet, e tem como finalidade vencer a distância física, possibilitando o acesso à educação a um maior número de pessoas, sendo uma importante estratégia de formação (p. 164).

A educação a distância que se expande pelo mundo e pelo Brasil tem sido alvo de críticas pedagógicas, ideológicas e burocráticas. O cerne da crítica relaciona-se ao controle e ao credenciamento da modalidade. Recentemente, no Congresso Nacional, a crítica tornou-se política na tentativa de legislar sobre um requisito para garantir aulas presenciais em todos os cursos autorizados pelo Ministério da Educação. O Ministério da Educação, por meio da Secretaria de Educação a Distância (SEED), atualmente exige provas e outras atividades presenciais nos cursos credenciados.

Numa publicação da UNESCO (2002), é afirmada que a educação aberta e a distância está provocando um enorme impacto no pensamento e na prática educacional de todo o sistema educativo, especificamente em fenômenos críticos – de como estudantes aprendem, como podem ser ensinados melhor e em como os recursos educacionais podem ser mais bem organizados para um ensino mais eficiente. Registram também que o EAD está altamente associado a (1) inovação nas tecnologias de informática e comunicação e (2) novas ideias de como a informação pode ser acessada e aplicada na sociedade de informação (p. 36).

Inevitavelmente, a modalidade EAD, em qualquer formato, ameaça o papel tradicional do professor como principal detentor e organizador do conhecimento no processo de aprendizagem. Os pontos polêmicos levantados ameaçam as concepções tradicionais do aprendiz como incompetente e incapaz. Coloca em xeque a dependência do aprendiz na pessoa do educador que sabe tudo.

Novas descobertas em inteligência artificial por meiode mapas cognitivos são avanços estimulantes para pensar sobre as comunidades virtuais de aprendizagem, coaprendizagem e "a explosão de informação" compartilhada, facilitada pela Internet.

Ironicamente, essa tecnologia rompe as paredes fechadas de escolas e das universidades de forma mais eficaz do que todos os trabalhos escritos por educadores libertadores, filósofos e psicólogos como

Freire, Illich, Montessori, Ferreira, Piaget, Vygotsky, Dewey, Rogers, Maslow, etc. Ao mesmo tempo, educadores e cientistas de diversas áreas tecnológicas buscam criar mapas mentais, descobrir teorias e explicações para os fenômenos vivenciados com esse novo processo de aprendizagem mediada por essa modalidade.

As características da não convencionalidade dessa modalidade de ensino em relação à sala de aula tradicional, as dimensões espacial e temporal, a autonomia do aprendiz e a relação professor-aluno são fatores determinantes na formação dessa nova estratégia de aprendizagem. Pode-se afirmar que a essência da EAD não está na relação direta professor-aluno, mas sim, na relação educativa indireta mediada pelos diferentes meios educativos em busca de uma aprendizagem com responsabilidade e liberdade, focalizada naconstrução do conhecimento. Por outro lado, nem todos os educadores e as instituições estão convencidos da potencialidade do aprendiz para assumir um papel mais responsável e autônomo.

Weigel (2000) avança na opinião de que, se as instituições de ensino superior fossem realmente preocupadas com a utilização dessa modalidade para enriquecer a aprendizagem universitária, a e-aprendizagem (aprendizagem eletrônica) seria bem diferente do que se encontra na maioria dos programas atuais. Em sua opinião, muito do ensino baseado no sistema WEB é praticamente transportado do formato da sala de aula, inclusive do ritual da palestra, para a Internet: "O propósito parece ser de reproduzir a funcionalidade, a aparência e a sensação da sala de aula num ambiente operacional, semelhante ao transporte de um programa de *software* para plataformas diferentes." (p. 12).

Para Weigel (2000), o resultado é uma espécie de exercício que apresenta na Internet os conteúdos de apresentações (palestras), as referências bibliográficas a serem lidas, provas práticas, junto com grupos de discussão (*chat*) e as respostas do professor em relação às perguntas dos alunos. Em muitos programas de EAD, o sistema WEB é apenas um sistema sofisticado de distribuição daquilo que já existe na sala de aula tradicional.

Nesse sentido, a modalidade a distância não realizou ainda sua potencialidade para desenvolver um novo modelo pedagógico. Considerando que a pesquisa mais recente, comparando educação a distância com a sala de aula tradicional, não mostra qualquer diferença significativa entre os resultados de uma ou de outra modalidade, [21] Weigel conclui que educadores da EAD devem preocupar-se mais com a falta de diferenças e rejeitar a utilização de um padrão tradicional para avaliar-se.

O grande desafio de avaliar a educação a distância é para redefinir e-aprendizagem fora do padrão estabelecido pela pedagogia tradicional da aprendizagem passiva, centrada no conteúdo e no controle do professor. É preciso conceber o processo vivencial do aprender, reaprendendo simultaneamente a apropriação de novos conteúdos, os meios variados dessa apropriação, a aplicação, modificação e transferência desse conteúdo – todo dentro de uma perspectiva crítica com um aprendiz sujeito e não objeto dessa e-aprendizagem.

Para muitos educadores, é também imprescindível uma autoanálise dos vínculos antigos estabelecidos na velha relação professor-aluno-conteúdo. Esses novos vínculos a serem estabelecidos e explorados rompem com os papéis tradicionais fortalecidos pelo ensino na sala de aula.

No ensino a distância, a distâncianão é relevante, mas sim o novo conceito de tempo e a possibilidade ilimitada da apropriação de conteúdos diversificados. **E-aprendizagem** transcende os vínculos lineares entre professor/aluno para restabelecer esse vínculo de forma que privilegia autonomia, participação e a pluralidade das aprendizagens.

As Contribuições do Pensamento de Rogers e dos Valores da Abordagem Centrada na Pessoa para EAD

Carl Rogers pesquisou e escreveu extensamente sobre a aprendizagem humana e a sua promoção. Como psicólogo e pesquisador dedicado à compreensão dos processos terapêuticos, descobriu que as condições essenciais para um relacionamento terapêutico bem-sucedido

[21] Recentes pesquisas no Brasil comparam os resultados de alunos de cursos presenciais e de EAD na prova nacional de ENEM e apresentam diferenças significativas em algumas áreas de conhecimento a favor dos alunos cursando a modalidade EAD.

são aplicáveis na aprendizagem humana em diferentes contextos. O mais importante foi seu pressuposto de que a terapia é uma aprendizagem e que todos têm um vasto potencial para aprendizagem e transformação pessoal.

Para educadores brasileiros, Rogers foi sempre interpretado como um idealista que propôs uma educação não diretiva, *laissez-faire*, com pouca relevância para a cultura brasileira. Seus conceitos sobre aprendizagem e o importante relacionamento a ser construído com o aprendiz foram, porém, ignorados e continuam desconhecidos. Muitos programas de EAD no mundo e no Brasil, porém, começam a explorar as teorias de Rogers para fundamentar sua filosofia de e-aprendizagem.

Rogers diferenciou dois tipos de aprendizagens – um que não tem qualquer significado e outro com uma aprendizagem significativa, "cheia de sentido, experiencial" (1983, p. 29). Para Rogers, os principais elementos envolvidos nessa aprendizagem significativa são o envolvimento pessoal e a significação da aprendizagem:

> (A aprendizagem) tem uma qualidade de envolvimento pessoal – com toda a pessoa, em seus aspectos sensórios e cognitivos, achando-se dentro do ato da aprendizagem. A aprendizagem é autoiniciada. Mesmo quando o ímpeto ou estímulo provém do exterior, o senso de descoberta, de alcance, de apreensão e compreensão, vem de dentro. A aprendizagem é difusa. Faz diferença no comportamento, nas atitudes.... O lócus da avaliação... reside definitivamente no que aprende. A essência da aprendizagem é o significado. Quando uma aprendizagem assim se realiza, o elemento do significado para o aprendiz faz parte integrante da experiência como um todo (p. 29-30).

Além de escrever sobre a aprendizagem significativa e o potencial do aprendiz, entre outras experiências práticas, Rogers trabalhouem La Jolla, Califórnia, como Western Behavioral Sciences Institute (WBSI). Segundo Farson (2002), esse Instituto fundamentou seu trabalho nas ideias de Rogers:

> (Uma) ideia fascinante e desafiadora se tornou a marca registrada do trabalho do Instituto: Dadas as condições certas, as

> pessoas podem ser confiáveis. A tarefa não era seguir o método convencional, trabalhando diretamente sobre os indivíduos para melhorá-los, mas para melhorar as situações que determinam suas vidas. Durante quase meio século, desde a sua primeira concessão de pesquisa para estudar a liderança de pequenos grupos para o seu programa atual no diálogo político, WBSI tem explorado essa filosofia. (p. 2).

Rogers teve uma participação junto à equipe do WBSI numa das primeiras experiências com um projeto de educação a distância:

> Na década de oitenta, o Instituto desenvolveu num período de dois anos (um programa chamado) a Escola de Gestão e Estudos Estratégicos para executivos e outros líderes. Vinte e seis países estiveram representados no grupo participante. Estes bolsistas se reuniram em La Jolla, durante uma semana a cada seis meses, interagindo com professores renomados, e depois continuaram as discussões por meio de conferência por computador ... Este programa foi lançado no campo da educação a distância *on-line*, muito antes da INTERNET se tornar disponível. Foi criado um formato educacional projetado para permitir a autoaprendizagem orientada utilizado por milhões de pessoas em todo o mundo... Mais tarde, tendo descoberto o poder da comunicação de computadores, o Instituto explorou outras oportunidades para formar comunidades virtuais que poderiam servir esse objetivo (Farson, 2009).

Talvez a mais completa revisão dos princípios subjacentes na prática mundial da modalidade EAD sejao trabalho de Otto Peters – *Learning andteaching in distance education: analysis and interpretations from na international perspective* (2002). O autor examina as contribuições do que ele chama de "modelo humanístico de aprendizagem e de ensinar". Ele observa que os proponentes da filosofia humanista (Fromm, Horney, Goldstein, Maslow, Bülher) convergem na visão de que os indivíduos buscam atualização e autorrealização, tendo um potencial para compreensão e alteração sobre a consciência de si, desde que interajam num contexto conducente a essas possibilidades.

Peters argumenta que a aprendizagem autônoma só pode evoluir, se os aprendizes vivenciarem um ambiente de apoio e de compreensão (p. 90). Também afirma que, para a iniciação de uma aprendizagem autônoma, há que se esperar um comportamento do professor-tutor contrário ao comportamento universitário tradicional.

Os professores precisam reinterpretar seu papel no processo de ensino-aprendizagem, reconhecendo as mudanças que a aprendizagem autônoma exige. Durante o processo, não são mais os professores que "cuidam" e conduzem o conhecimento. O professor-tutor precisa identificar-se com o papel de conselheiro, mediador e facilitador – tarefas novas e desconhecidas (p. 90).

Para Peters, o professor-tutor deve "soltar" o aprendiz para melhor apoiá-lo. A tarefa nova do educador é de criar as condições e manter o ambiente de aprendizagem proveitoso para autonomia, tratando o aprendiz com respeito, empatia e compreensão. O professor-tutor assume um papel de coaprendiz, respondendo quando solicitado, com conselho e ajuda (p. 91).

Nesse ambiente, Peters prevê que os aprendizes possam mudar o seu comportamento em busca de uma maior autonomia. É aqui que o aprendiz evolui em "uma forma persistente e insistente de curiosidade científica que motiva a aquisição de informação para sua satisfação e iniciativa própria" (p. 91). Outros comportamentos e outras atitudes de alunos previstos por Peters serão examinados em outra seção do capítulo.

A professora Renate Motschnig-Pitric (2007, 2005, 2004, 2003, 2002, 2001) foi pioneira na aplicação dos princípios da Abordagem Centrada na Pessoa ae-aprendizagem em seu trabalho na Universidade de Viena. Com outros colegas, Motschnig-Pitric juntou o conceito da aprendizagem centrada no aprendiz com "elementos de e-aprendizagem –resultando numa abordagem chamada Person-Centered e-learning (PCeL)". Essa aprendizagem é alcançada quando

> (P)artes significativas da transferência de conhecimento intelectual são alocadas ao computador no mesmo tempo que o instrutor assume o papel de facilitador que busca criar um clima construtivo de aprendizagem baseada em valores como transparência, respeito e compreensão (2004, p. 117).

Pesquisando a integração de aprendizagem intelectual, social e pessoal, Nykle Motschnig-Pitric (2002) desenvolveram hipóteses em relação à disponibilização de elementos nos ambientes de aprendizagem que combinam ferramentas do computador com experiências presenciais. Também postularam que os instrutores precisam de um alto grau de flexibilidade interna para reagir às situações individuais e que devem respeitar as tendências individuais e grupais (p. 178).

Os resultados iniciais de suas pesquisas apontam que as aprendizagens mais significativas dos estudantes têm sido o aumento de competências profissionais, a experienciação de um clima positivo de aprendizagem, a colaboração com outros aprendizes e o aumento de interesse no conteúdo das matérias.

Motschnig-Pitric e Mallich concluem que o desenvolvimento integrado de mídia e de competências pessoais e interpessoais são essenciais para o sucesso de PCeL. Seus resultados também "apoiam a teoria de Rogers de que aprendizagem experiencial para a *whole-person* que enfatiza a integração de cognições, intuições/sentimentos e habilidades, segue uma tendência atualizante dirigida para a atualização do organismo integral." (p. 190).

Observamos uma preocupação nessas novas aplicações da ACP tanto com o aprendiz quanto com o educador. Na busca de um ambiente de aprendizagem, em quea relação entre todos os atores é acentuada, Motschnig-Pitric e outros harmonizam a tecnologia da aprendizagem eletrônica com procedimentos que garantam "espaço para processos sociais e pessoais e experiências mais profundas de aprendizagem." (p. 176).[22]

As aplicações de novas tecnologias, à medida que se preocupam com o aprendiz e a relação tutor-aluno, humanizam o ambiente eletrônico com o efeito de torná-lo presente, imediato e significativo. Consequentemente, o ambiente EAD permanece "meio" e não vira "fim". Centraliza-se no usuário – no aprendiz – e transforma o professor em mediador. Não são os mesmos valores da Abordagem Centrada na Pessoa?

[22] Veja a listagem completa dos trabalhos de Motschnig-Pitric, disponível em: <http://www.google.com.br/search?hl=pt-BR&q=MOTSCHNIG-PITRIK%2C+R.+&btnG= Pesquisar&meta=>. Acesso em: 19 set. 2021.

O Exemplo da Escola Superior Aberta do Brasil e o seu Ambiente Virtual[23](Sub1)

A ESAB – Escola Superior Aberta do Brasil – é um exemplo da contribuição de uma instituição privada para a educação a distância.[24] A empresa desenvolveu uma plataforma integrada com ambientes distintos: uma sala de aula para o aluno, um sistema eletrônico de avaliações corrigidas e registradas automaticamente, um ambiente *on-line* de tutoria que garante ao tutor acompanhamento da turma, além de um ambiente administrativo que coordena a vida acadêmica do aluno, faz a gestão financeira, o controle de cobrança e a emissão de certificados dos cursos.

Em 2004, a ESAB foi uma das primeiras empresas a se credenciar pelo Ministério da Educação e ter seus cursos de pós-graduação aprovados em regime especial.

A ESAB oferece cursos a distância viainternet, em diversos níveis e áreas, voltados para jovens e adultos trabalhadores que precisam determinar o seu próprio ritmo de estudo e não dispõem de tempo para frequentar uma sala de aula. O curso é ministrado por uma equipe docente de alto nível composta por mestres e doutores, por meiodo *software* Campus *On-line*®, de alta tecnologia e único no mundo, desenvolvido pela ESAB e, ao efetivar a matrícula, o aluno recebe um kit de apresentação e informações sobre o curso.

Os cursos oferecidos pela ESAB são de Pós-graduação (*lato sensu*), Especialização devidamente credenciada pelo MEC, cursos de Aperfeiçoamento – MBA – e cursos de Qualificação Profissional que aproximam os profissionais de um mercado cada vez mais exigente e mutante.[25]

A ESAB teve sua origem no IBEAD – Instituto Brasileiro de Educação a Distância, constituído em fevereiro de 1995, tendo EAD como o principal foco. Em dezembro de 2004, alterou sua razão social,

[23] Este autor foi Diretor Acadêmico da ESAB (2002-2005) e atua como tutor no módulo **Metodologia de Pesquisa Científica**. Ele também orienta planos de monografia desde 2002.

[24] Disponível em: <http://www.esab.edu.br/index.cfm>. Acesso em: 19 set. 2021.

[25] Fonte: disponível em: <http://www.esab.edu.br/site/cursos/index.cfm>. Acesso em: 19 set. 2021.

passando a denominar-se Escola Superior Aberta do Brasil – ESAB. No início, utilizavam o envio de material impresso (apostilas) e as avaliações eram feitas pela produção de artigos desenvolvidos pelos alunos.

A ESAB modernizou-se, optando pela migração das apostilas para o método de e-aprendizagem, baseando-se nas principais universidades americanas (em especial na universidade de Phoenix, no estado do Arizona) com experiência em EAD.

O ambiente virtual de aprendizagem (AVA) da ESAB é composto de um *software* CAMPUS *ON-LINE*®,com registro no Instituto Nacional de Propriedade Industrial – INPI –que garante à ESAB controle e segurança do seu material educacional e intelectual.

Conheça as seguintes ferramentas desse *software* da ESAB consideradas "básicas" para uma AVA:

Autenticação

São as funções incluídas na tela inicial do sistema ou ambiente. O usuário solicita sua participação e é cadastrado para que possa utilizar a ferramenta de maneira identificada, por *login* e senha. Nessa página os usuários cadastrados têm acesso ao curso sala de aula, a controles de matrícula, ao registro do aluno, professor/tutor, bem como às informações disponíveis sobre o ambiente, notícias, calendário de eventos, avisos e mensagens.

Manipulação de mensagens

Trata-se do envio de mensagens, algumas automáticas se relacionadas às datas de matrícula, às provas e aos avisos comuns.

Área do curso

É na área do curso ou no ambiente da sala de aula do aluno em que a grande maioria das ferramentas do aluno é localizada.

Material didático

O material didático é encontrado na sala de aula em formatos variados, liberados para estudo virtual ou *download* em forma de arquivo.

Biblioteca

A biblioteca da ESAB é organizada para incluir referências sobre EAD, listagens de recursos, arquivos eletrônicos, *sites* da INTERNET, outros sistemas de bibliotecas *on-line*, apresentações de PowerPoint e de outras mídias.

Visualização de interações

As interações mais comuns são as interações entre tutor-aluno, aluno-aluno ou aluno-comunidade. O conceito de comunidade de aprendizagem está formatado como Fórum, que permite interações entre participantes em tempo real.

Teleconferência ou videoconferência

Não há essa ferramenta ainda no AVA da ESAB.

Multimídia

Há vídeos curtos – apresentações de multimídia consideradas "mídia virtual". Estão disponíveia *on-line* para o aluno assistir de acordo com o interesse, tempo disponível ou necessidade para revisão. A ferramenta está inserida no texto ou na página da disciplina em formato de vídeos de curta duração, os quais enfatizam pontos de destaque no conteúdo e criam contatos virtuais com o tutor.

Exercícios / tarefas

Há atividades, tarefas ou exercícios a serem completados pelo aluno inseridos nas unidades de estudo. Os resultados podem não formar parte do sistema de avaliação da aprendizagem. A ESAB utiliza exercícios nos seus módulos que são corrigidos pelo sistema com imediato *feedback* para o aluno. Não há registro do resultado pelo sistema, apenas para o aluno. Em outras tarefas, inclusive na ESAB, os resultados são revistos pelo tutor, podendo ser parte da avaliação eventual do aluno.

Sistema de avaliação

Em seus cursos de pós-graduação *lato sensu*, a ESAB aplica uma prova objetiva *on-line* ao final de cada módulo. O sistema seleciona aleatoriamente os itens de um banco de itens. Alunos que não alcançam sete pontos podem repetir a prova em cinco dias. Quem alcança a nota mínima é liberado pelo sistema para proceder para o módulo seguine. As correções da prova são instantâneas e contêm comentários justificando a escolha correta entre as demais opções. Cabe solicitação de revisão de prova, caso necessário.

Consultas acadêmicas *on-line* com tutor

As perguntas mais frequentes (FAQ) são registradas e mantidas como referências para a comunidade. No ambiente integrado da ESAB, as dúvidas são listadas em ordem cronológica com as respostas do tutor. O tutor recebe um *e-mail* de comunicação da dúvida com 48 horas para dar resposta. Qualquer dúvida sem resposta gera um segundo aviso para o tutor e outro para o setor acadêmico.

Anotações / arquivos do aluno

Outra ferramenta disponível é um espaço ou prateleira do aluno em quepodem guardar fichamentos e notas.

Avaliação do módulo / disciplina / curso

A ESAB tem uma ferramenta de pesquisa de opinião / avaliação do conteúdo e do tutor. Essa informação é monitorada pela administração geral com *feedback* para os tutores e para o setor acadêmico. O banco de dados desse arquivo permite uma avaliação continuada de todo o sistema e a evolução do AVA em seu conteúdo.

Ambiente / sala do tutor-professor

AAVA da ESAB dispõe de uma área especial para os tutores. Por meio de ferramentas internas, os tutores podem modificar o banco de itens das provas e dos exercícios. Essa área lista os alunos da disciplina, permite contato direto com o aluno, avisa sobre tarefas esperando apreciação e até relaciona pagamentos a receber pela tutoria em cada mês. Na ESAB, o tutor tem acesso à lista de alunos matriculados e aos que completaram seus estudos na disciplina.

Suporte técnico e administrativo

O sistema Campus *Online*® da ESAB fornece uma comunicação integrada entre usuários e os diversos setores. Os problemas técnicos ou acadêmicos são filtrados por um *help desk* que canaliza e monitora toda a comunicação do usuário. Outros ambientes oferecem ajuda técnica *on-line* ou por telefone peloserviço de ajuda ao usuário.

Área administrativa

No ambiente da ESAB, há um acompanhamento total do aluno e seu desempenho com registro de entradas no sistema, *downloads* de material acadêmico, tempo expandido em cada módulo, pagamentos e depósitos do aluno, que está integrado ao sistema de emissão de certificados e avisos.

A área de estudo da ESAB, atualmente, permite um atendimento rápido pelo tutor. Aqui, o aluno consegue fazer *download* do módulo, entrar em exercícios, acessar sua área de Caderno para Anotações e consultar a Bibliografia e Glossário. Quando termina o módulo, o aluno completa a Prova *On-line* e avalia o módulo, o tutor e serviços da ESAB no item "Minha Opinião". Na Área de Discussão, além do Fórum e Debate Virtual, o aluno pode registrar dúvidas com o tutor.

Interação Individualizada, Centrada no Aprendiz

Na ferramenta para Dúvidas, o aluno registra o tópico da dúvida, sua pergunta e recebe a resposta do tutor. O aviso da dúvida do aluno dispara um *e-mail* para o tutor, indicando uma nova dúvida ou uma interação do aluno em resposta ao tutor. Ao se sentir satisfeito com a interação, a dúvida é fechada por um controle do próprio aluno. As dúvidas respondidas podem permanecer *on-line*, de acordo com os critérios do tutor.

Como tutor de Metodologia, pessoalmente, gosto de enfatizar em minhas respostas:

1) Fontes de leitura em que o aluno pode continuar pesquisando para novas respostas.
2) Estratégias de aprendizagem sobre métodos, metodologia e técnicas de pesquisa.
3) Sugestões de como o aprendiz pode se tornar mais ativo na busca de esclarecimentos de suas dúvidas.

Em outras palavras, a dúvida é uma excelente oportunidade para "romper" com dependências e ajudar o aprendiz a se tornar mais autônomo. É um momento delicado, no sentido de valorizar o contato e, ao mesmo tempo, retornar o lócus de poder para o aprendiz, sem manipulação. É fácil demais para o tutor, nesse momento, "mostrar" o seu conhecimento e "valor". À distância, podemos continuar impondo autoridade, mostrar superioridade ou estrategicamente reforçar a possibilidade da autonomia do aprendiz em sua busca da aprendizagem.

A minha experiência com a orientação de planos de monografia tem sido altamente satisfatória e, em alguns casos, mais eficiente do que orientações presenciais em outras instituições de ensino superior, principalmente pela eficiência do sistema em facilitar a interação direta aluno-orientador-tutor.

A orientação da produção científica é repleta de rituais e dependências facilmente rompidos pela distância. É possível atender mais alunos com qualidade, mesmo aqueles com dificuldades para definir temas, objetivos ou delimitar melhor o seu estudo.

O arranjo atual de ferramentas disponíveis e a qualidade do funcionamento diário do sistema operacional da **ESAB** garantem um ambiente virtual de aprendizagem confiável para seus usuários. Sem dúvida, as mais novas aplicações tecnológicas para AVAs precisam avançar a qualidade da interação humana, bem como oferecer novas ferramentas de registro, organização e análise do conhecimento. A incorporação constante de novas ferramentas caracteriza a evolução do sistema do *software* CAMPUS ON-LINE® até agora.

Não obstante o potencial do ambiente criado pelo *software*, qual a experiência e a reação do aprendiz à modalidade EAD da ESAB? Como o aprendiz se vê, perante o desafio do rompimento de uma relação acadêmica tradicionalmente dependente? O percurso educacional de adultos já formados e trabalhando profissionalmente permite um resgate do aprendiz como sujeito?

A Experiência do Aprendiz registrada no Fórum da Esab – Interação e Conexão

Os seguintes depoimentos foram selecionados com base nas interações no Fórum do módulo Metodologia de Pesquisa Científica – oferecidos a todos os cursos de pós-graduação da ESAB. No Fórum, as perguntas são formuladas pelo tutor com uma participação espontânea do aluno em qualquer momento do estudo do módulo. O quadro abaixo mostra as perguntas que geraram 1.893 interações.

Quadro 1 – Fóruns do módulo – Metodologia da Pesquisa Científica

Perguntas-chave	Nº de Mensagens
• Reflexão coletiva: prevenção de conduta antiética	639
• Uma reflexão individual sobre integridade acadêmica	274
• Reaprendendo a aprender	259
• Autoconfiança na expressão de minhas ideias e opiniões	223
• Fórum aberto (interação aberta entre alunos)	346
• Dúvidas – Discussão com a Comunidade de Aprendizagem	152

Selecionamos 23 depoimentos das 259 interações registradas em resposta ao terceiro item sobre autonomia. Os depoimentos foram agrupados em quatro (4) categorias, utilizando três (3) comentários extraídos do trabalho de Peters (2002), e uma categoria emergente das interações sobre o diálogo entre aprendizes.

3ª Pergunta para Discussão: Reaprendendo a aprender
Educação a distância exige de todos nós uma nova visão de aprendizagem. Eu penso que muitos concordam e buscam maiorautonomia para aprender de uma forma mais significativa. Esse módulo realmente incentiva uma aprendizagem mais autônoma?

Os aprendizes em EAD se avaliam criticamente, ganham confiança em sua habilidade de aprender e mostram autoconfiança (PETERS, 2002,p. 91).

- "A educação a distância está sendo uma experiência nova e muito satisfatória pra mim, afinal, **me possibilitou estudar com meus próprios horários e métodos, ou seja, de uma maneira em que posso expandir meu potencial ao máximo.** Nesse modelo de aprendizado, o comprometimento tem que existir, e seu resultado é melhor, pois ele é espontâneo e não forçado."
- "É um desafio novo em minha vida, pois depois de tanto tempo, procurar por novos caminhos. Este módulo realmente abriu um leque muito grande de oportunidades, ele **mostrou que podemos caminhar por vontade própria e que somos capazes de fazer muito mais do que imaginamos.** É uma forma de poder começar a pesquisar, correr atrás de novas ideias, novos pensamentos e novas conquistas."
- *"O acesso ao nível superior impõe ao aluno* **uma conduta mais autônoma** *na busca da evolução de conhecimentos. O que acontece invariavelmente é que ao atingir o nível superior, o aluno não assume a mudança de postura diante desta nova etapa educacional. Na realidade, a atitude do aluno de nível superior tem que ser de autonomia, proatividade, iniciativa, curiosidade, enfim todas as características que o impulsionam à pesquisa, isto independente de ser um curso presencial ou EAD. Aqueles que primam pela disciplina,*

organização e objetividade, certamente tem no EAD uma opção mais racional que permite otimizar do tempo em prol do melhor aproveitamento nos estudos."

- "Vejo que a educação a distância é fundamental, pois não temos condições de estar todos os dias em sala de aula, devido aos compromissos com a casa, trabalho, viagens, igreja... entre outros e vejo que esta forma de ensino é muito importante, pois **nós precisamos nos tornar alunos pesquisadores, buscando muito mais do que nos é passado**, pois na faculdade normal também é assim, se vc não buscar conhecimento não chega a lugar algum, vc precisa gostar daquilo que faz e aí conhecerá **uma nova forma de conhecimento, reaprendendo a aprender ou aprendendo a ser sujeito da sua aprendizagem...."**

> Os alunos mudam de um sistema fechado de ensino-aprendizagem, de conteúdo desenvolvido externamente, em direção a uma experiência de aprendizagem autônoma que é autodescoberta, autosselecionada e avaliada internamente pelo aprendiz (PETERS, 2002. p. 91).

- "Acredito que o EAD é um processo de modernização para com o aluno, **pois depende dele mesmo em aprender, buscar informações.** É um desafio, mas com certeza muito gratificante."
- "Acredito que **o Ensino a Distância moderniza e democratiza o saber**, pois **depende do próprio aluno diretamente, o seu próprio ensino, a sua própria autoaprendizagem**, por isso tenho certeza de que o desafio de construir cada vez mais espaços virtuais possam melhorar a qualidade do ensino em nosso País."
- "Alguns fenômenos que ocorrem no processo de ensino-aprendizagem a distância são quase que "exclusivos" deste formato. A automotivação e a conscientização sobre autoeficácia são essenciais para o êxito do processo na medida

em que, na EAD, torna-se fundamental ao aluno assumir a responsabilidade pelo aprendizado. Além de fenômenos que poderíamos classificar como típicos de ocorrerem na EAD há também a repetição de fenômenos que ocorriam apenas por meio de interações presenciais, e que agora encontram seu caminho no mundo virtual no qual ainda estamos aprendendo a viver."

- "Estamos reaprendendo todos os dias. Sempre que erramos, aprendemos com nossos erros e novos conhecimentos vão se incorporando ao nosso saber. **Tanto conhecimento intelectual, como conhecimento de vida**. Reaprender e aprender tem aspectos muito mais amplos. Nesse curso, **estamos tendo a oportunidade de construir nosso próprio conhecimento**, aprendendo de outra forma: lendo, investigando na internet e sempre comparando. **Outra forma de adquirir conhecimento.**"
- "Entendo que a motivação para a aprendizagem autônoma se verifica na dedicação ao estudo, na pesquisa e no compartilhamento de ideias. **Este módulo nos proporcionou a teoria e as reflexões necessárias para que possamos trilhar o caminho da aprendizagem significativa.**"
- "Hoje várias maneiras de adquirir conhecimento estão à disposição de todos, sem distinção de raça, credo, cor ou qualquer outra forma de preconceito. Aliás, **a única conotação de que a palavra preconceito ainda perpetua pela internet, é o preconceito das gerações anteriores a tanta tecnologia,** a ideia de que para ir para a sala de aula do futuro, basta navegar."
- "Na **ESAB** temos **a oportunidade de descobrir o nosso potencial**, com sua metodologia é capaz de formar indivíduos **capazes de pensar e de aprender permanentemente** (capacitação permanente) em um contexto de avanço das tecnologias de produção, de modificação da organização do trabalho, das relações contratuais capital/trabalho e dos tipos de emprego. **Diante deste cenário de constantes mudanças, precisamos reaprender a aprender.**"

- "Tudo depende do indivíduo, se levar a sério o compromisso que foi estabelecido com empenho e dedicação à aprendizagem flui mais facilmente. E a EAD é uma modalidade que **apesar de ser livre para estudar no momento que assim desejar, você tem que ter a responsabilidade de cumprir com as datas,** isso faz o aluno se disciplinar e a tornar o estudo mais firme. **E sem falar que não estamos sozinhos, temos uma equipe e os amigos com quem partilhar os desafios.**"

> O aprendiz tem coragem para ser espontâneo e busca compartilhar com outros o conhecimento adquirido, sem entender isso como perda de tempo.

- "É possível perceber que na modalidade de ensino a distância, **o aluno torna-se mais solidário e participativo,** pois sente a necessidade de ajudar um colega que esteja encontrando dificuldades, **intervindo de maneira direta nos seus trabalhos sem que isso se caracterize em uma prática arrogante e de demonstração de superioridade,** pois todos os alunos são convidados a interagir, concordando ou não com a opinião dos seus pares."
- "Ninguém tem o domínio total do conhecimento, **esta é uma ação dialógica. Estamos sempre pensando e repensando o conhecimento e em cima dele reconstruindo.** Aprendendo e reaprendendo. Lendo e fazendo releituras. A vida é um constante aprendizado. Como diz Gonzaguinha... eternos aprendizes."
- "Também **importante,** nesta forma de ensino, é **a postura autônoma e colaborativa. Deixamos de ser "singulares" para sermos "plural", por meio das trocas de conhecimentos.** Um corpo sólido é constituído de diversas partículas, que,

[26] Categoria emergente das respostas.

unidas, dão força e sustentação. Assim é o EAD, um corpo sólido formado pelas experiências de todos para chegarmos a um saber maior. Aqui, o diverso passa a ser comum e as conquistas serão de todos."

> A aprendizagem autônoma e o ambiente que favorece essa autonomia são reconhecidos pelo aprendiz como importante para o seu crescimento e desenvolvimento pessoal. (Peters, 2002,. p. 91).

- "Com a educação a distância o aluno reaprende a aprender. **Este método leva o aluno a uma autonomia que anteriormente não existia**, pois antes o professor era detentor do conhecimento, e ele escolhia a melhor metodologia e o melhor método para passar este conhecimento."
- "É importante ao procurar um curso a distância verificar se quem oferece está realmente apto no sentido de oferecer todos **os recursos disponíveis para facilitar ao aprendiz as ferramentas mais atuais e facilitadoras da aprendizagem autônoma e independente.** Estou amando o curso, pois não sinto a solidão que sentia nos demais cursos que participei."
- "Estou gostando muito de estudar *on-line*... não digo ADISTÂNCIA porque seria de quê? Longe da Faculdade? **Se estamos interagindo com ela constantemente... logo está perto e muito presente.** Considero que os 5 anos que passei na UFXX não foram totalmente produtivos, pois eu precisei gastar muito tempo para aprender coisas que nem sempre eram úteis e poderia ter adiantado processos desnecessários, o que **a aprendizagem EAD nos oferece, como leitura nas horas vagas, exercícios, revisões, leituras complementares e tudo com acesso mais rápido e muito mais produtivo.** Pois não precisamos lidar com alunos bagunceiros, nem professores desleixados em alguns dias ou em algumas disciplinas...."
- "No EAD, nós aprendemos a aprender, pois ao estudar a distância colocamos em prática, e até mesmo **forçamos outra forma de interação com as pessoas não só presencial,**

(....) mas outras como através da escrita, do bate-papo, *e-mail*, pesquisas eletrônicas ou não. Enfim, é uma nova forma de reaprender a aprender."

- "Possibilidade de fazer o meu próprio horário para estudo e não ter aquela obrigação de horários fixos, é muito interessante para quem não possui muito tempo disponível. Estou gostando desse mais **novo desafio... determinação, disciplina e organização**, são algumas das características que os alunos têm que possuir para estudar "virtualmente"."
- "Senti um pouco de insegurança no início, pois estava acostumada a viver uma vida acadêmica presencial, onde os textos eram lidos em casa e depois explicados em sala pelo professor. Contudo, as aulas só eram produtivas se cada discente estudasse o texto em casa, se cada um fizesse a sua parte. **No estudo a distância, todos tem que fazer a sua parte, administrar o seu tempo e correr atrás de suas dúvidas, tornando-se um estudante mais autônomo.** Lembro-me que na minha graduação, muitos colegas não liam os textos e esperavam tudo do professor, porém como chegavam cansados do serviço, muitos não conseguiam ficar a aula toda prestativos ao desenvolvimento da matéria e muito se perdia. **A educação a distância incentiva a leitura, o aluno não se apoia no professor e nem nos colegas, ele deve correr atrás, refletir sobre suas dúvidas, pesquisar os assuntos que acha necessário para seu crescimento intelectual.** Enfim, estou começando agora a me adaptar com este novo modo de aprender e já estou enxergando muitas vantagens, a principal delas **a minha autonomia em frente à aprendizagem."**

Para Refletir

Fica evidente nos depoimentos o processo de transformação que ocorreno aprendiz. Um segundo resultado que se manifesta é o foco na aprendizagem cognitiva. E-aprendizagem permite maior tempo e atenção explorando áreas de conteúdo em queo aprendiz precisa de mais conhecimento. O ambiente virtual facilita maior interação direta com o tutor. Nesse sentido, a aprendizagem *on-line* é mais pessoal e mais interativa do que a sala de aula tradicional onde alunos competem pela atenção do professor (Draves, 2002).

Mas onde está a relação humana? É possível estabelecer relações humanas, comunicação genuína e as condições que refletem os valores de uma Abordagem Centrada na Pessoaem um ambiente *on-line*?

Como profissional e educador, afirmo que considero as minhas intervenções no módulo de Metodologia e as orientações de monografia, muito próximas ao meu enfoque e estilo pessoal praticados na educação presencial. O ambiente virtual me leva "ao lado" cada vez mais a um número maior de aprendizes. Como coaprendiz em contato diário com mais de trezentos alunos matriculados no módulo, sinto-me disponível para responder de 15 a 20 dúvidas por dia. E o ambiente virtual de ESAB funciona 365 dias no ano.

Como acontece em outros processos de interação, na ACP, algumas vezes, os aprendizes "falam por mim". Intervêm no Fórum e nas dúvidas de maneira surpreendente em apoio ao outro. As reações críticas são absorvidas e debatidas. As diferenças individuais emergem e são acolhidas como pontos de vista diferentes e aceitáveis.

O pensamento e as descobertas de Carl Rogers têm imensa relevância para o avanço da modalidade EAD. Aceitar que o *lócus* da aprendizagem esteja centrado no aprendiz tem implicações profundas para os educadores e tutores. Isso significa que precisamos entender melhor como isso ocorre *on-line* para podermos ser melhores na medição da aprendizagem.

Precisamos saber como estabelecer uma relação com o aprendiz que reconheça, valorize e construa. Precisamos compreender como abrir mecanismos internos e externos no aprendiz para que esse processo seja vivenciado, decodificado, reorganizado e transferido para novas aprendizagens. Precisamos também de liberdade acadêmica e política para continuar desenvolvendo a educação aberta e a distância.

Apesar dos recentes acontecimentos e da consolidação da educação a distância na educação brasileira, é possível observar tendências preocupantes na regulamentação cada vez mais restrita por parte do atual governo. Além de outras restrições, a última legislação concentra ações de avaliação presencial em polos regionais. Em nome da qualidade do ensino, as novas restrições têm como objetivo a imposição de normas e práticas tradicionais numa modalidade que precisa ser "freada" pela burocracia centralizada.

Formiga (2003) já alertou sobre uma legislação recente que "em vez de estimular, coíbe a prática da EAD no Brasil":

> A intenção sempre parece a melhor possível, mas o resultado quase sempre inibe as iniciativas e retarda, cada vez mais, a disseminação dos meios e processos de democratização do conhecimento, impedindo aqueles que buscam aumentar sua escolaridade ..., O equívoco está focado na maneira de se ver a EAD como uma modalidade de ensino-aprendizagem, onde a ênfase no ensino prevalece sobremaneira, ao processo de aprendizagem. Isto hoje é história, ou melhor, é pré-história da EAD. Falar em Educação a Distância hoje não passa de uma metáfora. **O conceito de distância deve ser relativizado. Trata-se de educação flexível.** A distância pode ser o colega da carteira escolar ao lado, na sala vizinha, ou o colega interconectado, seja no Alasca, seja no interior do Mato Grosso, ou nas barrancas do São Francisco (p. 6).

Talvez os educadores mais radicais dos anos 60 tivessem razão. Escolas sem paredes e educação sem escolas possam eventualmente substituir o sistema educacional como o que conhecemos hoje. Mas as tecnologias do computador, se vamos evitar os dilemas de uma educação centrada no conteúdo ou na máquina, têm que ser humanizadas.

É extremamente oportuno, nessa quarta geração de educação a distância, resgatar as ideias de Rogers e de outros pensadores humanistas no fomento da aprendizagem autônoma que só é possível numa educação livre e democrática.

Referências

BROCKETT, R. G. Humanism as an instructional paradigm. In: C. DILLS & A. ROMISZOWSKI (Eds.). **Instructional development**: State of the art paradigms in the field (Vol. 3). Englewood Cliffs: Educational Technology Publications, in press.

BROCKETT, R. G.; HIEMSTRA, R. **Self-direction in adult learning**: Perspectives on theory, research, and practice. London and New York: Routledge, 1991.

DRAVES, W. A. **Teaching *on-line***. River Falls, WI: Learning Resources Network – LERN, 2002.

DOXSEY, J. R. **Aprendizagem e educação centrada na pessoa**: o desafio da síntese de seus princípios. Trabalho original apresentado no X Foro Internacional del Enfoque Centrado enla Persona, Mallorca, Espanha, maio, 2007.

DOXSEY, J. R. **Projeto integrado de pesquisa**. Programa de interiorização da UFES na modalidade aberta e a distância EAD. Vitória: Núcleo de Educação Aberta e a Distância, Universidade Federal do Espírito Santo, 2001. (Sem publicação)

FARSON, R. **Western Behavioral Sciences Institute**. The legacy of Carl Rogers at WBSI. Disponível em: <http://www.wbsi.org/articles/legacy_carl_rogers.htm>. Acesso em: 10 ago. 2009.

FIDALGO, F.; MACHADO, L. **Dicionário da Educação Profissional**. Belo Horizonte: UFMG, 2000.

FORMIGA, M. Educação a distância no Brasil: o que está acontecendo nas empresas e escolas. **Revista Brasileira de Aprendizagem Aberta e a Distância,** (3) N. 1, Fev, 2003.

KEARSLEY, G. Is online learning for everybody? **Educational Technology**. Jan/Feb. p. 41-44, 2002.

KOLB, D. A. **Experiential Learning**. EnglewoodCliffs: Prentice Hall, 1984.

MENEZES, E. T.; SANTOS, T. H. Educação a distância (EAD) (verbete). **Dicionário Interativo da Educação Brasileira-EducaBrasil**. São Paulo: Midiamix, 2002. Disponível em: <http://www.educabrasil.com.br/eb/dic/ dicionario.asp?id=328>. Acesso em: 27 ago. 2009.

MOGILKA, M. Autonomia e formação humana em situações pedagógicas: um difícil percurso. **Educ. Pesqui.** [online]. 1999, vol. 25, n. 2, pp. 57-68. Disponível em: <http://www.scielo.br/scielo.php?script=sci_arttext&pid=S1517-9702199900 0200005&lng=en&nrm=isso>. Acesso em: 24 ago. 2009.

MOTSCHNIG-PITRIK, R. Person-centered e-learning in action: can technology help to manifest person-centered values in academic environments? **Journal of Humanistic Psychology**, 45 (4) 503-530, 2005.

MOTSCHNIG-PITRIK, R. **Person Centered e-Learning in a major academic course**: What are the results and what can we learn from them? 4th International Conference on Networked Learning (NLC 2004), 5-7 April, Lancaster, UK. 2004.

MOTSCHNIG-PITRIK, R. **Using the Internet with the student--centred approach to teaching –method and case study**. International Workshop on Interactive Computer-Aided Learning (ICL 2001), 26-28 September, Villach, Austria, 2001.

MOTSCHNIG-PITRIK, R.; DERNTL, M. **Student-centered e-learning (SCeL)**: concept and application in a students' project on supporting learning. International Workshop on Interactive Computer-Aided Learning (ICL 2002), 25-27 September, Villach, Austria, 2002.

MOTSCHNIG-PITRIK, R.; KABICHER, S.; FIGL, K.; SANTOS, A. M. **Person centered, technology enhanced learning in action: Action research in a course on organizational development. 37th Annual Frontiers in Education Conference–Global Engineering: Knowledge Without Borders, Opportunities Without Passports, 2007.**

MOTSCHNIG-PITRIK, R.; HOLZINGER, A. Student-centered teaching meets new media: concept and case study. **Educational Technology & Society**, 5(4), 160-172, 2002.

MOTSCHNIG-PITRIK, R.; NYKL, L. Towards a cognitive-emotional model of Rogers' Person-Centered Approach. **Journal of Humanistic Psychology**, 43(4), 8-45, 2003.

NE@AD – **Núcleo de Educação Aberta e a Distância.Capítulo EAD**. Documento original utilizado no NE@AD, Vitória: Universidade Federal do Espírito Santo, 2001. (Sem publicação).

PATTERSON, C. H. **Humanistic education**. Englewood Cliffs: Prentice-Hall, 1973.

PETERS, O. Learning and teaching in distance education: analysis and interpretations from an international perspective. **Open & Distance Learning Series**. London: Routledge, 2001.

RIZ, J.; PEREIRA, O. J.**Uma proposta de uso da CMC na educação para a cidadania**: uma comunidade escolar discutindo o orçamento público. Trabalho apresentado em reunião da Sociedade de Informática, 2006.

ROCHA, M. C. Educação: as ideias de Rogers e as propostas atuais. **Jornada Paulista da Abordagem Centrada na Pessoa**, Campinas, Agosto de 2007.

ROGERS, C. R. **Liberdade para aprender**. Belo Horizonte: Interlivros, 1972.

ROGERS, C. R.; FREIBERG, H. J. **Freedom to Learn**. 3rd ed., New York: Merrill, 1993.

ROMISZOWSKI, A.; ROMISZOWSKI, L. P. Retrospectiva e perspectivas do design instrucional e educação a distância: análise da literatura. **Revista Brasileira de Aprendizagem Aberta e a Distância.** Vol 3. N.1, fev, 2003.

SMITH, M. K. **Learning theory.The encyclopedia of informal education**. Disponível em: <www.infed.org/biblio/b-learn.htm>. Acesso em: 20 ago. 2009.

UNITED NATIONS EDUCACIONAL, SCIENTIFIC AND CULTURAL ORGANIZATION – UNESCO. **Open distance learning**: trends, policy and strategy considerations. Paris: UNESCO, 2002.

WEIGEL, V. E-learning and the tradeoff between richness and reach in higher education. **Change**: The Magazine of Higher Learning. Washington, Sept./Oct, (3) n. 5, 10-15, 2000.

3.

3.0 CONSIDERAÇÕES SOBRE APRENDIZAGEM VIVENCIAL E SIGNIFICATIVA CENTRADA NO APRENDIZ

Os textos organizados neste setor focam na aprendizagem vivencial e nas maneiras que aparecem na intervenção centrada na pessoa. Eles sugerem que a aprendizagem significativa pode ocorrer por meioda experiência vivencial sob certas condições de reflexão e de análise.

Um mapa conceitual é construído nos textos a seguir. Este modelo vivencial de aprendizagem já foi discutido num capítulo prévio chamado *Reflexões teóricas sobre aprendizagem centrada no aluno.* Apresenta-se o modelo de novo por considerar sua importância para a produção deconhecimento e aprendizagem significativa dentro dos princípios da Abordagem Centrada na Pessoa. O leitor pode perdoar qualquer repetição nos textos, lembrando que cada artigo foi produzido em momentos distintos, até em décadas e contextos diferentes.

Esperamos que as considerações destacadas aqui nos encaminhem para uma compreensão holística dos processos internos do aprendiz e do cliente e para maior clareza sobre a aprendizagem humana.

3.1 EDUCAÇÃO CENTRADA NA PESSOA: (RE)APRENDENDO A APRENDER

Este artigo pretende examinar alguns entraves e algumas dificuldades para a compreensão da aprendizagem humana dentro e fora dos sistemas educacionais. O foco e crítica da educação aqui serão associados à falta de clareza sobre a importância do aprendiz na equação ensino-aprendizagem.

> *O objetivo principal da educação é a autocompreensão. A prova final está associada ao que o aluno recebe do sistema educacional que permite compreender-se, para que saiba não só o que é, mas o que ele pode se tornar.* (Wright, 1971)

Introdução

Nesse complexo mundo em transição, os sistemas educacionais formais e informais perderam sua relevância, seus rumos e credibilidade. Pior ainda, as políticas educacionais brasileiras propõem mudanças que pouco afetam a essência de uma educação humana: o processo de sua aprendizagem. Convidamos o leitor a refletir sobre suas próprias experiências e frustrações com educadores e com a educação brasileira.

A pesquisa científica educacional não tem contribuído para fomentar uma compreensão dos processos básicos da aprendizagem: Qual o papel fundamental da educação na vida? Por que, mesmo com as novas tecnologias, as escolas não conseguem "ensinar" a ler, calcular, raciocinar eresolver problemas? Qual o comportamento essencial do educador para promover a aprendizagem na escola primária e média? Por que alguns alunos aprendem e outros não?

Educação e Ciência

O dilema mais sério da ciência da pedagogia é a insuficiência das definições do que significa **aprender**. Podemos presumir que a educação é científica? A pedagogia é uma disciplina do ensino que começou a se desenvolver no século XIX. Ela estuda diversos temas relacionados à educação, tanto no aspecto teórico quanto no prático.[1] Seu objetivo principal supostamente é a melhoria no processo de aprendizagem dos indivíduos, por meioda reflexão, sistematização e produção de conhecimentos.

"Obstáculos Epistemológicos" na Educação

Apoiando-nos no ponto de vista epistemológico do filósofo francês Gaston Bachelard, compreendemos a ciência como sendo um programa de resolução de problemas, problema entendido aqui como a expressão de um núcleo de dificuldades conceituais, ou seja, o pesquisador é aquele que, examinando o entorno, elabora programas para resolvê-los ou dissolvê-los.

As ciências são, portanto, produção e programa, um processo dinâmico de transformação correlata da razão e do mundo. O progresso científico é, no entanto, frequentemente obstaculizado. Bachelard (1996), em seu livro *A formação do espírito científico*, utiliza a noção de **obstáculo epistemológico** para se referir àquilo que entrava o acesso a outro conhecimento. Segundo ele as "teorias" em vigor, ao mesmo tempo em que favorecem certos pensamentos, tornam outros quase impossíveis.[2]

O termo "teoria" é empregado aqui em um sentido extremamente amplo: afirmações supostamente verdadeiras a respeito do mundo;

[1] Disponível em: <http://www.suapesquisa.com/o_que_e/pedagogia.htm>. Acesso em: 15 ago. 2016.

[2] BACHELARD, 1996, passim.

sistemas usuais de conceitos mobilizados para formular tais afirmações; tipos recorrentes de raciocínios; imagens e analogias impregnadoras além de uma nebulosa de pressupostos e valores implícitos que acompanham sempre as críticas explícitas.

O obstáculo epistemológico se manifesta tanto na história das ciências exatas quanto nas ciências biológicas e humanas. Em todos os casos, criam-sedificuldades à invenção de novas teorias e também à apropriação de teorias ou deconceitos estudados pela primeira vez. Trata-se, então, de um obstáculo ao progresso – progresso da ciência ou progresso de conhecimentos científicos dos cientistas –, pesquisadores novos ou experientes.

O que se constitui como obstáculo? Bachelard faz o inventário desses possíveis obstáculos: a opinião ("pré-noções"), a experiência primeira, o substancialismo, o animismo, etc. Para se constituir, a ciência deve vencer as crenças mais ou menos implícitas que se forjaram a partir da experiência ordinária e que, inevitavelmente, veiculam afetos na medida em que nossas relações cotidianas com os objetos familiares são sempre estabelecidas em termos de utilidade, de sensações (agradáveis ou desagradáveis), etc.

Na educação, e não só a brasileira, as alterações na legislação, no currículo, na (re)organização das normas e nos procedimentos administrativos constituem obstáculos para as verdadeiras transformações necessárias para a consolidação de políticas públicas eficientes. Tudo muda para que pouco de fato mude na sala de aula e no comportamento e no papel do educador.

Parece que todos têm pré-noções sobre a educação e sobre como deve acontecer o ensino. Os atores e *stakeholders* nos sistemas educacionais são diversos. Infelizmente, os que são os verdadeiros objetos da educação – os alunos – têm um papel reduzido ou quase nulo na sala de aula, da creche até aos seminários de pós-graduação. As respostas dos educadores são sempre as mesmas. Precisamos prepará-los para a próxima etapa, grau, instância, pois ainda não estão prontos para participar mais plenamente na sua educação. Não é surpresa que professores universitários queixem-se que os alunos não sabem definir seus interesses, escolher os temas e problemas para a produção científica.

Segundo Boocock (1972), a estrutura dos papéis na sala de aula típica não conduz os estudantes parao envolvimento ativo no processo de aprendizagem, mas parece promover desconfiança e distância entre os papéis do aluno e do professor[3]. A pesquisa na educação está inconclusiva em relação aos efeitos dos estilos diferentes de ensino. As experiências em tornar os alunos mais responsáveis pela sua própria aprendizagem são limitadas. Elas apontam apenas para o fato de que os sistemas educacionais não estão inclinados a fazer mudanças fundamentais no sistema formal do ensino[4].

Certamente, não é por falta da criação de conceitos e de novos rótulos das abordagens pedagógicas. Quantas pedagogias existem? Listamos algumas a seguir:

Pedagogia cognitiva	Pedagogia do exame
Pedagogia conceitual	Pedagogia holística
Pedagogia criativa	Pedagogia humanista
Pedagogia da autonomia	Pedagogia nova
Pedagogia de Jesus	Pedagogia orgânica
Pedagogia do oprimido	Pedagogia sistêmica
Pedagogia do texto	Pedagogia transformadora

Até que ponto essa busca frênica para soluções, práticas e teorias novas são também obstáculos epistemológicos no sentido deque a grande maioria delas concentra-se no papel do educador, de suas ideologias e valores? O que o educador deve fazer para o aluno?

Nessa lista, emerge uma nova pedagogia – a pedagogia do exame. Para Luckesi, no livro *Avaliação da aprendizagem escolar*,

> ...a característica que de imediato se evidencia na nossa prática educativa é de que a avaliação da aprendizagem ganhou um espaço tão amplo nos processos de ensino que nossa prática

[3] BOOCOCK, 1972, p. 161.

[4] Idem, p. 152.

> educativa escolar passou a ser direcionada por uma "pedagogia do exame". O mais visível e explícito exemplo dessa pedagogia está na prática de ensino do terceiro ano do 2º grau, em que todas as atividades docentes e discentes estão voltadas para um treinamento de "resolver provas", tendo em vista a preparação para o vestibular, como porta (socialmente apertada) de entrada para a universidade."[5]

Para esse autor brasileiro, a prática pedagógica está polarizada pelas provas e exames e não cumpre a sua função de subsidiar a decisão da melhoria da aprendizagem. A pedagogia do exame se estende ao sistema de avaliação do ensino básico (SAEB), médio (ENEM) e à avaliação dos cursos de graduação e de pós-graduação (ENADE).

As provas nacionais são violências simbólicas – estratificando a escola pública, municípios pobres e instituições com proporções maiores de alunos das classes sociais mais baixas. Muitas universidades rotulam itens de suas provas como do padrão ENADE. Os resultados dessas provas rotulam as instituições de ensino, oferecendo poucas alternativas a não ser entrar nas competições para *status* e reconhecimento indevido.

A Sociologia e a Psicologia da Aprendizagem

Embora pouco reconhecidos na área educacional, estudos sociológicos da aprendizagem tentaram definir aprendizagem na escola, além de analisar o sistema e os papéis desempenhados na educação. Boocock (1972) define aprendizagem como:

1) uma mudança cognitiva que promove um aumento mensurável de conhecimento ou habilidades. Isso significa mudança – algo acontece à pessoa numa experiência de aprendizagem no sentido de que, em alguma forma, o aprendiz não é a mesma pessoa depois da aprendizagem;
2) uma interação entre o aprendiz e um instrutor (professor, outro aluno ou algum mecanismo nãohumano);

[5] LUCKESI, 2014, p.3.

3) um terceiro componente é "algo de substância". Os indivíduos não apenas "aprendem", como aprendem "algo" – informação e algo que a pessoa possa fazer. A possibilidade para aplicar habilidades à informação adquirida combina essa nova capacidade[6].

As evidências sociológicas indicam que há diferenças grandes entre sociedades em termos do conteúdo aprendido e como os alunos têm aprendido mesmo controlados estatisticamente por fatores sociais diversos. As diferenças entre nações são bem maiores do que as diferenças dentro do mesmo país, especificamente em relação ao *status* socioeconômico e gênero.

A conclusão mais relevante é que as escolas refletem a maior sociedade da qual fazem parte. Para Boocock (1972), isso significa que para compreendermos as escolas de qualquer sociedade, precisamos entender a sociedade, incluindo sua estrutura e as inter-relações de suas instituições mais importantes, bem como os valores e processos de criação dos filhos. Mesmo aumentando a expansão da cobertura educacional (tempo diário na escola, aumento do número de estabelecimentos de ensino, etc.), as diferenças de classe social e sua influência na aprendizagem não têm sido amenizadas[7].

A sociologia da aprendizagem pode ser diferenciada da psicologia da aprendizagem, a qual "focaliza os mecanismos internos pelos quais o indivíduo responde e assimila estímulos de vários tipos"[8]. De fato, a maior produção de teorias sobre aprendizagem origina-se da Psicologia.

Neste breve artigo, não cabe um levantamento exaustivo das teorias psicológicas da aprendizagem. Hill (1977) nos apresenta algumas pistas para entendermos as tentativas de compreençãoe explicação daaprendizagem: "Sistemas teóricos para a interpretação de aprendizagem cresceram com o estudo experimental da aprendizagem"[9].

6 BOOCOCK, p. 4-5.

7 Idem, p. 304.

8 Idem, p. 4.

9 HILL, 1977: p. 1.

O autor alerta que o que é aprendido: 1) não deve ser entendido como "correto" (aprendemos bons hábitos e maus hábitos também); 2) não precisa ser consciente ou deliberado; 3) não precisa envolver um ato observável, atitudes e emoções podem ser aprendidas tanto quanto conhecimento e habilidades[10].

Sua análise, mesmo datada dos anos 1970, organizou uma discussão do que ele considerou as duas correntes teóricas mais importantes: a **teoria conectivista** e a **teoria cognitivista**. Para ele, as teorias conectivistas de aprendizagem trataram a aprendizagem como sendo resultante das conexõesentre estímulos e respostas (Veja os trabalhos de Wundt, Watson, Guthrie, Thorndike, Miller, Hull, Skinner.).

Interpretações cognitivistas se preocuparam com as cognições (percepções, atitudes ou crenças) que os indivíduos têm de seu meio, e as maneiras que essas cognições determinam comportamento (Veja Werthheimer, Kölher, Koffta {gestaltistas}, Lewin, Tolman, Bolles, Bindra, entre outros.).

A evolução dessas teorias sobre aprendizagem falhou em produzir uma teorização formal ideal do complexo fenômeno de aprendizagem. Não obstante o avanço de alguns psicólogos humanistas, nos anos 70 e 80 (inclusive de Carl Rogers com seus princípios de aprendizagem significativa), os pressupostos de Piaget e Gagné sobre os aspectos e estágios de desenvolvimento humano, essa teorização ideal não emerge de forma satisfatória. [11]

Certamente, essa teoria teria que levar em consideração:

- O processo de desenvolvimento individual.
- A influência da aprendizagem inicial em aprendizagens subsequentes.
- Os efeitos e as interações entre motivação, atenção e a situação dos estímulos.
- As necessidades, os desejos e os interesses do aprendiz.

[10] Idem, p. 4.

[11] ROGERS, 1972, passim.

O Contexto Brasileiro Atual – Mais Obstáculos para a Aprendizagem na Educação

Sem detalhar o contexto desnecessariamente, continuamos com os mesmos dilemas e armadilhas que caracterizam o sistema educacional em todos os seus níveis. A herança da educação tradicional centrada no professor mantém o autoritarismo dos administradores, educadores sustentados pelas Secretarias Estaduais da Educação, pelo Ministério da Cultura (MEC) e por seus órgãos reguladores e centros de pesquisa. Os sistemas de graduação e pós-graduação, públicos e particulares, justificam a autoridade, o controle e a mistificação da aprendizagem humana.

Mas há fortes questionamentos desse cenário triste e crítico, mesmo sem uma produção científica substantiva que comprove e justifique as importantes mudanças necessárias. Logicamente, a crise econômica e a política brasileira é o pano de fundo desse cenário. Novos investimentos na educação? Onde? Com que fim?

Na educação brasileira, os temáticos polêmicos incluem:

- Questionamentos sobre os modelos educacionais (públicos e privados).
- Denúncias do ensino superior em crise.
- Desvalorização de diplomas e certificação para o mundo de trabalho.
- Ineficiência da educação em lidar com a estratificação social, concentração de renda e desigualdade racial.
- Dificuldades na assimilação e na validação das novas tecnologias.
- Ameaças às funções e à autonomia do educador tradicional.

Ivan Illich, professor de filosofia e ciência, tecnologia e sociedade, criticou a escola, seus meios e sua finalidade: "As escolas estão baseadas na suposição de que há um segredo para tudo nesta vida; de que a qualidade da vida depende do conhecimento desse segredo; de que os segredos só podem ser conhecidos em passos sucessivos e ordenados; de que apenas os professores sabem revelar corretamente esses segredos."[12]

[12] ILLICH, 1977, passim.

Em sua obra, *Sociedade em escolas* (1997), Illich denuncia a escola e os professores como enganadores da sociedade:

> A escola é a agência de propaganda que faz você acreditar que precisa da sociedade como está.
>
> A escola, por sua própria natureza, tende a exigir o tempo integral e todas as energias de seus frequentadores. Isso, por sua vez, transforma o professor em guardião, pregador e terapeuta.
>
> O professor-moralista substitui os pais, Deus ou o Estado. Doutrina os alunos sobre o que é certo e o que é falso, não apenas na escola, mas também na grande sociedade.
>
> A escolaridade, a produção do saber, a comercialização do saber, todas as coisas que constituem a escola, enganam a sociedade, fazendo-a acreditar que o saber é higiênico, branco, respeitável, desodorizado, produzido pelo cérebro humano e estocado.
>
> Aprendemos na escola que toda aprendizagem profícua é resultado da frequência, que o valor da aprendizagem aumenta com a quantidade de insumo (input) e, finalmente, que este valor pode ser mensurado e documentado por títulos e certificados.
>
> Na realidade, a aprendizagem é a atividade humana menos necessitada de manipulação por outros. Sua maior parte não é resultado da instrução. É, antes, resultado de participação aberta em situações significativas. [13]

Propostas Educacionais "Alternativas"?

Na tabela a seguir, selecionamos alguns psicólogos e educadores que tiveram impactos importantes pelo menos no sentido de terem apresentado relevantes pressupostos filosóficos e metodológicos. As práticas de suas ideias infelizmente foram pontuais e limitadas.

[13] Idem.

Tabela 1 – Alguns autores selecionados e suas principais ideias educacionais

Autores	Ideias Estabelecidas
Paulo Freire	Destacou-se por seu trabalho na área da educação popular, voltada tanto para a escolarização como para a formação da consciência política. Autor de *Pedagogia do Oprimido*, livro que propõe um método de alfabetização dialético.
Emilia Ferreira	Psicolinguista argentina, desvendou os mecanismos pelos quais as crianças aprendem a ler e aescrever, o que levou os educadores a reverem radicalmente seus métodos.
Jean Piaget	Impulsionou a Teoria Cognitiva, em quepropõe a existência de quatro estágios de desenvolvimento cognitivo no ser humano: sensório-motor, pré-operacional (pré-operatório), operatório concreto e operatório formal.
Lev Vygotsky	O desenvolvimento cognitivo do aluno se dá por meio da interação social, ou seja, de sua interação com outros indivíduos e com o meio. A aprendizagem é uma experiência social, a qual é mediada pela interação entre a linguagem e a ação.
Carl Rogers	Uma aprendizagem deve ser significativa, plena de sentido, experiencial, para a pessoa que aprende. [...] Rogers caracterizou a aprendizagem significativa como autoiniciada, penetrante, avaliada pelo educando e marcada pelo desenvolvimento pessoal.
Maria Montessori	Uma ênfase na autonomia, liberdade com limites e respeito pelo desenvolvimento natural das habilidades físicas, sociais e psicológicas da criança. A criança é o centro do método e o professor tem o papel de ser o acompanhador do processo de aprendizam. Ele guia, aconselha, mas não dita e nem impõe o que vai ser aprendido pela criança.

Carl Ransom Rogers – Um Educador e Psicólogo Humanista

Carl Rogers é pouco conhecido e, às vezes, rotulado como sonhador inconsequente como educador. É mais reconhecido como psicólogo famoso por alguns conceitos atualmente superados dentro dos praticantes da Abordagem Centrada na Pessoa – ACP.

A não diretividade inicial de seu trabalho psicoterapêuticoproduziu efeitos negativos em muitos educadores que buscavam alguma aplicação de suas propostas. Muitos entenderam que Rogers proponha "não fazer nada", em vez de compreender o momento não diretivo como estratégia inicial de ouvir, fomentar participação e espaço para o educando se pronunciar.

Carl Rogers pesquisou e escreveu extensamente sobre a aprendizagem humana e sua promoção. Mesmo como psicólogo dedicado à compreensão dos processos terapêuticos, logo descobriu que as condições essenciais para um relacionamento terapêutico bem-sucedido são relevantes para a aprendizagem humana em outros contextos. O mais importante foi seu pressuposto de que a terapia é uma aprendizagem e que todos têm um vasto potencial para aprendizagem e transformação pessoal.

Para os educadores, nos textos brasileiros, Rogers sempre foi interpretado como um idealista que propôs uma educação não diretiva, *laissez-faire*, com pouca relevância para a cultura brasileira (autoritária?). Seus conceitos sobre aprendizagem e o importante relacionamento a ser construído com o aprendiz foram, porém, ignorados e continuam desconhecidos. A noção de liberdade para aprender ameaça quem acredita no educador que controla e administra a sala de aula.

Rogers, de fato, tinha ideias chocantes para educadores tradicionais. Acreditava na autoavaliação. Em nenhum momento, expressou-se em favor de uma liberdade irresponsável davazia na sala de aula ou na escola.

Na teoria de Rogers, a aprendizagem foi vista como sendo:

> Uma atividade significativa, experiencial e autoiniciada, entendendo-a como resultado do relacionamento entre o estudante e o professor ou com as demais pessoas de seu contexto comunitário, o que lhe proporcionara as condições para a

autocompreensão que resultara em novos comportamentos mais autênticos, positivos e independentes".[14]

A aprendizagem significativa para Rogers vai além da acumulação de fatos e de informações: "É uma aprendizagem que provoca uma modificação, quer seja no comportamento do indivíduo, na orientação da ação futura que escolhe ou nas suas atitudes e personalidade. É uma aprendizagem que não se limita a um aumento de conhecimentos, mas que penetra profundamente todas as parcelas de sua existência."[15]

O ponto de partida da aprendizagem significativa está no interior do aluno. Nenhum conhecimento se transforma em aprendizagem verdadeira, a não ser que "... as forcas motivadoras, inerentes ao aluno, se voltem intencionalmente à experimentação dos seus significados para só então serem conscientizados".[16]

Dentro dessa perspectiva, o professor tenta criar um ambiente na aula que proporcione o desenvolvimento e a exploração de significados. Junto com o aluno, o professor ajuda a construir uma "comunidade de aprendizagem", cujo conteúdo significativo possa ser identificado, examinado e avaliado.

Cabe aqui ressaltar que, mesmo sendo a identificação ou a seleção de conteúdo significativo, uma experiência essencialmente interna, e, portanto, individual, há interesses e conteúdos significativos que são também coletivos. A socialização da aprendizagem e a exploração mútua dos significados enriquecem a essência do relacionamento educacional entre alunos.

Num de seus livros mais "clássicos" *Terapia centrada no cliente* (1951), Rogers apresentou 19 princípios formais a respeito do comportamento e da aprendizagem humana do ponto de vista fenomenológico. No quadro a seguir, destacamos dez pontos como mais importantes na compreensão das contribuições de Rogers para uma conceituação da aprendizagem vivencial e significativa.

[14] GUEDES, 1981, p. 40.

[15] Idem, p. 253.

[16] Idem, p. 45.

Os pontos apresentados a seguir devem ser entendidos como parte de um processo interior, às vezes acontecendo simultaneamente:

Quadro 1 – O processo de aprendizagem: a fenomenologia de Rogers[17]

1. Cada indivíduo existe em um mundo de experiências, continuamente mutável, no qual ele é o centro.
2. O organismo reage ao campo como ele é experimentado e percebido. Este campo perceptual é, para o indivíduo, sua "realidade".
3. O organismo reage como um todo organizado a esse campo fenomenal. Todos os aspectos do ser de um indivíduo – físicos, mentais ou emocionais – entram no comportamento como elementos interdependentes no mundo de experiência.
4. O organismo tem uma tendência e um empenho básico: realizar, manter e aceitar o organismo experimentador.
5. Comportamento é basicamente a tentativa do indivíduo, para o objetivo dirigido do organismo, a fim de satisfazer sua necessidade como é experimentado no campo percebido.
6. Emoção acompanha e, em geral, facilita cada objetivo dirigido do comportamento, sendo a espécie de emoção relacionada com a busca ..., e sendo a intensidade da emoção relacionada com a significação percebidodo comportamento para a manutenção e aceitação do organismo.
7. O melhor ponto de observação para compreender o comportamento é na estrutura interna de referência do próprio indivíduo. Este princípio dá nova ênfase à unicidade do mundo de ser de cada indivíduo. Fenomenologistas diriam: "estar lá" no mundo. Deve-se ter cautela em qualquer avaliação do comportamento de outrem, pois qualquer avaliação deve necessariamente ser de um ponto de observação externo.
8. Uma porção do campo percentual total torna-se gradualmente diferenciado como o "*self*". Rogers enfatiza primordialmente processos de mudança e desenvolvimento, não construções estruturais determinadas. Isto está em harmonia com a base de sua abordagem fenomenológica. Contudo, há duas construções estruturais que são de fundamental importância para essa teoria: o organismo e o *self* (eu).

[17] MILHOLLAN, 1972, p. 148-172, passim.

9. À medida que experiências ocorrem na vida do indivíduo, elas são (a) simbolizadas, percebidas e organizadas em alguma relação com o *self*, (b) ignoradas porque não há relação percebida com a estrutura do *self* ou (c) negada simbolização ou dada uma distorção simbólica porque a experiência é incompatível com a estrutura do self.

10. Ao perceber eaceitar em um sistema coerente e integrado, todas as suas experiências sensórias e viscerais, ele é necessariamente mais compreensivo em relação aos outros e mais os aceita como indivíduos separados.

Alguns Pontos Essenciais para a Educação[18]

É importante entender a percepção humana como ponto de entrada no processo da aprendizagem e para a **compreensão** e **organização** dessa aprendizagem. Isso não é só como o aprendiz percebe os conteúdos propostos e como os interpreta e os organiza, mas também como percebe o educador/colegas/instituição/o contexto total de sua realidade. O aprendiz aprecia o processo da aprendizagem, então, como seu e não conduzido por outros.

Essa perspectiva fenomenológica de Rogers tem fortes implicações para educadores em sua busca para construir um ensino mais participativo. Nota-se que, em nenhum momento, Rogers descarta a função de um mediador/facilitador da aprendizagem humana. Ao centralizar a aprendizagem no interior do aprendiz, ele recoloca o *lócus* da aprendizagem no aprendiz, onde sempre estava. Foram os educadores autoritários que tentaram transferir a aprendizagem para o controle externo.

Mesmo assim, os pressupostos de Rogers devem nos alertar para algumas dificuldades e incertezas. Precisamos reconhecer também:

A importância do campo perceptivo do aprendiz

O campo perceptivo é individual. A diversidade humana está iniciada neste campo. A importância da percepção humana como ponto

[18] DOXSEY, 2009, p. 106-111, passim.

de entrada no processo da aprendizagem sugere inúmeras possibilidades para o estímulo do aprendiz e para a compreensão da aprendizagem que ocorre na pessoa. Sistêmica ou ecologicamente falando, isso não é só como o aprendiz percebe os conteúdos propostos e como os interpreta e os organiza, mas também como percebe o educador/colegas/instituiçãoo contexto total de sua realidade.

A complexidade interna do aprendiz

Há uma complexidade interna do aprendiz que precisa ser compreendida como acessível por meioda relação e da intervenção humana, uma vez criadas e mantidas certas condições.

O potencial inerente do aprendiz para aprendizagem e para construção participativa dessa aprendizagem

Muitas estratégias educacionais partem do pressuposto do desinteresse e da irresponsabilidade do aprendiz. Aprendizagens mais experienciais eparticipativas sempre envolveram mais os alunos. O desafio é como gerar condições em queos atores se tornam coaprendizes em busca de aprendizagens e conteúdos significativos.

As dificuldades iniciais quanto à construção de significações

Algumas dificuldades e alguns obstáculos naturais devido aos processos fenomenológicos internos podem ser antecipados. A construção do saber e a busca de conhecimentos relevantes nem sempre produzem um consenso coletivo automático, sem revelar diferenças.

Aceitar que o *lócus* da aprendizagem esteja centrado no aprendiz tem implicações profundas para o educador. Isso significa que precisamos entender melhor como isso ocorre para podermos ser de alguma ajuda na medição da aprendizagem. Precisamos de uma relação com o aprendiz que reconheça, valorize e construa. Precisamos abrir mecanismos internos e externos para que este processo seja vivenciado, decodificado, reorganizado e transferido para novas aprendizagens.

A Busca para uma Noção Substancial da Aprendizagem Humana

Como se dá o processo da aprendizagem humana? Ocorre da mesma forma para todos? De qualquer maneira, precisamos desconstruir o processo como um processo EXTERNO. Para que a aprendizagem ocorra, as descobertas precisam ter ressonância no interior do aprendiz. Os sistemas educacionais e os professores desconsideram e desconhecem esses processos internos do aprendiz.

É também importante desconstruir a noção de que o processo da aprendizagem inerente ao ser humano é diferente em contextos diferentes, ou seja, aprender fora da sala de aula é diferente do que aprender dentro da escola e vice-versa. Pode ser que haja **formas diferentes para aprender** e que **pessoas diferentes** tenham estilos, preferências, tendências, necessidades **diferentes** em vivenciar e processar suas aprendizagens. Isso não invalida a possibilidade de estabelecer vínculos entre a sucessão desses estados internos.

Não há como apontar um fenômeno, um "estímulo" ou momento temporal para fixar o início da aprendizagem. Um fluxo complexo de sensações, ações e iluminações acompanha o processo. Aparentemente, aprendizagem envolve algum tipo de vivência.

Vivência é neologismo espanhol proposto por Ortega y Gasset, com a finalidade de verter o vocabulário alemão "*Erlebnis*", usado por Husserl para dar sentido à experiência vital interna, subjetiva, originada de percepções internas e/ou externas, vividas pelo sujeito. A experiência da vivência é sempre na dimensão do tempo presente, no "aqui e agora".[19]

Viesenteiner avança a hipótese da compreensão do homem como somatória unitária de vivências (*Erlebnisse*).[20] Essa hipótese é "que o homem tem por tarefa o contínuo exercício de construirou formar a si mesmo, ou seja, a tarefa de 'tornar-se o que se é', que se desdobra única e exclusivamente na própria vida e em meio às vivências. Acrescente-se que não se trata de um'tornar-se' oriundo de um saber prévio

[19] NASCIMENTO, s/d.

[20] VIESENTEINER, 2014, p. 76-94, passim.

sobre si mesmo, mas antes de um desdobramento fenomenológico de engajamento homem/mundo, cujo'tornar-se o que se é' é a tarefa que o homem tem de assumir a partir das suas vivências". (p. 78).[21]

Podemos simplificar chamando a vivência de uma experiência ou ação. Na interpretação de Dewey:

> A natureza da experiência só pode ser entendida pela observaçãode incluir ela um elemento especial que é, ao mesmo tempo, ativo e passivo. Sob aspecto ativo, a experiência é uma tentativa – um significado que se torna explícito na conclusão do experimento. Pelo lado passivo, é a propriedade de suportar atuações externas. Quando experimentamos alguma coisa, atuamos sobre ela, fazemos com ela alguma coisa: em seguida, suportamos ou sofremos as consequências disso. Fazemos algo para a coisa e, em resposta, ela nos faz alguma coisa: essa é a combinação particular.
>
> A ligação dessas duas fases da experiência mede o seu valor ou utilidade. A mera atividade não constitui experiência. É dispersiva, centrífuga, dissipadora. A experiência como tentativa implica transformação, mas esta é uma transição inexpressiva, a menos que se relacione conscientemente com a onda de retorno das consequências que ela emana. Quando uma atividade se prolonga na receptividade passiva das consequências, e a mudança operada pela ação se reflete, em resposta, namudança feita por nós, o mero fluxo se carrega de significação. Aprendemos alguma coisa.[22]

Entender a experiência, então, é dar significação à aprendizagem e incorporar essa descoberta na nossa compreensão do mundo, como organizamos nossos pensamentos sobre esse mundo e sobre nós mesmos. Aprendizagem vivencial é cíclica – as significações da aprendizagem são codificadas, classificadas, formando uma conceituação (teórica?) da experiência ou ação.

Mas uma significação verdadeira nos transforma, reestruturando e modificando nossos conceitos e referências básicas. De alguma

[21] Ibid, p. 76.

[22] EDMAN, 1960, p. 160.

forma, estabelece um eco interno na maneira que organizamos nosso conhecimento. Essa reestruturação permite discernimento sobre possíveis aplicações. Essa integração da aprendizagem pode produzir uma transferência ou aplicação da mesma, assim completando um ciclo que se iniciou na experiência ou num questionamento que fundamentou a busca de uma ação.

Após anos de experiência em treinamento vivencial e educação participativa, Wight (1971) desenvolveu um modelo de aprendizagem vivencial para assistir participantes na compreensão de suas aprendizagens alternativas. O modelo foi apresentado como guia para atividades individuais ou em grupo. Segundo Wight, o modelo serve também para aprender a aprender:

> (N)a estruturação de atividades na aula e no processo é reforçado pelo professor em toda oportunidade. O propósito do modelo não é somente facilitar a aprendizagem, mas facilitar a aprendizagem (ou reaprendizagem de como aprender .... O modelo representa não só o pressuposto processo educacional a ser adotado na sala de aula, mas um processo contínuo a ser internalizado pelo aprendiz....[23]

No esquema de Educação Participativa de Wight, a responsabilidade pelo processo é gradualmente transferida do professor para o aprendiz. O modelo é atualmente um modelo de ensino/aprendizagem que incorpora a vivência, reflexão da vivência, a busca de (discernimento) de descobertas a serem internalizadas, generalizadas e reestruturadas no âmbito afetivo/emocional.

Em nossa utilização e adaptação do modelo, temos dado ênfase à "descoberta" do modelo pelos aprendizes, numa tentativa de examinar junto a eles, as formas que aprendema fazer coisas ou adquirir conhecimento fora do sistema educacional. O esquema é interessante porque o processo de aprendizagem pode acontecer ou ser iniciado em qualquer ponto. O aprendiz rapidamente se percebe como ativo, capaz, corresponsável pela aprendizagem.

[23] WRIGHT, 1971, p. 18.

Essa proposta serve ao grupo ou ao aprendiz independente, particularmente em ensino a distância, como guia para tomar decisões sobre como estruturar sua aprendizagem, um projeto ou conduzir uma pesquisa. Podemos escolher outras palavras mais adequadas para completar o modelo que descreve melhor nossos próprios processos.

O modelo sugere dois momentos de avaliação: após a experiência e na fase de generalização/aplicação/transferência, mesmo se "nada" aconteceu, se a aprendizagem foi poucoútil ou não muito bem-sucedida, o aprendiz é livre para reestruturar suas ações, repetindo a experiência. O aprendiz ou o grupo pode examinar até que ponto vivenciou o processo implícito no modelo.

Discussão de aprendizagem no grupo se torna uma nova experiência para ser analisada, conceituada e generalizada, assim, repetindo o processo no nível coletivo para expandir e transferir a aprendizagem. Veja a figura a seguir para visualizar a proposta da aprendizagem vivencial.

Figura 1 – Proposta da aprendizagem vivencial

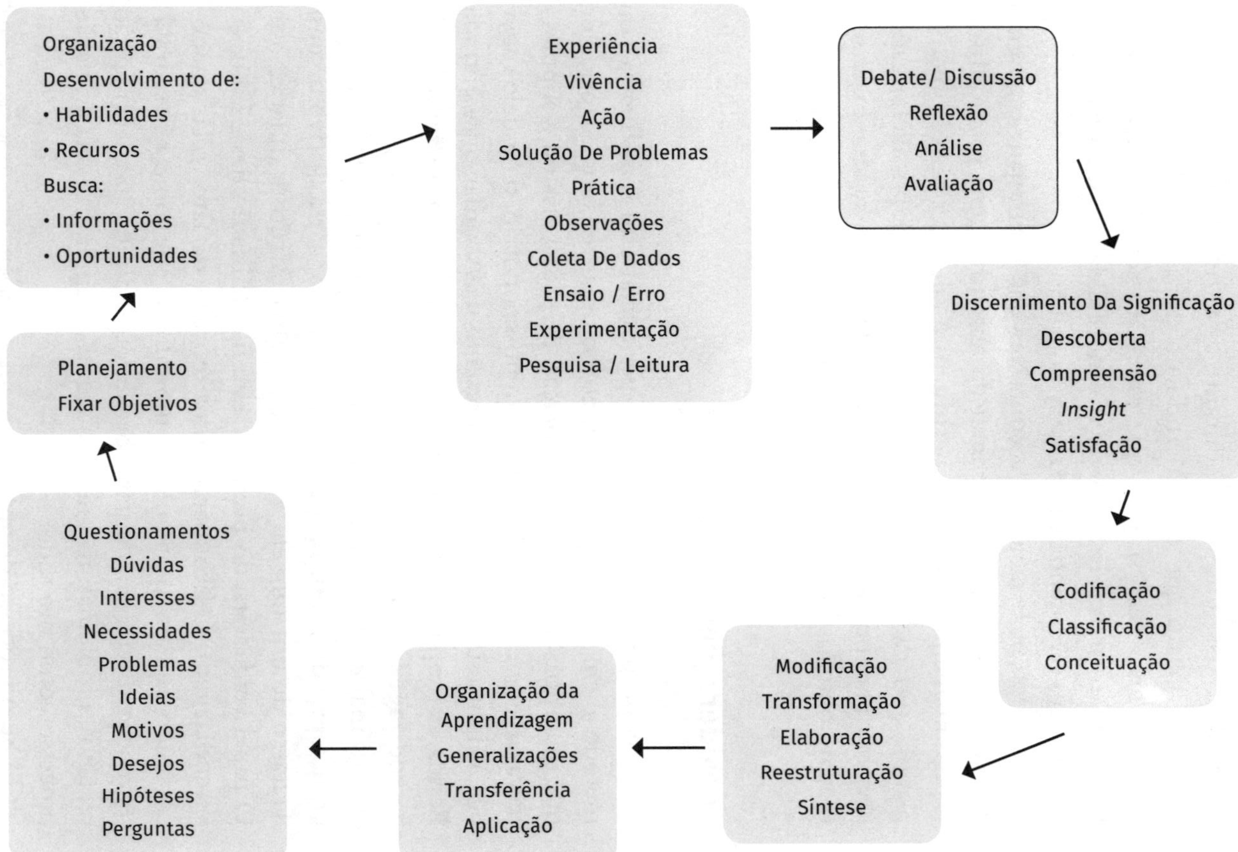

Novos conceitos ou interpretações podem ser construídos em relação às experiências passadas e futuras. O aprendiz pode também encarar o mundo como um conjunto de expectativas novas, diferentes ou modificadas. Entretanto, durante essas reflexões, uma visão mais clara emerge do que está faltando ou do que ainda não está claro – perguntas sem respostas que precisam ser resolvidas, hipóteses formuladas, ideias desenvolvidas e necessidades, interesses e novas motivações são identificadas.

As forças emocionais e conativas que estimulam o aprendiz a continuar no processo vivencial da aprendizagemsão modificadas. Questionamentos e dúvidas permitem estabelecer novos objetivos, e planos são traçados para alcançar esses objetivos. É possível organizar e preparar para buscar novas oportunidades, novas ações e experiências ou para obter as informações necessárias.

Considerações Finais

A proposta ou o modelo experiencial tem semelhança com o método científico e qualquer metodologia pedagógica/psicológica que incorpora a vivência, a resolução de problemas ou a simples observação como estratégia básica. Em nossa opinião, o modelo sugerido por Wight está implicitamente presente na Abordagem Centrada na Pessoa. A proposta em si tem potencial como mapa conceitual de uma aprendizagem centrada no aprendiz.

Finalmente, o modelo vivencial ou experiencial está centralizado no aprendiz e num processo democrático, participativo de ensino. Trata-se de um modelo aberto para uma estrutura didática aberta. O papel verdadeiro do professor está na facilitação desse processo de aprendizagem. Os conhecimentos teóricos de fatos relacionados ao conteúdo específico da aula ou móduloservem como base para a intervenção direta, quando apropriada ou indireta, na identificação de recursos, problemas, na prática ou ação do aprendiz, e na avaliação do processo como um todo.

Se o processo de aprendizagem experiencial não se parece totalmente com o modelo de Wight, alguma proposta melhor deve ser construída na Abordagem. Mapas cognitivos em comum são essenciais para o desenvolvimento de um esquema teórico/metodológico educacional na ACP. Também será fundamental explorar um marco teórico-filosófico mais abrangente para estabelecer princípios claros de uma aprendizagem centrada no aprendiz. E o desenvolvimento de uma teoria mais adequada de aprendizagem na Abordagem será realizado com pessoas, no contexto autêntico das nossas salas de aula e nos nossos grupos de vivência, e não em laboratórios com animais.

A postura do educador – seu jeito de ser – ajuda a criar um clima de liberdade para aprender num contexto de um processo educacional participativo. O educador que trabalha numa filosofia centrada no aprendiz precisa cultivar um clima interno de liberdade para ensinar. Como mediador do processo de aprendizagem, seus valores de integridade e ética acadêmica são associados à liberdade interna para ensinar.

A atuação do docente como mediador precisa ser baseada também em valores e pressupostos teóricos da intervenção humana. Precisa sentir (e demonstrar) aceitação e respeito pela pessoa do aprendiz. O mediador/facilitador necessita de autoaceitação e disposição para a sua própria mudança e transformação pessoal contínua.

Em resumo, uma educação/aprendizagem centrada na pessoa pode ser resumida em três pontos básicos:

1. Visa à relação educacional como meio.
2. Reconhece a pessoa do professor como método.
3. Visa à pessoa do aprendiz e sua transformação integral com resultado.

O resgate interno para uma compreensão da verdadeira aprendizagem humana significa mergulhar num processo pessoal para (re) aprender a aprender, desconstruindo anos de domesticação e sufoco dos sistemas educacionais em vigor.

- A psicoterapia é um processo de aprendizagem.
- A aprendizagem humana é um processo terapêutico, à medida que resgatamos para si a liberdade para aprender e mudar.[24]

[24] ROGERS, 1972, passim.

Referências

BACHELARD, G. **A formação do espírito científico**. Rio de Janeiro: Contraponto, 1996.

BLANCO B. R. **Docencia universitária y desarrollo humano**. México, Editorial Alhambra Mexicana, 1982.

BRADFORD, L. P.; GIBB, J.; BERNE, K. D. **T-group theory and laboratory method**.New York: Wiley, 1964.

BOOCOCK, S. S. **An introduction to the sociology of learning**. N.Y.: Houghton Mifflin Company, 1972.

CAPPELLETTI, I. F.; MASETTO, M. T. (Org.). **Ensino superior**: reflexões e experiência. São Paulo, EDUC – Editora da PUC-SP, 1986.

DOXSEY, J. R.;WIGHT, A. R.; MATHIENSEN, R.; WORTHINGTON, K. L.**Measurement of affect and the humanizing of education**. 4 volumes, Vol I: Background and Overview; Vol II: Instrument Development and Use; Vol III: Work-shop Procedure for Working with Schools; Vol IV: Search for Affective Instruments. Salt Lake City, Utah: Interstate Educational Resource Service Center, 1973.

DOXSEY, J. R. Aprendizagem e educação centrada na pessoa: o desafio da síntese de seus princípios. In: F. C. Klockner (Org). **Abordagem centrada na pessoa**: a psicologia humanista em diferentes contextos. Londrina: EdUniFil, 2009.p. 94-119.

DOXSEY, J. R. Um ensino superior com foco no aprendiz e na aprendizagem. É possível? **Momento do Professor**: Revista de educação continuada, São Paulo, ano 2, n. 4, p. 33-43, primavera 2005.

DOXSEY, J. R. A sala de aula universitária como comunidade de aprendizagem e contexto psicossociológico para mudança. In: I. F. CAPPELLETTI; M.T. MASETTO (Org.). **Ensino superior**: reflexões e experiência. (p. 147-200). São Paulo: EDUC – Ed. da PUC-SP, 1986.

DOXSEY, J. R. Algunos dilemas de la terapia centrada en la persona en sociedades de transición: una nueva perspectiva sociológica. In: MUÑOZ, J. J. A. et. al. **La promoción del desarrollo humano en un continente en crisis**. Aguascalientes, México: Universidad Autônoma de Aguascalientes, 1999.

DOXSEY, J. R. Algunos dilemas del enfoque centrado en la persona en sociedades de transición: una nueva perspectiva sociológica. **Psicologia Iberoamericana. Nueva Época**, v. 6, n. 1, mar. 1998.

DOXSEY, J. R. Autoavaliação: alternativa viável para o ensino superior? **Educação Brasileira – Revista do Conselho de Reitores**. 10, n. 21, Brasília, DF, p. 139-171, 1988.

DOXSEY, J. R. Dimensões de autovalorização e transformação pessoal como consequência de uma abordagem centrada no aluno. **Revista das Faculdades Franciscanas – Psicologia II**, v. 2, n. 2, p. 7-28, 1984.

DOXSEY, J. R. Reflexões teóricas sobre aprendizagem universitária numa abordagem centrada na pessoa do aluno: o mito da não diretividade. In: ROSENBERG, R. (Org.). Vivência acadêmica: o enfoque centrado na pessoa. **Cadernos USP**, n. 2, mar., São Paulo: Universidade de São Paulo, p. 105-113, 1987.

EDMAN, I. **John Dewey**: sua contribuição para a tradição americana. Rio: Fundo da Cultura, p. 160-187, 1960.

GUEDES, S. P. **Educação, pessoa e liberdade. Propostasrogerianas para uma práxis psicopedagógica centrada no aluno**. São Paulo Cortez e Moraes, 1979.

GUEDES, S. P. **Psicologia da aprendizagem centrada no estudante**. Campinas, Papirus Ed., 1986.

HANNOUN, H. **A atitude não diretiva de Carl Rogers**. Lisboa, Livros Horizonte, 1980.

HILL, W.F. **Learning – a survey of psychological interpretations**. N.Y.: Thomas Crowell Company, 1977.

ILLICH, I. **Sociedade sem escolas**. Petrópolis: Ed. Vozes, 1977.

JUSTO, H.; ROGERS, C. R. **Teoria da personalidade. Aprendizagem**: um relatório de experiência. Lisboa: Horizonte, 1977.

LEITÃO, V. M. **Limites da abordagem centrada na pessoa**. (Mmestrado, Fortaleza: Universidade Federal do Ceará), 1984.

LHOLLAN, F.; FORISHA, B. E. **Skinner X Rogers**: maneiras contrastantes de encarar a educação. São Paulo: Summus, 1978.

LUCKESI, C. C. **Avaliação da aprendizagem escolar**. 22. ed. São Paulo: Cortez, 2014.

MARTINS, J.;VIGGIANI BICUDO, M.A. **Estudos sobre existencialismo, fenomenologia e educação**. São Paulo: Centauro, 2006.

MILHOLLAN, F. **Skinner vs Rogers**–maneiras contrastantes de encarar a educação. São Paulo: Summus, 1972.

MORENO LOPEZ, S. **La educación centrada en la persona**. México: Manuel Moderno, 1979.

MOTSCHNIG-PITRIK, R. **Person Centered e-Learning in a major academic course**: What are the results and what can we learn from them?4th International Conference on Networked Learning *(NLC 2004)*, 5-7 April, Lancaster, UK. 2004.

MOTSCHNIG-PITRIK, R.; HOLZINGER, A. *Student-centered teaching meets new media: concept and case study*. **Educational Technology & Society**, 5(4), 160-172, 2002.

MOTSCHNIG-PITRIK, R.; NYKL, L. Towards a cognitive-emotional model of Rogers' Person-Centered Approach.**Journal of Humanistic Psychology**, 43(4), 8-45, 2003.

NASCIMENTO, M. C. **Notas sobre vivência**. Sem publicação, s/d.

NYKL, L.; MOTSCHNIG-PITRIK, R. **Uniting Rogers' and Vygotsky's theories on personality and learning**.The Carl Rogers Conference2002, 24-28 July, San Diego, USA. 2002.

PUENTE, M. de la. **O ensino centrado no estudante**. São Paulo: Cortez-Moraes, 1978.

ROGERS, C. R. **A way of being**.Boston: Houghton Mifflin. 1980.

ROGERS, C.R. **Encounter groups**.New York: Harper and Row; London: Penguin, 1970.

ROGERS, C. R. **Liberdade para aprender**. Belo Horizonte: Interlivros, 1972.

ROGERS, C. R. **Onbecoming a person**: a therapist's view of psychotherapy. Boston: Houghton Mifflin, 1961; London: Constable, 1967.

ROGERS, C. R. **Client-centered counseling**. Boston: Houghton-Mifflin, 1951.

SMITH, M. K. **Carl Rogers, core conditions and education**. Disponível em: <http://www.infed.org/thinkers/et-rogers.htm>. Acesso em: 27 abr.2007.

THORNE, B. **Carl Rogers**, London: Sage, 1992.

VIESENTEINER, J. L. O homem como uma somatória unitária de *Erlebnisse* (vivências). In: Nietzsche, **Filosofia e Educação**,Volume 6, N. 1, Fevereiro de 2014. p 76-94.

VIGGIANI BICUDO, M. A. A filosofia da educação. In: MARTINS, J.; VIGGIANI BICUDO, M. A. **Estudossobre existencialismo, fenomenologia e educação**. São Paulo: Centauro, p. 57-104, 2006.

WIGHT, A. R. Educação participativa e a revolução inevitável. **Journal for Creative Behavior**, Oct. 1971.

WOOD, J. K. Communities for learning: A person-centered approach. **New directions in theory, research and practice**. New York: Praeger Publishers, 1984.

3.2 AVANÇOS NA EDUCAÇÃO CENTRADA NA PESSOA E NA APRENDIZAGEM HUMANA[25]

Apresento aqui algumas idéias e questionamentos sobre a Educação Centrada na Pessoa. Este termo refere-se aos programas educacionais, ao treinamento de profissionais e a metodologias de sala de aula baseadas na Abordagem Centrada na Pessoa ou no Aluno, aplicados ao processo de ensino aprendizagem.

Introdução

A Educação Centrada na Pessoa, como um conceito ou uma filosofia alternativa de ensino aprendizagem, tem pouca significância para a maioria dos educadores e é raramente praticada totalmente pelos profissionais da Abordagem Centrada na Pessoa – ACP – em seus ambientes educacionais.

Algumas vezes, tem-se a impressão de que a ACP é mais frequentemente uma técnica a ser aplicada a outros do que uma forma verdadeiramente viável de se aprender algo (algum conteúdo) para si próprio ou para ensinar aos outros.

[25] Trabalho apresentado no IV Fórum Internacional da Abordagem Centrada na Pessoa, Rio de Janeiro, 1989.

A Abordagem Centrada na Pessoa Versus a Educação Centrada na Pessoa

Algumas premissas básicas da ACP criam dilemas para a aprendizagem centrada no aluno tanto para o treinamento de profissionais da própria Abordagem, quanto para a aplicação de um enfoque centrado no aprendiz na educação formal. Essas premissas focalizam o indivíduo e enfatizam uma aprendizagem mais afetiva, enquanto a maioria das práticas pedagógicas formais enfatiza uma aprendizagem mais cognitiva.

A ACP (na terapia, no grupo de encontro, na vivência do grande grupo) é um processo de interação humana. Os participantes e praticantes vivenciam a interação. Eles aprendem fazendo, vivenciando. Eles aprendem experimentalmente. Acognição dessa experiência e subsequentemente a aprendizagem, por si mesmo, é considerada umprocesso interno. Aaprendizagem, contudo, é um processopessoal, íntimo (ROGERS, 1985).

A facilitação da aprendizagem é basicamente: 1) uma facilitação da afetividade; 2) o aspecto emocional da interação; e 3) a busca de um significado relevante desta interação. Embora, raramente explícito na teoria da ACP, há um modelo vivencial tácito presente na ACP; o processo essencial começa com a experiência, e com uma compreensão subsequente desta experiência, de seu significado e de qualquer aprendizagem que emerja desta compreensão.

Cada participante (e o profissional) é responsável por sua própria aprendizagem. Qualquer tentativa de dirigir ou estruturar a experiência parece um desvio do modelo vivencial tácito.

Aspreocupações com a transferência de aprendizagem ou a descoberta de um significado em longo prazo da experiência não são objetivos explícitos. Como na aprendizagem, a avaliação final desta aprendizagem tende a ser pessoal, uma interpretação subjetiva da experiência.

Muitos profissionais parecem ter grandes dúvidas sobre o potencial da Abordagem como modelo educacional. Sem levar em conta o nosso reconhecimento da falsa distinção entre emoção, sentimento, (afetividade) e pensamento (cognição racional), nossos programas de formação continuem a refletir uma divisão entre teoria e prática com aulas "teóricas" e experiências "práticas".

Pode parecer que aprendemos a ACP por meio da Abordagem, a despeito desta Abordagem. A ACP, especificamente com relação àmelhor forma em que é assimilada, precisa de uma considerável redefinição para seus praticantes. Há a necessidade de debate e de desenvolvimento teórico de modelos que expliquem a ACP, bem como o trabalho extenso com programas experimentais deformação e treinamento. Isso exige esforço por meio de estudos mais profundos dentro do domínio afetivo, do aprender fazendo e da transferência da aprendizagem.

Os profissionais da ACP não estão questionando suas próprias premissas básicas (ou parecem estar aceitando, sem questionar, as suas próprias premissas básicas). Uma Educação Centrada no Aluno – ECA – não pode depender dos avanços teóricos da terapia Centrada na Pessoa e da transferência eventual do conhecimento com base emexperiências clínicas de psicólogos Centrados no Cliente e na Pessoa.

Enquanto existem paralelos e comparações interessantes entre terapia e educação, um reconhecimento de suas diferenças é essencial para o avanço da ECA. Embora entenda que a terapia é um processo de aprendizagem e a aprendizagem verdadeira é terapêutica, não é objeto de discussão aqui. Progredir na ECA significa levantar questões básicas não respondidas sobre a aprendizagem humana, e também tratar a aprendizagem como um processo multidimensional.

Muitas questões levantadas acima criam problemas sérios para os educadores Centrados na Pessoa. Interpretações literais e simplistas dessas questões formam a base de muitos argumentos contrários a Educação Centrada e sua aplicação.

Aprendizagem Significativa seria Aprender Apenas o que Você Quer?

Ausbel e associados (1980) definem aprendizagem significativa como "ideias expressadas simbolicamente, relacionadas àinformação relevante previamente assimilada pelo aluno. Se não houver qualquer apoio ideacional pertinente, a nova aprendizagem é aprendizagem mecânica (*rote-learning*) (p. 8-9)". Nesta teoria de aprendizagem cognitiva, os pesquisadores buscaram explicar os mecanismos internos que ocorrem na mente humana durante a aprendizagem.

Os educadores centrados no aluno muitas vezes restrinjem-se aos aspectos mais afetivos da aprendizagem significativa. Neste aspecto, a aprendizagem é vista como se relacionada aos sentimentos e objetivos pessoais do aprendiz. A pessoa é vista hipoteticamente apenas aprendendo significativamente o que é percebido como importante para a manutenção implícita ou elevação do "eu" (Rogers, 1969).

Rogers (1972) sempre descreveu aprendizagem significante num sentido bem mais amplo do que a mera acumulação de fatos: "E uma aprendizagem penetrante que ... permea em todos os aspectos da existência (do aprendiz)..." (citado por MORENO, 1983, p. 247).

Apesar de provas empíricas apoiando a aprendizagem significante, conforme hipótese conjeturada por Rogers, a ECA deveria incorporar ao seu sistema de referencia, mais conhecimento dos aspectos cognitivos da aprendizagem significante. Não apenas necessitamos saber mais sobre este importante processo, mas os conceitos sobre aprendizagem significante devem estar ligados à aquisição de matéria de conteúdo básico, especificamente matéria crítica para uma aprendizagem cognitiva de um nível mais elevado.

Wood (1987) alerta contra o exagero da ECA com relação à escolha pessoal do aluno sobre "o que aprender". Ele defende uma Abordagem Centrada no Aluno que acomode uma aprendizagem menos personalizada bem como mais personalizada (p.30). Esta posição pode muito bem tipificar alguns conceitos equivocados que temos sobre aprendizagem significante.

Aprender significantemente, em minha opinião, não está limitado ao conteúdo ou a processos que agradam ao aluno ou apenas àquelas que parecem ser autoestimuladores. Aprendizagem significativa envolve: 1) aprendizagem negativa (aprender por meiode seus próprios enganos, graves erros; aprender qualquer coisa seguida de sentimentos negativos fortes, decepções, etc.); 2) o conteúdo de aprendizagem que não tem qualquer aplicação imediata aparente, bem como, 3) aprender algo de importância central para o "*self*".

Um horizonte amplo da aprendizagem humana – desde a aprendizagem mecânica, repetitiva de conteúdo inexpressivo até a aprendizagem mais proeminente e vital possível dentro da experiência humana – requer a atenção dos educadores centrados.

Moreno destaca quatro fatores que influenciam a assimilação e integração do que é objeto da aprendizagem: 1) os conteúdos, a informação, os comportamentos e habilidades a serem aprendidos; 2) o funcionamento da pessoa em suas diferentes dimensões (biológicas, psicológicas, sociais e espirituais); 3) as necessidades e os problemas reais que a pessoa confronta e vivencia como importantes; e 4) as condições em que a aprendizagem ocorre (1983, p. 36).

Ironicamente, como observou corretamente o Wood, a ECA tem colocado uma ênfase indevida no que o praticante (terapeuta, professor) faz para melhorar o cliente, o aluno: "É necessário dizer mais sobre as condições complexas que envolvem o processo de aprendizagem (1987, p. 31)".

Aprendizagem Centrada na Pessoa com o Ato Social Relevante?

> *Tudo que existe tem, por existir e por não ser a única coisa que existe, individualidade ...* (Fowles, 1981, p. 14).

Dewey visualizou a aprendizagem no seu sentido mais amplo – como um ato social (Combs, 1988, p. 101). Pode ocorre aprendizagem significante fora da dimensão intrapessoal (intraindividual)? A aprendizagem significante no grupo humano deve ser redefinida como um ato social, para incluir os aspectos coletivos e participativos do processo de aprendizagem.

A Educação Centrada na Pessoa é acusada de ser individualista, do tipo *laisserfaire* (uma licença para o aprendiz não fazer nada), não produtiva no ensino das "habilidades básicas" e como não tendo relevância social. Se, como Rogers declarou, ninguém pode ensinar alguém, o que é aprendizagem cooperativa, compartilhada? Pode uma Educação Centrada na Pessoa promover uma aprendizagem cooperativa e significante?

A teoria Centrada na Pessoa tem uma unidade ou dimensão básica de análise: a pessoa individual. Na terapia ou na aprendizagem, a ACP lida com processos específicos ou condições hipotéticas como essenciais ao bem-estar e ao conhecimento contínuo permanente da pessoa.

Neste sentido, a aprendizagem pessoal, a compreensão e a mudança parecem ocorrer no nível individual. Enquanto a maioria dos terapeutas e o próprio Rogers referem-se constantemente às implicações sociais e ao contexto interpessoal, sempre presentes no processo terapêutico, a Abordagem Centrada na Pessoa é sempre acusada de ter um sistema de referencias exclusivamente individualista.

Certamente, um aspecto dos mais importantes da ACP é a ênfase sobre a pessoa. Mas centralizar na pessoa não exclui a preocupação com o grupo, o casal, a família, a instituição ou o contexto maior da sociedade humana. Isso é uma lógica falha ou um pensamento displicente.

A aprendizagem e a terapia devem ser conceituadas fenomenologicamente, isto é, como se ocorresse em um nível de análise como funções do individuo, mas existindo simultaneamente em outras dimensões. As dimensões interpessoais (meso) e transpessoais (macro) da aprendizagem e da terapia precisam ser incorporadas a um referencial teórico mais compreensivo dentro da ACP.

As experiências ACP nas "comunidades de aprendizagem" foram teorizadas como produtores de aprendizagens intraindividuais e transindividuais. As dimensões intrapessoais e transpessoais incluem a autodescoberta, o crescimento e as áreas de desenvolvimento pessoal.

A dimensão interpessoal engloba a conscientização do "eu" na relação com o outro, com o grupo, bem como uma consciência de como o grupo funciona interpessoalmente, como aprende, adapta-se, comunica-se. A dimensão trans-pessoal envolve uma consciência de ordem mais elevada do "eu" em relação à humanidade, que é despertada pela aprendizagem significante nas outras dimensões.

Eu realizo experiências em grupo em salas de aula universitárias formando "comunidades de aprendizagem" que promovem processos semelhantes às experiências descritas por Wood (1984, 1989) nos *workshops* de grandes grupos. A análise de conteúdo de autorreflexões do aluno, relativos à aprendizagem pessoal apresenta categorias semelhantes de resultados multidimensionais (Doxsey, 1984).

A aprendizagem multidimensional é um enfoque específico na dimensão transindividual, hipoteticamente engloba níveis importantes de conscientização social e política. Esta é uma descoberta extremamente importante para a Educação Centrada na Pessoa. Trabalhos posteriores nesta direção poderão estabelecer a vinculação entre as ciências sociais e psicológicas – os domínios individuais e sociais tão comumente vistos como em conflito. A Educação Centrada na Pessoa tem tido extensa experiência na promoção da aprendizagem cooperativa (Moreno, 1983; Freidberg, 1988; Hansen, 1988).

Os objetivos da aprendizagem cooperativa tendem a focalizar o desenvolvimento de habilidadesinterpessoais e a interdependência na aprendizagem. De certo modo, isso é um tipo de "socialização da aprendizagem", criando interações cooperativas que produzem apoio recíproco, assistência mútua na compreensão do conteúdo e na conclusão de tarefas. Enquanto esses objetivos e essas habilidades são importantes, eu percebo que certas dimensões transindividuais não são vistas como resultados. Se tal aprendizagem ocorre, deve estar acontecendo por acaso e passa despercebida.

A conscientização social e política, bem como outros resultados transindividuais de aprendizagem, são produtos da comunidade e do processo de grupo. A Educação Centrada na Pessoa deveria explorar e definir esses conceitos juntamente com a comunidade de aprendizagem.

Neste sentido, a Educação Centrada na Pessoa pode preencher uma função social relevante – o desenvolvimento de uma consciência sócio-política como parte do processo de aprendizagem. A consciência crítica, como resultado da educação, tornar-se-á cada vez mais uma demanda articulada sobre todos os sistemas educacionais nas próximas décadas. A Educação Centrada na Pessoa tem um papel potencial na promoção de uma consciência social, ecológica e política.

Níveis de Aprendizagem Humana e Mudança

A teoria de "mudança", pelo menos no nível macro, está fora de moda. Todo mundo "sabe" que: 1) ninguém muda ninguém, e 2) apenas a revolução social promove a mudança estrutural. Psicólogos, educadores, assistentes sociais, e alguns políticos trabalham nas "entrelinhas" destes pensamentos. Mas que tipos de mudança humana podem ser vinculados à aprendizagem?

A ACP pensa no indivíduo como possuidor de capacidades inerentes de crescimento e mudança. Muitas das nossas premissas de trabalho estão embasadas neste modelo orgânico. Mas ainda carecemos de instrumentos conceituais mais aprimorados para transferirmos mais inteiramente essas premissas para o treinamento e para a educação na Abordagem.

Muito pouco tem sido escrito sobre as relações entre os níveis de mudança que vários processos ou grupos educacionais tentam promover e os níveis de consciência implícitos no processo de aprendizagem. Os efeitos centrais do processo de aprendizagem, manifestados como os resultados desejáveis finais da educação formal, treinamento e terapia são raramente definidos com precisão, especialmente dentro da Abordagem Centrada na Pessoa.

Gendlen sugeriu que carecemos de conceitos específicos suficientes para discutir, definir e isolar observações no campo da mudança de personalidade (1970, p. 172). Ele defendeu que um sistema teórico de referencias adequado para ser responsável por mudanças precisa utilizar conceitos que se aplicam ao processo de experiência e as relações entre esse processo e os aspectos de conteúdo da personalidade.

Um sistema de referência relevante para a Educação Centrada na Pessoa precisa seguir recomendações similares. Quais os conceitos que melhor descrevem o processo de mudança, tanto afetivo como cognitivo, que ocorre quando a pessoa "aprende"? Que processo de experiência ocorre no aprendiz e quais as relações desse processo, as principais características do conteúdo individual e da aprendizagem? Quais aspectos do individual que facilitam ou resistem ao processo de mudança implícito na aprendizagem?

O Quadro1 integra a partir de diversas fontes, algumas funções possíveis de diferentes processos de grupo, de acordo com níveis de aprendizagem e mudança. Embora não esteja totalmente abordado ou desenvolvido neste trabalho, o quadro apresenta um esquema teórico inicial para investigação e validação futura.

Quadro 1 – Aspectos dinâmicos dos processos grupais segundo níveis multidimensionais de aprendizagem e mudança[26]

<table>
<tr><td></td><td colspan="3">NÍVEL DO RESULTADO</td></tr>
<tr><td>M
E
I
O
S</td><td>I
N
T
R
A
P
E
S
S
O
A
L</td><td>I
N
T
E
R
P
E
S
S
O
A
L</td><td>T
R
A
N
S
P
E
S
S
O
A
L</td></tr>
<tr><td>(A)
TIPO DE APRENDIZAGEM, GRUPO OU PROCESSO</td><td>(B)
NÍVEL DE CONSCIÊNCIA</td><td colspan="2">(C)
DIMENSÃO DE AFETO OU COGNIÇÃO ALCANÇADA</td></tr>
<tr><td>Educação Tradicional
Grupo de Estudo
Grupo de Tarefa
Treinamento Formal</td><td>EXPLÍCITO
(COGNITIVO)</td><td colspan="2"><u>NÍVEL DE COGNIÇÃO</u>
Memorização
Comparação
Contraste
Análise
Aplicação</td></tr>
</table>

[26] Este quadro é uma síntese teóricade vários conceitos sobre grupos, seus objetivos e processos de aprendizagem. (Veja WHITMAN in BRADFORD, 1954, p. 327; WIGHT, 1972; WIGHT & DOXSEY, 1972; e FONSECA, 1988.).

Dinâmica de Grupo Grupo Operativo Educação de Processo Laboratório de Grupo Grupo T Grupo de Sensibilidade Grupo de Encontro	**EXPLÍCITO/ IMPLÍCITO**	DIMENSÃO AFETIVA Sentimentos Sensações Percepções Disposições para Ação Sistema de Guia Pessoal
Workshop ACP Vivência Grande Grupo Psicoterapia de Grupo Grupo de Psicanálise	**IMPLÍCITO (AFETIVO)**	Orientação para Ação Força Impulsadora Ações Habilidades Traços Características Pessoais

A Coluna A (Meios) no Quadro 1, refere-se ao tipo de aprendizagem, técnica ou ao processo de grupo utilizado. Os exemplos variam desde a sala de aula na educação tradicional, a diversos tipos de grupos de treinamento eàterapia de grupo. Os resultados estão divididos em Níveis de Consciência (B) e Dimensões Cognitivas/Afetivas (C) superpostas pelos Níveis de Análise lnterpessoal, Intrerpessoal e Transpessoal. Sugere-se nesta parte que a mudança e a aprendizagem podem ocorrer simultaneamente em níveis diferentes dentro das diversas dimensões.

O nível explícito de conceito de consciência é basicamente um nível cognitivo de consciência. A maior parte da aprendizagem tradicional supostamente ocorre neste nível. O processo de aprendizagem tende a ser altamente estruturado com resultados específicos e estratégias pré-planejadas pelo instrutor/professor/sistema.

Este nível de consciência é orientado com vistas à acumulação, ao reconhecimento e à retenção do conteúdo. Qualquer experiência de conteúdo que ocorre tende a ser desestruturada, *uma* experiência congelada na sua totalidade com pouca interação com detalhes ou modificação do conteúdo estrutural (Gendlen, 1970, p. 154).

Os conceitos para os níveis secundários e terciários de consciência também são tirados de Gendlen. Os processos de grupo citados como exemplos na Coluna A variam de experiências altamente estruturadas ou semiestruturadas a experiências totalmente abertas sem estrutura. A cognição da experiência pode estar ou não relacionada ao grau de estrutura.

Comum a todas essas experiências são os grupos e algum tipo de aprendizagem experiencial. O nível implícito de consciência consiste do "funcionamento implícito sentido dos processos interativos que chamamos de vivenciar" (Gendlen, 1979, p. 163). O segundo nível de consciência, como proposto neste trabalho.

As dimensões cognitivas e afetivas da aprendizagem se misturam na medida em que os experimentam/vivenciam um primado doprocesso sobre o conteúdo conceitual:

> Ha um processo único que envolve tudo isso; interação ambiental, vida corporal, sentimento, significados cognitivos, relações interpessoais e o eu. O processo que está ocorrendo concretamente é um, embora não possamos isolar e enfatizar vários dos seusaspectos (p.159).

O terceiro nível de consciência e predominantemente afetivo, embora frequentemente acompanhado pelo (re)conhecimento das descobertas importantes. Tal consciência tende a ser terapêutica. Gendlen prefere o termo implícito ao termo inconsciente, redefinindo a noção de inconsciente como um processo incompleto:

> Quando "ego" ou "auto-sistema" são mencionados para "excluir" algumas experiências da consciência, entende-se geralmente que essas experiências existem no inconsciente ou no organismo .... Quando dizemos que certas experiências, percepções, motivações, sentimentos estão "faltando" na nossa consciência, não é que elas existem "abaixo" da consciência. Ao contrário, há uma interação e experiência mais estreitas em alguns aspectos obstados (p.162).

O aspecto explícito/implícito da consciência é uma dimensão do resultado da aprendizagem. Outras dimensões podem incluir uma graduação de processos cognitivos bem como uma variedade de resultados afetivos que poderiam ser classificados dentro de um conjunto de dimensões afetivas.[27] A educação tradicional tem categorizado e dividido esses resultados em domínios e os subdividido em taxonomias.

A despeito de como nós rotulamos esses conceitos é vital, como Gendlen sugeriu, desenvolvermos melhores instrumentos para nossos pensamentos e observações sobre processos educacionais, esclarecendo e delimitando esses complexos resultados da aprendizagem.

Esta nova terminologia deve caracterizar a Educação Centrada na Pessoa como uma abordagem transdisciplinar. O raciocínio transdisciplinar vai alem da mera integração de domínios e intervenções científicas. Tal raciocínio/pensamento buscaria novos·paradigmaspara·a compreensão e promoção da aprendizagem humana. Por meio de tal pensamento e reconceituação, a Abordagem e a Educação Centrada na Pessoa participarão no desenvolvimento pós-moderno das ciências humanas.

Aprendizagem Não Estruturada versus Aprendizagem Estruturada

Muita discussão se trava em torno da questão da natureza estruturada/não estruturada da Educação Centrada na Pessoa. Educadores tradicionais são extremamente críticos (e temerosos) das implicações da aprendizagem não estruturada. A liberdade para aprender é equiparada à liberdade para não aprender, negligência, desleixo acadêmico, imprudência, falta de profissionalismo, etc.

A aprendizagem não estruturada e o estilo não diretivo precisam ser esclarecidos até mesmo entre profissionais da ACP. Aqueles envolvidos com a Educação Centrada na Pessoa, na verdade, divergem muito na utilização real/efetiva das técnicas não estruturadas. O ensino Centrado na Pessoa não é sempre não diretivo ou totalmente desestruturado

Moreno (1983) desenvolveu uma abordagem participativa de aprendizagem baseada numa metodologia de solução de problemas

[27] Wight e Doxsey (1972) desenvolveram uma taxonomia mais completa das dimensões afetivas para um programa de educação humanista em escolas públicas dos EUA durante os anos de 1970. (Ver Apêndice 1 para exemplos dessas dimensões.)

no pequeno grupo. Thayer (1988) também utiliza uma abordagem mais estruturada, embora experimental, que coloca a maior ênfase na pessoa em vez de enfatizar o conteúdo da disciplina. Ele declara em outro trabalho que a meta principal da abordagem é:

> estimular movimento no processo de aprendizagem estruturado mais pelo facilitador a um estruturado mais pelo aprendiz/facilitador e finalmente para um processo da aprendizagem mais estruturado pelo aprendiz (1981, p. 7).

A aprendizagem estruturada ou semiestruturada é sempre alcançada por meioda utilização de instrumentos, materiais instrucionais e contratos de aprendizagem desenvolvidos dentro de uma filosofia Centrada na Pessoa. Tal material tendo a ser voltado para o processo, em vez de voltado ao conteúdo.

Há, contudo, alguns princípios fundamentais para a metodologia nãodiretiva. Esses princípios estão relacionados aum "descongelamento" psicológico do cliente ou aprendiz. Eles também têm aver com as noçoes básicas relativas ao lugar de poder presente na relação entre cliente – terapeuta – aluno – aprendiz –educador.

Na ACP, a importância terapêutica do processo de desestruturação – reflexão –reestruturação é reconhecida como vital. As atitudes receptivas, não diretivas, pelo praticante facilitam cada "fase" deste processo.

A aprendizagem nãoestruturada gera estados emocionais no aluno/aprendiz semelhantes a aqueles observados nos indivíduos dentro de um ambiente terapêutico. Essas reações estão grandemente associadas ao contexto da experiência de aprendizagem com maturidade, personalidade, com a história pessoal do indivíduo e de outras variáveis intervenientes.

No ambiente educacional, o "estado psicológico geral do indivíduo juntamente com as experiências e expectativas educacionais deum aluno/aprendiz, influenciarão nas reações emocionais e na desestruturação da segurança emocional previamente oferecida pela sala de aula tradicional.

A aceitação pelo educador/facilitador de estados emocionais negativos da confusão e da ansiedade é um fator essencial que contribui para estabelecer condições gerais facilitadoras na comunidade de aprendizagem – para a aprendizagem e mudança pessoais. A educação nãoestruturada não é um jogo em que o aprendiz fica frustrado ou que se torna ansioso apenas para ver o que acontece.

As reações contra a Educação Centrada na Pessoa especificamente parecem relacionadas a não estruturação da natureza logicamente linear,·disciplinada do processo pedagógico tradicional (Doxsey, 1987). A Educação Centrada na Pessoa ameaça diretamente o poder do educador eo seu papel na direção e administração da aprendizagem. Diversas·-condições fundamentais valorizadas pelos educadores (e por muitos alunos) são também ameaçadas.

Essas condições são necessárias para reforçar a patologia do conhecimento que mascara a relação verdadeira do poder da sala de aula e o verdadeiro papel do sistema educacional para socializar o aluno de modo a assumir um papel passivo na aprendizagem. Aqueles que obedecem às normas do sistema educacional, na verdade, também aprendem a obedecer às normas sócio-políticas do sistema econômico e ideológico no poder.

Num papel transparente do educador/facilitador centrado na Pessoa numa postura não diretiva, é um papel que pode transformar o processo de aprendizagem fechado do velho sistema pedagógico, num processo aberto de aprendizagem.

A não diretividade é tanto um estilo como uma técnica que pode ser particularmente útil nos contatos iniciais da experiência educacional para facilitar um papel ativo do outro no processo de aprendizagem. É um meio pelo qual o educador/facilitador começa a desestruturação do vínculo dependente que o aluno/aprendiz sempre quer manter – uma forma de explorar uma nova relação pedagógica na qual o aluno/aprendiz descobre uma verdadeira liberdade para aprender e se associar significativamente com outros aprendizes nesta busca pela aprendizagem.

Considerações Finais– Algumas Crençase Descobertas Pessoais

A aprendizagem humana por meio da prática da Educação Centrada na Pessoa é uma forma de mudança social. Os alunos são capazes de atingir níveis de consciência crítica deles próprios como pessoas, de grupos humanose da sociedadenumaexperiência de um semestre, dentro da comunidade reestruturada de aprendizagem. Disciplinas complexas tais como cursos, métodos quantitativos de pesquisa (estatística) e o uso de computadores para a análise de dados, podem ser assimilados/ entendidos por meio de métodos educacionais centrados na pessoa.

Procedimentos nãodiretivos na sala de aula universitária criam reações individuais semelhantes e processos de grande grupo, idênticas das experiências intensivas de grandes grupos. A integração das preocupações cognitivas e afetivas como resultados educacionais exige facilitações diferentes e possivelmente mais complexas do que no contexto do grande grupo. Enquanto isso, pode ser devida em parte à natureza acadêmica da experiência no ambiente universitário, observações semelhantes podem ser feitas com respeito à facilitação de cursos avançados, seminários e formação da Abordagem Centrada na Pessoa.

A resistência à Educação Centrada na Pessoa pelos alunos pode ser comparada a reações semelhantes encontradas na fase de mudança pessoal durante terapia. Resultados da pesquisa com relatórios de alunos mostraram categorias de respostas associadas a atitudes identificadas por Rogers, refletindo polos de flexibilidade e rigidez (Doxsey, 1984). Essas descobertas têm aplicações múltiplas na aprendizagem e nos ajudam em nossa compreensão de aspectos dinâmicos da resistência doaprendiz, da sua reflexão e de eventual crescimento.

A autoavaliação escrita éum instrumento eficaz e significativo da abordagem educacional centrada. A avaliação contínua do grupo por cada participante assegura um *feedback* constante para o educador/ facilitador e para a própria comunidade de aprendizagem. Os efeitos penetrantes da avaliação tradicional perante uma experiência educacional isolada centrada noaluno tornam a autoavaliação mais difícil.

Há muitas formas, porém, de antecipar tais problemas e trabalhar eficazmente com um processo de avaliação autêntico, formulado participativamente com a comunidade. A Educação Centrada na Pessoa é uma avaliação contíinua de toda a aprendizagem que emerge da experiência.

O conceito da comunidade de aprendizagem e da responsabilidade compartilhada para a realização do conhecimento individual motiva os alunos a responderem democraticamente àproposta centrada.

Na comunidade de aprendizagem, os participantes se tornam receptivos um ao outro, valorizando as diferenças individuais e os objetivos alternativos de aprendizagem, os estilos pessoais e níveis de envolvimento do grupo.

O conceito de aprendizagem multidimensional é uma "nova fronteira" para uma Educação Centrada no Aprendiz, ou pelo menos para mim, como educador/facilitador. Como sociólogo, continuo descobrindo a natureza rica etransdisciplinar da Abordagem Centrada na Pessoa. Meu trabalho com pequenos e grandes grupos, especialmente na sala de aula universitária, convenceu-me da relevância e humanidade profundamente enraizadas na nossa prática.

Apêndice 1 – Dimensões de afeto

A. Wight imaginou que o "eu" consiste de um esquema complexo de comportamento proveniente de e exercendo influência sobre a reação da pessoa à experiência. A experiência é principalmente afetiva. Os sentimentos e a percepção são inseparáveis e complexos na sua interação. Os sentimentos são diretamente relacionados às percepções de uma experiência, que é influenciada ou determinada pelas expectativas, necessidades, atitudes, crenças, valores, objetivos, etc., da pessoa.

B. As colunas subsequentes na tabela a seguir consistem em reações duradoras baseadas numa experiência ou numa série de experiências. Algumas (os sistemas de Orientação Pessoas) são as diretrizes que a pessoa usa na administração e orientação/direção de sua vida. A interação com e frequentemente intermediando as Disposições para Ação, que orienta a pessoa para certos fins, promove e estimula a ação. Por meio de ações repetidas e crescentemente complexas, a pessoa desenvolve técnicas e habilidades. Assim, certos traços ou características podem ser percebidos, atribuídos, projetados ou interpretados como descrevendo a pessoa.

C. Há uma quantidade crescente de cognição na interação entre as dimensões. As dimensões são todas fundamentalmente afetivas e contribuem para um comportamento humano integrado.

D. Se o motive da intervenção humana é a transformação, o crescimento, a educação ou o desenvolvimento da pessoa, quais as dimensões que merecem maior atenção inicial? A clarificação dessas dimensões afetivas permite o individual escolher caminhos e se autodirigir.

DIMENSÕES DO AFETO

O indivíduo tem:	Que resultam em e são influenciadas por:			Alcançadas e sustentadas por:	Que levam a:	E desenvolvem:	Das quais inferimos que:
EXPERIÊNCIAS Impressões, Percepções, Sensações	DISPOSIÇÕES PARA AÇÕES	NORMAS DE CONDUTA PESSOAL	ORIENTAÇÕES PARA AÇÃO	FORÇAS MOTIVADORAS	AÇÕES COMPORTAMENTOS	HABILIDADES	CARACTERÍSTICAS PESSOAIS E TRAÇOS DE PERSONALIDADE
Satisfatórias Agradáveis	Expectativas Obrigações	Construções Conceitos	Metas Objetivos	Motivação Ambição	Buscar Procurar	Solucionar problemas Tomada de decisões	Maduro Confiante
Interessantes	Sanções	Crenças	Intenções	Vontade	Explorar	Estabelecer metas	Inteligente
Significativas	Interesses	Valores	Propósitos	Determinação	Perseguir	Aprendizagem	Que se aceita
Estimulantes	Preocupações	Padrões	Aspirações	Dedicação	Aproximar	Facilidade em	Flexível
Encorajadoras	Responsabilidades	Princípios	Ambições	Devoção	Aceitar	Se relacionar	Adaptável
Reforçadoras	Necessidades	Ética	Planos	Direção	Adotar	Ensinar	Criativo
Recompensadoras	Gostos/desgostos	Filosofias	Estratégias	Energia	Incorporar	Ajudar	Talentoso
Surpreendentes	Inibições	Ideais	Projetos	Persistência	Divertir-se	Facilitar	Consciente
Provocantes	Atitudes:	Mores		Perseverança	Apreciar	Liderar	Dedicado
Desafiadoras	Satisfação	Costumes		Iniciativa	Valorizar	Ouvir	Envolvente
Chatas	*Apreciação*	Tradições		Autodireção	Aprovar	Comunicar	Independente
Desinteressantes	*Atração*	Autoimagem		Autodisciplina	Suportar	Reorganizar-se	Perceptivo
Irrelevantes	*Curiosidade*				Dividir		Persistente
Insignificantes	*Antecipação*				Acreditar		Idealista
Contraditórias	*Esperança*				Arriscar		Aberto
Chocantes	*Fé*				Criar		Sensível
Violentas	*Apatia*				Imaginar		Digno de confiança
Ofensivas	*Indiferença*				Planejar		Responsável
Frustrantes	*Desapontamento*				Analisar		Digno
Depressivas	*Ressentimento*				Interpretar		Cooperativo
Dolorosas	*Raiva*				Avaliar		Paciente
Ameaçadoras	Hostilidade				Julgar		Caloroso
Depreciativas	*Ódio*				Verificar		Gentil
Humilhantes	*Medo*				Tolerar		Compreensivo
Degradantes	*Culpa*				Ignorar		Tolerante
	Vergonha				Evitar		Humano
	Rejeição				Desistir		Empático
	Ansiedade				Desaprovar		
	Futilidade				Punir		
	Desespero				Atacar		
	Resignação				Rejeitar		
	Suspeita				Odiar		
	Desconfiança				Roubar		
					Destruir		
					Eliminar		
					Matar		

Referências

AUSELBEL, D.P. et. al. **Psicologíaeducacional**. Rio de Janeiro: Interamericana, 1980.

BAREMBLITT, G. **lnstituição, poder e desejo**. São Paulo: Coleção IBRAPSI, 1974.

BAREMBLITT, G. (Org). **Grupos, teorias e técnicas**. Rio de Janeiro: Graal, 1982.

COMBS, A. H. Is there a future for humanistic or person-centered education? **Person-Centered Review**. 3 (1), p. 96-103, 1988.

DOXSEY, J. R. Autoavaliação: Alternativa viável para o·ensino superior? **Educação Brasileira Revista do Conselho de Reitores das Universidades Brasileiras.** 21 (2), p. 139-171, 1988.

DOXSEY, J. R. Reflexões teóricas sobre aprendizagem universitária numa abordagem centrada na pessoa do aluno: O mito da nãodiretividade. In: R. ROSENBERG (Org.). **Vivência acadêmica**: o enfoque centrado na pessoa. São Paulo, CODAC-USP, Cadernos USP(2), 1987: p. 105-113.

DOXSEY, J. R. A sala de aula como comunidade de aprendizagem e contexto psicossociológico para mudança. In: I. F. CAPPELLETTI, M. T. MASETTO (Org.). **Ensino superior**: reflexões e experiência. São Paulo, EDUC-Editora da PUC-SP, 1986, p. 147-200.

DOXSEY, J.R. Dimensões de autovalorização e transformação pessoal como consequência de uma abordagem centrada no aluno. **Revista das Faculdades Franciscanas – Psicologia II**, v. 2, n. 2: p. 7-28, 1984.

DOXSEY, J. R. Some dilemmasfacingthe Person-Centered Approach in transitionalsocieties: a sociological perspective. **First International Forum on the Person-Centered Approach**. Oaxtapec, Mexico, 1982.

DOXSEY, J. R.; WIGHT, A. R.; MATHIENSEN, R.; WORTHINGTON, K. L. **Measurement of affect and the humanizing of education.** 4 volumes, Vol I: Background and Overview; Vol II: Instrument Development and Use; Vol III: Workshop Procedure for Working with Schools; Vol IV: Search for Affective Instruments. Salt Lake City, Utah: Interstate Educational Resource Service Center, 1973.

FREIDBERG, J. H. Carl Rogers' Philosophy and current educational research findings. **Person-Centered Review**. 3(1): p. 30-31, 1989.

FOWLES, J. **The aristos**. London: Triad, 1981.

GENDLEN, E. A Theory of personality change. In: J. T. Hart; T. M. Tomlinson. **New Directions in Client-Centered Therapy**. Boston: Houghton Mifflin, 1970.

GUEDES, S. P. **Educação, pessoa e liberdade. Propostas rogerianas para uma práxis psico-pedagógica centrada no aluno**. São Paulo: Cortez e Moraes, 1979.

GUEDES, S. P. **Psicologia da aprendizagem centrada no estudante**. Campinas: Papirus Ed., 1986.

GLASSER, P. et. al. **Individual change through small groups**. New York: Free Press, 1974.

HANNOUN, H. **A atitude não diretiva de Carl Rogers**. Lisboa: Livros Horizonte, 1980.

HANSEN, C. B. Cooperative learning: A person-centered approach to instruction. **Person-Centered Review**. 3 (1): p. 86-95, 1988.

JUSTO, H.; ROGERS, C, R. **Teoria da personalidade. Aprendizagem**: um relatório de experiência. Lisboa: Livros Horizonte, 1977.

LEITAO, V. Da teoria nãodiretiva à Abordagem Centrada na Pessoa: breve história. **Revista de Psicologia**. Fortaleza 4 (1). Jan/jun.,1986.

LISBOA da FONSECA, A. H. **Grupo, fugacidade, ritmo e forma**. São Paulo, Ágora, 1988.

LISBOA da FONSECA, A. H. **Elementos para uma contextualização do gruppo vivencial**. PUC- São Paulo, 1986 (mimeo).

MAISONNEUVE, J. **Introdução à psicossociologia**. São Paulo: Nacional, 1977.

MORENO LOPEZ, S. **La educación centrada en la persona**. México: Manuel Moderno, 1979.

PAGÉS, M. **A vida afetiva dos grupos.** Rio de Janeiro, Vozes, 1982.

PICHON-RIVIÉRE, E. **O processo grupal**. São Paulo, Martins Fontes, 2000.

ROGERS, C. R. **Liberdade de aprender em nossa década**. Porto Alegre: Artes Médicas, 1985.

ROGERS, C. R. **Um jeito de ser**. São Paulo: EPU, 1983.

ROGERS, C. R. **Tornar-se pessoa**. São Paulo, Martins Fontes, Edição, 1981.

ROGERS, C. R. **Liberdade para aprender**. Belo Horizonte: Interlivros, 1973.

ROGERS, C. R. **Freedom to learn**. 3 ed. New York: Merrill, 1993, Columbus, Ohio: C. Merrill, 1969.

ROGERS, C. R. **Grupo de encontro**. São Paulo, Martins Fontes, 1978.

THAYER, L. An experiential person-oriented learning process in counselor education. **Person-Centered Review**. 3 (1): p. 64-86, 1988.

THAYER, L. Toward experiential learning with the person-centered approach. In: L. THAYER (ed.) **50 strategies for experiential learning**. Book 2. San Diego, CA: Un1varsity Associates, 1981, p. 5-16.

WHITMAN, R. M. Psychodinamic.principles underlying T-Group processo. In: L.P. BRADFORD (et. al.).**T-Group theory and laboratory innovation in re-education**. New York: John Wiley, 1964, 310-335.

WOOD, J. K. **Toward an understanding of the person-centered approach**. Campinas: Catholic University, 1989. (unpublished).

WOOD, J. K. Mais princípios de aprendizagem centradana pessoa. In: R. ROSENBERG (org.). **Vivência acadêmica**: o enfoque centrado na pessoa. São Paulo, CODAC-USP, Cadernos USP(2), 1987,p. 105-113.

WOOD, J. K. Terapia de grupo centrada na pessoa. In: C. R. Rogers et. al. **Em busca de vida**: da Terapia Centrada no Cliente a Abordagem Centrada na Pessoa. São Paulo: Summus, 1983, 45-87.

WOOD, J. K.Communities for learning: A person-centered approach. **New directions in theory research and practice**. New York: Praeger Publishers, 1984.

WIGHT, A. R. **Toward a definition of affect in education**. Salt Lake City, Utah: Interstate Educational Resource Service Center, 1972.

WIGHT, A. R.; DOXSEY, J. R. Participative education. In: W. E. TUBBS (Ed.). **Toward a community of seekers**: a report on experimental higher education.Lincoln, Nebraska: Nebraska Curriculum Development Center, University of Nebraska, 1972: p. 84-126.

WIGHT, A. R.; DOXSEY, J. R. **Measurement in support of affective education**. Salt Lake City, Utah: Interstate Educational Resourse Service Center, 1972.

3.3 CONSCIÊNCIA PRÉ-REFLETIVA E APRENDIZAGEM NA ABORDAGEM CENTRADA NA PESSOA: RUMOS AO CONHECIMENTO

O presente texto é inédito e reflete pensamentos consolidados sobre os processos afetivos e cognitivos presentes na vivência e prática na Abordagem Centrada na Pessoa. Não podemos continuar passivos na compreensão da ACP e suas aprendizagens em terapia e processos grupais. É necessária uma visão ampliada, mais holística da aprendizagem humana.

> *A experiência é o que nos passa, o que nos acontece, o que nos toca* (Larrosa, 2002)
>
> *A transformação é muito urgente, muito difícil e bastante possível.* (Foucault, 1989, p. 155)

Introdução

A Abordagem Centrada na Pessoa – ACP – é uma filosofia, metodologia e prática com princípios teóricos estabelecidos. A evolução do pensamento da Abordagem foi bem documentada ao longo da divulgação dos trabalhos e pesquisas de Carl R. Rogers. Mas essa Abordagem se estende além das suas filosofias e teorias em direção àpessoa humana. Um foco holístico na pessoa, nas suas interações e no contexto singular de sua existência, é fomentado pela vivência do aqui e agora da relação terapeuta/cliente, facilitador/aprendiz.

A experienciação de qualquer momento presente envolve complexos processos afetivos e cognitivos. Mas o que torna a experiência significativa? Como ocorre a cognição da significação de sensações, emoções e sentimentos? Como esses processos afetivos podem produzir um autoconhecimento? Existe alguma ordem nesses processos ou são tão inter-relacionados que são simultâneos?

Nossa discussão inicialmente se preocupa com questionamentos de como a experiência vivida pode ser processada pela consciência dessa experiência. A relevância e a significação da experiência são analisadas simultaneamente com implicações para aprendizagem. Em seguida, exploramos como duas dimensões afetivas da experiência podem consolidar a significação da aprendizagem.

Um segundo mapa cognitivo de dimensões de afeto sugere uma padronização do comportamento afetivo. Essas dimensões demonstram mútuas influências nas reações de uma pessoa a suas experiências. Essa taxonomia descreve como a percepção da experiência, principalmente afetiva, é basicamente uma resposta ao sentimento e forma parte dasdimensões afetivas mais permanentes.

Exploramos também um "Modelo de Aprendizagem Vivencial" que incorpora a experiência/vivência, processos de reflexão da vivência, a busca para descobertas e significações a serem internalizadas, generalizadas e reestruturadas. Examinamos alguns conceitos de educação afetiva, conhecimento pré-refletivo (Nateillo), aprendizagem significativa (Rogers) e a experiência significativa (Dewey).

Carl Rogers registrou receios quanto à aprendizagem e à cognição da experiência dos participantes na ACP em grupos, em vivências e em eventos. Essa avaliação de Rogers talvez se refira a participantes sem experiência prévia na ACP ou em grupos ou o início da prática com vivências.

Porém, a análise de trabalhos escritos de profissionais brasileiros sobre suas descobertas pessoais em eventos e grupos oferece pouca evidência de novos *insights* ou teorias sobre as vivências. O que se aprende em fóruns nacionais, internacionais, encontros regionais e outros eventos esporádicos na Abordagem? Todos ou uma parte dos participantes tiveram uma aprendizagem nova, significativa? Os grupos de encontro, os workshops, produziram aprendizagens significativas, coletivas, durante esses anos todos?

Avançamos em uma hipótese de que as vivências grupais e outros procedimentos utilizados pelos nossos profissionais nem sempre completam totalmente o ciclo da aprendizagem a fim de incorporar momentos de raciocínio e de reflexão da experiência.

Questionamos como sabemos o que achamos que sabemos na Abordagem. Como repensar as nossas práticas, produção teórica e o registro das nossas experiências? Podemos aumentar nosso saber coletivo em busca de novos conhecimentos?

Aprendizagem e sua Significação

Para compreender melhor a aprendizagem humana e como essa aprendizagem ocorre nas experiências da Abordagem Centrada na Pessoa, é necessário examinar como uma experiência se torna significativa. Quais as dimensões afetivas e cognitivas que guiam esse processo e como o conjunto de componentes envolvidos pode contribuir para uma reflexão sobre a pessoa humana?

Edman (1960) cita como Dewey tentou explicar como umaexperiência se tornava significativa:

> A natureza da experiência só pode ser entendida pela observação de incluir ela um elemento especial que é, ao mesmo tempo, ativo e passivo. Sob aspecto ativo, a experiência é uma tentativa – um significado que se torna explícito na conclusão do experimento. Pelo lado passivo, é a propriedade de suportar atuações externas. Quando experimentamos alguma coisa, atuamos sobre ela, fazemos com ela alguma coisa: em seguida, suportamos ou sofremos as consequências disso. Fazemos algo para a coisa e, em resposta, ela nos faz alguma coisa: essa é a combinação particular. A ligação dessas duas fases da experiência mede o seu valor ou utilidade. A mera atividade não constitui experiência. É dispersiva, centrífuga, dissipadora. A experiência como tentativa implica transformação, mas esta é uma transição inexpressiva, a menos que se relacione conscientemente com a onda de retorno das consequências que ela emana (p. 170).

Para Dewey, a aprendizagem da experiência requer significação do ato de conhecer:

> Quando uma atividade se prolonga na receptividade passiva das consequências, e a mudança operada pela ação se reflete, em

> resposta, na mudança feita por nós, o mero fluxo se carrega de significação. Aprendemos alguma coisa. Não há experiência, quando uma criança põe simplesmente o dedo no fogo; há experiência, quando o movimento se relaciona com a dor que ela sofre em consequência. Por conseguinte, o ato de pôr o dedo no fogo significa queimadura. O ato de queimar é mera mudança física, como a combustão de uma acha de lenha, se não se perceber ser isso a consequência de alguma outra ação (p. 170).

É importante, então, reconhecer se não há retrospectiva ou reconhecimento da experiência, não haverá uma experiência significativa. Assim, "Aprender por experiência é estabelecer uma ligação tanto retrospectiva como futura com aquilo que fazemos com as coisas que gozamos ou sofremos em consequência" (p. 171).

O reconhecimento das possíveis consequências da experiência é processado cognitivamente. Larrosa (2002) afirma que a experiência requer um "gesto de interrupção" para se consolidar como um saber finito:

> Se a experiência é o que nos acontece e se o saber da experiência tem a ver com a elaboração do sentido ou do sem-sentido do que nos acontece, trata-se de um saber finito, ligado à existência de um indivíduo ou de uma comunidade humana particular; ou, de um modo ainda mais explícito, trata-se de um saber que revela ao homem concreto e singular, entendido individual ou coletivamente, o sentido ou o sem-sentido de sua própria existência, de sua própria finitude. Por isso, o saber da experiência é um saber particular, subjetivo, relativo, contingente, pessoal (p. 27).

Para esse autor, o mesmo acontecimento eo mesmo fenômeno podem ser vivenciados em conjunto, mas não "fazem a mesma experiência". Sugere-se que não podemos aprender da experiência do outro, "a menos que essa experiência seja de alguma moda revivida e tornada própria" (p.27):

> O acontecimento é comum, mas a experiência é para cada qual sua, singular e de alguma maneira impossível de ser repetida. O saber da experiência é um saber que não pode separar-se do indivíduo concreto em quem encarna. Não está, como o conhecimento científico, fora de nós, mas somente tem sentido

> no modo como configura uma personalidade, um caráter, uma sensibilidade ou, em definitivo, uma forma humana singular de estar no mundo.... (idem).

A experiência significativa e o saber da experiência como apontadas por Dewey e Larrosa reforçam a importância do domínio afetivo na aprendizagem humana. A suposta visão científica tradicional nem sempre deu conta do processamento completo da experiência.

Os Domínios Tradicionais do Comportamento

Na educação e nas outras ciências humanas, o comportamento humano é separado em três domínios: psicomotor, cognitivo e afetivo[28]. O fato lamentável é que a educação tradicional assumiu uma grande responsabilidade pelo desenvolvimento cognitivo do aluno, alguma responsabilidade limitada pelo desenvolvimento psicomotor, mas muito pouco ou quase nenhuma responsabilidade para o desenvolvimento afetivo. O domínio afetivo pode ser considerado o que foi mais negligenciado na educação. Ao mesmo tempo, pode ser considerado como o mais responsável pelo desenvolvimento da pessoa total. Apenas para relembrar, apresentamos as definições breves desses três domínios:

PSICOMOTOR (Fazendo)

Comportamento que tem a ver com habilidades físicas (neuromusculares), habilidade, ação, coordenação, controle, etc.

COGNITIVO (Pensamento)

Comportamento que tem a ver com armazenamento e processamento de informações, fatos, fórmulas e ideias. A taxonomia de Bloom (Ferraz e Belhot, 2010) do domínio cognitivo foi útil no desenvolvimento ou avaliação de objetivos cognitivos na educação:

[28] Ver Ferraz e Belhot para uma apresentação da taxonomia de Bloom.

1. Conhecimento – Reconhecer, memorizar e recordar ou reproduzir fatos e especificidades.
2. Compreensão – Interpretar, traduzir, resumir ou parafrasear o material dado.
3. Aplicação– Utilização de material em uma situação diferente daquela em que foi originalmente aprendido.
4. Análise – Separando um conjunto complexo em suas partes e examinando as relações entre os elementos.
5. Síntese – Combinando elementos para formar uma nova entidade.
6. Avaliação – Comparando, julgando, selecionando ou determinando valor ou utilidade com base em determinados critérios (implícito ou explícito, subjetivo ou objetivo).

AFETIVO (Sentimento)

Comportamento que tem a ver com respostas emocionais ou de sentimento a um objeto de experiência (coisa, ideia, processo, sujeito, situação, outra pessoa, a si mesmo, etc.) e todas as percepções, atitudes, características e comportamentos complexos associados à busca, aceitação e incorporação ou rejeição do objeto (definição modificada de Wight, 1971, p. 1-2).

Quando encontramos um ser humano em ação, não estamos observando um domínio isoladamente, mas sim a complexa interação desses três domínios. Isso é particularmente verdadeiro quando lidamos com atividades de ordem superior como resolução de problemas, tomada de decisão e criatividade, que são tão afetivas quanto cognitivas. O afeto (sentimentos) está presente na atividade cognitiva ou psicomotora. Temos sentimentos sobre o que estamos fazendo (ou o que está sendo feito conosco) e desenvolvemos atitudes em relação à experiência.

Se uma experiência é agradável ou gratificante, desenvolvemos atitudes positivas em relação a ela. Se for doloroso ou desagradável, nossas reações serão negativas. No futuro, tendemos a evitar ou rejeitar o que foi associado à experiência. Se uma experiência significa pouco ou nada para nós, ela não é nem positiva nem negativa e não adquire nem uma qualidade atraente nem aversiva.

Em suma, há pouco afeto ou efeito. Mas como e quando registramos a significação da experiência? A relevância da significação parece relacionada à sua valência, atração ou aversão, temporada pelo seu grau de importância para o self.

Duas Dimensões da Experiência

As relações entre experiências positivas ou negativas, atração ou aversão, importância e significação são mostradas mais claramente no gráfico a seguir (Figura 1).

Figura 1 – Duas dimensões de experiência

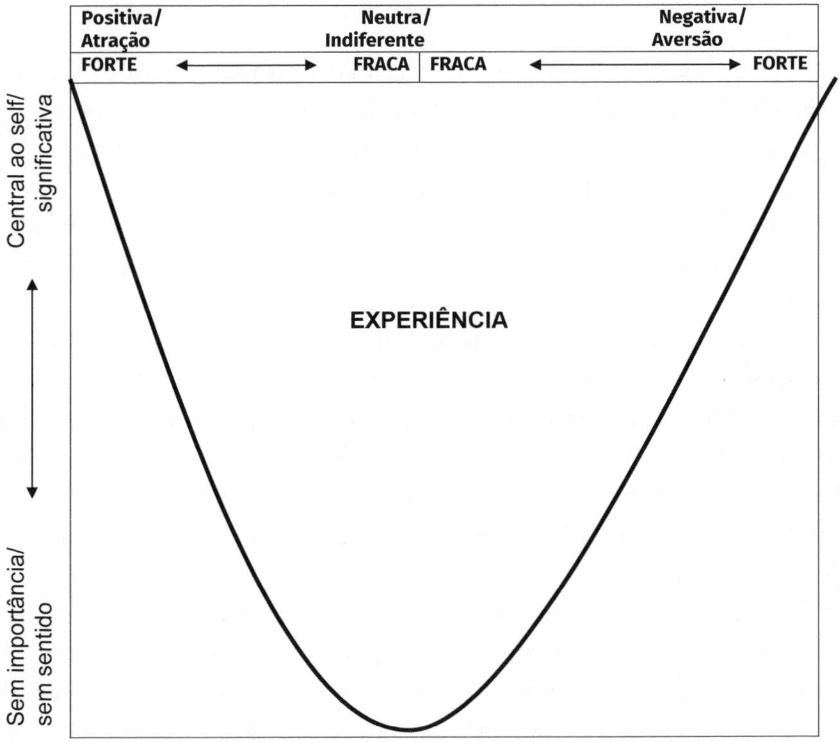

Na dimensão horizontal, temos Positivo/Atração em uma extremidade, com Indiferença no meio e Negativo/Aversão na extremidade oposta. O contínuo vai de forte a fraco positivo ou atração até de fraco a forte negativo ou aversão. Na dimensão vertical, temos Central ao Self ou Significante no topo e Sem Importância ou Sem Sentido na parte inferior.

A interpretação dessas dimensões pode ser entendida assim:

> A relação entre as duas dimensões é mostrada pela linha curva representando a experiência. Se algo não tem significado ou importância para uma pessoa, sua reação provavelmente será de completa indiferença, nem positiva nem negativa. Se uma experiência é positiva ou negativa, torna-se significativa. Como algo assume significado para uma pessoa, sua reação subirá a escala vertical, seguindo a curva para a esquerda ou para a direita, dependendo se a experiência é positiva (agradável, gratificante, emocionante, desafiadora, etc.) ou negativa (desagradável, punitiva, ameaçadora, produtora de ansiedade, etc.) (Wight, 1971: p. 3-4).

Se a educação ou um curso se concentra na cognição de nível inferior de material factual (teorização, conhecimento e compreensão) que significa pouco ou nada para o aprendiz, a experiência e os sentimentos do aprendiz provavelmente passarão da parte central inferior do gráfico para a parte superior direita. Assim, o conteúdo ganha mais significado, mesmo como uma experiência desagradável, até a ser evitada.

Muitas vezes, como educadores, sentimos que é nosso objetivo e responsabilidade ensinar conceitos outeorias, esquecendo o campo afetivo. Ainda que sejam objetivos legítimos, estamos nos enganando, se achamos que eles podem ser alcançados exigindo que os aprendizes leiam material que não é significativo para eles. Precisamos, em vez disso, ajudar o aprendiz a expandir sua consciência e a encontrar um significado pessoal.

É necessário construir juntos o que é significativo para o aprendiz, não ensinar o que é significativo para nós. Algumas atividades ou leituras são desinteressantes no início, mas uma vez que a pessoa começa a alcançar a compreensão ou internalizar possíveis significações dos conteúdos, eles se tornam interessante e atraente (Wight, 1971, p. 4).

Essas dimensões podem ser compreendidas como chaves essenciais para repensar aprendizagem, como e quando se tornar realmente significativa.

Em Busca de um Mapa Cognitivo de Afeto e Aprendizagem

Krathwohl, em sua taxonomia de 1964, desenvolveu categorias de afeto arranjadas numa hierarquia do nível de menor complexidade para o de maior. Os níveis são entendidos para serem sucessivos – um nível deve ser dominado antes que o próximo nível seja alcançado. Esse processo ocorre em sequência durante um tempo:

> Nível 1 – Recebimento
>
> Nível 2 – Respondendo
>
> Nível 3 – Valorização de
>
> Nível 4 – Organização
>
> Nível 5 – Caracterização por um valor ou complexo de valor (Wight, 1971, p. 5).

Wight duvidou se algo vivenciado seria incorporado além do Nível 2 da taxonomia, a não ser que fosse relativamente alta na dimensão vertical da Figura 1. Para Wight, Krathwohlnão lidou com a dimensão positiva/atração – negativa/aversão: sua taxonomia "pode nos conduzir a uma visão restrita de comportamento afetivo" (p. 6).

Wight sugeriu que:

> Precisamos examinar o eu (self) mais de perto, pois ele é formado através da experiência e à medida que interage, interpreta e determina a experiência.... O eu é difícil de definir. O que me refiro quando digo "eu" é o que me identifica como um indivíduo único, diferente de todos os outros seres humanos, mas compartilhando certas coisas com toda a humanidade e outras coisas com determinados grupos ou pessoas. No entanto, eu sei que quem eu sou, meu verdadeiro eu, não é conhecido por ninguém, nem mesmo por mim. Nunca conhecerei completamente o eu interior.

> Quando eu descrever o meu eu, posso distinguir entre o "eu social" e o "eu privado". O eu social é que parte de mim, eu divulgo aos outros ou ao eu que tento ser para agradar os outros, enquanto o eu privado é a parte que eu prefiro manter para mim. Posso ter muitos "eus" sociais diferentes, cada um dependente das expectativas, demandas ou preferências da pessoa ou grupo com o que relaciono De qualquer forma, descrevo-me, referindo-me a coisas como habilidades, objetivos, ambições, valores, padrões, gostos, desgostos, interesses, necessidades, medos, ansiedades, minhas características, etc.
>
> Outra parte do eu é o "ideal self", o tipo de pessoa que eu gostaria de ser, com a combinação de qualidades que eu gostaria de ter. Meu ideal self é baseado em valores, padrões, princípios, identificação de papéis, heróis, etc., e ajuda a determinar meus objetivos, objetivos e ambições. Uma pessoa busca experiências que contribuam para a realização ou confirmação de si mesmo. A experiência não só é selecionada, mas pode até ser, e muitas vezes é, distorcida para satisfazer essa necessidade (p. 7).

Em um projeto de humanização da educação foi desenvolvida uma taxonomia mais completa para o domínio afetivo, integrando aspectos importantes do self.[29]

Figura 2 – Aspectos dinâmicos do self, uma taxonomia de comportamento afetivo

COLUNA 1	COLUNA 2	COLUNA 3	COLUNA 4	COLUNA 5
O indivíduo tem EXPERIÊNCIAS Percepções, Sensações	DISPOSIÇÕES PARA AÇÕES	SISTEMAS DE GUIA PESSOAL	ORIENTAÇÕES PARA AÇÃO	AÇÕES COMPORTAMENTOS
Satisfatórias	Expectativas	Construções	Metas	Buscar
Agradáveis	Obrigações	Conceitos	Objetivos	Procurar
Interessantes	Sanções	Crenças	Intenções	Explorar
Significativas	Interesses	Valores	Propósitos	Perseguir
Estimulantes	Preocupações	Padrões	Aspirações	Aproximar

[29] WIGHT, A. R.; DOXSEY, J. R.; MATHIENSEN, R.; WORTHINGTON, K . L. **Measurement of affect and the humanizing of education**. 4 volumes, Vol I: Background and Overview; Vol II: Instrument Development and Use; Vol III: Workshop Procedure for Working with Schools; Vol IV: Search for Affective Instruments. Salt Lake City, Utah: Interstate Educational Resource Service Center, 1973.

COLUNA 1	COLUNA 2	COLUNA 3	COLUNA 4	COLUNA 5
O indivíduo tem EXPERIÊNCIAS Percepções, Sensações	DISPOSIÇÕES PARA AÇÕES	SISTEMAS DE GUIA PESSOAL	ORIENTAÇÕES PARA AÇÃO	AÇÕES COMPORTA-MENTOS
Encorajadoras	Responsabili-dades	Princípios	Ambições	Aceitar
Reforçadoras	Necessidades	Ética	Planos	Adotar
Recompensadoras	Gostos/desgostos	Filosofias	Estratégias	Incorporar
Surpreendentes	Inibições	Ideais	Projetos	Divertir-se
Provocantes	Atitudes:	Mores		Apreciar
Desafiadoras	Satisfação	Costumes		Valorizar
Chatas	*Apreciação*	Tradições		Aprovar
Desinteressantes	*Atração*	Autoimagem		Suportar
Irrelevantes	*Curiosidade*			Dividir
Insignificantes	*Antecipação*			Acreditar
Contraditórias	*Esperança*			Arriscar
Chocantes	*Fé*			Criar
Violentas	*Apatia*			Imaginar
Ofensivas	*Indiferença*			Planejar
Frustrantes	*Desapontamento*			Analisar
Depressivas	*Ressentimento*			Interpretar
Dolorosas	*Raiva*			Avaliar
Ameaçadoras	*Hostilidade*			Julgar
Depreciativas	*Ódio*			Verificar
Humilhantes	*Medo*			Tolerar
Degradantes	*Culpa*			Ignorar
	Vergonha			Evitar
	Rejeição			Desistir
	Ansiedade			Desaprovar
	Futilidade			Punir
	Desespero			Atacar
	Resignação			Rejeitar
	Suspeita			Odiar
	Desconfiança			Roubar
				Destruir
				Eliminar
				Matar

Para Wight, a experiência é principalmente afetiva. Uma pessoa pode processar a experiência cognitivamente (ou seja, recordá-la, analisá-la), mas sua resposta é basicamente uma resposta ao sentimento. A Coluna 1 da Figura 2 lista uma série de diferentes tipos de sentimentos e percepções. Sentimentos e percepções são inseparáveis e complexos em sua interação.

Os sentimentos estão diretamente relacionados às percepções e sensações de uma experiência ou determinados pelas expectativas, necessidades, atitudes, crenças, valores, objetivos, etc. (todas as Colunas 2, 3 e 4). Como pode ser visto na Coluna 1, algumas experiências são mais significativas do que outras. Algumas refletem sentimentos ou percepções positivas, algumas negativas e alguns neutros.

A Coluna 2 consiste em reações mais duradouras baseadas em uma ou em uma série de experiência. Eles servem como Disposições à Ação, predispondo uma pessoa a perceber e reagir de determinadas formas na presença de determinados objetos ou situações de estímulo. Ainda mais duradouro e mais central para si mesmo (muitas vezes seus bens mais importantes) são os Sistemas de Orientação Pessoal, destacados na Coluna 3.

Essas são as diretrizes que a pessoa usa na gestão e o direcionamento de sua própria vida contra as quais avalia ou julga a si mesmo e aos outros. Na interação e, muitas vezes, mediando as Disposições para a Ação, eles fornecem a base para o desenvolvimento das Orientações de Ação (Coluna 4), que orientam a pessoa aos fins dados e fornecem o maior estímulo à Ação (Coluna 5). Suas ações são experimentadas (Coluna 1), e o ciclo recomeça.

Há uma quantidade crescente de cognição na interação com o afeto à medida que se progride da Experiência às Disposições para Ação para sistemas de orientação pessoal à orientação de ação. Todos estes são fundamentalmente afetivos na forma de estarem diretamente relacionados com as dimensões da experiência na Figura 1.

Implicações da Taxonomia de Comportamento Afetivo

Quando algo não é significativo para uma pessoa, é provável que desenvolva preocupações, interesses ou atitudes em relação a ela. Não é provável que a aprendizagem seja incorporadaem seu sistema de construções, crenças, valores, objetivos, ambições, etc. Uma pessoa também tem sentimentos positivos ou negativos em relação às suas próprias disposições à ação, aos sistemas de orientação pessoal e orientações de ação, bem como às suas ações. Seria redundante dizer que estes são geralmente centrais para si mesmos, uma vez que são em grande parte o que constitui o eu (p. 11).

Se estivermos preocupados em ensinar/aprender, precisamos nos preocupar com a experiência de uma pessoa na situação de aprendizagem. Se quisermos que suas experiências sejam mais agradáveis e significativas, precisamos entender onde ela está em relação a todas as experiências anteriores. Pessoas com diferentes expectativas, necessidades, objetivos, valores, etc., podem ter experiências bem diferentes em situações semelhantes.

Se quisermos entender as ações de uma pessoa (comportamento observável), precisamos estar atentos às experiências (percepções e sentimentos), necessidades, atitudes, crenças, valores, objetivos, etc. que levaram e resultaram no comportamento. Estes podem ser muitas vezes inferidos, mas nossos dados podem ser mais precisos e completos, se explorarmos essas áreas com a própria pessoa.

Precisamos levar tudo isso em consideração, ao definirmos objetivos para (ou preferencialmente com) outras pessoas e ao avaliarmos seu progresso e desempenho em seu programa ou curso de aprendizagem.

O Fluxo Intuitivo da Aprendizagem Vivencial

Todas as teorias sobre aprendizagem parecem incompletas. Cornejo e Gonzalez (1982) propõem a valorização da experiência como parte integral do processo de orientação vital da pessoa: "O homem sabe de sua própria natureza através da valorização subjetiva de suas experiências como ser vivo, e esse autoconhecimento é o ponto de partida de todo o conhecimento (p. 3)".

Mas para essa valorização acontecer, precisa haver uma reflexão analítica e discernimento subjetivo dessa valorização. Na infância, esse discernimento é quase automático. Caiu, machucou, levanta de novo – seguimos um processo único na infância. O ser humano aprende muito sozinho e incorpora suas aprendizagens de forma impressionante. Mas aprendizagens são complexas, como ocorrem?

Após anos de trabalho com treinamento e educação participativa, Wight (1972) aperfeiçoou um marco teórico para explicar os processos de aprendizagem. Seu "Modelo de Aprendizagem Vivencial" clarifica uma estrutura conceitual que incorpora a vivência, a reflexão da vivência, a busca (discernimento) de descobertas e significações a serem internalizadas, generalizadas e reestruturadas no âmbito afetivo/emocional. (Ver Figura 3.)

A aquisição de conhecimento e sua modificação para aplicação são processos cognitivos. Essa incorporação da aprendizagem num referencial, conceitual interno (Veja PICHON, 1980) é pouco visualizada por educadores. Quem determina o que deve ser aprendido sempre foi de "domínio de quem sabe" – oprofessor. Quando valorizamos o aprendiz como competente para organizar seus próprios conceitos, descobertas, etc., o fluxo da aprendizagem vivencial é garantido. Podemos aprender de experiência, sim. E saber da sua significação, também. Talvez a maior dúvida do aprendiz seja sobre sua habilidade de conceituar e teorizar. Isso sempre vemde fora, do texto, do professor.

Figura 3 – Proposta da aprendizagem vivencial

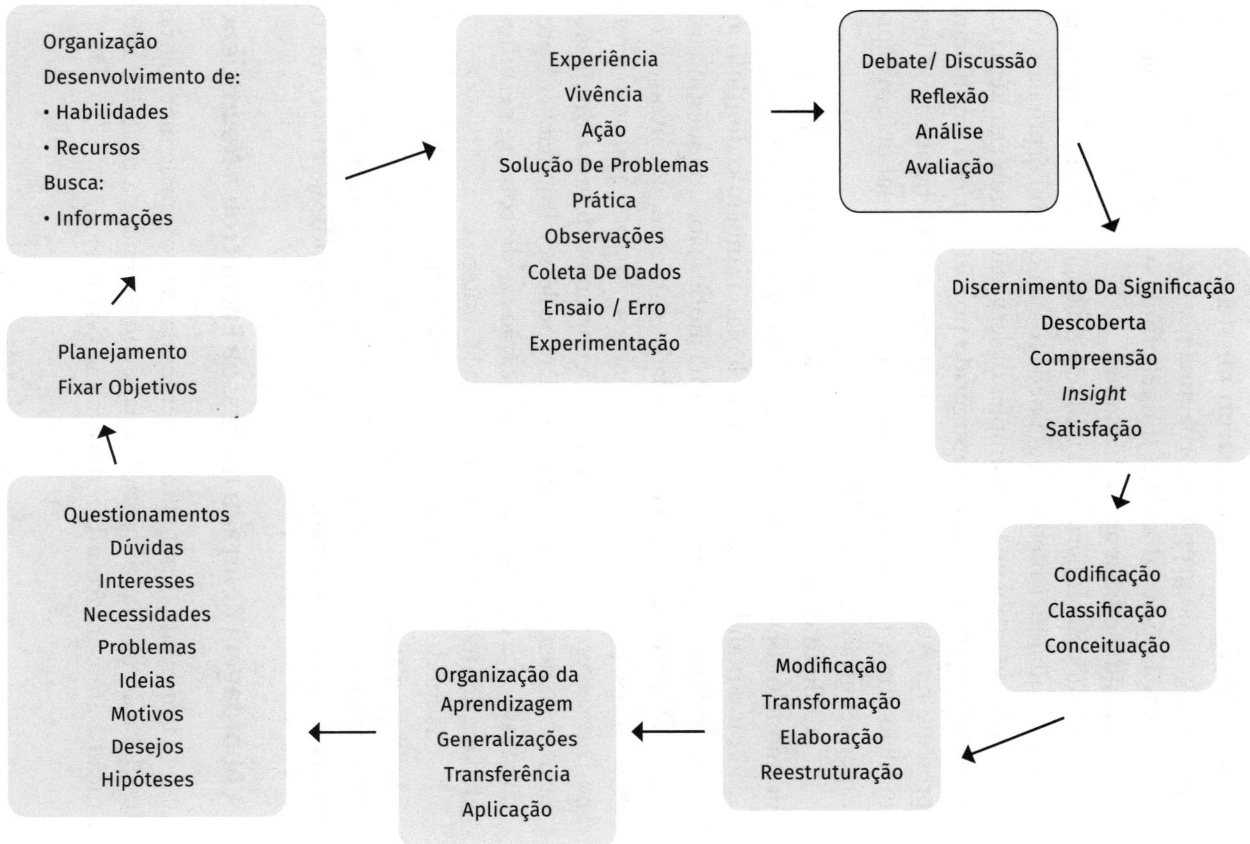

A proposta acima sugere dois momentos de avaliação: após a experiência e na fase de generalização/aplicação/transferência. Mesmo se "pouco" aconteceu o use a aprendizagem não foi bem sucedida, o aprendiz é livre para reestruturar sua experiência. Discussão de aprendizagens no grupo se torna uma nova experiência a ser analisada, conceituada e generalizada, assim repetindo o processo em outro nível, para expandir e fixar aprendizagem.

O modelo experiencial tem semelhança com o método científico e reforça qualquer metodologia pedagógica que incorpora a vivência, resolução de problemas ou simples observação como estratégia básica. Em nossa opinião, o modelo sugerido por Wight está implicitamente presente na Abordagem Centrada na Pessoa e Centrada no Aluno. O modelo em si tem potencial como mapa conceitual de uma aprendizagem centrada no aprendiz.

O fluxo da aprendizagem pode ser iniciado em qualquer ponto do modelo. Na maioria das vezes, o aprendiz está numa experiência, ação ou tentando resolver um problema. Também o domínio afetivo aciona o fluxo com uma dúvida, uma motivação, um questionamento.

O aprendiz planeja oportunidades para ação, desenvolve recursos, organiza-se para uma experiência prática. Análise, avaliação e reflexão podem ser processos internos ou decorrentes de uma discussão com outros. A descoberta da significação pode ser imediata. O processo cognitivo – a codificação e classificação da descoberta permitem sua elaboração, teorização e reestruturação interna.

A modificação, transferência e generalização que seguem alteram cognitiva e afetivamente o aprendiz. O fluxo é simultâneo, redobre em dados momentos e pode ser avaliado claramente pelo aprendiz. Como processo e fluxo interno, a validação da aprendizagem é constante.

A Abordagem Centrada na Pessoa Encontrou a Neurociência?[30]

Importantes trabalhos recentes na neurociência merecem maior exploração de suas implicações para compreender a relação entre cognição e afeto na Abordagem Centrada na Pessoa.

[30] Título emprestado do texto: The Person-Centered Approach meets neuroscience: mutual support for C. R. Roger's theories. **Journal of Humanistic Psychology**, v. 48,n.3, july 2008.p.287-319.

Motschnig-Pitrix e Luz (2008) analisaram a teoria da personalidade e comportamento de Carl Rogers à luz das teorias e hipóteses de Antonio Damasio sobre emoções, sentimentos e pensamento consciente. Concluíram uma correlação de conceitos e hipóteses básicas, como a Tendência à Realização e o papel vital dos sentimentos no pensamento. Além disso, discutiram as várias formas em que a neurociência e a psicologia se convergem para a produção de uma imagem mais completa e confiável do funcionamento humano.

Para Damasio, os conteúdos do sentimento são:

> as configurações do estado corporal enviado em mapas de somatossensor. Mas agora podemos acrescentar que as transferências padrões sensíveis do estado corporal mudam rapidamente sob as influências reverberantes do cérebro e do corpo durante o desenvolvimento de uma ocasião de sentir. Além disso, tanto a valência positiva quanto a negativa de sentimentos e sua intensidade estão alinhados com a facilidade geral ou dificuldade com a qual os eventos da vida estão ocorrendo (p. 132).

Sentimentos têm um impacto forte nas duas teorias. Rogers (1959) colocou dessa forma:

> Sentindo-me, experimentando um sentimento.... Isso denota uma experiência emocionalmente tingida, juntamente com seu significado pessoal. Assim inclui a emoção, mas também o conteúdo cognitivo do significado dessa emoção em seu contexto experiencial. Refere-se, assim, à unidade de emoção e cognição à medida que são experimentadas inseparavelmente no momento. Talvez seja mais bem pensado como um breve tema de experiência, levando consigo a coloração emocional e osignificado percebido para o indivíduo (p. 198).

Damasio reconhece o papel essencial do sentimento em auxiliar os processos cognitivos. A citação a seguirexpressa a fusão da sua teoria com os pensamentos de Rogers:

> Sentimentos são percepções, e proponho que o suporte mais necessário para sua percepção ocorra nos mapas do corpo do cérebro. Estes mapas referem-se a partes do corpo e estados do corpo. Soma variação de prazer ou dor é um conteúdo

> consistente da percepção que chamamos de sentimento. Ao lado da percepção do corpo há a percepção do pensamento com temas consoantes com a emoção, e a percepção de certo modo de pensar, um estilo de processamento mental. Como essa percepção surge? Resulta da construção de meta representações do nosso próprio processo mental, uma operação de alto nível na qual uma parte da mente representa outra parte da mente. Isso nos permite registrar o fato de que nossos pensamentos desaceleram ou aceleram à medida que mais ou menos atenção é dedicada a eles; ou o fato de que os pensamentos retratam objetos e eventos à queima-roupa ou à distância. Minha hipótese, então, apresentada como uma definição provisória, é que um sentimento é a percepção de certo estado do corpo, juntamente com a percepção de um determinado modo de pensar e de pensamentos com determinados temas (2003, p. 85-86).

Rogers também afirma que a aprendizagem é alcançada incluindo cognições e sentimentos:

> Então, se eu fosse tentar uma definição impolida do que significa aprender como uma pessoa inteira, eu diria que envolve aprender de um tipo unificado, nos níveis cognitivos, de sentimento e intuitivo, com uma clara consciência dos diferentes aspectos da aprendizagem unificada (Rogers, 1959, p. 264).

Motschnig-Pitrix e Luz (2008) ficaram impressionadas com "os ajustes suaves das duas teorias em todos os conceitos essenciais":

- o indivíduo sendo o centro de sua percepção;
- a ideia de realização ou mudança para estados de maior organização/perfeição;
- a essência dos sentimentos e sua contribuição para a tomada de decisões sábias em situações complexas;
- a necessidade de sentimentos e pensamento racional na interação de resolução complexa de problemas,
- a importância e o efeito positivo de uma organização fluida de conceitos onde sinais nervosos podem fluir sem serem bloqueados;

- o equipamento do nosso organismo para apoiar o comportamento social se forem atendidas as condições necessárias;
- o equipamento do nosso organismo para apoiar a compreensão transparente e mútua em todos os níveis (p. 316).

Encontramos, portanto, a clara necessidade para maiores informações de como a neurociência pode contribuir para a Abordagem Centrada na Pessoa, tanto em relação aos processos de vivenciar e aprender vivenciando, quanto em relação a um esclarecimento maior do papel do domínio afetivo/emocional no desenvolvimento humano.

Desafios para a Abordagem Centrada na Pessoa

A nossa discussão introdutória levantou umas dúvidas sobre a produção de teoria brasileira na Abordagem. O questionamento básico é se podemos aumentar nosso saber coletivo em busca de novos conhecimentos sobre a ACP.

Uma inquietação pessoal trata de certa complacência que percebo entre profissionais experientes e alguns "novatos" na Abordagem. Parece que já sabemos o suficiente sobre a Abordagem Centrada na Pessoa, de suas teorias e conceitos básicos, das formas e estratégias corretas de aplicar a ACP e como devemos proceder na formação de psicólogos. Os procedimentos e conteúdos dos cursos de formação aparentemente variam pouco ao longo das últimas décadas.

A estrutura e organização de eventos na Abordagem têm seguido uma formatação pouco questionada. Os eventos regionais e nacionais iniciam, na maioria das vezes, sem estrutura rígida, estabelecendo apresentações de trabalhos (escritos ou não) e horários para o grupo de participantes. Grupos de encontro e discussões organizadas por alguns participantes normalmente acontecem. A semana ou finalde semana do evento acaba com planejamento do próximo encontro, observando os intervalos estabelecidos anteriormente.

Não questionam se devem continuar acontecendo ou não ou de que forma. Avaliações tendem a ser superficiais ou focadas em experiências pessoais. Não temos registros da frequência de participantes em períodos anteriores, nem conhecimento dos profissionais que continuam na ACP após os eventos.

Percebeu-se uma inquietação de Rogers referente à falta de compreensão intelectual de pessoas que vivenciaram a ACP em grupos e eventos:

> Como eu tenho andado por aí participando de workshops centrados na pessoa .... cada vez fico impressionado com o fato de que as pessoas muitas vezes têm uma experiência muito boa e sentem que ganharam uma grande quantidade de autopercepção e crescimento pessoal com a experiência. E então eu também estou impressionado às vezes que intelectualmente eles parecem não ter nenhuma compreensão, ou muito pouco entendimento, do que eles passaram nem do que se trata. É a qualidade da experiência emocional que importa. Eu me sinto razoavelmente sensível emocionalmente, bastante intuitivo, mas eu também gosto do fato de que eu tenho um cérebro. E eu gosto de usá-lo. Essa nova direção é uma tentativa de descobrir maneiras pelas quais as pessoas poderiam aprender como pessoas inteiras, com experiência e emoções envolvidas, mas com o intelecto envolvido também (Rogers, 1981).

Natiello (1982) teve alguns receios também quanto à aprendizagem ecognição da experiência dos participantes: "Como Dr. Rogers, tenho sentido desencorajada pela aparente falta de compreensão intelectual clara em experiências centradas na pessoa (p. 3)." Isso significa fracasso da experiência? Ou a necessidade para um questionamento finalna vivênciapara estimular uma transferência da aprendizagem procurando uma significação intelectual dos possíveis resultados?

A hipótese levantada inicialmente foi de que as vivências grupais e outros procedimentos utilizados pelos nossos profissionais nem sempre completam totalmente o ciclo da aprendizagem para incorporar momentos de raciocínio e reflexão da experiência.

Rogers e Natiello já escreveram que a resistência ao modo intelectual continuou evidente mesmo em relação aos profundos conhecimentos experienciais ocorridos. Rogers conduziu um estudo de um ano (Nova York, 1980) intitulado "*Ongoing Learning Experience in the Person-Centered Approach*" (Experiência de aprendizagem contínua na abordagem centrada na pessoa). O propósito deste estudo foi:

- Oferecer a aprendizes uma oportunidade, em um período de um ou dois anos, estudar, experienciar e praticar as habilidades que são centrais a Abordagem Centrada na Pessoa.
- A experiência como um todo é designada da continuidade e tempo para os participantes compartilharem aprendizagem e crescimento cognitivo e experiencial.
- Produzir interesse em novas aprendizagens sobre ACP, suas tendências atuais e suas implicações para o futuro. Inclui as hipóteses básicas; pesquisas passadas e presentes; a filosofia subjacente à Abordagem; as formulações teóricas principais. Também, apresentações de novas modas científicas que poderiam mudar totalmente nosso conceito de pesquisa. Haverá considerações das implicações dessa Abordagem para nosso futuro social (citados por Nateillo, 1982, p. 2).

Natiello reportou o depoimento de Rogers numa entrevista em maio de 1981: "Não havia questão de que a experiência tivesse sido imensamente poderosa e até transformadora. Mas, à primeira vista, os aprendizes pareceram ter pouco entendimento intelectual do que haviam passado. O problema não foi a falta de compreensão. Era mais bem a dificuldade de organizar e articular esses conhecimentos novos (p. 3-4)."

Para Dewey, o que às vezes está faltando é "a reflexão sobre a experiência emergindo entre nós para abstrair a significação total que são as peças para lidar com experiências futuras (1938, p. 87)." As experiências na ACP geram múltiplas significações emocionais, nem sempre decifradas para Internalização automática. Aqui, não sugerimos que aprendizagem precisa ser útil, eterna. Mas, de alguma forma, é importante certo nível de um reconhecimento e uma sistematização intrapessoal.

Natiello sugeriu que "... a Abordagem Centrada na Pessoa facilita a ocorrência de conhecimento organísmico, pré-reflexivo e que a dificuldade da aprendizagem centrada é traduzir esses conhecimentos no modo racional, lógico (p. 4)." A autora distinguia entre dois tipos de conhecer: (1) conhecer de forma pré-refletiva, absoluta, intuitiva, tácita, e (2) conhecer de forma lógica, racional, identificado com ciência e educação:

> Conhecimento pré-reflexivo, organísmico pode ser definido como nãoestruturado, nãodiscriminatório, holístico, nãoracional, uma experiência direta da realidade (p.4).

Sua definição de pré-reflexivo merece destaque aqui porque conceitua a experiência e a aprendizagem na Abordagem de forma relevante:

> O conhecimento pré-reflexivo e organísmico ocorre em um estado de receptividade e consciência aumentada quando a mente racional – ferramenta com a qual filtramos certos aspectos da experiência para reflexão está em repouso. Envolve toda a pessoa, com o subconsciente, inconsciente e consciente agindo em unidade. Reúne o intelecto e as emoções. Não é, portanto, irracional, mas suprarreacional. Está associado à condição de estar totalmente aberto e absorvido na experiência; integrado, fluindo. Ao contrário de um conceito racional e intelectual, ele não pode ser gerado sob comando, ou construído passo a passo. Ele vem não solicitado, e, portanto, é muitas vezes experimentado como chegando de fora do conhecedor (p. 4).

Se esse estado é essencial para aprender e tiver cognição dessa aprendizagem em termos da ACP, quais as estratégias que possam tornar mais consciente o reconhecimento da possível formação de uma cognição emergente das nossas vivências? Que implicações o conhecimento pré-refletivo tem para os nossos cursos de formação e eventos para trocar experiências e práticas?

Natiello (1982, p. 2) analisou relatórios pessoais dos participantes, nesse estudo de Rogers, visando superar seu próprio sentimento de inadequação para honrar os conhecimentos emergentes dessas pessoas, traduzindo seus sentimentos em termos lógicos. Descobriu por meiode entrevistas que muitos conseguiram explicar a significação profunda das suas experiências afetivas, mas encontraram bloqueios na expressão cognitiva dessas aprendizagens.

Para a autora, a facilitação da modalidade pré-refletiva talvez seja a mais importante contribuição que a Abordagem possa fazer no campo da aprendizagem (p. 7). Como conclusão, Natiello afirma:

> A Abordagem Centrada na Pessoa libera a capacidade de sabedoria holística e criatividade que se originam no estado pré-reflexivo. Mas os conhecimentos inarticulados desse modo de consciência devem ser refinados e esclarecidos pelo intelecto para serem de valor .... A promessa primorosa da Abordagem Centrada na Pessoa reside na integração dos processos desses

> para que ambos os aspectos do conhecimento, disponíveis para nós como pessoas inteiras, possam ocorrer (p. 11).

Essas reflexões têm alguma importância para a Abordagem? Significa incorporar alguns estímulos na experienciação da ACP? Em pequenos grupos e nas aulas de formação, para mim, implica articular melhor os processos afetivos e refletivos em busca de discernimento, conceituação e transferência das aprendizagens pessoais.

Reaprender a aprender tem relevância para nós à medida que reconhecemos que a experiência vivencial produz conhecimento. Uma maior consciência e elaboração do conhecimento envolvem o facilitador/professor, participante e a comunidade de aprendizes num estágio de transformação de nossos saberes. Isso deve se tornar parte da experiência, pode continuar e certamente continuar depois, mas esse estágio deve ser integrado de maneira participativa e vivencial.

Como facilitar isso num Fórum, um evento maior? A falta de continuidade e síntese dos conhecimentos levados aos eventos é obvio. Não estamos organizados em grupos permanentes de trabalho por áreas de aplicação ou teorização na Abordagem. Assim, pouco produzimos em cada evento, algum nível de avanço teórico ou sistematização de resultados e experiências. Cabe numa análise final de qualquer evento uma reflexão, generalizações e sugestões para integrar melhor as nossas aprendizagens?

Considerações Finais

O que é consciência refletiva? Como essa consciência clarifica a integração de nossas emoções e pensamentos, criando uma aprendizagem integrada? Podemos concordar que uma aprendizagem significativa consiste em aumentar o nosso conhecimento de base, reaprender a aplicar novos conhecimentos, a integrar as nossas aprendizagens, a encontrar formas de cuidar dos novos conhecimentos e dos outros, a reaprender aprender?

Temos a vontade e a coragem para confrontar as implicações, para promover mudanças substantivas e permanentes em nossos cursos, eventos, terapias e vida pessoal? Tem sentido rever e transformar como confrontamos ou devemos evitar confrontar outros profissionais e colegas da Abordagem Centrada na Pessoa? O que é realmente significativo para nós?

E finalmente, considerando que continuamos a produzir ensaios, relatórios e textos teóricos na Abordagem Centrada na Pessoa, publicamos livros, administramos cursos de formação para psicólogos profissionais e marcamos apenas uma pequena presença no ensino universitário brasileiro, como justificar a fraca produção científica, secomparada à produção em outros países e regiões mundiais? Por que não se discute mais a nossa produção científica quando nos reunimos? Nosso conhecimento continua significativo? Para quem?

Citando Foucault de novo: "*A transformação é muito urgente, muito difícil e bastante possível*" (p. 155).

Referências

DAMASIO, A. R. **Erro de Descartes**: emoção, razão e o cérebro humano. Nova York: Grosset / Putnam,1994.

DAMASIO, A. R. Investigando a biologia da consciência. **Filosofal Transactions of the Royal Society**. London, 353, 1879-1882,1998.

DAMASIO, A. R. **A sensação do que acontece**: Corpo e emoção ema criação da consciência. Nova York: HarcourtBrace, 2000.

DAMASIO, A. R. **Procurando por Spinoza**: alegria, tristeza e sentimentocérebro. Orlando, Flórida: Harcourt, 2003.

EDMAN, I. **John Dewey**: sua contribuição para a tradição americana. Rio de Janeiro: Editora Fundo de Cultura, 1960.

FERRAZ, A. P. C. M.; BELHOT, R. V. Taxonomia de Bloom: revisão teórica e apresentação das adequações do instrumento para definição de objetivos instrucionais. **Gest. Prod.**, São Carlos, v. 17, n.2, p. 421-431, 2010. Disponível em: <http://www.scielo.br/scielo.php?script=sci_arttext&pid=S0104-530X2010000200015&lng=en&nrm=iso>. Acesso em: 24 ago. 2020.

FOUCAULT, M. **Microfísica do poder**. Rio de Janeiro: Graal, 1989.

KRATHWOHL, D. R.; BLOOM, B. S.; MASIA, B. B. **Taxonomy of educational objectives**: the classification of educational goal, Handbook 2, Affective Domain. New York: David McKay, 1964.

LARROSA B. J. Notas sobre a experiência e o saber da experiência. **Revista Brasileira de Educação.** (9) jan-abr 2002. Disponível em: <https://www.scielo.br/pdf/rbedu/n19/n19a02.pdf>. Acesso em: 22 jul. 2020.

MOTSCHNIG-PITRIK, R.; LUX, M. The Person-Centered Approach meets neuroscience: mutual support for C. R. Roger's and A. Damasio's theories. **Journal of Humanistic Psychology** – july 2008. Disponível em: <http://jhp.sagepub.com>. Acesso em: 21 set. 2021.

PICHON- RIVIERE, E. **Teoria del vinculo**. Buenos Aires: Nueva Visión, 1980.

ROGERS, C. R. Uma teoria da terapia da personalidade e relações interpessoais como desenvolvido na estrutura centrada no cliente. S. Koch (Ed.), **Psicologia**: Um estudo de uma ciência (Vol. 3, pp. 183-256). Nova York: McGraw-Hill,1959.

ROGERS, C. R. **Tornando-se uma pessoa – a visão de um terapeuta da psiqueterapia**. Boston: Houghton Mifflin, 1961.

ROGERS, C. R. **Uma maneira de ser**. Boston: Houghton Mifflin. Rogers, 1983.

ROGERS, C.R. **Liberdade de aprender nos anos 80**. Columbus, OH: C. E.Merrill, 1980.

ROGERS, C. R. **Terapia centrada no cliente**. Londres: Policial, 1995. (Trabalho original publicado em 1951).

WIGHT, A. R. **Toward a definition of affect in education**. Salt Lake City: Interstate Educational Resource Service Center, 1972.

WIGHT, A. R. Educação participativa e a revolução inevitável. **Journal for Criative Behavior**, Oct. 1971.

WIGHT, A. R.; DOXSEY, J. R.; MATHIENSEN, R.; WORTHINGTON, K. L. **Measurement of affect and the humanizing of education**. 4 volumes, Vol I: Background and Overview; Vol II: Instrument Development and Use; Vol III: Work-shop Procedure for Working with Schools; Vol IV: Search for Affective Instruments. Salt Lake City, Utah: Interstate Educational Resource Service Center, 1973.

4.

4.0 EDUCAÇÃO: A SALA DE AULA, AUTOAVALIAÇÃO, RESULTADOS

Este capítulo reúne cinco textos, alguns publicados no decorrer da minha vida como professor universitário. Originalmente, eu pensei num livro com o título *Liberdade para Ensinar*. Na ultima década, repensei o projeto face às transformações ocorridas no sistema educacional brasileiro. Questionei-me se uma Abordagem Centrada no Aluno seria possível nas atuais circunstâncias.

No primeiro texto, eu pergunto se um foco no aprendiz e na aprendizagem seria possível. No segundo, eu apresento as minhas experiências na sala de aula não estruturada.

O texto sobre a autoavaliação foi republicado em 2020, após uma versão publicada há quase 20 anos. Em seguida, apareceu o meu primeiro texto sobre a Abordagem Centrada na Pessoa – ACP –, mostrando dimensões de transformação reportadas por alunos universitários.

Finalmente, no último texto deste setor, há uma análise da educação centrada no aluno, sugerindo a necessidade de uma síntese de seus princípios.

4.1 UM ENSINO SUPERIOR COM FOCO NO APRENDIZ E NA APRENDIZAGEM. É POSSÍVEL?

Este trabalho é síntese de diversos artigos e apresentações do autor, alguns produzidos em conjunto com a psicóloga Maria da Conceição Passos. O texto examina os empecilhos que dificultam o professor do ensino superior para uma inovação na sala de aula universitária. A discussão inicial apresenta uma breve análise do(s) mundo(s) interior(es) do professor. As observações estão pautadas numa perspectiva de aprendizagem humana centrada na pessoa proposta pelo psicólogo Carl R. Rogers (1902-1987). Os princípios norteadores para a intervenção humana na educação são apresentados a partir da relação entre os processos terapêuticos e uma educação centrada no aprendiz. Conclui que a busca para tornar a pessoa do aluno um sujeito mais participativo de sua própria aprendizagem e em sua formação profissional é um caminho essencial para potencializar transformações na sociedade brasileira. O início do texto, mesmo repetindo aspectos da realidade brasileira do ensino apresentados em outros capítulos, relata o contexto educacional quando escrito originalmente.[1]

> *Não há mestre. E os mestres menos autênticos são decerto aqueles que, do alto de uma autoridade emprestada, se apresentam como mestres, tentando abusar da confiança de outrem e logrando-se, sobretudo a si mesmos.*
>
> *E por certo que é duro renunciar à mestria, é mais duro ainda cessar de crer na mestria dos outros do que abandonar as suas próprias*

[1] O texto foi publicado em **Momento do Professor. Revista de Educação Continuada**, São Paulo, Ano 2, n. 4, p. 33-43, Primavera 2005.

pretensões. A liberdade humana é uma liberdade que se procura e que só irremediavelmente se perde quando se julga tê-la encontrado.....
(GEORGES GUSDORF)

Introdução

O Ensino Superior brasileiro enfrenta crises graves iguais a outras instituições em transição na modernidade. Embutidos na polêmica sobre a qualidade do ensino universitário estão problemas relacionados ao processo de ensino-aprendizagem e sua avaliação.

Este processo pode ser amplamente definido como aquele em que o professor desempenha o seu papel dentro da sala de aula. Nesta sala de aula, o modelo pedagógico tradicional do ensino continua sendo *o que* o professor faz aos aprendizes, raramente *com eles*.

O modelo de aprendizagem, pouco explicitado como estratégia ou gestão, é basicamente um processo vertical da sistematização e transmissão de conteúdos programados, pré-estabelecidos e padronizados. O grau de controle sobre esses conteúdos varia do controle absoluto da disciplina pelo professor até, virtualmente, nenhum controle, em que apenas "dá a matéria" das disciplinas oferecidas.

Mesmo quando algum curso superior adapta conceitos modernos de qualidade no seu planejamento curricular de competências ou de resultados finalísticos, isso não se traduz na sala de aula numa verdadeira proposta pedagógica diferenciada das abordagens tradicionais. Anos de pesquisa educacional apontam para um fato curioso – se vai medir retenção de conteúdos, tanto faz a metodologia de ensino-aprendizagem. Nenhuma metodologia foi comprovada como a melhor, mais eficiente ou eficaz.

O modelo de ensino centrado num "ideal" de professor doutor, pesquisador, conhecedor de teorias e com liberdade acadêmica para administrar sua disciplina, raramente é questionado. Ao mesmo tempo, ao questionara qualidade do ensino oferecida pelas instituições particulares, tampouco é levantado o modelo predominante do ensino de conteúdos com as horas de instrução contabilizadas num modelo de gestão mais comercializada, com aprendizes consumidores desses conteúdos.

Como falar então de mudanças educacionais nesses contextos díspares? Como (re)conceituar o processo de ensino-aprendizagem ou desconstruir papéis e comportamentos igualmente rígidos por parte de professores, estudantes e dos próprios administradores do ensino superior?

A postura tradicional da maioria dos atores no ensino superior bloqueia há décadas a incorporação criativa das novas tecnologias disponíveis. A educação a distância particularmente ameaça as pedagogias centradas no professor num mundo acadêmico estreito, controlado por programas, ementas e pelas aulas presenciais sem fim.

As lições dos anos 50 sobre a viabilidade de laboratórios vivenciais de aprendizagem, bem como os avanços em técnicas de treinamento – (re)qualificação desde os anos 70 – pouco influenciaram o ensino superior em qualquer país. Desta forma, pode-se esperar um diálogo diferente sobre novas propostas pedagógicas? Elas de fato existem? Qual educação é possível hoje?

A seguir, examinaremos os empecilhos que impedem os professores do ensino superior de renovarem a sala de aula universitária. Iniciamos com uma breve análise do(s) mundo(s) interior(es) do professor. As nossas observações estão pautadas numa perspectiva de aprendizagem humana centrada na pessoa como proposta pelo psicólogo Carl R. Rogers (1902-1987).

A Pessoa do Professor

Muito do que se fala em relação à educação se trata do que **o professor faz ao aluno**, como selecionar e organizar conteúdos, como avaliar, etc. Pouco se fala da pessoa do professor, como profissional, como educador, como pessoa humana.

Para Ferreira (2002), o trabalho docente deixou de ser vocação e os próprios professores contribuíram para "a dessacralização do magistério". O autor afirma que existe uma confusão entre ser educador e ser professor, que é essencialmente associada à visão da profissão do professor versus a concepção do magistério como **vocação**.

A crise educacional transformou e desestruturou o papel social do professor por meio da sua proletarização – um processo social pelos quais indivíduos de camadas superiores perdem seu *status* social (Novo Dicionário Aurélio, 1986). Nesse contexto, a crise se manifesta no cotidiano do profissional como crise de identidade, de valores e de função.

Mas até que ponto essa perda de *status* profissional é compreendida pelos educadores e refletida em suas aulas? Ao contemplar qualquer transformação no papel do educador, é necessário examinar as configurações do seu mundo interior. Esse mundo é composto de importantes componentes referenciais, conforme demonstra o quadro a seguir:

Quadro 1 – Componentes do mundo interior do educador

Experiências – As experiências pessoais que configuram o seu próprio percurso pedagógico.

Quadro conceitual – As premissas básicas sobre aprendizagem humana e como essa aprendizagem se procede na sala de aula / no treinamento / na qualificação. É seu quadro conceitual / referencial que deve guiar o seu desempenho funcional enquanto educador.

Quadro operacional – As pré-disposições para ação educativa na sala de aula por meio das quais o educador organiza a experiência psicossociopedagógica dos aprendizes. É um referencial de procedimentos, estratégias, técnicas e métodos aplicáveis no cotidiano da sala de aula.

Identidade social – O conjunto de elementos internalizados da definição externa do *status*, valorização e significação de sua condição de educador / professor / trabalhador docente.

Identidade pessoal – Uma composição dos elementos externos e internos que configuram a autoimagem e a autovalorização da sua pessoa humana.

Esses componentes tendem a ser fragmentados e desorganizados. Para um educador iniciante, esses são componentes em formação quase invisíveis perante o complexo desafio da tarefa educacional (Ver Quadro 2). Para o educador com mais anos de magistério, muitas vezes, os componentes são ocultos pela própria experiência e pelo conformismo ao sistema educacional vigente.

Essa desorganização interna resulta em incoerências, níveis diferenciados de competências e na conscientização de si como educador. Tanto a desorganização quanto a organização fixada desses componentes podem resultar em rigidez, inflexibilidade, arrogância e intolerância acadêmica.

A maioria dos professores universitários não recebeu treinamento ou orientação para as suas tarefas educacionais. Os que fizeram cursos de pós-graduação *stricto sensu* no Brasil podem ter participado da disciplina "Metodologia do Ensino Superior", raramente com estágio supervisionado. Mesmo assim, essa disciplina tende a reforçar a pedagogia centrada no professor e numa conceituação tradicional da aprendizagem humana.

A falta de uma filosofia educacional de trabalho congela a pessoa do professor num papel repetitivo, mecânico, de instrução de conteúdos. A intervenção pedagógica não é considerada uma intervenção profissional ou um relacionamento humano de ajuda. O aprendiz se torna objeto a ser organizado, instruído, diagnosticado, interpretado e avaliado pelo professor que domina os conteúdos.

A sala de aula não é um grupo de pessoas. Sua dinâmica não se configura nem como processo fundamental para aprendizagem nem como um contexto que desencadeia complexas condições de inter-relacionamento que possam facilitar ou obstruir a aprendizagem.

Quadro 2 – Organização / fragmentação dos componentes do mundo interior

↕ FRAGMENTADOS ↕

IMPLÍCITOS

SEMIEXPLÍCITOS

ORGANIZADOS / SISTEMATIZADOS

O esquema referencial mais forte tende a ser da própria experiência em termos do percurso pedagógico e da história de vida do indivíduo. Essa história é uma aglomeração de experiências:

O que fizeram aos nossos professores
O que nossos professores fizeram a nós
O que não queremos fazer aos outros
O que aprendemos a fazer com os outros
O que e como aprendemos a ser

Na ausência de uma filosofia de ensino-aprendizagem, os quadros conceituais e operacionais não são desenvolvidos de forma coerente ou explicitados na sala de aula junto aos estudantes. Sem princípios sistematizados ou sem uma abordagem filosófica de suporte, o professor desenvolve um *modusfaciendi* muitas vezes limitado e reforçado pela sua própria experiência, percepção, conhecimento e pré-noções. Apesar disso, às vezes, torna-se "ótimo" professor, às vezes, torna-se outra coisa.

Mas quais são as suas premissas básicas sobre o aprendiz, sobre o processo de aprendizagem e sua facilitação? Por exemplo, o aprendiz é capaz de aprender ou não? É confiável ou não? A aprendizagem depende mais do professor/educador do que do educando? E lógico, ao perguntar coisas assim ao educador, todo mundo tem respostas pedagogicamente corretas para esse tipo de discussão. Mas o que é feito de fato na sala de aula?

O que se faz na sala de aula pode estar determinando mais a identidade social do professor do que muitos educadores gostariam de admitir. Ao final das contas, o que é que o professor realmente faz? E se a crise educacional está desmascarando a saturação dos meios do modelo tradicional, está também revelando a invalidade sistêmica da educação formal, suas supostas finalidades sociais, e importância da educação para preparação profissional.

Se o sistema atual não educa, não forma, será que apenas **ocupa** todos os atores, professores, alunos e administradores fora de um mercado de trabalho supersaturado? Para que serve o sistema educacional se não funciona? Quem está em crise? Nós educadores? Os professores? Os mestres? Os professores que são servidores públicos? Os professores que são empregados, que são trabalhadores? E quando somos um ou outro? A hipótese principal aqui é que estamos numa crise de identidade pessoal, social e profissional. A nossa identidade como os demais componentes de nosso mundo interior precisa de clarificação e de reflexão profundas.

Os Princípios Norteadores de Carl Rogers para a Intervenção Humana

A Abordagem Centrada na Pessoa – ACP – é uma das abordagens da Psicologia fundamentada nos pressupostos filosóficos do humanismo, do existencialismo de Kierkgaard e da Fenomenologia. Carl Rogers foi o seu maior representante e fundador.

Essa abordagem surgiu no início dos anos 40, desempenhando importante papel na reação contra a Psicanálise e o Behaviorismo. A ACP sustenta que a pessoa humana e suas experiências devem ser o centro da atenção da Psicologia. Interessa-se principalmente pelo potencial positivo do homem, pela maneira com a qual esse potencial é criado e experienciado, pelo "ser existencial". O pressuposto básico que sustenta essa abordagem é a crença nessa tendência atualizante, inerente em todo ser humano, que o conduz ao desenvolvimento e à atualização de suas potencialidades.

O pensamento de Rogers contribuiu para a educação, principalmente em relação ao conceito de aprendizagem significativa, uma aprendizagem que ocorre no interior do aprendiz. Segundo o autor, é possível facilitar o potencial positivo do aprendiz numa reestruturação da relação professor-aluno-conteúdo.

A Psicologia Centrada na Pessoa é Diferente de Outras Formas de Terapia

Os psicólogos humanistas compreendem que o ser humano tem dentro de si recursos suficientes que podem conduzi-los à autorrealização de suas potencialidades. Estão interessados em compreender os sentimentos, as angústias, as ansiedades, as necessidades e as possibilidades, tal como a pessoa percebe. A partir da relação terapêutica, eles procuram ajudar o cliente no resgate da sua autenticidade perdida em algum momento da vida.

A Terapia Centrada na Pessoa se diferencia, principalmente, das abordagens anteriores, no sentido de acreditar que a pessoa tem dentro de si recursos suficientes que podem conduzi-las a uma autorrealização das suas potencialidades.

O Papel da Psicoterapeuta Humanista

Enquanto psicólogos humanista-existenciais, preocupados com sua forma de existir e de conduzir suas vidas e dispostos a ajudar, procuram-se na relação terapêutica facilitar o processo de valorização de pessoa humana, os psicólogos humanistas compreendem que o ser humano tem dentro de si recursos suficientes que podem conduzi-los à autorrealização de suas potencialidades. Eles estão interessados em compreender os sentimentos, as angústias, as ansiedades, as necessidades e as possibilidades, tal como a pessoa percebe. Procuram, a partir da relação terapêutica, ajudar o cliente no resgate da sua autenticidade perdida em algum momento da vida.

O psicoterapeuta na ACP busca facilitar o resgate do lócus de controle, para que a pessoa ponha o poder de direcionar sua vida em suas próprias mãos. Objetiva basicamente o alcance de um funcionamento pleno – um funcionamento em que o cliente possa se sentir em harmonia consigo mesmo.

A Relação Terapêutica

O terapeuta centrado no cliente atua a partir de uma crença na capacidade que cada pessoa tem para caminhar em direção ao seu próprio processo de atualização. Para desenvolver esse potencial, o terapeuta busca manter uma relação empática com o cliente, de consideração positiva, incondicional e congruente. A todo o momento, procura estar aberto para ouvir o cliente atentamente.

Em sua relação com o cliente, busca manter autenticidade em sua maneira de ser e mostra-se aberta ao seu processo de **experienciação**. Não centra o poder de curar em suas mãos.

Renuncia, assim, às fórmulas de como todo e qualquer ser humano tem que ser. Nessa abordagem terapêutica, o cliente é valorizado como pessoa capaz de adotar condutas construtivas. Ele, como um todo, é o centro da relação terapêutica.

A relação terapeuta-cliente é tal que possibilita ao cliente, a todo o momento, um contato com suas experiências e a sua realidade, no sentido de que essa possa descobrir suas reais necessidades, limitações, possibilidades e motivações. Nessa relação, o cliente aprende novos conceitos sobre si mesmo, novas maneiras de se relacionar consigo mesmo e com os outros.

A Relação entre Processos Terapêuticos e a Educação Centrada no Aprendiz

A educação centrada no aprendiz e a psicoterapia centrada na pessoa têm vários princípios em comum, apesar das aplicações específicas serem diferentes. Nas duas situações, a pessoa do cliente e a pessoa do aluno aprendiz são concebidas como tendo importância fundamental. A qualidade de experiência terapêutica e educacional está centralizada na relação e na aprendizagem significativa da pessoa aprendiz. A proposta educacional certamente não é de promover uma terapia individual ou grupal. Ao mesmo tempo, uma aprendizagem realmente significativa pode ter implicações profundas, tão profundas quanto uma boa terapia.

Todos os indivíduos, nos seus processos educacionais e nas suas vidas, passam por diferentes momentos de transição, alguns desses, pessoais e outros sociais, políticos ou econômicos que fazem parte da própria evolução de ser humano.

Nos relacionamentos consigo mesmo e com os outros, a pessoa aprende que muitos de seus pensamentos, suas ideias e seus sentimentos não deveriam ser manifestados, particularmente na sala de aula, onde, muitas vezes, não são aceitos ou valorizados. Assim, as necessidades de aceitação, segurança e confiança não podem ser satisfeitas. Nesse momento, os alunos tendem a assumir diante de si e do mundo atitudes que não correspondem às pessoas que verdadeiramente são.

O desencontro entre as formas de pensar, sentir e fazer leva a pessoa a experimentar um estado de desacordo interno, vulnerabilidade e ansiedade, dissonância cognitiva e afetiva. Experiência, medo e insegurança diante da possibilidade de se tornar um ser, alguém único funcionando mais integral e plenamente.

Medo de ser livre para escolher, conduzir e controlar sua própria vida, de ser autônomo, de se perceber como fonte interna de escolhas e de decisões, enfim, de ser responsável por si mesmo. Isso tem profundas implicações para o educador em busca da promoção de uma aprendizagem significativa e autêntica. Também tem implicações para o psicoterapeuta que procura promover autenticidade na relação com o seu cliente.

O Processo de Aprendizagem: A Fenomenologia de Rogers

Carl Rogers pesquisou e escreveu extensivamente sobre a aprendizagem humana e sua promoção. Mesmo como psicólogo dedicado à compreensão dos processos terapêuticos, logo descobriu que as condições essenciais para um relacionamento terapêutico bem-sucedido são relevantes para a aprendizagem humana em outros contextos. O mais importante foi seu pressuposto de que a terapia é uma aprendizagem e que todos têm um vasto potencial para aprendizagem e transformação pessoal.

Para educadores, Rogers sempre foi interpretado nos textos brasileiros como idealista por propor uma educação não diretiva, *laissez-faire*, com pouca relevância para a cultura brasileira. Seus conceitos sobre aprendizagem e o importante relacionamento a ser construído com o aprendiz, porém, foram ignorados e continuam desconhecidos.

Rogers diferenciou entre dois tipos de aprendizagem ao longo de um contínuo de significado – um que não tem qualquer significativo e numa outra extremidade, uma aprendizagem significativa, "cheia de sentido, experiencial" (1985, p. 29). Na definição de Rogers, os elementos que se acham envolvidos nessa aprendizagem significativa são:

> (A aprendizagem) tem uma qualidade de envolvimento pessoal – com toda a pessoa, em seus aspectos sensórios e cognitivos, achando-se dentro do ato da aprendizagem. A aprendizagem é autoiniciada. Mesmo quando o ímpeto ou estímulo provém do exterior, o senso de descoberta, de alcance, de apreensão e compreensão, vem de dentro. A aprendizagem é difusa. Faz diferença no comportamento, nas atitudes .... O lócus da avaliação ... reside definitivamente no que aprende. A essência da aprendizagem é o significado. Quando uma aprendizagem assim se realiza, o elemento do significado para o aprendiz faz parte integrante da experiência como um todo (p. 29-30).

Num de seus livros mais "clássicos", *Terapia Centrada no Paciente*, 1951, Rogers apresentou 19 princípios formais a respeito do comportamento e da aprendizagem humana do ponto de vista fenomenológico. No quadro a seguir, destacamos 10 pontos importantes na compreensão das contribuições de Rogers para uma conceituação da aprendizagem vivencial:

Quadro 3 – O processo de aprendizagem: a fenomenologia de Rogers

1. Cada indivíduo existe em um mundo de experiência, continuamente mutável, no qual ele é o centro.
2. O organismo reage ao campo como ele é experimentado e percebido. Este campo perceptual é, para o indivíduo, sua "realidade".
3. O organismo reage como um todo organizado a esse campo fenomenal. Todos os aspectos do ser de um indivíduo – físicos, mentais ou emocionais – entram no comportamento como elementos interdependentes no mundo de experiência.
4. O organismo tem uma tendência e um empenho básico: realizar, manter e aceitar o organismo experimentador.
5. Comportamento é basicamente a tentativa do indivíduo, como objetivo dirigido do organismo para, a fim de satisfazer sua necessidade como é experimentado no campo percebido.
6. Emoção acompanha e em geral facilita cada objetivo dirigido do comportamento, sendo a espécie de emoção relacionada com a busca, ..., e sendo a intensidade da emoção relacionada com a significação percebida do comportamento para manutenção e aceitação do organismo.
7. O melhor ponto de observação para compreender comportamento é na estrutura interna de referência do próprio indivíduo. Este princípio dá nova ênfase à unicidade do mundo de ser de cada indivíduo. Fenomenologistas diriam: "estar lá" no mundo. Deve-se ter cautela em qualquer avaliação do comportamento de outrem, pois qualquer avaliação deve necessariamente ser de um ponto de observação externo.
8. Uma porção do campo percentual total torna-se gradualmente diferenciado como o "self". Rogers enfatiza primordialmente processos de mudança e desenvolvimento, não construções estruturais determinadas. Isto está em harmonia com a base de sua abordagem fenomenológica. Contudo, há duas construções estruturais que são de fundamental importância para essa teoria: o organismo e o self (eu).
9. À medida que experiências ocorrem na vida do indivíduo, elas são (a) simbolizadas, percebidas e organizadas em alguma relação com o self, (b) ignoradas porque não há relação percebida com a estrutura do self ou (c) negada simbolização ou dada uma distorção simbólica porque a experiência é incompatível com a estrutura do self.

10. Quando o indivíduo percebe e aceita em um sistema coerente e integrado todas as suas experiências sensórias e viscerais, ele é necessariamente mais compreensivo em relação aos outros e mais os aceita como indivíduos separados.

(Adotado de MILHOLLAN, FORISHA, 1972, p. 148-172.)

Alguns Pontos de Reflexão Essenciais para a Educação

Essa perspectiva fenomenológica de Rogers tem fortes implicações para educadores, em sua busca para construir um ensino mais participativo e relevante. Nota-se abaixo que, em nenhum momento, Rogers descarta a função de um mediador-facilitador da aprendizagem humana. Ao centralizar aprendizagem no interior do aprendiz, ele meramente recoloca o lócus da aprendizagem no aprendiz, onde sempre estava. Foram os educadores autoritários que tentaram transferir a aprendizagem para o controle externo.

Mesmo assim, os pressupostos de Rogers devem nos alertar para algumas dificuldades e incertezas:

Aprendizagem ocorre no interior do aprendiz

Há uma complexidade interna do aprendiz que precisa ser compreendida como acessível por meio da relação e da intervenção humana, uma vez criadas e mantidas certas condições.

Importância do campo perceptivo

O campo perceptivo é individual. A diversidade humana está iniciada neste campo. A importância da percepção humana, enquanto ponto de entrada no processo da aprendizagem, sugere inúmeras possibilidades para o estímulo do aprendiz e para a compreensão da aprendizagem que ocorre na pessoa. Sistêmica ou ecologicamente falando, isso não é só como o aprendiz percebe os conteúdos propostos e como os interpreta e os organiza, mas também como percebe o educador/colegas/instituição/o contexto total de sua realidade.

Potencial para aprendizagem

Muitas estratégias educacionais partem do pressuposto do desinteresse e irresponsabilidade do aprendiz. Aprendizagens mais experienciais, participativas, sempre envolveram mais os alunos. O desafio é como gerar condições em que os atores se tornam coaprendizes em busca de aprendizagens e conteúdos significativos.

Algumas dificuldades quanto à construção de significações

Algumas dificuldades e alguns obstáculos naturais, devido aos processos fenomenológicos internos, podem ser antecipados. A construção do saber e a busca de conhecimentos relevantes nem sempre produzem um consenso coletivo automático, sem revelar diferenças.

Aceitar que o lócus da aprendizagem esteja centralizado no aprendiz tem implicações profundas no educador. Isso significa que precisamos entender melhor como isso ocorre para poder ser de alguma ajuda na medição da aprendizagem. Precisamos de uma relação com o aprendiz que reconhece, valoriza e constrói. Precisamos abrir mecanismos internos e externos para que esse processo seja vivenciado, decodificado, reorganizado e transferido para novas aprendizagens.

A Sala de Aula é um Grupo Inevitável

Existem algumas outras ideias básicas para a condução de uma abordagem e uma aprendizagem centrada no aprendiz. Essas ideias têm a ver com pressupostos teóricos relacionados à aprendizagem humana em grupos. As teorias da ACP não são as únicas que descobriram o potencial do contexto grupal para a aprendizagem. Diversos estudos e experiências com abordagens vivenciais existem para suplementar o trabalho de Rogers na educação (Ver Bradford; Gibb; Berne, 1964, para uma introdução à aprendizagem na metodologia do laboratório e grupos-T.).

No Brasil e no México, Guedes (1979, 1986); Leitão (1984); Moreno (1979); Justo (1975); Puente (1978), Rogers (1973, 1981) e Silva (1991) elaboraram análises teóricas dessa Abordagem em relação à educação, mais exaustivamente do que pode ser comentado aqui. Como na área de psicoterapia centrada na pessoa não há, portanto, uma abordagem única ou procedimentos específicos considerados como desejáveis.

No grupo humano chamado sala de aula, o aprendiz, o processo de aprendizagem e a facilitação deste processo ocorrem numa inter-relação humana – num processo social de comunicação e diálogo – mesmo num programa mais aberto ou a distância. Educação é um ato social repleto de valores e significações.

Os conteúdos dessas aprendizagens têm também significações sociais. O indivíduo, enquanto ser biofísico social, vive num mundo em que a interação humana forma o contexto essencial para a aprendizagem. E a educação trata os conteúdos dessas aprendizagens como fragmentos isolados da experiência humana que está sempre numa tremenda mutação/transformação.

A facilitação da aprendizagem começa a ser construída, quando os atores podem desconstruir seus papéis, sua relação de poder e se relacionar como coaprendizes. Isso permite a clarificação de motivações e o estabelecimento de uma comunicação mais autêntica na aula em busca do conhecimento.

A manutenção dessas novas relações requer muito cuidado. Trata-se de relações frágeis – fáceis de serem rompidas por desconfiança, pelas diferenças que emergem e por processos de competição e comunicações incompletas. Experiência em si, nem sempre é um bom professor, mas a vivência, a experienciação da aprendizagem transcende todas as tentativas para garantir a unicidade da aprendizagem e sua significação. Que processo de aprendizagem é esse?

Podemos resumir algumas hipóteses sobre a aprendizagem centrada no grupo e na pessoa do aprendiz:

1. A sala de aula universitária deve ser um espaço livre para explorar melhor a significação da realidade social e pessoal.
2. O comportamento humano integral envolve congruência entre o pensamento, o sentimento e a ação da pessoa. Essa integração só se torna viável por meio da liberdade pessoal e interpessoal de autoexpressão, discussão, debate e tomada de decisão numa interação humana.

3. Considera-se que a verdadeira educação só se realiza quando um grupo de pessoas dialoga entre si num processo que inclui a ação transformadora de alguns aspectos de sua realidade concreta e a reflexão crítica sobre tal ação e a realidade.
4. Nesse sentido, o verdadeiro processo educacional envolve a totalidade da pessoa do aluno, seu autoconceito e suas percepções do mundo social.
5. A ruptura de estereótipos (por exemplo, o papel de aluno, do professor), requisitos dessas mudanças, gera ansiedades com conotações tanto individuais como sociais. Essa ansiedade pode ser considerada pré-condição para a mudança.
6. Ao nível individual, a ansiedade gera reações imediatas de defesa e fuga, as quais podem ser transformadas, no ambiente grupal, em manifestações de capacidade criativa e construtiva da pessoa e do grupo.
7. Ao nível de grupo, essa ansiedade individual inicia o importante processo de aceitação mútua e o clima democrático no grupo, contanto que seja comunicada espontaneamente aos outros e apoiada.
8. O processo educacional centrado na pessoa do aluno proporciona um ambiente percebido logo como informal, livre, aberto.
9. Existe na pessoa do aluno, pelo menos potencialmente, uma motivação intrínseca que o faz se mover em direção a tudo aquilo que ajude a satisfazer suas necessidades e a desenvolver suas capacidades construtivas como ser humano.
10. Durante a interação educacional centrada no aluno, uma variedade de reações defensivas é manifestada no grupão. O exame dessas reações e suas possíveis causas individuais e sociais (psicológicas e sociológicas) fazem parte do conteúdo inicial levantado pelo grupo. <u>A análise vivencial dos processos individuais e grupais, por parte dos alunos, é o primeiro passo do grupo em se responsabilizar pelo resultado da experiência</u> e pela sua própria aprendizagem.
11. "... (Os) estudantes, como pessoas, têm um valor e uma dignidade suprema. Têm o direito inalienável de ser agente

de sua própria aprendizagem" (Blanco, 1982, p. 77). O direito de ser agente de sua própria aprendizagem significa também o direito de ser o porta-voz de si mesmo (conceito muito usado por Pichón-Riviére), o direito de se envolver, de investir ou não no processo educativo centrado no aluno, na aceitação aberta de sua passividade.

12. A dialética do processo educacional centrada no aluno não é apenas reconhecida na sala de aula, mas é também aproveitada para examinar questões de poder e liderança no grupão. Ao contrário dos pontos de vista de alguns autores-críticos da Abordagem, a questão de liberdade-autoridade (Leião, 1984, p. 66) é constantemente confrontada na experiência. Inicialmente, ela se apresenta em relação ao professor/facilitador, mas, gradualmente, a questão de liberdade é discutida nos termos da família, das instituições, da sociedade e da ordem mundial. Na interação grupal e no relacionamento aluno/professor, a questão da autoridade é vivenciada e refletida. Na relação educativa, proposta pela Abordagem Centrada no Aluno, vivência na sala de aula, o aluno aprende que o poder compartilhado pelo grupo é uma alternativa viável de convivência, uma nova reestruturação da interação humana. As implicações dessa vivência para outros grupos e para a sociedade como um todo são mais do que óbvias para o participante. Mais importantes, talvez, sejam as descobertas sobre as dificuldades da transição humana para um sistema mais democrático e menos autoritário. A "autoridade" do professor não desaparece, mas se transforma por meio da realidade da interação educacional no grupo. O saber do professor emerge com o saber do grupo. Os conhecimentos do professor são traduzidos em questionamentos, reflexões, observações, gestos e reações às pessoas. Dependendo do grupo (de suas definições de tarefa, atividades e objetivos, do processo e da natureza do grupo), o professor é livre para se tornar recurso do grupo. Pode recomendar livros, dar sugestões, apresentar teorias, explicar conceitos, e participar plenamente da interação educacional, como "professor", facilitador e pessoa.

13. O método, a técnica ou a metodologia do processo educacional centrada no aluno é basicamente a interação da pessoa do professor com as pessoas rotuladas de alunos. O processo do grupo é a interação de todos os participantes, inclusive o professor. A interação do professor com o grupo não significa intervenção no sentido tradicional da palavra, nem a interpretação do grupo (Baremblitt, 1982, p. 199). Na opinião de Blanco, o processo educacional é também "um processo de ajuda" que se resume num conceito básico, resultado das pesquisas realizadas sobre relações de ajuda: "... (O) instrumento essencial em todas as profissões dedicadas à ajuda dos outros é a personalidade de que exerce esta função de facilitar o crescimento do outro" (1982, p. 37). Em nossa opinião, de igual importância, são os conhecimentos teóricos do processo grupal, junto à vivência prática em grupos de vários tamanhos. Os procedimentos que facilitam a participação e o envolvimento de pessoas com outras são mais eficientes quando são manifestações de "estilo" ou "maneira de ser", do que quando empregados como técnicas. É nesse sentido que afirmamos que a pessoa do professor é o método.
14. A atuação do docente como facilitador também precisa ser baseada em alguns valores e pressupostos teóricos da intervenção humana. A de sentir (e demonstrar) aceitação e respeito pela pessoa do aluno, o professor/facilitador necessita de certo grau de autoaceitação e disposição para a mudança e para a transformação pessoal. É importante, também, que ele tenha consciência do seu estado emocional/afetivo e de como isso afeta seu trabalho na aula, que ele reconheça suas limitações pessoais e demonstre abertura às críticas e ao comportamento destrutivo dos outros.

O professor precisa ter um compromisso profundo com um processo de ensino/aprendizagem não centrado na sua pessoa. A relação educacional não pode depender dele. O reconhecimento de suas habilidades e a dedicação à abordagem nem sempre é garantido, nem pode ser buscado. Ele tem que ser paciente, tolerante às frustrações, às falhas e às interferências externas e, sobretudo, acreditar no processo lento do desenvolvimento de um grupo.

Em síntese, uma Abordagem Centrada no Aluno tem características comuns com outras aplicações da **ACP** em terapia, trabalho com grupos, etc. Ao mesmo tempo, segundo essa abordagem, a interação humana na sala de aula é examinada de uma forma especial. Teoricamente, ela pode ser resumida em três pontos básicos apresentados no Quadro:

Quadro 4 – Pontos básicos de uma abordagem centrada no aluno

1. Visa à relação educacional como meio A interação grupal é, ao mesmo tempo, o conteúdo da experiência e um meio de estudá-lo. O grupo e o professor definem qual o conteúdo a ser considerado com o foco da aprendizagem. O processo de grupo forma o contexto da busca da aprendizagem significativa. Em muitos casos, a inter-relação das pessoas se torna o verdadeiro conteúdo da experiência.
2. Reconhece a pessoa do professor como método A relação educacional envolve o professor mais como pessoa com seus alunos do que como autoridade ou figura de poder. O "poder" do professor é compartilhado com o grupo e transformado num relacionamento positivo e construtivo. O saber do professor funde-se com o saber do grupo. Na interação grupal, o professor é livre para se tornar recurso do grupo. Muitas vezes, o melhor recurso que tem é sua própria pessoa e sua interação honesta e autêntica no grupo.
3. Visa à pessoa do aluno e à sua transformação integral com resultado A interação grupal em busca da aprendizagem significativa promove oportunidades para o crescimento pessoal e interpessoal. O aluno decide por si mesmo até que ponto deve ou não se envolver no processo educacional. Assim, decide ser agente de mudanças de si mesmo e porta-voz dos assuntos que achar importantes. A finalidade da interação educacional é levar a pessoa a desenvolver uma consciência crítica de si mesmo e seu contexto histórico-social. No grupo, ela assume poder sobre si mesmo, interagindo com os outros numa experiência livre e democrática. Aprende a conviver com outros e a confiar num processo grupal participativo. Aprendizagem cognitiva também tem seu valor dentro dessa

perspectiva de transformação integral da pessoa do aluno. Sua consciência crítica, especialmente do seu contexto histórico-social, requer uma reanálise de informação e fatos sociais. Esses conteúdos são ensinados e adquiridos à medida que os alunos, individual e coletivamente, identificam fontes de informação, teorias e recursos significativos à aprendizagem.

É Possível uma Educação Centrada na Pessoa?

Se examinarmos seriamente os pressupostos de uma abordagem centrada no aluno e na aprendizagem humana autêntica, à primeira vista, a resposta é não, não é possível. Talvez uma pergunta intermediária fosse melhor: uma educação mais aberta é viável hoje?

Os mundos interiores dos educadores são, sem dúvida, trágicas composições fragmentadas perante os pressupostos filosóficos e fenomenológicos de Rogers, muito menos de que um produto da ciência da educação.

O percurso pedagógico da maioria dos professores é um mero por acaso. Na sua frustração, muitos continuam em busca de receitas, métodos e técnicas. Outros, perante os procedimentos burocráticos das nossas instituições de ensino/treinamento/qualificação, se submetem ao papel tradicional do instrutor de conteúdos.

Rogers foi terapeuta e professor de psicoterapeuta. Escreveu muito sobre terapia como processo de aprendizagem. As transferências das suas descobertas, portanto, não foram rapidamente aplicadas à educação. Ele até experimentou dificuldades em várias universidades por causa de suas opiniões e práticas.

A pedagogia tradicional, a do ensino centrado no professor, centrado no conteúdo de um programa fechado, continua como nossa herança. Esse enfoque pedagógico gera uma passividade, atitudes negativas e profundamente autoritárias na maioria dos alunos que chegam ao ensino superior.

Aprender é seguir as instruções do professor, cumprir a tarefa. Tirar xérox e devolver o conteúdo. Qualquer abordagem que muda as regras dessa passividade, que desperta o aluno para um papel diferente como aprendiz, gera problemas e desconforto.

Resgatar o aluno como pessoa, ajudá-lo a ser ele/ela mesmo em busca de uma aprendizagem significativa, não é uma tarefa fácil. O professor que desenvolve uma abordagem centrada aprende muito com alunos sobre as possibilidades e limitações para promover mudanças em direção a uma educação mais aberta.

O ensino precisa ser concebido como processo. Envolve o aluno como pessoa, envolve o grupo de alunos na sala de aula como comunidade de aprendizagem. Precisamos de um processo de ensino-aprendizagem renovado – onde são construídas novas relações com o professor–aluno-conteúdo em busca da verdade e da relevância do conhecimento. Envolve níveis de consciência da significação do conteúdo e do próprio processo de aquisição desse conteúdo.

Num enfoque centrado no aluno, busca-se junto à coletividade do grupo de aprendizes um aumento da consciência crítica de nossas ações, limitações e nível atual de conhecimento. Procuramos nos avaliar constantemente – avaliar as condições que estamos criando para aprender, avaliar o mundo e o contexto imediato dessa aprendizagem, bem como avaliar os resultados que estamos atingindo e sua relevância verdadeira.

Neste mundo da globalização e modernização, o pensamento de Carl Rogers ainda tem ressonância para educadores que buscam no magistério superior uma oportunidade para crescimento e aprendizagem mútua junto às pessoas em formação. Rogers perguntou várias vezes em seus livros se nós educadores teríamos coragem para mudança. Ele declarou que queria "falar sobre APRENDIZAGEM com letras maiúsculas". Mostrou até o final de sua vida um compromisso aberto com os riscos e com as dificuldades na promoção de suas ideias:

> Ser plenamente humano, confiar nas pessoas, conceder liberdade com responsabilidade não são coisas fáceis de atingir. O caminho que apresentamos constitui um desafio em nosso modo de pensar, em nossa maneira de ser, em nossos relacionamentos com os nossos estudantes. Envolve uma dedicação difícil a um ideal democrático. Tudo vem a redundar na pergunta que temos que fazer, individualmente e coletivamente: teremos coragem? (Rogers, 1983, p. 327).

Tornar a pessoa de nossos alunos universitários sujeitos de sua própria aprendizagem e mais participativa em sua formação profissional é um caminho crítico para potencializar as transformações necessárias na sociedade brasileira.

A falsa democratização da universidade forma parte de uma retórica que nunca chegou ao cotidiano da sala de aula. O autoritarismo e o poder acadêmico do professor universitário já estão debochados todos os dias em todas as instituições de ensino superior. Não cansamos desse jogo?

Referências

BAREMBLITT, G. (org.). **Grupos, teorias e técnicas**. Rio de Janeiro, Graal, 1982.

BRADFORD, L. P.; GIBB, J.; BERNE, K. D. **T-group theory and laboratory method**. New York: Wiley, 1964.

BLANCO B. R. **Docencia universitária y desarrollo humano**. México, Editorial Alhambra Mexicana, 1982.

BRANDÃO, C. R. **O educador**: vida e morte. Rio de Janeiro: Graal, 1982.

CAMPBELL, J. **O herói de mil faces**. São Paulo: Cultrix/Pensamento, 1999.

CAPPELLETTI, I. F.; MASETTO, M. T. (Org.). **Ensino superior**: reflexões e experiência. São Paulo, EDUC – Editora da PUC-SP, 1986.

CODO, W. (Coord.). **Educação**: carinho e trabalho. *Burnout*, a síndrome da desistência do educador que pode levar à falência da educação. Rio de Janeiro: Vozes, CNTE, UNB, 1999.

COSTA, M. C. V. **Trabalho docente e profissionalismo**. Porto Alegre: Sulina, 1995.

CUNHA, M. I. **Desmistificando a profissionalização do magistério**. São Paulo: Papirus, 1999.

DOXSEY. J. R. A sala de aula universitária como comunidade de aprendizagem e contexto psicossociológico para mudança. In: I. F CAPPELLETTI; M. T. MASETTO (Org.). **Ensino Superior**: Reflexões e Experiência. (p 147-200). São Paulo: EDUC – Editora da PUC – SP, 1986.

DOXSEY. J. R. Autoavaliação: alternativa viável para o ensino superior? Educação Brasileira – **Revista do Conselho de Reitores**. 10, n 21, Brasília, p. 139-171, 1988.

DOXSEY. J. R. Algunos dilemas de la terapia centrada en la persona en sociedades de transición: una nueva perspectiva sociológica. In: MUÑOZ,J. J. A., et. al.. **La promoción del desarrollo humano en un continente en crisis**. Aguascalientes, México: Universidad Autónoma de Aguascalientes, 1999.

DOXSEY. J. R. Algunos dilemas del enfoque centrado en la persona en sociedades de transición: una nueva perspectiva sociológica. **Psicología Iberoamericana. Nueva Época**. Vol. 6, n. 1, março de 1998.

DOXSEY. J. R. O dilema da educação ambiental e de seus educadores nas sociedades em transição. In: A FAUNDEZ. (Org.). **Educação, Desenvolvimento e Cultura**: Contradições Teóricas e Práticas. São Paulo: Cortez, 1994.

DOXSEY. J. R. Reflexões teóricas sobre aprendizagem universitária numa abordagem centrada na pessoa do aluno: o mito da não diretividade. In: R. ROSENBERG (Org.). **Vivência Acadêmica**: O Enfoque Centrado na Pessoa. Cadernos USP. (N. 2), Março, São Paulo: Universidade de São Paulo, p. 105-113, 1987.

DOXSEY. J. R. Dimensões de autovalorização e transformação pessoal como consequência de uma abordagem centrada no aluno. **Revista das Faculdades Franciscanas – Psicologia II**, Vol. 2, n. 2, p. 7-28, 1984.

DUBAR, C. **A socialização**: construção das identidades sociais e profissionais. Portugal: Porto Editora, 1997.

ENGUITA, M. F. A ambiguidade da docência: entre o profissionalismo e a proletarização. **Teoria & educação,** n. 4, p. 41-61. 1991.

ESTEVES, J. M. **O mal-estar docente**: a sala de aula e a saúde dos professores. São Paulo: Edusc, 1999.

ESTEVES, J. M. Mudanças sociais e função docente. In: A. NÓVO (Org.). **Profissão professor.** Porto: Porto Editora, 1995.

FERREIRA, R. **O professor invisível**: imaginário, trabalho e vocação. Rio de Janeiro: Quartet, 2003.

FERREIRA, R. **Entre o sagrado e o profano**: o lugar social do professor. 3 ed. Rio de Janeiro: Quartet, 2002.

EDUCAÇÃO EM ALTA. Rio de Janeiro: **O Globo**, 26/09/1999, p. 2, Caderno Vestibular.

FERREIRA, R.; SOUZA, D. B. (Orgs.). **Bacharel ou professor?**: a reestruturação dos cursos de formação de professores no Rio de Janeiro. Rio de Janeiro: Quartet, 2000.

GUEDES, S. P. **Educação, pessoa e liberdade. Propostas rogerianas para uma práxis psicopedagógica centrada no aluno.** São Paulo Cortez e Moraes, 1979.

GUEDES, S. P. **Psicologia da aprendizagem centrada no estudante.** Campinas, Papirus Ed., 1986.

HANNOUN, H. **A atitude não diretiva de Carl Rogers.** Lisboa, Livros Horizonte, 1980.

JUSTO, H. & ROGERS, C.R. **Teoria da personalidade. Aprendizagem**: um relatório de experiência. Lisboa, Livros Horizonte, 1977.

LEITAO, V. M. **Limites da Abordagem Centrada na Pessoa.** 1984. Dissertação (Mestrado) – Universidade Federal do Ceara, Fortaleza.

MILHOLLAN, F.; FORISHA, B. E. **Skinner x Rogers**: maneiras contrastantes de encarar a educação. São Paulo: Summus, 1978.

MORENO LOPEZ, S. **La educación centrada en la persona.** México: Manuel Moderno, 1979.

PINCHÓN-REVIÉRE, E. **El processo grupal, del psicoanálise a psicologia social I.** Buenos Aires: Nueva Visión SAIC, 1980.

PUENTE, M. de la. **O ensino centrado no estudante.** São Paulo, Cortez-Moraes, 1978.

ROGERS, C. R. Aprender a ser livre. In: ROGERS, C. R. e STEVENS, B. **De pessoa para pessoa**: o problema de ser humano. São Paulo: Pioneira, 1978.

ROGERS, C. R. **Grupo de encontro.** São Paulo, Martins Fontes, 1978.

ROGERS, C. R. **Liberdade de aprender em nossa década.** Porto Alegre: Artes Médicas, 1985.

ROGERS, C. R. **Tornar-se pessoa.** São Paulo, Martins Fontes, Edição, 1981.

ROGERS, C. R. **Um jeito de ser.** São Paulo: EPU, 1983.

ROGERS, C. R. **A pessoa como centro.** São Paulo: EPU, 1977.

ROGERS, C. R. **Liberdade para aprender.** Belo Horizonte: Interlivros, 1973.

ROGERS, C. R.; KINGLET, G. M. **Psicoterapia e relações humanas.** Belo Horizonte: Interlivros, 1977.

ROGERS, C. R. et. al. **Em busca de vida**: de terapia centrada no cliente à abordagem centrada na pessoa. São Paulo: Summus, 1983.

SILVA, M. C. P. A. **Lócus de controle e preferência por métodos didáticos – pesquisa empírica baseada na abordagem centrada no aluno e viabilizada em universidades do Rio de Janeiro e do Espírito Santo.** Dissertação (Mestrado em Psicologia Social) – Universidade Gama Filho, Rio de Janeiro, 1991.

WOOD, J. K. Communities for learning: A person-centered approach. ***New directions in theory, research and practice.***New York, Praeger Publishers, 1984.

WOOD, J. K. (Org.). DOXSEY, J. R.; ASSUMPÇÃO, L. A.; TASSINARI, M. A.; JAPUR, M.; SERRA, M. A.; ROSENTHAl, R. W.; LOUREIRO, S. R.; CURY, V. E. **Abordagem Centrada na Pessoa.** Vitória: Fundação Ceciliano Abel de Almeida/Universidade Federal do Espírito Santo, 1994.

4.2 A SALA DE AULA COMO COMUNIDADE DE APRENDIZAGEM E CONTEXTO PSICOSSOCIOLÓGICO PARA MUDANÇA[2]

> *A ciência, como a terapia (e a educação), como todos os outros aspectos da vida, tem a sua raiz e baseia-se na experiência imediata, subjetiva, de uma pessoa. Ela brota experiência interior total, organismática, que é comunicável apenas em parte e imperfeitamente. É uma das fases da vivência subjetiva.*
>
> *É porque reconheço um valor e uma satisfação nas relações humanas que entro numa relação chamada terapêutica, onde os sentimentos e o conhecimento se fundem numa experiência unitária que é vivida em vez de ser analisada, cuja consciência é não refletiva e em que eu sou mais um participante do que um observador.*
>
> *Mas porque sinto curiosidade em relação à ordenação delicada que parece existir no universo e nesta relação, posso abstrair da experiência e considerá-la como um observador, fazendo de mim mesmo e/ou dos outros objetos dessa observação. Como observador, para não me enganar, para conseguir obter um quadro mais adequado da ordem reinante, utilizo todos os processos da ciência...* (Rogers, 1981, p. 201-202).

Introdução

Este capítulo procura descrever o processo psicopedagógico desencadeado na sala de aula universitária e o desenvolvimento da

[2] Esse texto foi publicado em 1986: I. F. CAPPELLETTI e M. T. MASETTO (Org.). **Ensino Superior**: reflexões e experiência. São Paulo: EDUC – Editora da PUC – SP. p 147-200. A versão atual foi reeditada eliminando setores da obra original que aparecem mais detalhados em outros textos aqui.

potencialidade dos estudantes de se comunicar e funcionar democraticamente como um grupo ou comunidade de aprendizagem (O termo "comunidade de aprendizagem" foi utilizado por Wood, em 1984, para descrever algumas experiências grupais conduzidas por ele e por outros membros de uma equipe de Carl Rogers.).

Nosso descobrimento do grupo grande e de suas possibilidades na sala de aula foi relatado no Capítulo 1 deste livro. Repito aqui que trabalhei conscientemente o processo grupal depois de alguns anos de utilização de um grupo dos alunos para o que acostumamos denominar o fechamento cognitivo dos trabalhos em pequenos grupos. O "grupão", como era chamado pelos alunos, era uma experiência avaliativa em que procuramos consolidar as nossas aprendizagens e buscar sua significação e transferência para outras situações, experiências, a "prática" ou o futuro.

Os estudantes e eu descobrimos que o grupo grande tinha uma dinâmica muito especial. Valiam todas as formas de expressão e comunicação produzidas pelo grupo e seus participantes. Descobri pessoalmente a possibilidade de fluir com o grupo e que existia um processo natural, espontâneo que emergiu do espaço criado pelo próprio grupo. Descobri que eu era parte deste espaço e que não precisava "me responsabilizar" tanto pelos acontecimentos dessa vivência. O grupo grande tinha sua dinâmica própria. De forma alguma, este relato não deixa de ser uma narrativa de como eu, como professor/facilitador compreendi como funcionar neste contexto grupal vivencial.

Após muitas experiências também fora da sala de aula, com grupos vivenciais grandes e grupos de encontro na Abordagem Centrada na Pessoa – ACP –, afirmo que o grupo descrito aqui tem características semelhantes e distintas dessas outras experiências intensivas de grupo[3]. Talvez a distinção maior seja a preocupação natural do grupo universitário para entender cognitivamente os processos grupais.

Acho facilitação na sala de aula mais complicada. Parece-me "mais fácil" a facilitação do grupo de encontro, independentemente

[3] Essas experiências são conhecidas por outras designações: grupo de encontro, maratona de grupo, workshop, laboratório de grupo, grupo vivencial, vivência em comunidade, etc.

do tamanho do grupo. A pressão de intelectualizar aprendizagem em várias dimensões é maior na sala de aula.

O trabalho em equipe sobre facilitação em vivências intensivas de grupo fora da universidade é um trabalho compartilhado. Na sala de aula, você está com sensações de que está só, principalmente no início do grupo. À medida que o grupo procede e a relação pedagógica evolve para uma relação humana, sinto-me mais confortável.

Os comentários que teremos sobre o papel e as intervenções do professor-facilitador são destinados a evidenciar a natureza da vivência na sala de aula, sem a intenção de traçar detalhadamente esse papel no grupão ou de sugerir um modelo de atuação.

A minha intervenção tende a variar de acordo com o grupo, as condições específicas existentes em cada grupo e as minhas reações intra- e interpessoais no momento. Com isso, não quero implicar incoerências no trabalho, mas apenas apontar inconsistências subjetivas de estilo e percepções diferenciadas de intervenção. Alguns alunos dizem, quando têm participado comigo em outra disciplina: "Você não é o mesmo; no outro grupo você fez diferente". Acho que sim. Os grupos, cada grupo é diferente, e não é. Também, sou assim.

Promover a formação de um grupo para aprender, desenvolver o conceito de comunidade de aprendizagem em que o indivíduo e o grupo são valorizados na determinação do processo a seguir significa acreditar na potencialidade atualizante das pessoas. Significa acreditar nessa potencialidade dos indivíduos para convivência e comunicação efetiva.

A tendência atualizante sugerida por Rogers também se aplica às pessoas num grupo na sala de aula. Para mim, implica a possibilidade para um grupo humano alcançar consciência de si mesmo, em que cada indivíduo possa se reconhecer como um ser potencialmente livre para se mover em qualquer direção e saber que, ao mesmo tempo, está sujeito aos fatores condicionadores dos âmbitos bio, psico e macro sociais.

Fascinam-me as diversas formas que essa tendência atualizante se manifesta em aulas diferentes. Rogers escreveu que, em terapia, a direção escolhida pelo organismo total "parece ter determinadas qualidades gerais distintas que se revelam como sendo as mesmas numa grande variedade de indivíduos singulares...." e que "as características gerais dessa direção escolhida revelam uma certa universalidade (1981, p. 167)."

Essa tendência também aparece na sequência espontânea da experiência grupal na sala de aula. Apesar da pedagogia tradicional e sua força ameaçadora, os grupos de estudantes têm demonstrado uma capacidade de transformar seus medos, suas incertezas e ansiedades num processo, gradual e tentativo, de se libertarem em direção a uma aprendizagem mais integral e a uma consciência psicológica e social de si.

A universalidade dos grupos está implícita na descrição generalizada a seguir das aulas com alunos de diversos cursos de formação. Elas refletem o que acreditamos ser um fenômeno psicossocial com implicações para a educação superior. Talvez não seja o único processo possível num grupo educacional, nem está apresentado aqui como solução única para os problemas graves pedagógicos do ensino brasileiro.

O Processo de Grupo: Grupão

Como já afirmado, o processo de grupo vivenciado na sala de aula, dentro de uma Abordagem Centrada no Aluno, aproxima-se com "o grande grup", descrito por Wood (1984). Apesar das semelhanças, os nossos grupos na sala de aula universitária tinham características diferentes:

1. O tempo de duração

O tempo de duração para nossas disciplinas na graduação e pós-graduação foi de 15 semanas. Na graduação, havia 5 (cinco) horas semanais divididas em duas reuniões (aulas). Na pós-graduação, o horário era de 2 (duas) horas, duas vezes por semana.

2. Local

A sala de aula universitária tende a ser um local formal, com cadeiras desconfortáveis. O ambiente proporcionado pela sala de aula – a falta de ventilação, as distrações externas, a iluminação precária, etc. – dificultou bastante a criação de um clima mais "acolhedor". Os alunos também parecem "condicionados", no pior sentido da palavra, pelo ambiente físico da sala. Eles aceitaram passivamente seus lugares, procurando sentar nos fundos da sala, às vezes contra a parede. Quando me sentei também no fundo da sala, incomodava bastante a maioria.

3. Participação limitada em grupos

Para a maioria dos alunos, foi a primeira experiência do grupo. O participante assistiva às primeiras aulas sem qualquer expectativa de uma vivência em grupo. Apesar de a presença do aluno não ser obrigatória, ele teve pouca oportunidade de mudar de turma ou trancar a disciplina, se discordasse da proposta educacional[4].

4. Presença irregular dos alunos

O grupo estava constantemente mudando em termos do número de participantes presentes em qualquer momento de interação ou estágio de desenvolvimento do grupo. Isso tanto atrapalha a formação inicial do grupo, como adiciona uma dinâmica muito especial à experiência. Em uma turma de 35 a 40 alunos, a presença poderia variar de 10 a 35 em dada reunião. Mais da metade do grupo estava sempre presente uma vez por semana, em um núcleo de 10 a 15 pessoas. Em épocas de provas e exames, ou exigências especiais das demais disciplinas, a presença ficava prejudicada.

5. Experiência Pedagógica Antiga

As expectativas conscientes e inconscientes do aluno com respeito à sala de aula, ao sistema tradicional de avaliação etc., fizerem com que o aluno transferisse muitas preocupações e medos ao processo educacional centrado no aluno. Por um lado, isso é interessante, porque estimula um debate sobre o que deve ser feito como alternativa a um processo tradicional. Por outro lado, contamina o diálogo e a tomada de decisão no grupo com a competição para nota, com fantasias sobre

[4] Em duas ou três ocasiões, facilitamos a mudança de turma para os alunos que rejeitaram totalmente a experiência. Temos trabalhado individualmente com alunos que dizem "não gostar" ou "ter medo" de grupos grandes. Algumas pessoas, após leituras ou conversas fora da aula, voltaram à aula para participar ativamente do processo.

avaliação e tentativas do grupo para controlar e punir alunos que não vieram com frequência ou que não participaram nas discussões. A experiência pedagógica antiga é tão forte no aluno universitário que teve "sucesso" no sistema tradicional, que ela permeia muitos aspectos da interação educacional centrada no aluno.

Essas são algumas características mais marcantes do grupo na sala de aula. Vale a pena mencionar que a experiência não acontece num contexto isolado maior, fixo, como em muitos "workshops", encontros ou vivências da comunidade na ACP. A experiência está inserida num curso específico, numa sequência de outras aulas, dentro da instituição chamada universidade cheia de tradições.

Está, portanto, sujeita a uma série de fatores externos que não discutimos aqui, como críticas de administradores, colegas e outros alunos, e professores que dão aula para a mesma turma. A Abordagem Centrada no Aluno ameaça tremendamente o professor tradicional e sua imagem de "dono do saber".

Esses fatores interferem no processo educacional por serem, às vezes, decisivos no resultado da vivência. É importante aceitar tais condições como naturais, dado o sistema educacional universitário em vigor e, ao mesmo tempo, buscar junto aos alunos os meios de compreender melhor tais interferências e lidar com elas.

Em seguida, tentaremos descrever os pontos principais do processo do grupo. É difícil dar um relato completo dessa nossa experiência. Apesar da natureza do curso, da disciplina e da composição do grupo, verifica-se a ocorrência de um processo semelhante, nem tão diferente na forma, aos processos básicos do desenvolvimento de um grupo.

O Início – "Abrindo para Fechar" – Fase 1

Eu iniciava a aula sentado ao lado dos alunos, no fundo da sala de aula ou numa cadeira lateral. O primeiro contato com a turma tende a ser uma experiência ansiosa, tanto para o aluno como para nós. Os alunos abrem a discussão perguntando se vamos dar alguma matéria hoje: "Você vai dar aula?", "Você quer que a gente faça alguma coisa?". Respondemos indagando sobre as noções que os alunos têm sobre o início de uma aula universitária e de onde vêm essas ideias.

A discussão gera insatisfação. Na realidade, o aluno está querendo se situar numa situação nova. Percebe-se logo a possibilidade de ele estar confrontando um problema, em que "as regras do jogo" não são iguais às regras em outras situações de aula. Isso gera reações variadas: insegurança, confusão, dúvidas, questionamentos, emoções e sensações negativas, bem como curiosidade, interesse e até esperança numa nova experiência.

Invariavelmente, o aluno exige, de forma direta ou velada, que o professor defina melhor a situação. Ao professor é cobrada "sua responsabilidade de direcionar o grupo, de orientar melhor ou de assumir o controle da discussão". Às vezes, alguém levanta a hipótese de que o professor está apenas fazendo um diagnóstico preliminar da turma, para conhecê-la melhor antes de iniciar as aulas.

Nossa proposta emerge da discussão de uma proposta de fazer um experimento adotando um processo educacional em que os alunos e o professor participam na definição dos objetivos, da finalidade do grupo, da forma pela qual o grupo procurará alcançar seus objetivos e avaliar a experiência.

Blanco descreve muito bem suas primeiras reuniões com alunos universitários no México. É interessante notar que muitas reações de alunos brasileiros são idênticas:

> Durante as primeiras sessões do curso (disciplina,) no meio do desconcerto e da confusão gerados pela ruptura de estereótipos, os estudantes parecem dizer a si mesmo e aos demais que não são capazes de aprender por si mesmos; que são incapazes de pensar de forma independente e criativa; que não sabem nada, ou pelo menos, o suficiente, para poder participar na direção de sua aprendizagem pessoal e de tarefa grupal; que não tem direito a propor temas e escolher as experiências de aprendizagem; que o que eles têm não é valioso, e que só tem valor aqueles conhecimentos e atividades sancionadas positivamente pelo professor e pela Universidade; que não são capazes de avaliar e validar sua própria aprendizagem, apenas o professor pode fazê-lo (1982, p. 79).

Os alunos chegam a questionar muito a possibilidade de fracasso e as implicações do fracasso para eles, como estudantes que precisam construir "uma base sólida de conhecimentos". Questionam igualmente a validade da nossa experiência dentro do contexto global de uma Universidade autoritária, perante outros professores considerados como tradicionais, mesmo se a experiência tiver resultados positivos.

O medo, a incerteza, a depreciação dos recursos inerentes à própria pessoa e presentes no grupo, e a ansiedade interna gerada pela vivência bloqueiam substancialmente a participação dos alunos. As emoções e opiniões inicialmente expressas com maior liberdade são reprimidas nas reuniões subsequentes. Exatamente como nas experiências comentadas por Wood (1983), no começo dos grandes grupos: "É difícil entender a essência das afirmações que muitas vezes não seguem ao que foi dito antes, ou parecem não ter conexão com o que está acontecendo no momento.... Os encontros tendem mais a gerar emoções ao invés de integrar sentimentos". (p. 55).

O aluno está vivenciando o início de um processo percebido como indefinido e confuso. As tentativas iniciais de explicação, solução e reestruturação não funcionam nem ajudam a definir melhor a situação. Parece estar acontecendo a pior coisa que poderia ser esperada: o fracasso. **Confirma-se, então, para muitos, que eles não sabem decidir por si mesmos nem trabalhar em grupo. A participação cai. As pessoas se fecham.**

No entanto, notamos logo que, mesmo diante do impasse inicial encontrado pelos participantes, foram se estabelecendo novas formas de inter-relacionamento. Todo mundo tem o direito de falar o que quiser, quando e se conseguir a atenção dos outros.

Ninguém dirige o grupo. O grupo como um todo que vai determinar o que acontece. Participação significa não apenas a falação, mas também a presença física. O grupão é composto de todos os presentes: alguns que falam para o grupo, alguns que falam entre si, e alguns que não falam nada. E finalmente, a contribuição da pessoa pode variar de uma palavra a um discurso comprido, de sentimentos e emoções aos pensamentos e críticas mais racionais[5].

O professor está sempre presente, ouvindo ativamente os participantes e expressando suas próprias percepções e impressões. Ele se

5 Pagés define isso como "pluralismo expressivo" e "diálogo espontâneo" (1982, p. 460-463).

relaciona informalmente com os alunos e se dirige ao grupo. Observa-se um cuidado ao direcionar ao grupo as perguntas feitas "ao professor". Ao mesmo tempo, respondemos diretamente às perguntas diretas. Nossas respostas, portanto, nem sempre são imediatas, nem dirigidas à pessoa que fez a pergunta.[6]

O difícil início do processo de grupo estimula no participante emoções opostas, envolvimento e fuga de confrontação e passividade. Mas, de alguma forma, as pessoas do aluno e do professor acabam sendo atingidas pelo processo.

A Dialética Imediata: Conteúdo Versus Processo – Fase 2

Embora seja problemática a divisão do processo grupal em etapas, existem fenômenos ou acontecimentos aglomerados na sequência de tempo que permitem maior atenção. Depois das primeiras aulas descritas anteriormente, os alunos confrontam a dura realidade da nova experiência. A tarefa em dupla – **o que vão fazer, e como isso deve ser feito**? A definição da tarefa é complicada pela incerteza de sua validade, viabilidade e significação.

Primeiro, existem ideias diferentes do que deve ser feito, o que define melhor a tarefa do grupo. As ideias se chocam, o poder da decisão ainda não está reconhecido como restando totalmente com o grupo. As sugestões tendem a vir das experiências pedagógicas antigas. Os alunos sugerem resoluções imediatas, nenhuma das quais são aceitas pelo grupão.

Aí começam períodos prolongados de silêncio, alternados com discussões agressivas e hostis. Sutilmente, o problema principal emerge: como permanecer em um grupo de 30 e 40 pessoas sem uma figura autoritária ou um sistema mais rígido de regras e deveres, procurando ao mesmo tempo uma aprendizagem significativa? Como se relacionar nesse ambiente de repente aberto e livre?

Duas correntes se apresentam no grupo, nem sempre de uma maneira coerente. Uma parte do grupo tende a achar que a definição

6 Pagés (1982) comenta sobre as intervenções dele, no sentido de continuar o diálogo do grupo, evitando responder ao nível individual. Veja p. 465, Capítulo XIV.

mais clara da tarefa (conteúdo, objetivo, finalidade, "produto"), vai solucionar os problemas encontrados. Outros defendem a ideia de melhorar o relacionamento ou a participação das pessoas (o processo) no grupo. Os fins se confundem com os meios e vice-versa. De qualquer forma, a dialética entre as preocupações com conteúdo e processo se estabelece como temática principal da vivência.

Na terminologia do grupo operativo, Saidon (em Barem-Blitt, 1982) oferece uma visão interessante dessa fase do processo grupal denominado como pré-tarefa por Pichõn-Riviere (1980):

> A pré-tarefa está caracterizada por uma situação de impostura que paralisa o prosseguimento do grupo... (o) grupo parece sem capacidade, com certa transparência, onde o sujeito é como o negativo de si mesmo, faltando-lhe a revelação de si mesmo... realiza, então, uma série de tarefas para passar o tempo... o que gera uma insatisfação constante. Isto se observa particularmente no tipo de manejo do tempo realizado pelo grupo... outra forma de se manifestar a pré-tarefa... é uma série de movimentos que apresentam uma ação mas que, na verdade, são realizadas a fim de impedir qualquer situação de transformação (p. 189).

Isto explica, teoricamente, porque o grupo não caminha. As sugestões são feitas ao grupo, algumas bem formuladas. Mas as mais bem formuladas, as mais lógicas acabam sendo ignoradas, anuladas ou esquecidas nas discussões.

Visto sob outro prisma, o que está acontecendo é a desconstrução dos meios convencionais de "estar juntos" num grupo. A qualquer "líder tradicional" que aparece é negado o papel de porta-voz do grupo. Ele é rejeitado, confrontado, criticado e anulado. O professor não escapa de ser alvo dos ataques de vários membros do grupo. Ele é confrontado agressivamente como responsável pelo transtorno ocorrido no grupo. Os alunos, às vezes, demandam uma posição definida do professor. Querem que assuma a "culpa" ou aponte a saída.

O confronto direto de membros do grupo com a figura do professor é um importante acontecimento. Pode significar, muitas vezes, o início da quebra verdadeira da dependência do grupo em relação a ele. É necessário que o professor entenda bem esse momento crítico para o grupo e para seus participantes. Aqui, o professor pode precisar absorver a honestidade e a agressão dos participantes, sem se deixar magoar pelos ataques, ou pelo que parecem ser acusações injustas contra sua "competência" ou motivação.

Os processos internos de cada indivíduo são extremamente variados. A não ser que eles sejam externalizados, torna-se impossível imaginar exatamente o estado emocional do participante. Baseando-se em experiências repetidas com processos grupais na aula e em depoimentos pessoais dos participantes posteriores a esta fase, oferecemos algumas generalizações sobre esse estado emocional/afetivo:

1. No grupo grande, o aluno se sente exposto a um clima impessoal e alienante, em que predominam as expressões de desordem, frustração e ansiedade. As pessoas ainda não se conhecem e lhes são "negados" os meios mais convencionais de se conhecerem: implicitamente ao aluno é negado o direito de exercer o papel de aluno "aguentando" o sistema educacional, o professor, etc. Então, ele pode se sentir muito exposto ao grupo, ao julgamento dos outros e ao professor.
2. As experiências iniciais reafirmam os medos e as percepções negativas dos alunos:

   –"*O grupão é muito grande e é impossível trabalhar assim.*"

   – "*Ninguém escuta ninguém.*"

   – "*Algumas pessoas atrapalham as outras ou falam demais sempre sobre coisas que não tem nada a ver, ou não falam nada, o que parece ser pior.*"

   – "*O grupão está sempre mudando.*" "*As pessoas chegam atrasadas ou saem antes da hora.*" "*Nunca parece ser o mesmo grupo de gente.*"

   – "*Sinto uma grande necessidade de falar, de participar, mas sou tímido, introvertido.*"
3. O aluno é confrontado com o problema existencial de estar ou não integralmente como pessoa no grupo. Algumas combinações de fatores intrapessoais determinam até que ponto ele está ameaçado, desafiado, seduzido, etc. pela experiência, e como vai agir. De modo geral, as reações típicas são de FUGA, CONFRONTAÇÃO OU ADAPTAÇÃO. Colocado de outra forma, as necessidades humanas básicas

(descritas por vários autores como necessidades que precisam ser satisfeitas em qualquer grupo humano), a identidade, o relacionamento significativo e o poder não são facilmente contentados no contexto do grupo grande. Ao mesmo tempo em que o grupão é atraente e estimulante, sobreviver e satisfazer-se nele têm um preço psicossocial maior.

Nessa fase, nossa facilitação se dirige principalmente às necessidades básicas dos participantes, na tentativa de facilitar e valorizar a expressão emocional. É importante valorizar também as manifestações de aceitação mútua no grupo, aceitação dos problemas sendo apontados por eles e qualquer expressão de confiança no grupo.

Relacionamos a seguir os questionamentos que mais frequentemente representam manifestações dessas necessidades. Eles nem sempre são explicitados de uma forma simples:

1. **Identidade**: "O que estou fazendo neste grupo?; Quem sou eu aqui?; O que vai me acontecer aqui?; Será que isso vai ser bom para mim?;Tenho algo para contribuir para este grupo?; Estou realmente preparado para participar dele?".
2. **Relacionamento Significativo**: "As pessoas gostam de mim neste grupo?; Quem gosta de mim?; Eles entendem e aceitam o que estou pensando e sentindo?; Se me exponho aqui, vão continuar gostando de mim?; Posso me arriscar ser mais conhecido aqui como eu sou?".
3. **Poder**: "Tenho influência neste grupo?; As minhas opiniões têm valor e fazem alguma diferença?; Vou ser dominado, controlado ou comprometido por algo que acontece aqui, sem poder decidir por mim mesmo?".

A procura de respostas satisfatórias para estas perguntas forma a essência do processo grupal. Por mais que o grupo volte a definir seu problema como "falta de uma tarefa clara", o processo em si gira em torno de questões de identidade, relacionamento e poder.

Outra necessidade se manifesta na pessoa do aluno, talvez mais acentuada por ser uma vivência educacional. É a preocupação com a produção do grupo, com o resultado final ou com a "utilidade" da experiência: "Afinal de contas, o resultado vai ser bom? Estou perdendo tempo aqui, sem aprender o que devo, o que pode ser cobrado mais tarde por outros professores? O grupo vai saber realmente o que deve fazer?".

Como vimos, há divisão de opiniões no grupo em relação ao dilema conteúdo-processo. Mas essa divisão também existe dentro das pessoas. A preocupação com a tarefa (aquisição de conhecimentos) se opõe às preocupações com o afeto e o relacionamento. O aluno vivencia uma antiguidade, até mesmo uma dualidade. Ele não consegue expressar suas emoções, tem sérias dúvidas se afeto e sentimento têm legitimidade na sala de aula, mas ao mesmo tempo seu "lado racional" parece imobilizado. Expressões de ansiedade dominam a discussão do grupo e as conversas paralelas.

Nesse momento do processo, a tensão é geral no grupo. Os períodos de silêncio são angustiantes. Dá para ouvir, nas palavras de um aluno, "o barulho do silêncio". Ninguém aguenta, mas também não quer se arriscar de novo perante o grupão. A crise está reconhecida e sentida por todos.

É um momento muito curioso. Em retrospectiva, parece inevitável e necessário. É em potencializar uma das fases mais destrutivas em termos de grupo. Muitas pessoas só pensam em si mesmas, em fugir e desistir. É também o momento da transição.

As condições estão presentes para facilitar a mudança. Os participantes organicamente percebem a possibilidade de movimento positivo. "Algo" está sendo quebrado. Wood escreveu muito a respeito deste momento, em termos de sabedoria do grupo ou do momento criativo. Na realidade, o grupo está recriando-se e vai emergir diferente.

Assim, argumenta Wood (1983, p. 40):

> De alguma forma, a sabedoria, a essência da nossa coletividade, se existe alguma, tem que lutar para chegar à superfície. Talvez ela só apareça quando é absolutamente necessária e despeito de nossos esforços. Talvez ela só apareça em crise, em um transe de exaustão. Talvez o processo de comunidade... careça de certo ingrediente (algum evento, pessoas, consciência... talvez a composição certa das pessoas) para que se mova bem além do pessoal. Ainda assim, ela emerge.

É certo que uma forma de síntese acontece. É difícil descrever detalhadamente a complexa ação dessa transição, porque assume configurações multivariadas na pessoa e no grupo. Certa ordem e lógica revelam-se nos sentimentos pessoais e essas sensações são acompanhadas por uma significação cognitiva da experiência.

Talvez, o melhor resumo do momento em que acontece uma transformação da forma de experiência (Rogers, 1981, p. 137). É um momento de passagem para muitos alunos. A experiência da aula tornou-se... "um ponto de referência mais aceito, ao qual se pode voltar para obter significações... mais adequadas (p. 137)".

Não estamos sugerindo que, de repente, haja uma grande mudança ou que todos os alunos comecem a entender, gostar ou participar no grupo. Para muitas pessoas, a resistência à experiência é tão grande que elas continuam, por muito tempo, a se sentirem bloqueadas e alienadas no grupão, o que pode ser observado algo relacionado à qualidade do relacionamento das pessoas mais ativas no processo grupal.

A comunicação é mais autêntica, mais pessoal. Um aluno se dirige ao outro ou ao próprio grupo de uma maneira mais informal, mais direta. A aceitação de opiniões diferentes, de incidentes prévios desagradáveis é transmitida. Há interação mais espontânea, mesmo entre pessoas que nunca haviam se aproximado. Fazem referências às pessoas não presentes ao grupo. "Algo" mudou. O processo grupal como um todo flui de uma maneira distinta.

De novo, os alunos confrontam a finalidade do grupo: o que estão realmente fazendo na disciplina? A questão da tarefa está menos separada da forma que estão juntos no grupo. Alguns veem mais claramente a significação desse tipo de aprendizagem dentro do contexto da aula como grupo em que há um conteúdo vasto no processo da interação do grupo. O conteúdo é o processo. Há uma síntese interna da experiência.

Mas não é assim para todos os alunos. Ainda há desconfiança, insegurança e ceticismo em relação à experiência. Na seção seguinte, examinaremos com mais atenção alguns processos de resistência do aluno.

Bloqueios e Resistência – Fase 3

O enfoque aqui é mais na pessoa do aluno do que no processo de resistência generalizado do grupo como um todo. Tais resistências foram abordadas anteriormente em consideração ao início da vivência. Mesmo assim, é necessário tentar uma ligação entre o grupo e a experiência individual. Os seguintes pontos parecem válidos:

1. Qualquer possibilidade de mudança traz consigo bloqueios e resistências naturais.
2. A descoberta de novas soluções dentro de um grupo humano depende da participação ativa de cada pessoa, da comunicação interpessoal e da identificação dos membros com o objetivo do grupo.
3. A falta de uma participação ativa pode refletir graus de insegurança pessoal e desconfiança no grupo ou decorrer de comportamentos característicos de certas pessoas quando diante de qualquer grupo humano (comportamento adquirido anteriormente).
4. A criação de um clima democrático, acolhedor, no qual o grupo atinja uma convivência experimental que confira aos participantes uma liberdade para a comunicação dos seus sentimentos e ideias, é um processo lento, chegando a ameaçar diferentes participantes de formas diferentes.
5. As pessoas menos abertas a uma experiência nova, que propicie a criação deste tipo de clima grupal, são aquelas que mais defendem os papéis convencionais do professor e do aluno e a segurança pessoal da aula tradicional. Quanto mais rígida for a pessoa, mais provável será sua rejeição a este método.
6. A passividade anterior do aluno tradicional era realmente mais segura. O estudante que se encontra numa situação nova cujo enfoque é a própria pessoa do estudante, e não "o ensino", dificilmente se ajusta de repente à possibilidade de autonomia no processo de aprendizagem.
7. Confrontam com o processo político do grupão – "o processo de obter, compartilhar ou abandonar poder, controle de tomada de decisões (bem como) o processo de interações e efeitos altamente complexos desses elementos, de forma como existe entre pessoas" (Guedes, 1979, 44) – o aluno geralmente sente frustrações ao tentar alcançar o consenso

grupal. As dificuldades de consenso em grupo são relacionadas à qualidade de comunicação pessoal e ao nível de participação de seus componentes. A fuga das pessoas a essas dificuldades representa abandono do poder que possa vir a expressar e experimentar no grupo. O processo democrático da autogestão do grupo espanta vários participantes.

8. A decisão do grupo sobre "o que" estudar dentro da experiência é frustrada porque os membros não têm certeza se isso resolveria o problema de falta de aprendizagem. Vejam aqui, para muitos, a aprendizagem é ainda concebida nos termos antigos. Para eles, o problema com a nova metodologia é de não saber se vão realmente aprender (da mesma forma velha) por meio desta nova forma. Suas percepções dizem que não vão.

A combinação desses fatores produz um alto nível de resistência. O aluno está bloqueado, cognitiva e emocionalmente, na opinião dele, pela experiência. Na sua perspectiva, o problema não está nele, está nos outros ou no professor. Os "outros" não estão fazendo o que ele percebe que deva ser feito. A externalização do problema é característica do aluno que se encontra nesse estágio de rigidez e rejeição a qualquer mudança, particularmente uma mudança nele.

O aluno se percebe também diante do grupo (das pessoas que estão no grupo) e pouco ligado à experiência. Se ele sentir, parte da maioria que ainda é "contra" este tipo de aula, suas atitudes poderão se congelar ainda mais. É bem provável que essas reações sejam características pessoais típicas destas pessoas, mas não é possível descartar a possibilidade de que seja apenas uma resposta defensiva da pessoa à ameaça vivenciada no grupo.

A aceitação autêntica da pessoa que se opõe ao grupo ou resiste de qualquer forma à experiência é inicialmente difícil para os outros alunos. Eles não entendem porque a pessoa não cede, porque não admite que esteja "errado" quanto à vivência, e percebem a pessoa como "chata". A tendência é o afastamento e a rejeição dessas pessoas resistentes.

A interação positiva (quando possível e adequada) por parte do professor pode ser importante para manter abertos os canais de comunicação entre as pessoas bloqueadas e o grupo. Mas não assumimos a responsabilidade de integrá-las no grupo ou aceitá-las falsamente.

Sentimos e comunicamos um verdadeiro interesse na opinião e no sentimento dessas pessoas. Sabemos, portanto, que sua inclusão no processo depende delas. Elas terão sempre a liberdade de ficar no grupo "do jeito que quiserem ficar".

Outros alunos são raramente destrutivos com estas pessoas. Na minha experiência, por meio da sabedoria de grupo, essas pessoas são acolhidas indiretamente. Na maioria das vezes, até o final do semestre, aconteceram momentos marcantes em que alguma pessoa (ou grupo inteiro) envolve humanamente no movimento do grupo, algum membro "resistente".

Nesse caso, as barreiras e defesas caem. Visivelmente, algumas das pessoas mais resistentes se tornam indivíduos com muita influência no processo de inter-relacionamento. O grupão é, então, enriquecido pela sua inclusão e pelo desenvolvimento mais integral dos componentes.

Logicamente, há quem não entre e, assim como há quem permaneça bloqueado, há pessoas que abandonam a experiência, por vários motivos. A consideração mais importante, portanto, é o reconhecimento de que a experiência não vai atingir todos da mesma forma e que, às vezes, não terá efeito ou consequência alguma para certos indivíduos. Os alunos também descobrem e aceitam isso.

Presenciamos, também, um bloqueio específico à integração grupal de um aluno com traços conhecidos como inibição, introversão ou timidez. Há pessoas reservadas, que sentem insegurança, têm incerteza e medo do grupão. Mesmo quando insatisfeito consigo mesmo frente a esse bloqueio, o aluno expressa insegurança quanto ao que deve fazer para romper suas limitações. Gostaria de participar do grupo, mas parece estar sempre esperando uma oportunidade. Participa ouvindo e observando. Às vezes, não perde nenhuma reunião (aula), mas não fala.

Pessoas nessas condições sentem-se pior ainda, quando a falta de participação de alguns componentes é discutida no grupão. Elas sofrem. Muitas vezes, elas procuram o professor para expressar a insatisfação consigo mesmas, suas angústias no grupo. Muitas vezes, admitem perante o grupo a inibição e autorrepressão ou descrevem uma preferência para grupos menores ou apenas interação para com uma pessoa.

A imagem do "outro" para essa pessoa é o aluno que se expressa sem medo, sem dificuldade. Na medida em que os participantes começam a expressar dúvidas sobre eles próprios, sobre suas "adequações" como pessoa, suas fragilidades, a pessoa inibida descobre sua coragem de enfrentar o grupo.

Contudo, nem sempre o clima grupal ou a duração da experiência é suficiente para apoiar pessoas mais tímidas. Elas são parcialmente mobilizadas pela experiência a contemplar o crescimento desejado por elas mesmas. Seus descontentamentos pessoais estabelecem e revelam prontidão para a mudança.

Algumas pessoas que não conseguem uma participação satisfatória no grupo e relatam, mais tarde, como a experiência foi importante para levar as conquistas pessoais e interpessoais subsequentes. O processo natural de maturação, junto à vivência na aula, promoveu a transformação.

Há instantes de problemas de relacionamento mais sérios, mas raramente aparecem diretamente no grupo universitário. Pessoas em processo terapêutico reconhecem as limitações da vivência na sala de aula. Em nossa experiência, não foi registrada qualquer situação traumática como relatada por Wood (1983, p. 71), semelhante aos resultados negativos ocasionais de alguns grupos de encontro em outras universidades.

Em situações muito isoladas, temos sugerido ou encaminhado alguns indivíduos para ajuda psicológica. Sem exceção, esses foram alunos que nos procuram para receber tal orientação.

A resistência ou não aceitação da metodologia pode decorrer de uma séria circunstância ou de um motivo. Incluem-se também motivos ideológicos, preocupações e prioridades quaisquer que levam o aluno a desvalorizar a experiência ou a não se envolver plenamente nela.

Consideramos, portanto, o processo de resistência como normal e oportuno. O reconhecimento de· bloqueios e defesas pessoais parte é integrante da relação educacional. Para muitas pessoas, não há crescimento sem confrontar obstáculos, mesmo quando o maior obstáculo é a própria pessoa.

A Transição Criativa – Fase 4

Já descrevemos alguns elementos da transição criativa na pessoa do aluno e no grupo. Apesar de não termos uma hipótese mais abrangente sobre esse momento de transição ou sobre todas as condições facilitadoras dessa transição, acrescentamos, a seguir, algumas considerações.

Segundo Rogers, há várias maneiras de definir a criatividade:

> Portanto, a minha definição do processo criativo é que se trata de uma emergência na ação de um novo produto relacional que provê da natureza única do indivíduo por um lado, e dos materiais, acontecimentos, pessoas ou circunstâncias... por outro (1961, p. 309).

No grupão na sala de aula, o relacionamento entre as pessoas é reconstituído e reconhecido nessa transição criativa. A potencialidade construtiva da comunicação entre pessoas é vivenciada existencialmente e assume uma significação imediata no ato de acontecer, reforçando a disposição mútua da aproximação.

A abertura à experiência no grupo envolve abertura às pessoas, suas ideias, valores, interesses, problemas, etc. Rogers descreve a abertura como "a perda de rigidez e uma permeabilidade maior nos conceitos, nas opiniões, nas percepções e nas hipóteses. Ela implica uma capacidade para receber muitas informações contraditórias sem se fechar à experiência da situação (1981, p. 313)".

A aceitação das pessoas e de suas ideias facilita a tomada de decisão e o processo político no grupo, bem como a exploração criativa das soluções alternativas e do caminho da ação. O tempo se expande e há "espaço" para ouvir todos.

Outro fenômeno observado nessa transição é a consciência do valor à experiência que têm o grupo e as pessoas. Elas não precisam mais de aprovação ou apreço externo. A avaliação do grupo é, principalmente, positiva, baseada em critérios e valores próprios dos participantes. Isso corresponde ao que Rogers coloca como "um centro interior de avaliação. É possível que a condição mais fundamental da criatividade seja que esta fonte ou lugar dos juízos seja interior (1961, p. 314)".

O novo produto relacional da experiência está presente na ação intra e interpessoal. Nem todos os problemas e nem todas as dúvidas desaparecem. Por outro lado, não temos vivenciado grandes momentos de transe, "estados alterados" ou os "altos" frequentemente experimentados em vivências comunitárias ou em outras formas de grandes grupos. Mas a transição é óbvia e significativa para os alunos.

Nesse momento se faz acontecer, para alguns alunos, uma cognição satisfatória, às vezes profunda. Como mencionamos na seção sobre os objetivos há transferência de aprendizagem para outras situações: para a família, para a profissão e para outras disciplinas. O aluno compreende aspectos de outras vivências externas ao grupo, por causa do processo vivido e vice-versa.

A aprendizagem se torna significativa porque é real e transferível às outras experiências. Assim, o aluno assume a responsabilidade pela experiência e por sua própria aprendizagem. Ele se reserva a si mesmo o direito de avaliar essa significação.

O Término – "Fechando para Abrir – Fase 5

No decorrer do semestre, os alunos, às vezes, selecionam alguns temas ou tópicos que desejam discutir. Nesse caso, planeja-se alguma leitura de livros, artigos, revistas, etc. ou outra atividade. Ao final do período letivo, a "memória" do grupo é ativada e ideias previamente discutidas são rebatidas, e novas ideias surgem.

As reuniões do grupo giram em torno de uma variedade de assuntos, do mais pessoal aos eventos políticos mundiais. Observa-se certa sequência e fluxo no conteúdo, que não existiriam antes. O grupo experimenta, brinca. Alguém comenta o número de semanas ou reuniões que faltam para encerrar o semestre. É o início do fim. Sentimos a pressão do tempo, alguns alunos se abrem pela primeira vez no grupo. O número de participantes em cada sessão aumenta. Quase ninguém sai da aula antes da hora. Os momentos de silêncio prolongados são reduzidos ou raros.

O grupo encara, então, a tarefa final de avaliação. Dentro da realidade da Universidade, há necessidade de notas. Receios e ansiedades anteriores são de novo manifestados: "Como posso quantificar esse tipo de experiência? O que significa uma nota aqui?".

Alguns alunos recusam-se a falar de nota ou pensar na avaliação. Acham que a experiência tem que ser apenas vivenciada. O grupo explora várias ideias de como se avaliar. A autoavaliação surge como alternativa mais atraente.

Há momentos de tensão. De repente, parece que não se vai chegar a uma decisão. Alguns expressam decepção com o "nível da conversa". Outros ignoram a discussão completamente. Até parece ser um regresso ao início do grupo. Apesar de concordarem que a avaliação seja uma necessidade para terminar a experiência, os alunos demonstram uma rejeição profunda pela inclusão da nota na vivência. A realidade do sistema se impõe e é, mais uma vez, questionada. Mas não há saída.

Nossa posição quanto à nota é a de refletir com o grupo sobre a significação simbólica da nota no processo educacional tradicional e a sua possível significação em nosso trabalho. Exploramos juntos um meio de mobilizar as pessoas em torno da avaliação.

Às vezes, o grupo consegue esquecer a nota. Às vezes, o valor da nota em si predomina. As soluções variam desde a autoavaliação escrita, apresentada ou não ao grupão, até a simples listagem dos nomes, acompanhada da nota atribuída a cada pessoa. Outros grupos optaram pela discussão no grupão e pela apresentação individual da sua avaliação, com ou sem nota.

Uma alternativa encontrada foi a atribuição de uma única nota ao grupo, junto à autoavaliação (por nota) de cada participante. Anota final é a média das duas notas. Raramente, o grupo decidiu pela nota única para cada aluno. Na última vez que um grupo optou por isso, várias pessoas abaixaram sua nota no ato de assinar a lista final.[7]

As últimas reuniões são parecidas com as últimas sessões de outros grupos da ACP. Há tentativas de continuar a relação, propostas de reuniões, festas, etc. As pessoas lamentam o tempo perdido, não aproveitado. É comum ouvirem-se expressões da perda e "ansiedade da separação".

Achamos interessante, portanto, observar que as avaliações orais dos alunos aproximaram-se muito das avaliações escritas, em termos de conteúdo e franqueza. Logicamente, nem todos conseguem ser

[7] Há alunos que ocasionalmente querem se reprovar. Isso acontece geralmente quando ele/ela está pensando em repetir a disciplina, passar pela experiência de uma segunda vez. Aconselhamos o aluno a não fazer isso devido à dificuldade de conseguir uma segunda matrícula. Esses alunos foram convidados a assistir aula sem matrícula. Mesmo assim aconteceu autorreprovação.

abertos. De modo geral, os enfoques das autoavaliações podem ser representados nas seguintes categorias[8]:

1. **Autodescoberta**: O encontro de "algo" (uma qualidade, capacidade) dentro de si mesmo ou desconhecimento das percepções novas sobre si.
2. **Descobertas Interpessoais**: Descobertas sobre a significação da associação, convivência, intimidade e solidariedade com outros num processo grupal.
3. **Conscientização parcial da experiência**: Autocrítica sem evidência de transformação; expressões revelando prontidão para a mudança; afirmações de procura ativa de oportunidades para mudanças.
4. **Externalização ou transferência da experiência**: Autojustificativas; críticas aos outros; ao grupo; insegurança, medos e preocupações pessoais; resistências e bloqueios durante a experiência.
5. **Reações pessoais em relação ao processo de Ensino-Aprendizagem Centrado no Aluno**: Cognição da experiência aplicação da aprendizagem; novas percepções das pessoas sobre si mesmas como aprendizes e do papel da educação.

Apesar do peso de suas experiências anteriores e da influência do sistema educacional tradicional, os alunos demonstram, em suas avaliações finais, que a ACP proporcionou oportunidades de transformação pessoal significativa. No período curto de quinze semanas, o aluno também demonstra que a convivência em grupo, dentro da sala de aula, pode ter consequências sociais e interpessoais positivas.

Aprendizagens cognitivas relacionadas ao conteúdo da ementa também foram citadas. Emerge um reconhecimento dos complexos processos sociais com implicações para o convívio em organizações, comunidades e na sociedade.

[8] Essas categorias relacionam parcialmente as dimensões principais encontradas em autoavaliações escritas. (Veja DOXSEY, 1984, para uma análise mais completa num texto incluído nesse volume.).

O grupão acaba fechando de uma forma muito aberta. Laços de amizade e de afeto permanecem, unindo os participantes. Algumas turmas inteiras continuaram juntas em seu curso. Mas aquele grupão específico de alunos termina na última reunião do semestre.

Conclusão

A análise nos parece ainda incompleta, sem uma atenção maior às fases de transição intrapessoal do aluno. Até o momento, apresentamos um esboço breve do processo grupal e algumas considerações sobreo indivíduo no grupo.

Por ser um processo humano, a vivência educacional aqui traçada não deixa de ser uma experiência incompleta e imperfeita. Talvez seja também um processo muito mais simples do que parece nestas teorizações. Entretanto, nosso esforço foi uma tentativa de destacar alguns fatores que possam esclarecer as condições inerentes no processo grupal, que são apontadas como facilitadoras, bem como algumas variáveis que dificultam a transição humana na sala de aula.

A nosso ver, o avanço da Abordagem Centrada na Pessoa está extremamente relacionado ao desenvolvimento técnico e científico de nossa prática. Esperamos ter contribuído de alguma forma nessa direção.

A democratização do ensino universitário tem bastante a aprender com a Abordagem. O exemplo do processo relatado anteriormente é evidência da viabilidade de um método alternativo de aprendizagem na sala de aula, um método que visa à formação efetiva e social do aluno.

Referências

BAREMBLITT, G. (Org.). **Grupos, teorias e técnicas**. Rio de Janeiro: Graal, 1982.

BLANCO, B. R. **Docencia universitária y de sarrollo humano**. México: Editorial Alhambra Mexicana, 1982.

DOXSEY, J. R. Dimensões de autovalorização e transformação pessoal como consequência de uma abordagem centrada no aluno. **Revista das Faculdades Franciscanas – Psicologia II**, v. 2, n. 2, p. 7-28, 1984.

FERRA, A. **Pedagogia centrada na pessoa**. Lisboa: Tip Duarte, 1982.

GARVIN, C. D. Group process; usage and uses in social work practice. In: P. GASSER. **Individual change through small groups**. New York: Free Press, 1974, p. 209-232.

GLASSER, P. et. al. **Individual change through small groups**. New York: FreePress, 1974.

GUEDES, S. P. **Educação, pessoa e liberdade. Propostas Rogerianas para uma práxis psicopedagógica centrada no aluno.** São Paulo: Cortez e Moraes, 1979.

HOLLAND, R. **Eu e contexto social**. Rio de Janeiro: Zahar, 1979.

JUSTO, H.; ROGERS, C. R. **Teoria da personalidade**: aprendizagem: um relatório de experiência. Lisboa: Horizonte, 1977.

LEITÃO, V. M. **Limites da abordagem centrada na pessoa**. (Dissertação de Mestrado). Fortaleza: Universidade Federal do Ceará, 1984.

LEON, A. **Psicopedagogia de adultos**. São Paulo: Ed. Nacional da USP, 1977.

MORENO LOPEZ, S. **La educación centrada en la persona**. México: Manuel Moderno, 1979.

PAGÉS, M. **A vida afetiva dos grupos**: esboço de uma teoria de relação humana. Petrópolis: Vozes, 1982.

PINCHÓN-REVIÉRE, E. **El proceso grupal, del psicoanálise a psicología social I**. Buenos Aires: Nueva Visión SAIC, 1980.

PUENTE, M. de la. **O ensino centrado no estudante**. São Paulo: Cortez-Moraes, 1978.

ROGERS, C. R. **Em busca de vida**: da terapia centrada no cliente a abordagem centrada na pessoa. São Paulo: Summus, 1983.

ROGERS, C. R. **Tornar-se pessoa.** São Paulo: Martins Fontes, 1981.

ROGERS, C. R. **A way of being**. Boston: Houghton Mifflin. 1980.

ROGERS, C. R. **Liberdade para aprender**. Belo Horizonte: Interlivros, 1973.

ROGERS, C. R. **Encounter groups**. New York: Harper and Row; London: Penguin, 1970.

ROGERS, C. R. **On becoming a person**: a therapist's view of psychotherapy, Boston: Houghton Mifflin, 1961; London: Constable, 1967.

ROGERS, C. R. **Client-centered counseling**, Boston: Houghton-Mifflin, 1951.

WOOD, J. K. Sombras da entrega. In: C. R. Rogers. **Em busca da vida**. São Paulo: Summus Editorial, 1983, p. 23-44.

WOOD, J. K. Terapia de grupo centrada na pessoa. In: C. R. Rogers. **Em busca de vida**. São Paulo: Summus Editorial. 1983, p. 45-77.

4.3 O PAPEL DA AUTOAVALIAÇÃO NA APRENDIZAGEM CENTRADA NO ALUNO

Este texto é uma reflexão teórica sobre um método pedagógico alternativo para a avaliação do corpo discente na sala de aula universitária. A proposta de um processo de autoavaliação onde o estudante participe plenamente está fundamentada em pressupostos psicológicos e educacionais que constituem a abordagem humanista conhecida como a Abordagem Centrada na Pessoa – ACP.[9]

Introdução

Refletindo um artigo sobre autoavaliação publicado pela Revista do Conselho de Reitores das Universidades Brasileiras – **CRUB**[10], explorei a produção recente sobre avaliação educacional e estratégias, sendo utilizadas para a avaliação do aprendiz. Para minha surpresa, descobri uma proliferação mundial de estratégias alternativas nos níveis de educação básica e universitária. Mesmo no Brasil, há educadores explorando como envolver seus alunos na avaliação de si e da sua aprendizagem.

[9] Essa versão atual é um texto modificado do artigo publicado em 1988. Esse trabalho aqui pode ser encontrado em F. F. N. INSFRAN, J. C. LOPES (Org.). **Educação centrada em estudantes**: práticas e conversações. Curitiba: CRV, p. 83-95, 2020.

[10] Autoavaliação: alternativa viável para o ensino superior? **Educação Brasileira – Revista do Conselho de Reitores**, 10 (n. 21), Brasília, p. 139-171, 1988.

A revisão da literatura sobre autoavaliação revelou as dificuldades para professores e alunos e a necessidade para um modelo teórico que estimula um ciclo mais rico de aprendizagem.[11] A releitura do meu trabalho anterior me animou contemplar observações sobre a exequibilidade da prática da autoavaliação. A autoavaliação referida aqui é a avaliação oral ou escrita do aluno, do seu desempenho, da sua participação, do seu crescimento, do seu aproveitamento ou aprendizagem durante ou após a experiência pedagógica.

O ensino superior brasileiro continua em crise com desconfianças sobre o seu papel social, sobre o financiamento e a validade de um ensino superior em si. Para alguns, o problema principal da qualidade do ensino está ligado às deficiências orçamentárias federais e à expansão descontrolada dos sistemas privados. Outros apontam problemas relacionados à organização e ao funcionamento dos cursos, e agora ao papel do ensino a distância.

Embutidos na polêmica sobre a qualidade do ensino universitário, apesar das dificuldades do corpo docente para reconhecer e confrontar esta realidade, estão problemas relacionados ao processo de ensino/aprendizagem. Este processo pode ser amplamente definido como aquele em que o professor desempenha o seu papel dentro da sala de aula. Para a grande maioria dos professores universitários, a definição do processo de ensino/aprendizagem pode ser reduzida ao "que o professor faz ao aluno".

Violência Simbólica ou Avaliação Educacional?

O atual sistema educacional brasileiro de testes e exames nacionais forma o contexto autoritário de avaliação que permeia todos os níveis de ensino. Essas tendências consolidam a avaliação formal como uma medida supostamente competente para analisar o desempenho educacional de alunos, escolas rurais e urbanas, públicas e privadas, promovendo a comparação de redes, estados e até países. O sistema

[11] Rolheiser e Ross. **Student self-evaluation**: what research says and what practice shows. Disponível em: <www.cdl.org/resource-library/articles/self_eval.php>. Acesso em: 24 jul. 2019.

internacional de ranking de países e regiões geográficas, junto com as comparações nacionais e estaduais, contribuem pouco para medir de fato a qualidade do ensino.

Sem levar em consideração fatores essenciais como investimentos em educação, características diferenciais das populações e das redes do ensino (distribuição de renda, níveis educacionais dos pais, qualificação dos professores, infraestrutura física, etc.), as avaliações são violências simbólicas com efeitos desconhecidos para o sistema educacional. As comparações quantitativas mascaram as desigualdades sistêmicas, fomentando uma competição indevida entre redes, cidades, municípios, estados e educadores.

Ao nível universitário, o Exame Nacional de Desempenho dos Estudantes (ENADE) avalia o rendimento dos alunos dos cursos de graduação, ingressantes e concluintes, em relação aos conteúdos programáticos dos cursos em que estão matriculados. A classificação baixa repetida de um curso pode causar seu fechamento pelo MEC.

Os alunos são controlados e domesticados pela natureza rígida das práticas de avaliação. No ensino superior, em muitas universidades, há normas que determinam que as provas semestrais e finais sejam elaboradas e aprovadas utilizando os formatos das provas nacionais. As liberdades para aprender são restritas pela falta de liberdade de ensinar, obstruindo oportunidades para experimentação e métodos alternativos que explorem uma aprendizagem humana mais íntegra.

O Papel da Avaliação Tradicional no Ensino Superior

O ensino universitário tem sido fortemente criticado por educadores, alunos e o público em geral. As técnicas didáticas do corpo docente, mais especificamente os métodos de avaliação, têm sido alvo de atenção e de denúncia.

Apesar da ausência de estudos e pesquisas sobre os métodos convencionais usados no ensino universitário, é de conhecimento comum que a avaliação da aprendizagem dos alunos é compreendida como tarefa exclusiva do professor. Há poucas pesquisas que descrevem este processo, particularmente do ponto de vista do corpo discente, ou que apontam os problemas e dificuldades com a avaliação dos alunos.

O sistema tradicional de ensino está centralizado no professor. É o professor que determina: 1) o que os estudantes devem aprender, 2) como isso deve ser feito, e 3) como a aprendizagem será comprovada. Na maioria das vezes, a aprendizagem é analisada por meio de testes, provas ou exames elaborados pelo professor.

A interpretação das respostas e o julgamento do desempenho do aluno na prova são responsabilidades do professor, mesmo quando existem procedimentos acadêmicos dentro da burocracia institucional da universidade para revisão das notas obtidas. Esses procedimentos são limitados área análise da prova escrita e não à validade da prova. No caso de reprovação, o aluno raramente ganha uma nota melhor ou é passado pela banca examinadora de professores, na maioria das vezes, colegas do professor da disciplina.

Às vezes, outras técnicas de avaliação são empregadas em conjunto com as provas. É comum a atribuição de notas a trabalhos escritos. Aqui, o aluno de forma individual ou em grupo, submete um trabalho escrito ao professor para fins de avaliação e crédito na disciplina. Às vezes, o trabalho é apresentado oralmente. O que acaba sendo avaliado é a dinâmica da apresentação, mais do que a aprendizagem revelada pelo trabalho. Algumas instituições proíbem trabalhos escritos devido a plágios anteriores.

Professores mais democráticos negociam com os estudantes a data de entrega dos trabalhos, o número de trabalhos ou tarefas por semestre, as datas das provas ou extensão do conteúdo a ser incluído na prova. Outros discutem os critérios da avaliação – tantos livros na bibliografia citada, tantas páginas valem tantos pontos, etc. Mesmo assim, é o professor que avalia o aluno, a qualidade do seu trabalho e lhe atribui a nota.

Raramente o aluno é responsabilizado por uma decisão pedagógica mais profunda. Às vezes, é até negada a ele a oportunidade de escolher o tópico dos trabalhos escritos. Ele aprende, portanto, a depender totalmente do professor, da definição do conteúdo à avaliação da aprendizagem, na maioria das disciplinas durante todo o seu curso.

Em quase nenhum momento se questiona o que, de fato, é aprendido e quais são as consequências deste tipo de ensino/aprendizagem, particularmente no nível superior. Tampouco é perguntado o que essas técnicas de avaliação avaliam.

Deduz-se que a aprendizagem ocorreu porque houve retenção de conteúdo (mesmo por uma minoria) ou que certos pré-requisitos foram observados na reprodução ou no tratamento de um conteúdo. Até que ponto houve realmente uma aprendizagem e até que ponto isso aconteceu por causa da experiência pedagógica, é fato que continua quase desconhecido.

Neste sistema de ensino, há uma confusão de "meios" e "fins". Os procedimentos de avaliação, que devem ser meios para comprovar a aprendizagem e analisar as condições onde essa aconteceu, ou não, tornaram-se os fins da experiência educacional.

O esforço intelectual do aluno fica limitado às tarefas definidas como requisitos para alcançar uma nota. Outras aprendizagens não contabilizadas em forma de nota não são estimuladas pelo professor nem, portanto, valorizadas pelo aluno.

Mais sério ainda é o efeito da competição latente nesta avaliação, tanto para o aprendiz individualmente, quanto para a socialização da aprendizagem entre os estudantes. A melhor nota representando a aprendizagem máxima não é garantida a todos os alunos. Eles têm que competir, direta ou indiretamente, com os demais alunos para um desempenho melhor, para obter uma nota melhor. Está implícito aqui que a nota deve servir como um estímulo ou, na pior das hipóteses, como um controle sobre o aluno para fazer (aprender) o que ele não faria de livre e espontânea vontade.

Neste sistema convencional, a avaliação por nota é intelectualmente coerciva. O aluno raramente será "compensado" por um trabalho mais criativo. Os interesses que, por acaso, vão além dos requisitos mínimos, raramente são desenvolvidos.

Poucas oportunidades existem para o aluno discutir as aplicações de suas aprendizagens ou os contextos mais amplos da aprendizagem em relação ao curso como um todo e a outras disciplinas ou a sua eventual profissão. A energia intelectual do aluno tende a ser investida na(s) disciplina(s) de maior dificuldade para poder obter a média mínima. As consequências para a aprendizagem global do aluno são múltiplas e, todas elas, negativas.

A falta de coordenação entre os professores, de modo a integrar conteúdos e atividades didáticas, gera conflitos de datas para a entrega de trabalhos e a realização de provas. As áreas comuns de conteúdo não são exploradas no desenvolvimento das disciplinas, nem os trabalhos integrados são estimulados, os quais poderiam ser mais compreensíveis e interessantes. Cada disciplina é administrada e avaliada em separado.

O aluno é estimulado a garantir a sua nota para passar na disciplina sem precisar fazer um exame final. Os alunos tendem a se preocupar com a(s) disciplina(s) em que a sua nota mínima não alcançou essa média. Sua aprendizagem eventual em qualquer das disciplinas é "nivelado por baixo" pelo sistema de avaliação. Neste sentido, o sistema tradicional de avaliação se torna, também, um fim em si mesmo.

A nota, e não a aprendizagem, é o alvo da experiência educacional. Os processos cognitivos mais completos de observar, deduzir, comparar, induzir, analisar, sintetizar, aplicar, entre outros, são incidentais neste processo de ensino/aprendizagem centrado na autoridade do professor. Atualmente, dá-se o inverso: a avaliação sai de um importante papel como meio de concretizar e verificar a aprendizagem para um papel que determina e limita o campo de aprendizagem. Essa confusão didática é mantida pelo sistema inteiro de ensino superior.

A Autoavaliação como Alternativa

A autoavaliação só pode ser compreendida dentro de uma perspectiva psicopedagógica que centraliza a aprendizagem no aprendiz e restabelece o professor como facilitador do processo de aprendizagem. Se a aprendizagem humana é uma experiência ativa, pessoal e ao mesmo tempo social, uma avaliação mais verdadeira desta aprendizagem necessariamente terá características semelhantes. O processo de ensino/aprendizagem precisa ser, então, mais participativo, e a relação pedagógica, mais democrática e estimulante.

A autoavaliação surge como consequência natural de um processo de ensino/aprendizagem em que o aluno é estimulado a ser sujeito e não objeto do processo. Rogers propõe que a avaliação de uma aprendizagem deva derivar "da confiança e da crença que se deposita na capacidade de autodeterminação do estudante, que se habilita a avaliar, por si mesmo, as experiências vivenciadas". (citado por Guedes, 1981, p. 67).

No sistema pedagógico tradicional, o aluno é visto e tratado, mesmo na universidade, como incapaz, despreparado, desinteressado e basicamente irresponsável. A desconfiança permeia o relacionamento pedagógico. A autoavaliação pressupõe o oposto do aprendiz e implica uma relação pedagógica baseada na confiança.

A autoavaliação pressupõe, também, um conceito diferente de aprendizagem. Na teoria de Rogers, a aprendizagem é vista como sendo:

> Uma atividade significativa, experiencial e autoiniciada, entendendo-a como resultado do relacionamento entre o estudante e o professor ou com as demais pessoas de seu contexto comunitário, o que lhe proporcionará as condições para a autocompreensão que resultará em novos comportamentos mais autênticos, positivos e independentes (Guedes, 1981, p. 40).

Aprendizagem significativa, para Rogers, vai além da acumulação de fatos e informações: "É uma aprendizagem que provoca uma modificação, quer seja no comportamento do indivíduo, na orientação da ação futura que escolhe ou nas suas atitudes e personalidade. É uma aprendizagem que não se limita a um aumento de conhecimentos, mas que penetra profundamente todas as parcelas de sua existência" (1981, p. 253).

O ponto de partida da aprendizagem significativa está no interior do aluno. Nenhum conhecimento se transforma em aprendizagem verdadeira, a não ser que "... as forças motivadoras, inerentes ao aluno, se voltem intencionalmente à experimentação dos seus significados para só então serem conscientizados" (Guedes, p. 45).

Dentro dessa perspectiva, o professor tenta criar um ambiente na aula que proporcione o desenvolvimento e a exploração de significados. Junto com o aluno, o professor ajuda a construir uma "comunidade de aprendizagem" em que o conteúdo significativo possa ser identificado, examinado e avaliado.

Cabe aqui ressaltar que, mesmo sendo a identificação ou a seleção de conteúdo significativo uma experiência essencialmente interna e, portanto, individual, também há interesses e conteúdos significativos que são coletivos. A socialização da aprendizagem e a exploração mútua dos significados enriquecem a essência do relacionamento educacional entre alunos.

A autoavaliação é a avaliação pessoal e interpessoal da aprendizagem significativa promovida pela experiência pedagógica. A autoavaliação ocorre constantemente durante o semestre. A forma precisa que a autoavaliação assumirá durante e ao final do semestre é uma das decisões pedagógicas a serem tomadas pela comunidade de aprendizagem.

Considerando que "a única pessoa competente para realizar a tarefa da aprendizagem significativa é o próprio aluno, o responsável pela determinação dos objetivos que se propôs alcançar, trabalhando conscientemente neste sentido" (GUEDES, p. 68), essa decisão pedagógica tende a enfatizar o indivíduo, seu direito e autorresponsabilidade para avaliar-se. Mas, essa decisão é inevitavelmente uma decisão coletiva (social), onde a socialização do saber é valorizada pela comunidade de aprendizagem.

É no contexto psicossocial e na dinâmica dessa comunidade que o aluno se examina e autoavalia suas aprendizagens significativas. Mesmo que o aluno sinta a pressão do sistema tradicional de ensino (a supervalorização da nota e do coeficiente de rendimento), **na autoavaliação, ele assume o papel de sujeito do processo de avaliação.**

Na autoavaliação, a avaliação permanece como meio. As condições internas e externas nas quais a aprendizagem significativa ocorreu (ou não) são examinadas pelo aluno. As relações humanas na aula que ajudaram ou dificultaram a aprendizagem são também analisadas. O contexto acadêmico maior (o curso, as demais disciplinas, o clima geral do semestre na universidade) e outros importantes fatores externos são considerados condições da aprendizagem.

No final das contas, o aluno se examina. Ele esteve realmente interessado na matéria, na experiência? Ele conseguiu ficar motivado ou se motivou para aprender? Apareceram outras prioridades? Ele desenvolveu objetivos e metas próprias para uma aprendizagem significativa? Identificou-se com o grupo? Sentiu que o nível de comunicação na turma proporcionou um relacionamento autêntico entre as pessoas? Alguma característica pessoal dificultou a sua participação?

Pressupostos Teóricos de uma Pedagogia Centrada no Aluno

A utilização de um procedimento como a autoavaliação pressupõe uma série de condições psicopedagógicas estabelecidas na sala de aula junto aos alunos. Tais condições são fundamentadas nas teorias e técnicas desenvolvidas segundo a ACP e aplicadas na educação.

Uma avaliação centrada no aluno precisa de um relacionamento pedagógico (aluno-professor-conteúdo) no qual:

- A sala de aula universitária seja considerada um espaço livre para melhor explorar o significado do conteúdo da disciplina a ser cursada.
- O comportamento humano integral envolve pensamento, sentimento e ação. Na sala de aula, essa integração só se torna viável quando há a possibilidade do exercício da liberdade pessoal e interpessoal de autoexpressão, discussão, debate e tomada de decisão como em uma comunidade de aprendizagem.
- O processo educacional centrado no aluno proporciona um ambiente percebido pelos estudantes como informal, aberto, humano. Nesse ambiente, o aluno é livre para examinar todas as facetas de sua realidade pessoal, política e social. O significado individual e social do conteúdo da disciplina, bem como outros aspectos da aprendizagem vivenciados pelos alunos, se tornam objetos de análise e de avaliação da comunidade pedagógica.
- A análise vivencial dos processos individuais e grupais é o primeiro passo do grupo para que se responsabilize pelo resultado da experiência. A análise e a avaliação desses processos são constantes durante todo o semestre e formam a base em potencial da avaliação final da aprendizagem.
- Na relação pedagógica, o papel e a autoridade do professor convencional são negados. Por meio da vivência na sala de aula, o aluno aprende que o poder compartilhado em grupo é uma alternativa viável de convivência, uma nova reestruturação da

interação humana. As implicações dessa vivência para outros grupos e para a sociedade como um todo são mais do que óbvias para o participante.

- A "autoridade" do professor transforma-se por meio da realidade da interação pedagógica no grupo. O saber do professor emerge com o saber do grupo. Os conhecimentos do professor são traduzidos por ele em questionamentos, reflexões, observações, gestos e reações. Dependendo das necessidades do grupo (suas definições da tarefa pedagógica, suas atividades, seus objetivos e seu processo), o professor é livre para ser um recurso a mais do grupo. Pode recomendar livros, dar sugestões, apresentar teorias, explicar conceitos, e participar da interação educacional, como "professor" e como pessoa.
- O método, a técnica ou a metodologia do processo educacional centrado no aluno é, basicamente, a interação da pessoa do professor com as pessoas rotuladas como alunos. O processo do grupo, da comunidade de aprendizagem e a interação de todos os participantes, inclusive do professor.
- O professor precisa ter um compromisso profundo com um processo de ensino/aprendizagem **não centrado na sua pessoa**. A relação pedagógica não pode depender dele. O professor tem que ser paciente, tolerante com as frustrações, com as falhas dele e dos outros e, sobretudo, deve acreditar no processo lento do desenvolvimento de um grupo.

Em síntese, a Abordagem Centrada no Aluno – ACA –está fundamentada nos mesmos pressupostos teóricos do trabalho da Abordagem Centrada na Pessoa – ACP –em terapia, trabalho com grupos. Visa à pessoa do aluno e à sua transformação integral como resultado. A interação pedagógica em busca de uma aprendizagem significativa promove oportunidades para o crescimento pessoal e interpessoal.

O aluno decide por si mesmo até que ponto deve se envolver. Assim, decide ser agente de mudanças em si mesmo e porta-voz dos assuntos que achar importantes. No grupo, ele interage com os outros numa experiência livre e democrática. Aprende a conviver com os outros e a confiar neste processo grupal participativo.

A aprendizagem cognitiva também tem seu valor dentro desta perspectiva de transformação integral da pessoa do aluno. Sua consciência crítica, especialmente a do seu contexto histórico-social, requer uma reanálise de informação, teoria e de fatos sociais. O conteúdo da disciplina é adquirido à medida que os alunos, individual e coletivamente, identificam fontes de informação, teorias e recursos significativos para a aprendizagem.

A avaliação deste processo e a autoavaliação do aluno são experiências constantemente vivenciadas no relacionamento pedagógico. O *lócus* de controle em todo o processo, inclusive de uma avaliação final da aprendizagem, está centralizado no aluno e na comunidade de aprendizagem.

Considerações Finais

O sistema de avaliação comumente usado no ensino superior foi caracterizado como um problema sério que afeta diretamente a aprendizagem do estudante universitário, a sua motivação, o seu autoconceito e, consequentemente, a qualidade do ensino superior. As preocupações excessivas com a retenção do conteúdo nos níveis mais baixos da cognição humana, junto aos procedimentos convencionais de avaliação, tendem a condicionar e recompensar o aluno por um desempenho acadêmico medíocre.

Os procedimentos de avaliação que devem ser **meios** para comprovar a aprendizagem e para analisar as condições em que essa aprendizagem aconteceu ou não se tornaram os fins da experiência educacional. Os problemas didáticos de se confundir "meios" com "fins" são múltiplos. Limitam o esforço intelectual do aluno às tarefas contabilizadas em forma de nota.

Nesse sistema, o aluno é levado a buscar a nota média para passar na disciplina. A nota, e não a aprendizagem, é o alvo da experiência educacional. A aprendizagem humana, em níveis ou dimensões difíceis de serem medidas e quantificadas em forma de nota, é ignorada ou menosprezada no planejamento didático e na prática pedagógica.

A autoavaliação como método de avaliação para o ensino superior só pode ser compreendida num contexto pedagógico que se contrapõe ao sistema tradicional. Ela pressupõe, entre outros princípios psicopedagógicos, a recentralização da aprendizagem e a sua avaliação na pessoa do aprendiz. Ela requer um relacionamento pedagógico (professor–aluno-conteúdo) que descaracteriza o professor como responsável pelo "ensino" e o aluno como objeto passível de simples transmissão do conhecimento.

A autoavaliação presume, também, um conceito diferente de aprendizagem. É uma consequência natural de um processo de ensino/aprendizagem que tem como função principal o estabelecimento de uma comunidade de aprendizagem para a exploração e o desenvolvimento de conhecimentos significativos, que vão além da acumulação de fatos, informações e teorias.

A aprendizagem significativa, em todas as suas dimensões, é o conteúdo da autoavaliação. Dentro da comunidade de aprendizagem, o aluno participa da organização e da estruturação da sua experiência pedagógica, assumindo decisões individuais e coletivas sobre a disciplina. É nesse contexto psicossocial e na dinâmica desta comunidade que o conteúdo significativo é identificado, examinado e analisado.

A autoavaliação é um meio constante de reflexão e a análise da aprendizagem ocorrendo no nível individual, sendo socializada ao nível do grupo. A forma eventual para diagnosticar essa aprendizagem é uma decisão pedagógica da comunidade. Diferentes grupos resolvem de maneiras diferentes como será a avaliação, se escrita, oral, individual ou coletiva. De qualquer forma, o aluno individualmente passa a estar num processo constante de autoavaliação em que o lócus de controle fica centralizado nele.

Em síntese, a autoavaliação:

1. É a consequência de um relacionamento pedagógico e de um processo de ensino/aprendizagem baseado em princípios teóricos diferentes da prática tradicional de ensino e avaliação acadêmicos.
2. Envolve níveis de consciência e de comunicação interpessoal que vão além do relacionamento professor-aluno e aluno-aluno, comum na sala de aula convencional.
3. Abrange uma aprendizagem mais profunda e completa do aluno em busca de conteúdos significativos e relevantes.

4. Envolve áreas cognitivas e afetivas de aprendizagem que promovem a transformação humana.
5. Requer um diálogo interno em que o aluno se analise com franqueza e coerência, buscando critérios pessoais para sua avaliação.
6. É também um processo interpessoal e grupal que requer a promoção e a manutenção de condições facilitadoras da comunicação autêntica e de procedimentos democráticos e abertos.
7. Busca a consciência crítica, pessoal e social para analisar o significado verdadeiro da experiência educacional e as suas implicações mais amplas.
8. Estimula a experimentação com alternativas pedagógicas por parte dos alunos e o do professor, valorizando tanto o aprendiz quanto o professor como coeducados.

A autoavaliação, como revelou a análise de conteúdo dos comentários relatados acima, é um método viável, mas inicialmente problemático para o aluno universitário pouco acostumado a participar mais plenamente no processo educacional. Mesmo assim, o aluno responde positivamente à oportunidade, ainda que às vezes o faça com dificuldades causadas pela inexperiência com o método, por interferências externas ou internas.

Para uma autoavaliação efetiva, é necessário criar condições para uma discussão sobre a avaliação educacional. É preciso, por parte do professor, um conhecimento adequado de uma dinâmica de grupo que possa ser aplicada à sala de aula e uma postura facilitadora (pedagógica e pessoal) que redimensione o espaço pedagógico. É importante e indispensável a recentralização do processo pedagógico no aluno e no grupo.

O professor universitário não tem estado necessariamente aberto para examinar a sua prática pedagógica. Há um autoritarismo latente no sistema convencional de ensino que dificilmente aceita o aluno como participante mais ativo na definição da sua experiência educacional. Para professores mais tradicionais, preocupados com seu *status* acadêmico ou com uma preparação educacional mais rígida, a autoavaliação não é uma alternativa viável para a sua sala de aula. Ela ameaça profundamente o controle e o direcionamento que muitos acadêmicos acreditam serem essenciais ao papel do professor.

Nesse sentido, pode ser concluído que a autoavaliação é, em hipótese, uma alternativa viável para alguns professores de instituições de ensino superior em que seja permitida a experimentação efetiva com o sistema de avaliação. O treinamento e a preparação psicopedagógica são indicados para docentes sem experiência pedagógica com grupos.

A autoavaliação, assim vista, nunca deve se tornar objetivo isolado da transformação pedagógica do ensino superior. Sua prática depende de condições e de atitudes especiais para que seja válida e satisfatória aos participantes (professores e alunos). É apenas uma das mudanças que deve ocorrer na democratização do ensino universitário, revalorizando o aluno como sujeito na aprendizagem humana, no nível superior.

Referências

BLANCO B. R. **Docencia universitária y desarrollo humano**. México: Editorial Alhambra Mexicana, 1982.

DOXSEY, J. R. Educação Centrada na Pessoa: (re)aprendendo a aprender. In: A. BACELAR (Org.). **Psicologia humanista na prática**: reflexões sobre a abordagem centrada na pessoa. Volume 3. Florianópolis, SC: UNISUL, p. 89-11, 2017.

DOXSEY, J. R. **Educação, formação em psicologia e ética** (Artigo). Espaço Viver. Ano IV. Ed.5. Florianópolis, SC: Espaço Viver, 2016.

DOXSEY, J. R. A educação centrada na pessoa: novos rumos para a autonomia na aprendizagem à distância – ESAB 2009. In: A. BACELAR (Org.). **Psicologia humanista na prática**: reflexões sobre a abordagem centrada na pessoa. Volume 1. Palhoça, SC: UNISUL, p. 92-114, 2009.

DOXSEY, J. R. Aprendizagem e educação centrada na pessoa: o desafio da síntese e seus princípios. In: F. C. KLÖCKNER (Org.). **A abordagem centrada na pessoa**: a psicologia humanista em diversos contextos. Florianópolis, S.C.: UNIFIL, 2009.

DOXSEY, J. R. Educação centrada no aprendiz: novos rumos para autonomia na aprendizagem à distância – ESAB2009. In: A. L. PALMA

(Org.). **A Psicologia Humanista na Prática**: Reflexões sobre a prática da abordagem centrada na pessoa no contexto brasileiro. Florianópolis, S.C., p. 92-114, 2009.

DOXSEY, J. R. Autoavaliação: alternativa viável para o ensino superior? **Educação Brasileira – Revista do Conselho de Reitores**, 10, n.21, Brasília, p. 139-171, 1988.

DOXSEY, J. R. Dimensões de autovalorização e transformação pessoal como consequência de uma abordagem centrada no aluno. **Revista das Faculdades Franciscanas**. Vol. 2 (2), 1984, p. 7-28.

DOXSEY, J. R. A sala de aula como comunidade de aprendizagem e contexto psicossociológico para mudança. In: I. F. CAPPELLETTI, M. T. MASETTO (Org.). **Ensino superior**: reflexões e experiência. São Paulo, EDUC – Editora da PUC-SP, 1986, p. 147-200.

DOXSEY, J. R. Reflexões teóricas sobre aprendizagem universitária numa abordagem centrada na pessoa do aluno: O mito da não diretividade. In: R. ROSENBERG (Org.).**Vivencia acadêmica**: o enfoque centrado na pessoa. São Paulo, CODAC-USP, Cadernos USP (2), 1987, p. 105-113.

GUEDES, S. P. **Educação, pessoa e liberdade. Propostas rogerianas para uma práxis psicopedagógica centrada no aluno**. São Paulo: Cortez e Moraes, 1979.

GUEDES, S. P. **Psicologia da aprendizagem centrada no estudante**. Campinas: Ed. Papirus., 1986.

ROGERS, C. R.; FREIBERG, H. J. **Freedom to learn**. 3rd ed., New York: Merrill, 1993.

ROLHEISER, C.; ROSS, J. A. **Student self-evaluation**: what research says and what practice shows. 05.09.13. Disponível em: <www.cdl.org/resource-library/articles/self_eval.php>. Acesso em: 24 jul. 2019.

4.4 DIMENSÕES DE AUTOVALORIZAÇÃO E TRANSFORMAÇÃO PESSOAL COMO CONSEQUÊNCIA DE UMA ABORDAGEM CENTRADA NO ALUNO

Como primeiro trabalho em 1984, este artigo tem uma significação pessoal para mim.[12] *Resume os resultados de um estudo sobre os efeitos da aplicação da Abordagem ao contexto da sala de aula universitária. Pesquisamos os efeitos da metodologia principalmente sobre o autoconceito dos alunos a partir de uma análise de conteúdo de textos de autoavaliação colecionados durante anos de experiência. Em suas conclusões, refletimos sobre a significação da experiência para o problemático da educação brasileira e latino-americana.*

Introdução

Admite-se que a Abordagem Centrada na Pessoa – ACP – tenha efeitos positivos quando aplicada à sala de aula universitária. Teoricamente, por meio da abordagem, condições facilitadoras são criadas em que o aluno descobre sua potencialidade latente como aprendiz, explora novas alternativas de relacionamento interpessoal e se desenvolve como pessoa, em busca de uma aprendizagem significativa. Mas quais são as impressões do universitário vivenciando um processo de ensino/aprendizagem centrado no aluno? Como se vê diante da experiência?

[12] O texto foi apresentado no primeiro Encontro Latino da Abordagem Centrada na Pessoa e publicado na **Revista de Faculdades Franciscanas**, Vol. 2, 1984.

O presente artigo resume alguns resultados preliminares de um estudo sobre a visão do estudante universitário durante ou após um semestre de experiência com a abordagem. Existe pouca informação de como o estudante realmente se sente numa sala de aula tradicional. Muito menos é conhecido a respeito das opiniões do aluno num processo de ensino "experimental" ou "alternativo".

Este estudo é uma tentativa de analisar comentários de alunos coletados durante oito anos de experimentação e adaptação da ACP ao ensino universitário.

Uma análise de conteúdo foi aplicada a 555 autoavaliações escritas, de estudantes que cursaram disciplinas de Sociologia ministradas por este pesquisador na Universidade Federal do Espírito Santo[13]. O objetivo da análise foi de identificar frases e comentários nas autoavaliações que revelassem atitudes, percepções e sentimentos do aluno como consequência direta da experiência.

Nossa hipótese é que a autovalorização (ou não) do estudante que se manifesta nessas autoavaliações é o melhor indicador do efeito e significado da Abordagem Centrada no Aluno. O objeto de análise foi então o que o aluno expressava sobre si mesmo e não o que achava da metodologia, da disciplina, do professor-facilitador, etc.

Descobrimos, porém, que o autoconceito do aluno muitas vezes se misturava com as percepções que tinha dos outros, da experiência, de sua aprendizagem. Às vezes, ele não conseguia falar diretamente sobre si. Descobrimos que a forma com que ele se colocava, a "distância psicológica" que existia entre si e sua experiência na Abordagem era até um excelente indicador de sua autopercepção e do nível de desenvolvimento intra e interpessoal.

A proposta original deste estudo exploratório foi de produzir categorias conceituais que podiam ser operacionalizadas para uma pesquisa subsequente sobre a autoimagem do universitário como aprendiz. Uma segunda intenção foi identificar os bloqueios e as resistências pessoais do aluno que dificultam uma mudança de papel de aprendiz numa experiência didática não tradicional.

Neste artigo, abordamos apenas aspectos de valorização e desvalorização manifestos nos comentários avaliativos. Examinamos algumas

[13] Veja Anexo 1 para uma relação das disciplinas e dos períodos ministrados.

dimensões de autovalorização e transformação pessoal que são refletivas em nossa análise até o momento. Finalmente, analisamos a possível relação entre as categorias emergentes nessa análise de conteúdo e as fases de mudança pessoal sugeridas por Rogers (Tornar-se Pessoa, 1978).

Concluímos que a metodologia da ACP e seus resultados imediatos na sala de aula representam um potencial enorme para a transformação humana. Em vista da necessidade de uma teorização mais satisfatória sobre a abordagem, propomos a exploração da possibilidade de mais pesquisa integrada por profissionais aplicando a Abordagem Centrada na Pessoa à Educação no Brasil e na América Latina.

Metodologia

A autoavaliação escrita ou verbal tem sido um instrumento muito válido para examinar a aprendizagem significativa (ou não) do aluno, em nossas disciplinas. Desde 1975, as avaliações escritas vêm servindo como documentação rica das experiências realizadas. Pelas observações dos estudantes, a autoavaliação é uma importante reflexão que serve de síntese no final do semestre ou de uma análise diagnóstica quando feita durante o processo[14].

Devido à complexa natureza das avaliações, a análise de conteúdo foi a metodologia de pesquisa escolhida. Após ter constituído o corpus de avaliações, a segunda tarefa foi identificar a "unidade natural" a ser levantada. De acordo com Kientz, "a análise de conteúdo vai decompor o corpus em unidades cada vez menores" (1973, p. 164).

A unidade de significação selecionada para o levantamento e classificação foi o tema. O tema como unidade não tem uma medida espacial ou dimensão precisa, o que pode criar problemas de delimitação como precisão (Kientz, 1973, p. 166). Apesar dessa precaução teórica, foi exequível na seleção de 990 unidades (parágrafos, frases, palavras), em que o aluno escreveu algo específico, refletindo autovalorização ou desvalorização pessoal.

[14] Durante muitos anos, no Sistema Federal Universitário, foi obrigatório aplicar "provas finais". Aproveitamos colocando o item autoavaliação, sem nota, como elemento principal dessas provas.

Em operações sucessivas da análise, categorias iniciais foram estabelecidas para a classificação das unidades. Uma amostra de unidades serviu para extrair categorias explícitas do conteúdo manifesto nos comentários. As unidades foram analisadas e reagrupadas várias vezes até identificar aquelas categorias mais válidas e representativas para a classificação.

As categorias foram testadas por meio da classificação de uma segunda amostra de unidades. Nessa etapa, foi possível estabelecer vínculos lógicos entre subcategorias, chegando a identificar e organizar "categorias" de categorias.

Categorias e subcategorias finais foram então enumeradas para a classificação total de todas as unidades. Apenas 25 unidades foram eliminadas. As outras 965 unidades ou fichas de comentários receberam 1.373 registros nas categorias estabelecidas. Devido à complexidade natural dos comentários, as categorias não foram consideradas como mutuamente exclusivas. A média por unidade foi de 1,42 classificações.

Pretendemos, em etapas posteriores de futuros estudos, selecionar várias amostras na tentativa do revalidar as categorias empregadas, inclusive a própria classificação de cada unidade. Técnicas estatísticas também serão utilizadas para examinar diferenças entre cursos, tipo de autoavaliação, abordagem metodológica e associações entre categorias. Consideramos os resultados apresentados a seguir como preliminares e sujeitos à modificação.

Alguns Resultados Significativos

As categorias da análise foram organizadas de modo a representar o enfoque da autovalorização ou desvalorização pessoal do aluno. Como mencionado, não são categorias mutuamente exclusivas (As categorias, subcategorias e suas frequências de codificação são apresentadas no Anexo 2).

As categorias principais foram:

1. **Autodescobertas:** o encontro de "algo" (uma qualidade, capacidade) dentro de si mesmo, reconhecimentos ou autovalorizações de algo desconhecido dentro de si, afirmações de percepções novas sobre si mesmo.

2. **Descobertas "Interpessoais"**: descobertas sobre a significação da associação, convivência, intimidade e solidariedade com outros num processo grupal.
3. **Conscientização Parcial da Experiência**: autocríticas sem evidência de transformação, expressões revelando prontidão para mudança, afirmações da procura ativa de oportunidades para mudanças.
4. **Externalização ou Transferência da Experiência**: autojustificativas, críticas aos outros e ao "grupo", insegurança, medos e preocupações pessoais, resistências e bloqueios diante a experiência.
5. **Reações Pessoais em Relação ao Processo de Ensino – Aprendizagem Centrada no Aluno:** cognição da experiência, ampliação de conhecimentos cognitivos, transferência e aplicação da aprendizagem, novas percepções sobre si mesmo como aprendiz e do papel da educação.

A Tabela 1 mostra a frequência e a percentagem das categorias e subcategorias centrais. A categoria mais frequente foi "Autodescobertas", dentro da qual se destacaram autodescobertas específicas como a capacidade de autoavaliação e autocrítica, autoconfiança, a perda de inibição ou timidez, como consequência da experiência.

Alunos também confirmaram frequentemente a ampliação de autocompreensão e autoconhecimento entre as outras categorias menores de "Autodescobertas Gerais", que agruparam afirmações de crescimento, mudança e transformações.

A segunda categoria mais frequente foi "Reações Pessoais". Dentro da categoria, predominaram comentários de "Percepções sobre Si Mesmo como Aprendiz" e "Sobre o Novo Método". Aqui, os estudantes mais comentaram a descoberta de independência como aluno e sentimento de uma responsabilidade própria pela aprendizagem.

A terceira categoria principal foi "Conscientização Parcial". As subcategorias foram as de "Autocríticas" do aluno, em que ele se analisou como acomodado, inseguro, insatisfeito consigo mesmo, descontente com sua atuação em grupo, com sua inibição perante outros ou suas dificuldades em expressar-se.

Na categoria "Descobertas Interpessoais", a subcategoria mais frequente foi a da "Intensificação da Significação Pessoal de Associação e Convivência com Outros". Aqui, os alunos mencionaram mais frequentemente, como resultado da experiência, uma nova valorização de si quanto ao seu relacionamento, entrosamento e interação com outros, uma abertura maior, e melhor comunicação. Eles afirmaram também na categoria "Sentimentos de Intimidade e Solidariedade com Outros" uma aceitação e compreensão maior dos outros, bem como uma capacidade maior de ouvir os outros.

Como pode ser observado na Tabela 1, a subcategoria mais frequente é a de "Autojustificativas" de categoria principal "Externalização ou Transferência". Os alunos procuraram aqui defender suas atitudes – algumas específicas como falta de interesse, motivação, iniciativa diante da experiência, sempre culpando alguém ou algo pelos seus problemas. Na subcategoria "Críticas aos Outros", eles expressaram sua crítica ou insatisfação com o grupo. De novo, o "problema" está sempre no outro.

Para informações mais detalhadas sobre a distribuição de classificações, sugerimos que consultem o Anexo 2. Existem categorias menores para todas as subcategorias. A significação das categorizações como estrutura de organização não foi necessariamente baseada na frequência obtida. Categorias menores não foram agrupadas mesmo com menos de cinco classificações.

Não houve um tratamento estatístico dos dados. Porém, uma análise rápida do número de unidades selecionadas pelos estudantes por tipo de avaliação, revelou que as avaliações formativas (representando 16% do número total das unidades) tiveram, por média, 2,8, unidades escolhidas.

Os outros tipos de avaliação (provas finais) tiveram, por média, 1,6 unidades escolhidas na pesquisa por estudante. Isso sugere que na avaliação formativa aplicada durante a experiência em aula, o aluno tende a falar mais frequentemente de algo que seria relacionado a si mesmo do que numa avaliação final. Resta agora explorar mais essa tendência e verificar os tipos de comentário, se são mais negativos, positivos, etc.

Tabela 1 – Frequência e percentagem das categorias e subcategorias principais reveladas na análise

Nº	CATEGORIA	FREQ.	% DA CATEGORIA	% ANÁLISE TOTAL
1.0	AUTODESCOBERTAS	388	100%	28%
1.1	Autodescobertas mais específicas	164	42%	
1.2	Autodescobertas gerais	156	40%	
1.3	Afirmação de novas percepções pessoais	68	18%	
2.0	DESCOBERTAS INTERPESSOAIS	226	100%	16%
2.1	Intensificação da significação pessoal de associação	90	40%	
2.2	Sentimentos de intimidade e solidariedade	78	34%	
2.3	Descobertas mais cognitivas de sensibilização	58	20%	
3.0	CONSCIENTIZAÇÃO PARCIAL POR MEIO DA EXPERIÊNCIA	301	100%	22%
3.1	Autocríticas (em relação a si mesmo)	138	46%	
3.2	Autocríticas (com respeito à interação)	76	25%	
3.3	Expressões revelando prontidão para mudança	39	13%	
3.4	Descontentamentos pessoais (na interação)	31	10%	
3.5	Afirmações da procura ativa – oportunidade para mudança	17	06%	
4.0	EXTERNALIZAÇÃO E TRANSFERÊNCIA DA EXPERIÊNCIA	135	100%	10%

Nº	CATEGORIA	FREQ.	% DA CATEGORIA	% ANÁLISE TOTAL
4.1	Autojustificativas	90	67%	
4.2	Críticos aos outros, ao grupo	45	33%	
5.0	REAÇÕES PESSOAIS EM RELAÇÃO AO PROCESSO DE ENSINO/ APRENDIZAGEM	323	100%	24%
5.1	Percepções sobre si mesmo como aprendiz	109	34%	
5.2	Sobre o novo método	107	33%	
5.3	Transferência e aplicação da aprendizagem	56	17%	
5.4	Ampliação dos conhecimentos cognitivos	38	12%	
5.5	Sobre educação em geral	13	04%	
	TOTAL	1.373	100%	100%

Durante a tentativa de criar categorias coerentes com o conteúdo manifesto nos comentários, revelaram-se certos nexos entre unidades e categorias. Apareceu também uma espécie de sequência ordenada de comentários. Para facilitar a discussão, resumimos nossas observações assim:

- Alguns estudantes rejeitaram totalmente a experiência. Negaram sua validade ou qualquer tentativa de mudança. Eles criticaram o grupo, outros colegas, o professor, a metodologia da aula, sempre se justificando ou expressando um tom crítico de sua experiência.
- Um número substancial de alunos expressaram inabilidades, bloqueios, resistências e frustrações pessoais com a experiência. Aqui, a pessoa se critica, mas expressa a importância de tentar lidar com o problema identificado.
- Outros expressaram claramente a consciência da necessidade de mudança. Há alguma responsabilidade assumida perante

seus problemas pessoais, às vezes acompanhados por uma procura ativa de soluções. Aqui, tanto a experiência foi incompleta para o participante como seu próprio processo de transformação. Houve progresso, mas apenas parcial.

- Muitos estudantes afirmaram ter feito uma descoberta profunda sobre eles próprios, como se fosse um resultado conclusivo da experiência. Aqui, houve uma mudança clara e a conscientização dessa mudança. Sua expressão afirma confiança no seu próprio crescimento ou evolução pessoal.

Eles ficam impressionados com a sequência que se manifestou. Será possível que esta análise confirma a presença de um processo de "resistência-conscientizaçãomudança" tão vivenciada no processo grupal? Existe um processo semelhante ao nível pessoal na sala de aula?

Relendo alguns trabalhos de Carl Rogers para outra finalidade, redescobrimos as sete fases de transformação citadas por ele num capítulo sobre o processo terapêutico (**Tornar-se Pessoa**: 1978, p. 107). Rogers assinala a possibilidade de polos de rigidez e flexibilidade num processo de mudança pessoal. O autor destaca em cada fase certos fenômenos: autoexpressão, a visão de problemas pessoais, consciência da experiência, expressão de sentimentos, construtos e contradições pessoais.

A Tabela 2 apresenta um exemplo da "fluidez" da conceituação de problemas pessoais em cada fase de Rogers. Nela pode ser notada a transformação gradativa da primeira à sétima fase. As fases sugeridas por Rogers servem como uma base potencial para um modelo teórico mais amplo, com implicações múltiplas para a nossa pesquisa.

Nesta etapa do estudo, não temos chegado ao ponto de tentar classificar as unidades pelas sete fases de Rogers. Antes, será necessário conceber a experiência na sala de aula em torno de cada fase. A Tabela 3 demonstra uma concepção teórica da primeira fase.

Tabela 2 – Conceituação de problemas pessoais nas sete fases de mudança pessoal de Rogers

FASE	DESCRIÇÃO DA CONCEITUAÇÃO
1ª	Nenhum problema pessoal é reconhecido ou captado.
2ª	Não existe o sentimento de responsabilidade pessoal em relação aos problemas.
3ª	As opções pessoais (em relação ao problema) são muitas vezes reconhecidas como ineficazes.
4ª	O indivíduo toma consciência de sua responsabilidade perante seus problemas, mas com alguma hesitação.
5ª	O indivíduo aceita cada vez com maior facilidade a sua própria responsabilidade perante os problemas que tem que enfrentar.
6ª	Não há "problemas" exteriores ou interiores. O cliente está vivendo subjetivamente uma fase de seu problema.
7ª	Há a experiência de uma efetiva escolha de novas maneiras de ser (em relação a seus problemas e vida).

Tabela 3 – Representação teórica da primeira fase de mudança pessoal de Rogers aplicada à experiência educacional

(ROGERS) PRIMEIRA FASE EM TERAPIA POLO DE RIGIDEZ[15]	EXPERIÊNCIA EDUCACIONAL
1. Recusa de comunicação pessoal.	1. Recusa de participação ou envolvimento.
2. Sentimentos e significados pessoais não são apreendidos nem reconhecidos como tais.	2. Experiência é vista como insignificativa.
3. Construtos pessoais são extremamente rígidos.	3. Insistência na validade do ensino tradicional e a autoridade do professor.
4. Relações íntimas e pessoais são encaradas como perigosas.	4. Relações pessoais ou comunicações mais abertas são encaradas como perigosas.
5. Nenhum problema pessoal é reconhecido ou captado.	5. Problemas pessoais são escondidos ou não comentados.

[15] Fonte: Rogers. **Tornar-se Pessoa**. p. 114.

(ROGERS) PRIMEIRA FASE EM TERAPIA POLO DE RIGIDEZ[15]	EXPERIÊNCIA EDUCACIONAL
6. Não existe desejo de mudança.	6. Não existe desejo de mudança ou de experimentação.
7. Existem muitos bloqueios na comunicação interna.	7. Comunicação interna, autoconsciência bloqueadas ou inexistentes.
	8. Forte rejeição e resistência à experiência.

Conclusão e Implicações

Em resumo, os resultados preliminares desta pesquisa oferecem uma visão mais clara das atitudes, das percepções e dos sentimentos dos estudantes universitários pesquisados. Sua autovalorização parece estar associada à percepção da experiência como válida e de alguma forma significativa para ele.

Apesar da influência do sistema educacional tradicional, cujo poder da sala de aula está quase sempre depositado na pessoa do professor, os alunos demonstraram que a abordagem (**ACP**) pode proporcionar oportunidades de mudança e transformação pessoal significativa. A convivência em grupo, dentro da sala de aula, também pode ter consequências sociais no sentido de facilitar descobrimentos sobre a importância de um relacionamento mais solidário, mais autêntico, mais humano.

Por meio da experiência, o aluno reaprende a confiar em si mesmo ea descobrir "coisas novas" em si e nas outras pessoas. Ele descobre também que pode participar numa sala de aula, opinar, assumir responsabilidades por si mesmo no processo de aprendizagem. Descobre que as suas experiências e aprendizagem vivenciais tenham aplicação na sua vida e no seu trabalho.

Mas a metodologia da Abordagem cria problemas para alguns alunos. Estes alunos, produtos do ensino tradicional e de um sistema maior fechado, não conseguem ser mobilizados pela experiência no período curto de quinze semanas. Conforme os resultados aqui apontados, tais estudantes talvez possam ser agrupados de acordo com resistências e dificuldades relatadas.

Parece que existe um grupo que questiona "intelectualmente" a experiência, assumindo uma postura racional e crítica. Escondem seus sentimentos e se recusam a participar. Outros até expressam o desejo de envolvimento, percebem a experiência como válida para eles, mas são imobilizados internamente por medos, preocupações e inseguranças. Tendem a se descrever como pessoas tímidas, incapazes de se comunicar ou participar num grupo. Eles optaram muitas vezes, inconscientemente, por não mudar. Não se valorizam, mesmo quando valorizados ou aceitos por outros no grupo.

Aparentemente, a mobilização proporcionada pelo processo terapêutico da Abordagem Centrada na Pessoa ao cliente em terapia encontra um paralelo na mobilização do aluno, vivenciando uma abordagem educacional centrada na pessoa do estudante. Seu movimento de um polo rígido em direção a um polo mais flexível pode ser verificado. Embora não se saiba empiricamente desta relação, levantamos a hipótese de que o nível de mobilização-imobilização pessoal tem implicações com o desenvolvimento das condições facilitadoras que emergem no grupão da sala de aula.

Numa colocação teórica, Wood (1983, p. 60-61) descreveu a disposição do cliente a ser mobilizado como incluindo "a espontaneidade em ser modificado por sua experiência direta e para desenvolver a habilidade para enfocar seu mundo interior e o mundo interior dos outros". Transportando isso para a experiência educacional, parece-nos importante observar que nem sempre todos os estudantes estão dispostos, ou se tornam dispostos, a uma experiência pessoal mais significativa na sala de aula.

Infelizmente, a teorização existente sobre a ACP aplicada à educação tem focalizado superficialmente os objetivos, o papel do educador ou a metodologia da abordagem em comparação à metodologia tradicional. Recentemente, a abordagem tem sido mais criticada do que apresentada como uma metodologia "alternativa" relevante. (Gadoti, 1983). Precisamos avançar mais numa teorização que acompanhe tantoas dificuldades e os problemas na abordagem como os aspectos mais complexos do crescimento e da aprendizagem do aluno.

Nesse sentido, é preciso maior documentação da ACP e suas aplicações práticas no campo educacional. Essa documentação deve se desenvolver além do caráter descritivo ou avaliativo em busca da construção de um modelo teórico mais amplo, plenamente coerente com a realidade brasileira e latino-americano.

O impacto dramático da abordagem numa sala de aula, mesmo no tempo reduzido do semestre letivo, oferece uma potencialidade muito grande para uma conscientização pessoal e social do aluno. Até agora, a relação entre a abordagem e a conscientização sócio-política não tem sido postulada. Parece-nos óbvia a conexão entre o sistema educacional tradicional e os sistemas sociopolíticos fechados, autoritários, apoiados sempre por pessoas inflexíveis e rígidas em todos os sentidos, independentemente de suas classes sociais.

A mobilização intra ou interpessoal dentro da ACP não acontece num vácuo sociopolítico ou cultural. **A autovalorização e a transformação pessoal são processos íntimos, com dimensões sociais e políticas desconhecidas.** Em parte, a riqueza da ACP está muito relacionada com sua postura sobre um poder mais dividido, compartilhado entre pessoas. É imprescindível a exploração extensa da aplicação social da abordagem no campo educacional. A relevância da Abordagem ainda é ignorada na busca pelas sociedades e sistemas políticos mais justos e humanos. Parece-nos que é na área educacional que a ACP pode assumir sua verdadeira importância.

O desenvolvimento da potencialidade da ACP nos maiores sistemas sociopolíticos e educacionais depende em parte de uma reconceituação teórica e reaplicação na realidade presente. Sua aplicação atual na América Latina tem sido restrita praticamente às classes mais altas de nossas sociedades. Áreas de educação popular e comunitária estão a nossa espera, sem mencionar a rede pública de ensino.

É de nossa opinião que a transformação e a libertação social há de porvir, não dependendo da Abordagem Centrada na Pessoa como concebida atualmente. Este artigo apenas sugere que os resultados da metodologia têm consequências diretas para uma educação universitária mais relevante numa época de transformações maiores.

A relação mais estreita entre mudança pessoal e social ainda está para ser confirmada. Como educadores e pesquisadores, nossos desafios são muitos dentro da Abordagem Centrada no Aluno. Nossa colaboração mútua no desenvolvimento teórico da abordagem por meio de estudos e pesquisas integradas é uma alternativa imediata e viável.

Referências

GADOTTI, M. **Concepção dialética da educação**: um estudo introdutório. São Paulo, Cortez, 1983.

KIENTZ, A. **Comunicação de massa**: análise de conteúdo. Rio de Janeiro: Eldorado, 1973.

ROGERS, C. R. **Tornar-se pessoa**. São Paulo: Martins Fontes, 1973.

WOOD, J. K. Terapia centrada na pessoa. In: C. R. ROGERS. **Em busca de vida**: da Terapia Centrada no Cliente à Abordagem Centrada na Pessoa. São Paulo: Summus, 1983.

ANEXO 1 – LISTAGEM DE DISCIPLINAS POR CURSO, ANO LETIVO, TIPO E NÚMERO DE AVALIAÇÕES DISCIPLINAS

DISCIPLINA	TURMA	ANO	PERÍODO	TIPO DE AVALIAÇÃO	ALUNOS	UNIDADES
Sociologia Aplicada ao Serviço Social II	1	75	2	Prova Final	39	36
Sociologia Aplicada ao Serviço Social II	1	76	1	Prova Final	33	65
Sociologia Aplicada ao Serviço Social II	1	76	2	Prova Final	25	33
Sociologia Aplicada ao Serviço Social II	1	77	1	Prova Final	34	70
Sociologia Aplicada à Administração	1	75	2	Prova Final	44	48
Sociologia Aplicada à Administração	1	76	1	Prova Final	40	43
Sociologia Aplicada à Administração	1	76	2	Prova Final	42	52
Sociologia Aplicada à Administração	1	77	1	Prova Final	30	69
Pesquisa Social III	1	76	2	Prova Final	32	62
Sociologia Aplicada ao Serviço Social II	1	77	1	Aval. Formativa	34	96
Sociologia da Educação I	1	80	1	Aval. Formativa	30	70
Sociologia da Educação I	1	80	1	Avaliação Final	32	81
Sociologia da Educação I	2	80	1	Avaliação Final	16	38
Fund. Sociológicos da Educação	1	80	Pós-Grad.	Avaliação Final	10	17
Sociologia Geral	8	81	1	Avaliação Final	04	04
Ecossistemas	1	81	1	Avaliação. Final	08	07
Sociologia Aplicada ao Serviço Social II	1	81	1	Avaliação Formativa	26	87
Sociologia Aplicada ao Serviço Social II	1	81	2	Avaliação Final	16	12
Sociologia Geral	7	81	1	Avaliação Final	34	50
Sociologia Aplicada ao Serviço Social II	1	81	1	Avaliação Final	26	50
Sociologia Aplicada ao Serviço Social II	1	75	2	Prova Final	39	36
TOTAL					555	990

ANEXO 2 – CATEGORIAS CONCEITUAIS E SUAS FREQUÊNCIAS DE OCORRÊNCIA NA ANÁLISE DE CONTEÚDO

Nº	CATEGORIA	FREQ.
1.0	AUTODESCOBERTAS	388
1.1	**Autodescobertas Gerais**	**156**
1.1.1	Autodescobertas	18
1.1.2	Mudança ou transformação pessoal (geral)	22
1.1.3	Crescimento interior	21
1.1.4	Atualização, realização pessoal	10
1.1.5	Autoafirmação (geral)	05
1.1.6	Ampliação de autocompreensão e autoconhecimento	30
1.1.7	Atitudes modificadas (geral)	20
1.1.8	Mudança de comportamento (geral)	25
1.1.9	"Enriquecimento" (geral)	05
1.2	**Autodescobertas Mais Específicas**	**164**
1.2.1	Maior equilíbrio interior	04
1.2.2	Maior segurança	10
1.2.3	Perda de inibição, timidez	21
1.2.4	Autoconfiança	22
1.2.5	Autorresponsabilidade	18
1.2.6	Independência de ação	08
1.2.7	Maior consciência do papel pessoal	11
1.2.8	Maior conhecimento de atitudes desempenhadas	05
1.2.9	Capacidade de autoavaliação e autocrítica	27
1.2.10	Autocompreensão, reflexão por meio da observação do(s) outro(s).	12
1.2.11	Autenticidade	09
1.2.12	Sensibilização aos outros	06
1.2.13	Ampliação de senso crítico	06
1.2.14	Autocontrole	05
1.3	**Afirmação de Novas Percepções Pessoais**	**68**
1.3.1	Descoberta de coisas diferentes em si próprio	03

Nº	CATEGORIA	FREQ.
1.3.2	Descoberta da importância de si próprio,da autovalorização	09
1.3.3	Descoberta de uma perspectiva diferente	14
1.3.4	Descoberta de ser capaz	03
1.3.5	Descoberta de poder relacionar-se, participação	12
1.3.6	Descoberta da necessidade de autorrealização	04
1.3.7	Descoberta da transferência de "erros" e autorresponsabilidade	03
1.3.8	Percepção da capacidade de iniciativa	02
1.3.9	Descoberta da capacidade de se expressar	14
1.3.10	Descoberta da capacidade de assumir as decisões	04

Nº	CATEGORIA	FREQ.
2.0	DESCOBERTAS "INTERPESSOAIS"	226
2.1	**Descobertas mais "cognitivas" de sensibilidade aos outros**	58
2.1.1	Maior compreensão do relacionamento com outros	20
2.1.2	Descobertas sobre a importância do relacionamento grupal	13
2.1.3	Descobertas sobre comunicação com outros	10
2.1.4	Descobertas sobre "processo" grupal	15
2.2	**Intensificação da significação pessoal de associação e convivência**	90
2.2.1	Melhor interação e entrosamento com outros	27
2.2.2	Maior relacionamento (e participação) com outros	17
2.2.3	Melhor comunicação com outros (geral)	11
2.2.4	Maior liberdade de expressão com outros	05
2.2.5	Maior percepção dos outros	02
2.2.6	Maior abertura com outros	13
2.2.7	Importância do relacionamento com outros	04
2.2.8	Modificação de valores a respeito de coexistência	03
2.2.9	Melhor tratamento e valorização dos outros	07
2.2.10	Maior identificação com o grupo	01
2.3	**Sentimentos de Intimidade e solidariedade com outros**	78

Nº	CATEGORIA	FREQ.
2.3.1	Maior aceitação e compreensão dos outros	33
2.3.2	Maior intimidade e aproximação com outros	03
2.3.3	Sentimento de responsabilidade pelo outro	03
2.3.4	Maior sentimento de solidariedade humana	07
2.3.5	Descoberta da igualdade	02
2.3.6	Maior capacidade de ouvir os outros	20
2.3.7	Preocupação com os sentimentos dos outros	02
2.3.8	Humanização	05
2.3.9	Crença no próximo	03

Nº	CATEGORIA	FREQ.
3.0	CONSCIENTIZAÇÃO PARCIAL POR MEIO DA EXPERIÊNCIA	301
3.1	**Autocríticas em relação a si mesmo**	**138**
3.1.1	Acomodação pessoal	12
3.1.2	Consciência de contradições pessoais	10
3.1.3	Autorrepressão	03
3.1.4	Bloqueio pessoal (geral)	03
3.1.5	Resistência (geral)	06
3.1.6	Medos e preocupações (geral)	04
3.1.7	Medo pessoal de si mesmo	03
3.1.8	Fuga de si mesmo	03
3.1.9	Inibição (geral)	04
3.1.10	Timidez, reserva	04
3.1.11	Despreparo	04
3.1.12	Insegurança, incertezas (geral)	15
3.1.13	Insegurança do que quer	04
3.1.14	Incerteza do que fazer para romper as limitações	04
3.1.15	Identificação dos sentimentos	02
3.1.16	Confusão de sentimentos e atitudes	10
3.1.17	Perdido, desnorteado	08
3.1.18	Desestruturado	01
3.1.19	Preocupação com o comportamento pessoal	04
3.1.20	Insatisfação pessoal	16

Nº	CATEGORIA	FREQ.
3.1.21	Sensação de inutilidade	03
3.1.22	Depressão	01
3.1.23	Espanto, susto	05
3.1.24	Angústia	06
3.1.25	Apatia	03
3.2	**Autocríticas (com respeito à interação com outros, com o grupo)**	**76**
3.2.1	Alienação interpessoal (não entrosamento, falta de integração)	05
3.2.2	Dificuldades em relacionamento	08
3.2.3	Dificuldade em agir livremente	04
3.2.4	Dificuldade na comunicação, em expressar-se (geral)	25
3.2.5	Dependente	04
3.2.6	Inibição perante outros, o grupo	14
3.2.7	Aumento de inibição pelo grupo	01
3.2.8	Medo de se deixar ser conhecido	01
3.2.9	Medo de ser rejeitado, criticado, agredido	07
3.2.10	Passividade diante do processo grupal, outros	07
3.3	**Descontentamentos pessoais (em relação aos outros)**	**31**
3.3.1	Descontentamento com sua atuação no grupo	25
3.3.2	Sentimento de irresponsabilidade diante do grupo	04
3.3.3	Egoísmo diante do grupo	02
3.4	**Expressões revelando prontidão para mudança**	**39**
3.4.1	Esforço para mudar	03
3.4.2	Esforço para se libertar	04
3.4.3	Tentativa de se descobrir	03
3.4.4	Necessidade de mudar, inovar, decidir	08
3.4.5	Necessidade de desenvolver espírito crítico	02
3.4.6	Necessidade de desabafar	01
3.4.7	Persistência	01
3.4.8	Reflexão, questionamento pessoal	05
3.4.9	Tentativa de vencer os bloqueios	05
3.4.10	Desejo de melhor atuação	03
3.4.11	Necessidade de ser mais extrovertido, se afirmar	04

Nº	CATEGORIA	FREQ.
3.5	**Afirmações de procura ativa de oportunidades para mudança**	**17**
3.5.1	Busca de liberdade pessoal	02
3.5.2	Tentativa de não se justificar	02
3.5.3	Procura de maior entrosamento com o grupo	04
3.5.4	Procura de uma consciência da não manipulação	01
3.5.5	Busca de uma perda de inibição	01
3.5.6	Procura de si próprio, da sua identidade	01
3.5.7	Busca de mudança	06

Nº	CATEGORIA	FREQ.
4.0	EXTERNALIZAÇÃO OU TRANSFERÊNCIA DA EXPERIÊNCIA	**135**
4.1	**Críticas aos outros, ao grupo**	**45**
4.1.1	Necessidade de mudança no grupo, no processo global	06
4.1.2	Preocupação com o grupo, seus encaminhamentos	04
4.1.3	Impasse no grupo	03
4.1.4	"Resistência" do grupo	02
4.1.5	Insatisfação com o grupo	12
4.1.6	Decepção com outros	05
4.1.7	Críticas ao grupo (geral)	12
4.1.8	Confusão dos outros	01
4.2	**Autojustificativas**	**90**
4.2.1	Autojustificativa (geral)	24
4.2.2	Falta de preparação para a experiência	10
4.2.3	Justificativa para atitudes (geral)	20
4.2.4	Falta de interesse (como defesa) ou motivação	14
4.2.5	Falta de iniciativa (como defesa)	06
4.2.6	Transferência da responsabilidade/irresponsabilidade (como defesa)	13
4.2.7	Incapacidade para experimentar	02
4.2.8	Necessidade de maior atenção ou aceitação no grupo	01

Nº	CATEGORIA	FREQ.
5.0	REAÇÕES PESSOAIS EM RELAÇÃO À METODOLOGIA CENTRADA NO ALUNO	323
5.1	**Sobre o novo método**	**107**
5.1.1	Questionamentos sobre o novo método	06
5.1.2	Incerteza da validade da experiência	04
5.1.3	Questionamento sobre a aprendizagem significativa	02
5.1.4	Críticas ao professor (comportamento, atitudes, papel, etc.)	03
5.1.5	Contentamento com a participação nas aulas	07
5.1.6	Reconhecimento da validade da experiência	38
5.1.7	Internalização da experiência como significativa	08
5.1.8	Modificação do comportamento como aluno por causa da abordagem	14
5.1.9	Dificuldades com a abordagem, metodologia	25
5.2	**Sobre educação em geral**	**13**
5.2.1	Descoberta de sua educação repetitiva	04
5.2.2	Maior insatisfação com a aprendizagem tradicional	03
5.2.3	Críticas ao curso	02
5.2.4	Descoberta sobre o processo de ensino/ aprendizagem	04
5.3	**Ampliação de conhecimentos cognitivos**	**38**
5.3.1	Consciência da realidade social	08
5.3.2	Consciência de mudanças culturais e sociais (no sentido pessoal)	02
5.3.3	Acréscimo de novos conhecimentos ou interesses	17
5.3.4	Conscientização (geral)	11
5.4	**Transferência e aplicação da aprendizagem**	**56**
5.4.1	Estímulo para estudos de aprofundamento	11
5.4.2	Sentir-se incentivado à leitura por meio da metodologia	09
5.4.3	Aplicação, transferência do aprendido em outras situações	19
5.4.4	Busca de aplicação na vida, no trabalho profissional	10
5.4.5	Preocupação com o conteúdo, seu aproveitamento, transferência	07

Nº	CATEGORIA	FREQ.
5.5	**Percepções sobre si mesmo como aprendiz**	109
5.5.1	Percepções negativas (geral)	00
5.5.2	Descrença na iniciativa própria de estudo	03
5.5.3	Irresponsabilidade como aluno	12
5.5.4	Insatisfação consigo como aluno	06
5.5.5	Descobertas da importância do papel do aluno (geral)	03
5.5.6	Descoberta da importância de sua participação nas aulas	05
5.5.7	Descoberta do direito de participação nas aulas	01
5.5.7	Importância do participante ou observador	01
5.5.9	Aprendizagem "inconsciente"	01
5.5.10	Crescimento/Desenvolvimento como aluno (geral)	10
5.5.11	Independência como aluno (libertação)	18
5.5.12	Conscientização de desempenho/esforço pessoal como aluno	14
5.5.13	Satisfação como aluno	12
5.5.14	Descoberta, definição de interesses	04
5.5.15	Responsabilidade própria pela aprendizagem	17
5.5.16	Descoberta de pensamentos próprios, sua valorização	02

4.5 APRENDIZAGEM E EDUCAÇÃO CENTRADA NA PESSOA: O DESAFIO DA SÍNTESE DE SEUS PRINCÍPIOS

Este texto aponta que educação e aprendizagem centrada na pessoa ainda não se configuraram como propostos científicos integrados.[16] *Apesar da incessante procura por educadores buscando princípios e metodologias novos, particularmente em face às tecnologias digitais, desafiando a pedagogia tradicional e o ensino centrado no professor, a falta de experiências sistemáticas com uma aprendizagem centrada no aluno resulta no desconhecimento e parca aceitação da Abordagem Centrada na Pessoa no ensino brasileiro ou mundial.*

Introdução

Este ensaio reflete sobre algumas dificuldades que impedem a inovação e a realização de uma transformação humanística na educação. Implícita nesta discussão está a natureza obstinada do modelo de aprendizagem tradicional que permeia todas as instituições educacionais. Examina também as diversas deficiências na sistematização da Abordagem Centrada na Pessoa – **ACP** – para uma compreensão maior da aprendizagem humana em todas as suas dimensões.

[16] O texto completo se encontra em **A abordagem centrada na pessoa**: a psicologia humanista em diversos contextos. F. C. SOUSA KLÖCKNER (Org.). Florianópolis, S.C.: UNIFIL, 2009.

Como pesquisador engajado na promoção da Abordagem no Brasil, posso estar mal informado sobre as descobertas educacionais recentes da **ACP** em nações do primeiro mundo ou em outras localidades, mas sou da opinião de que há poucos trabalhos disseminados que avançam na direção de um paradigma mais organizado da Abordagem Centrada no Aluno. Convido o leitor a ser o crítico da aplicabilidade desses pensamentos expressos aqui.

A maioria de nós conhece os primeiros trabalhos publicados por Carl Rogers sobre aprendizagem e educação (**Liberdade para aprender; Liberdade para aprender em nossa década**). O último livro resumiu a aplicação dos princípios da Abordagem à educação formal nos Estados Unidos citando os estudos de David Aspy e outros.

Muitos livros de Rogers apresentam pelo menos um capítulo sobre educação, o ensino, o treinamento de professores, a aprendizagem significativa e o crescimento pessoal enquanto processo de aprendizagem. Acredito que sua contribuição principal, entre muitas outras, foi a associação que estabeleceu entre aprendizagem e a terapia quando apontou claramente que o processo terapêutico é um processo intensivo de aprendizagem.

Os educadores frequentemente focalizam mais atenção no professor, no processo de ensino e na avaliação do conhecimento do que nos processos internos do aprendiz. Descuidamos da pessoa e da sua disposição interior em busca de estratégias pedagógicas gerais e de modelos estáticos das ementas de conteúdo.

Minhas reflexões neste artigo examinam até que ponto os princípios de uma educação centrada na pessoa são fragmentados quando:

- nós, educadores humanistas ou centrados no aluno, concentramo-nos no professor/educador, muitas vezes não levando em conta mais diretamente o aprendiz –seus estados emocionais, suas dependências socialmente determinadas, suas defesas e processos pessoais;
- não incorporamos a compreensão do mundo interior do educador e de quanto educadores profissionais desenvolvem profundas resistências à mudança pedagógica em nossas intervenções com educadores;

- ignoramos a importância da cultura educacional e institucional e como se manifesta na sala de aula, no grupo e na pessoa do aprendiz;
- não avançamos cientificamente ou pedagogicamente no reconhecimento da sala de aula enquanto um grupo humano, repleto de uma estrutura de poder e de microprocessos socioculturais que se reproduzem na interação humana;
- não explicitamos a natureza da aprendizagem participativa e vivencial que a Abordagem Centrada na Pessoa proporciona, quando desencadeia a busca para uma aprendizagem significativa do conhecimento.

De fato, discussões sobre a importância da relação autêntica e do estabelecimento das condições essenciais para facilitar a aprendizagem reconheceram a utilidade dos princípios da Abordagem para a educação. Mas percebo algo faltando nessa perspectiva. Num artigo eletrônico sintético, Smith (2007, p. 1) considera que a força dos princípios de Rogers:

> Está em parte no seu foco sobre a relação. Como Rogers escreveu "A facilitação da aprendizagem significativa depende de certas qualidades atitudinais que existem no relacionamento pessoal entre facilitador e aprendiz" (1990, 305). **Liberdade para aprender** (1969, 1983, 1993) é uma declaração clássica da possibilidade educacional nesse sentido. Porém, ele já iniciou a noção de um "ensino centrado no estudante" no livro **Terapia centrada no cliente** (1951, p. 384-429).

No quadro a seguir, são apresentados os principais comentários de Rogers sobre a importância da relação interpessoal na facilitação da aprendizagem.[17] As qualidades e atitudes que facilitam a aprendizagem constituem as condições necessárias para estabelecer um clima para uma facilitação efetiva da aprendizagem e estão resumidas na primeira coluna.

[17] Extraído de Rogers. The interpersonal relationship in the facilitation of learning. Reprinted in H. Kirschenbaum and V. L. Henderson (Eds.). **The Carl Rogers Reader**. London: Constable, 1990. p. 304-311.

Na segunda coluna, levanto questionamentos sobre essas qualidades: Até que ponto são sempre suficientes, se tais ações podem ser compreendidas e acolhidas por causa decertas indisposições internas do aprendiz?

QUAIS AS QUALIDADES E ATITUDES, QUE FACILITAM A APRENDIZAGEM?	ONDE ESTÁ O FOCO DAS QUALIDADES E ATITUDES?
Autenticidade no facilitador da aprendizagem Talvez, o mais básico dessas atitudes essenciais é a autenticidade ou a genuinidade. Quando o facilitador é uma pessoa verdadeira, que entra numa relação com o aprendiz sem apresentar uma fachada, ele pode ser mais efetivo. Isso significa que os sentimentos que o facilitador está vivenciando são disponíveis e conscientes, capaz de serem vivenciados, de ser eles, e capaz de comunicá-los se apropriado. Significa entrar num encontro pessoal, direto com o aprendiz, conhecendo-o pessoa a pessoa. Significa que o facilitador está sendo e negando a si mesmo.	Parece-me que a autenticidade ou a genuinidade emana do facilitador (educador). O aprendiz é apenas uma pessoa verdadeira depois que o facilitador demonstra as altitudes essenciais? Que qualidades e disposições do aprendiz são importantes?
Valorização, aceitação e confiança Há outra atitude que se destaca naqueles (educadores) que são bem sucedidos na facilitação da aprendizagem...Penso isso como uma valorização do aprendiz, valorização dos seus sentimentos, das suas opiniões, da sua pessoa. É uma atitude de cuidado com ele, mas não de forma possessiva. É a aceitação desse outro indivíduo como uma pessoa separada, tendo valor por si mesmo. É uma confiança básica – uma crença que essa outra pessoa é de alguma forma confiável. A valorização ou aceitação do facilitador é uma expressão operacional da sua confiança essencial e também uma confiança no organismo humano.	De novo, o foco aqui está sobre as atitudes do educador. Ao mesmo tempo em que aceitação e a confiança no aprendiz certamente são expressões importantes para o educador, como estão sendo levados em consideração os graus de disposição e aceitação presentes no aprendiz? Se essas condições forem essenciais para o relacionamento, o que garante que o outro lado da relação esteja pronto ou disponível?

QUAIS AS QUALIDADES E ATITUDES, QUE FACILITAM A APRENDIZAGEM?	ONDE ESTÁ O FOCO DAS QUALIDADES E ATITUDES?
Compreensão empática Um elemento mais que estabelece um clima para a aprendizagem experiencial autoiniciada que é a compreensão empática. Quando um professor tem a habilidade interna para compreender as reações do aluno, tem uma percepção sensitiva da maneira pela qual o processo da educação e da aprendizagem *parece ao aluno*, a possibilidade de uma aprendizagem significativa aumenta.... [Os alunos sentem uma apreciação profunda] quando são simplesmente entendidos – não avaliados, não julgados, simplesmente entendidos como sendo *de seu próprio ponto de vista*, não do ponto de vista do professor.	A compreensão de como o processo educacional **parece** ao aprendiz ou **atualmente é** para o aprendiz pode não ser tão facilmente apreciado pelo educador. Muitos aprendizes não estão em contato com suas defesas e necessidades. Muitos aprenderam como "jogar o jogo educacional" e embora uma compreensão empática imediatamente é mesmo desejada pelo aprendiz, nem sempre é aceita, confortável ou confiável, apesar das intenções do educador.

Em resumo, é fundamental incorporar nessas atitudes a reconsideração do aprendiz como sujeito – repleto de predisposições e condicionamentos que dimensionam sua receptividade e interação numa relação de aprendizagem. Talvez seja útil incorporar as reflexões de contato de Prouty[18]. O autor conceitua o que chama as "funções de contato" que se referem ao processo da pessoa num contato psicológico. O desenvolvimento dessas funções para ele são as condições **necessárias** para a intervenção.

Aplicadas à relação educacional, podemos então entender a importância: 1) da consciência da realidade (da instituição, dos demais aprendizes, do grupo social em interação, do mundo); 2) da consciência de emoções, sentimentos e afeto; e 3) da consciência do

[18] Veja a síntese de Prouty em Pré-therapy and the pré-expressive self, in T. Merry (Ed.).**The BACPA Reader**, Llangarron, UK: PCCS Books Ltda., 2000. p. 68-76.

contato comunicativo entre atores. É importante também facilitar no aprendiz uma consciência dos condicionamentos incorporados no seu processo de aprendiz que dificultam sua disposição para ser mais aberto à experiência e se tornar sujeito de si mesmo na relação educacional.

A maioria dos educadores não foi treinada nas habilidades interpessoais (de ouvir, de refletir sentimentos ou pensamentos, etc.) nem conhecem a vasta literatura sobre processos grupais. Ainda assim, alguns professores sem treinamento na ACP se relacionam com seus alunos de maneira próxima às atitudes e condições essenciais para facilitar a aprendizagem, sem conhecer os princípios apresentados por Rogers.

Por outro lado, nem sempre suas atitudes são consistentes no contexto da pedagogia tradicional. Para outros educadores, as propostas de uma perspectiva centrada são consideradas ingênuas ou pior, atitudes inaceitáveis para a sala de aula de hoje.

Problemas recentes em escolas públicas e particulares envolvem graves questões sociais e culturais à medida que as instituições educacionais reproduzem o mundo externo em seus ambientes internos. Ao nível universitário, na graduação e na pós-graduação, os educadores e os aprendizes, mesmo os que são críticos das metodologias tradicionais de ensino, não estão dispostos a serem rotulados como "diferentes", "alternativos" ou fora dos padrões pedagógicos centrados no conteúdo e na estrutura dos programas rígidos de ensino, muitas vezes fiscalizados por administradores acadêmicos. Liberdade para aprender não é exatamente um lema para aprendizes ou educadores modernos.

Outra dificuldade encontrada por muitos de nós é o debate sem fim (ou resultados produtivos) sobre a aprendizagem não diretiva ou não estruturada. Ao mesmo tempo que educadores da Abordagem entendem o dilema não diretivo, outros da **ACP** descartam a postura não diretiva como uma proposta viável para experiências educacionais ou até mesmo para a capacitação de psicólogos.

Depois de anos de prática com experiências na sala de aula e em treinamentos, eu vejo a atitude não diretiva como essencial no processo de aprendizagem. É um comportamento ou postura que pode ser assumido por coaprendizes para reestruturar dependências, bem como a criação de relações horizontais no grupo, sala de aula, etc. Essa co-dependência não relaxa padrões acadêmicos, a busca do conhecimento ou a aquisição de novas habilidades, atitudes ou conteúdos.

À medida que permanecemos numa discussão sobre a necessidade de uma diretividade ou não, perpetuamos um debate durante anos sobre se a aprendizagem verdadeira pode ocorrer sem o controle tradicional de estrutura "necessária" para aprender. Esse debate é estéril, mas reforçado pelos textos educacionais, pelas teorias sobre aprendizagem atualmente transmitidas e pela metodologia do ensino em que os princípios de Rogers são superficialmente reduzidos à questão da perspectiva não diretiva.

Há programas e instituições que alegam seguir valores centrados na pessoa do aluno ou até em abordagens centradas no cliente (veja destaque a seguir). Essas aplicações são esparsas no mundo e especialmente no Brasil.

A produção científica ou até relatos empíricos dos resultados da aplicação de uma educação centrada no aluno é mais dispersa ainda. A comunidade da Abordagem Centrada na Pessoa e seus educadores não têm produzido uma proposta científica integrada que corrobora o conhecimento profissional adquirido ou os princípios de aprendizagem.

> K12nects é um projeto da Fundação Educacional Fairfax, uma parceria entre entidades públicas e privadas trabalhando para melhorar a qualidade do ensino público e as escolas públicas do município de Fairfax – um dos maiores distritos do país, localizado em Fairfax, Virgínia. O projeto propõe uma Educação Centrada no Cliente – um sistema escolar desenhando os serviços educacionais, as necessidades de cada estudante, do professor e do pai.

A nossa produção escrita não se modernizou para claramente validar uma abordagem centrada no aluno com o intuito de promover a aprendizagem humana. Qualquer proposta mais integrada e sistematizada sobre um enfoque educacional centrado no aluno e na aprendizagem terá que examinar complexos processos internos, tanto do educador quanto do aprendiz.

A Pessoa do Educador e seu Mundo Interior[19]

Muito do que se encontra na literatura educacional refere-se ao que **o professor faz ao aluno**, como seleciona e organiza conteúdos, como avalia, etc. Pouco tem sido escrito sobre a pessoa do professor, como profissional, como educador, como pessoa humana.

A crise educacional transformou e desestruturou o papel social do "professor" por meio da sua proletarização – um processo social pela qual, indivíduos de camadas superiores perdem seu *status* social (Novo Dicionário Aurélio, 1986). Neste contexto, a crise se manifesta no cotidiano do profissional como crise de identidade, de valores e de função. No entanto, até que ponto essa perda de *status* profissional é compreendida pelos educadores e refletida na prática de suas aulas?

Ao contemplar qualquer transformação no papel do educador, é necessário examinar as configurações do seu mundo interior. Esse mundo é composto de importantes componentes referenciais, conscientes ou não:

- **Experiências –** As experiências pessoais que configuram o seu próprio percurso pedagógico.
- **Quadro conceitual –** As premissas básicas sobre aprendizagem humana e como essa aprendizagem se procede na sala de aula, no treinamento, *on-line* a distância, na qualificação. É seu quadro conceitual / referencial que deve guiar o seu desempenho funcional enquanto educador.
- **Quadro operacional –** As pré-disposições para a ação educativa na sala de aula, por meio das quais o educador organiza a experiência psicosociopedagógica dos aprendizes. É um referencial de procedimentos, estratégias, técnicas e métodos aplicáveis no cotidiano da sala de aula.
- **Identidade social –** O conjunto de elementos internalizados da definição externa do *status*, valorização e

[19] Adaptado de Doxsey. Um ensino superior com foco no aprendiz e na aprendizagem. É possível? **Momento do Professor**, ano 2, n 4, 2005. p. 34-365. Texto disponível neste capítulo.

significação de sua condição de educador/professor/trabalhador docente.

- **Identidade pessoal –** Uma composição dos elementos externos e internos que configuram sua autoimagem e autovalorização como pessoa humana.

Esses componentes tendem a ser fragmentados e desorganizados. Para um educador iniciante, esses são componentes em formação quase invisíveis perante o complexo desafio da tarefa educacional. Tanto a desorganização quanto a organização fixada demais desses componentes podem resultar em rigidez, inflexibilidade, arrogância e intolerância acadêmica.

A falta de uma filosofia educacional de trabalho congela a pessoa do professor num papel repetitivo, mecânico e focado numa transmissão de conteúdos. A intervenção pedagógica não é considerada como uma intervenção profissional ou um relacionamento humano de ajuda. Os aprendizes tornam-se objetos a serem organizados, instruídos, diagnosticados, interpretados e avaliados pelo professor que domina esses conteúdos.

O esquema referencial mais forte tende a ser o da própria experiência do professor em termos de seu percurso pedagógico e da sua história individual de vida. Essa história representa uma aglomeração confusa de memórias e experiências. Sem princípios sistematizados ou uma abordagem filosófica de suporte, o professor desenvolve um *modusfaciendi* limitado e reforçado por sua própria experiência, percepção, conhecimento e pré-noções.

Quais são as premissas básicas do professor sobre o aprendiz, sobre como o processo de aprendizagem ocorre e como poderia ser facilitado? O professor acredita ou não na capacidade do aprendiz para aprender? O aluno é confiável ou não? A aprendizagem depende mais do professor/educador do que do educando? Quando se faz perguntas como essas ao educador, todos têm respostas pedagogicamente corretas para esse tipo de discussão? Mas o que de fato eles fazem na sala de aula?

A hipótese principal aqui é que os educadores estão numa crise de identidade pessoal, profissional e social. A identidade profissional, como os demais componentes do mundo interior, precisa de clarificação e de uma profunda reflexão.

O Mundo Interior do Aprendiz e do Educador como um Aprendiz

Há muito mais aprendizes do que educadores. Se incluirmos os educadores como atores ativos no contexto da aprendizagem, **todos os atores na relação educacional seriam aprendizes** ou **coaprendizes** com funções e responsabilidades mútuas para promover o processo da aprendizagem. Infelizmente, educadores nem sempre percebem a aprendizagem como algo que ocorre simultaneamente dentro de si mesmo quando "ensinam".

Podemos, então, imaginar o desafio para (re)qualificar, treinar ou promover a aprendizagem de indivíduos que já se auto categorizam como educadores, com ou sem experiência. Se estão "fechados" para a possibilidade da coaprendizagem, pouca abertura terão para a mudança ou a reconsideração de seu quadro referencial pessoal pode ser antecipada. Nesse sentido, às vezes, educadores são o pior tipo de "aprendiz" que se pode encontrar.

É um paradoxo na educação, em que há mais pesquisa do que em outras áreas das ciências humanas, haja menos transformação substancial nos princípios pedagógicos básicos. Parece também que o discurso educacional está sempre mudando, contribuindo, assim, para assegurar que uma transformação verdadeira ocorra.

Aparentemente, a educação tem avançado pouco como ciência humana no sentido de compreender a aprendizagem humana. O que sabemos realmente do aprendiz ou do professor e de seus processos internos de aprendizagem? Mesmo não sendo possível discutir aqui muito da literatura sobre as teorias de aprendizagem, posso tentar sintetizar meus pensamentos sobre o que tenho lido. Basicamente, há noções bastante diversas sobre como se aprende.

As teorias clássicas apontam os aspectos cognitivos da aquisição de informação e de conhecimento. Os behavioristas e humanistas tiveram seus debates sobre como esses processos ocorrem.

Rogers já enfatizou em várias obras a importância da aprendizagem significativa. Diversas teorias avançam a noção de que a aprendizagem humana se encontra codificada e transmitida por meio dos genes. A aprendizagem formal supostamente reforça o que já é conhecido pelas experiências passadas. Desenvolvimentos recentes na neurociência colocam o sistema nervoso e o cérebro como sendo as fundações físicas básicas para a aprendizagem, vinculando observações sobre comportamento cognitivo aos processos físicos que apoiam tal comportamento.

As teorias educacionais mais progressistas não conseguem apresentar "modelos" convincentes de aprendizagem ou prescrever procedimentos pedagógicos que levem em consideração as complexidades da aprendizagem humana. Ironicamente, num campo de conhecimento tido como científico, a pedagogia moderna é pouco conclusiva, inconsistente, não científica e até superficial na definição do seu conceito básico: o processo de aprendizagem humana.

Isso não quer dizer que educadores não tentam aperfeiçoar os seus conceitos teóricos.[20] Muitas teorias, algumas mais radicais do que outras, pelo menos no momento de lançamento, continuam como referências bem conhecidas dos educadores.

Em alguns países da América Latina, as considerações ideológicas filtram as filosofias e práticas educacionais. Os contextos sociais e culturais são enfatizados acima das abordagens psicológicas para aprendizagem e oferecem resistências fortes ao pensamento da ACP como proposta hoje.

O ponto fundamental levantado aqui é a grande defasagem entre o que supomos (ou esperamos) que ocorra dentro do aprendiz e o que pode ser comprovado cientificamente sobre sua aprendizagem. Os mitos educacionais são mais fortes do que a evidência cientifica comprovada sobre a maioria dos conceitos educacionais e sempre ameaçam maior experimentação com processos alternativos de aprendizagem.

Talvez muito do que sabemos sobre a aprendizagem seja verdadeiro, mas esse conhecimento não está organizado sistematicamente e coerentemente para formar uma abordagem pedagógica sólida para um desenvolvimento educacional substancial e renovado.

Há muitas verdades que nós educadores descobrimos que se reforçam pela própria experiência. Uma "verdade" particular que tem afetado muito o meu trabalho é o reconhecimento de que pessoas diferentes aprendem conteúdos diferentes, ao mesmo tempo, de maneiras

[20] Para uma revisão interessante de doze teorias diferentes, veja Funderstanding. **About Learning**. Disponível em: <http://www.funderstanding.com/about_Learning.cfm>. Acesso em: 25 set. 2021.

diferentes. Mais tarde, elas continuam a aprender por causa dos seus estilos pessoais de aprendizagem e de suas preferências.

Isso tem tido um impacto tremendo na forma que percebo o aprendiz individual e como trabalho dentro da comunidade de aprendizagem. Isso também afeta minhas relações com o aprendiz em experiências em educação a distância.

Uma proposta denominada de "estilo de aprendizagem" reforça as minhas observações:

> (O estilo de aprendizagem) enfatiza o fato que indivíduos percebem e processam informação de formas muito diferentes. A teoria de estilos de aprendizagem implica que o quanto que os indivíduos aprendam tem mais a ver com o quanto a experiência de aprendizagem está ajustada ao seu estilo particular de aprendizagem do que se são "inteligentes" ou não. De fato, educadores não devem perguntar "Se o aluno é inteligente' mas "Como é inteligente?".... O conceito de estilos de aprendizagem está fundamentado em pesquisa que mostra que, como resultado de hereditariedade, educação e demandas do ambiente atual, indivíduos diferentes têm uma tendência a perceber e processar informação diferentemente. (Funderstanding, 2007, p. 1).

Ao examinar muitas dessas teorias e abordagens, comparando-as aos princípios da Abordagem Centrada na Pessoa, pode ser ponderado por que o pensamento humanista foi incorporado, mas não explicitado como tal nesses postulados. Para Viggiana Bicudo, o início da educação centrada no aluno pode estar relacionado à psicologia humanista e "às ideias de pensadores europeus, principalmente os existencialistas e fenomenólogos". (2006, p. 60).

É também possível reconhecer muita semelhança entre os conceitos da ACP e as teorias modernas de aprendizagem. Mas não vejo educadores da ACP incorporando essas descobertas de outros campos de pesquisa e pensamento. Isso é verdadeiro, se focalizarmos o mundo interior de nossos aprendizes em vez de escrever sobre a conduta do educador e como deve se relacionar com o aprendiz.

O que sabemos desse mundo interior do aprendiz? Provavelmente, como no meu caso ao documentar as minhas experiências, sabemos o que os aprendizes dizem, escrevem ou demonstram na relação educacional centrada no aluno. Entretanto, nossas análises são interpretações pós-fato dos resultados, autoavaliações ou observações pessoais.

O que os aprendizes dizem? Muitas vezes dizem:

- Não estou pronto para mudar. Não estou preparado para essa experiência.
- Ainda preciso de seu apoio e conselho porque não sei como começar, como pensar por mim mesmo, como me avaliar.
- O professor sabe o que preciso aprender e como me dar o conhecimento básico que não tenho.
- Outros aprendizes não sabem como me ajudara aprender, não vão trabalhar tanto quanto eu e não são realmente interessados em aprender.
- Por que tenho que buscar conteúdo, ler material que não quero para poder "descobrir" o que realmente preciso? O educador deve me fornecer o que preciso. É o seu papel.
- Avaliação externa e aprovação do educador são elementos críticos. Não estou preparado para me avaliar ou avaliar outros aprendizes.
- Trabalhar em grupo sem uma estrutura e tentando resolver problemas é um gasto de tempo. Preciso saber o que fazer, como fazer e se estou aprendendo corretamente ou não. Só a estrutura estabelecida pelo educador garante aprendizagem eficiente.
- A sala de aula (comunidade de aprendizagem) e pequenos grupos são processos ineficientes e lentos, dominados por uns poucos participantes. Ninguém aprende muito num grupo.
- Apesar do fato de que aprendi muito sobre mim mesmo e sobre pessoas nessa experiência, tenho medo que não aprendi realmente o conteúdo importante para... (meu trabalho, minha profissão, meu futuro, etc.).

O conflito e estresse muitas vezes acompanham o aprendiz quando vivencia uma experiência centrada no aluno, independentemente do grau de "estrutura" e abordagem empregada, o grau ou modo de preparação organizada. A mudança de paradigma é logicamente recebida diferentemente por cada aprendiz. Inevitavelmente, o mundo interior do aprendiz é afetado e impactado.

A promoção de condições facilitadoras para a aprendizagem e um diálogo autêntico dentro e fora da comunidade de aprendizagem são essenciais para desconstruirmos expressões hostis, reativas de ressentimento, medo e confusão.[21]

O estabelecimento das condições facilitadoras essenciais no ambiente educacional é um processo muitas vezes bloqueado pelo mundo interior de aprendizes com diferentes graus de dependência, condicionados pelo foco no conteúdo e as múltiplas demandas da pedagogia tradicional. Aprendizes que arriscam expor processos internos são, às vezes, desrespeitados por ataques agressivos contra qualquer expressão de afeto, emoção, opiniões esperançosas para mudança ou qualquer reação positiva à experiência de aprendizagem.

Uma resistência silenciosa pode predominar no ambiente educacional. O aprendiz "escapa" passivamente na comunidade esperando novos acontecimentos. O jogo educacional continua para muitos aprendizes. Espera o educador para saber o que fazer. Cada um espera no seu mundo interior pela eventual solução, uma estruturação da aprendizagem pelo outro, preferencialmente pelo educador.

Na maioria das vezes, numa aprendizagem segundo os princípios da Abordagem com mais estrutura na tarefa ou no conteúdo, os estágios inicias do processo tendem a ser menos traumáticos para todos os atores. No final das contas, a tarefa é clara e o conteúdo definido.

Para muitos que aplicam a ACP à educação, os processos internos negativos são reconhecidos e ativamente confrontados como oportunidade para aprendizagem. Mas até que ponto temos avançado **coletivamente** no registro, na análise e no estudo das reações e comportamentos dos aprendizes?

[21] É importante reconhecer que a relações de aprendizagem se estendem além da sala de aula imediata, particularmente em instituições educacionais.

Em Busca de uma Consolidação de Ideias e Princípios

Em que nível e grau estamos mais perto de uma compreensão científica desses processos da aprendizagem humana? Aqui, não estou simplesmente me propondo escalas de medida ou procedimentos quantitativos com um foco acadêmico. Estou questionando a nossa evolução como uma abordagem filosófica e profissional dentro deum quadro referencial Centrado na Pessoa do Aprendiz.

Além da discussão sobre a relevância de um foco maior nos processos internos, desatacam-se três temas para uma reflexão, buscando construir um referencial maior de princípios.

1. A relação entre processos terapêuticos e a educação centrada no aprendiz.
2. O processo de aprendizagem segundo a fenomenologia de Rogers.
3. A sala de aula como um grupo inevitável.

Cada eixo temático contribui para uma dimensão e para a conceituação de um possível quadro referencial operacional e teórico mais repleto do conhecimento que já existe sobre o pensamento centrado na pessoa e suas aplicações.

Novos Desafios?

Questionei neste texto vários pontos. O pensamento educacional da ACP sobre a aprendizagem humana e o ensino tem seguido um raciocínio tradicional num foco sobre o que o educador faz ao aprendiz. Preocupou-se em fazer a aprendizagem mais significativa, como estabelecer condições facilitadoras na relação com o aprendiz e em como promover a avaliação centrada no aluno. Essas são essencialmente variações nas estratégias comuns ao ensino tradicional.

Muito pouca ênfase tem sido depositada em como os aprendizes aprendem, sentem e reagem. Aqui não estamos buscando instalar um modelo de aprendizagem em si, mas interessados no desenvolvimento de maior compreensão na visão do aprendiz dessas condições essenciais para a aprendizagem e para o crescimento.

Como é que podemos ser mais eficazes no processo de recentralizar a aprendizagem, assim, facilitando o aprendiz na reestruturação do lócus de poder em si mesmo e reconhecendo os complexos desafios delicados para a atualização na aprendizagem?

Uma educação centrada no conteúdo e no educador é um adversário potente para educadores da Abordagem explorando novas perspectivas. Apesar de que a pesquisa educacional não comprovou **qualquer** abordagem ou metodologia como superior a qualquer outra na avaliação de resultados cognitivos, a Abordagem Centrada na Pessoa falhou na explicitação e na consolidação de suas contribuições educacionais e em suas aplicações à aprendizagem humana nos anos 80 e 90.

Nenhuma afirmação ampla, relevante, tem emergido do nosso trabalho para questionar substancialmente os mitos educacionais sobre a aprendizagem perpetuada globalmente pelos estabelecimentos tradicionais de ensino em todos os níveis do ensino.

Nessa última década, porém, as novas tecnologias de informação (**TI**), tecnologias baseadas na INTERNET, aprendizagem baseada no computador e na educação a distância têm desafiado os sistemas educacionais tradicionais.

Os pontos polêmicos levantados ameaçam as concepções tradicionais do aprendiz como incompetente e incapaz. Coloca em xeque a dependência do aprendiz na pessoa do educador que sabe tudo. Novas descobertas em inteligência artificial por meio de mapas cognitivos são avanços estimulantes para pensar sobre comunidades virtuais de aprendizagem, coaprendizagem e "a explosão de informação" compartilhada, facilitada pela INTERNET.

Renate Motschnig-Pitric (2001, 2002, 2003, 2004) tem sido pioneira na aplicação dos princípios da Abordagem a *e-learning* por meio de pesquisa na Universidade de Viena. Em trabalho com outros colegas, Motschnig-Pitricjuntou o conceito da aprendizagem centrada no aprendiz com "elementos de *e-learning*, resultando numa abordagem chamada *Person-Centered e-learning* (**PCeL**)". Essa aprendizagem é alcançada quando

> ... partes significativas da transferência de conhecimento intelectual são alocadas ao computador no mesmo tempo que o instrutor assume o papel de facilitador que busca criar um clima construtivo de aprendizagem baseado em valores como transparência, respeito e compreensão. (2004, p. 117).

Nykle Motschnig-Pitric (2002) desenvolveram hipóteses em relação à disponibilização de elementos nos ambientes de aprendizagem que combina ferramentas do computador com experiências presenciais para integrar efetivamente a aprendizagem intelectual, social e pessoal. Também postularam que os instrutores precisam de um alto grau de flexibilidade interna para reagir às situações individuais e devem respeitar as tendências individuais e grupais em conjunto com os aprendizes (p. 178).

Os resultados iniciais de suas pesquisas apontam que as aprendizagens mais significativas dos estudantes têm sido o aumento de competências profissionais, a experienciação de um clima positivo de aprendizagem, colaboração com outros aprendizes e interesse no conteúdo das matérias.

Motschnig-Pitrice Mallich concluem que um desenvolvimento integrado de mídia e competências pessoais e interpessoais é essencial para o sucesso de **PCeL**. Seus resultados também "apoiam a teoria de Rogers de que aprendizagem experiencial para a pessoa integrada (*whole-person*), que enfatiza a integração de cognições, intuições/sentimentos e habilidades, segue uma tendência atualizante dirigida para a atualização do organismo integral(p. 190)".

É interessante observar a preocupação dessa nova aplicação da **ACP** tanto com o aprendiz quanto com o educador. Na busca de um ambiente de aprendizagem em que a relação entre todos os atores é acentuada, Motschnig-Pitric e outros harmonizam a tecnologia da aprendizagem eletrônica com procedimentos que garantam "espaço para processos sociais e pessoais e experiências mais profundas de aprendizagem" (p.176).

Por meio de experiências pessoais com educação a distância e consultoria com técnicos da inteligência artificial (muitos dos quais são excelentes educadores também), é extremante paradoxal enfrentar as queixas dos aprendizes referentes à falta de interação humana no computador. Muitos aprendizes reportam uma sensação de isolamento do educador e dos demais aprendizes.

A grande maioria dos ambientes educacionais tradicionais em qualquer nível nega e controla essa interação na sala de aula. Interação entre estudantes é considerada uma distração não produtiva, quase nunca promovida, mesmo fora da sala de aula, como possível recurso para a aprendizagem.

Talvez os educadores mais radicais dos anos 60 tiveram razão. Escolas sem paredes e educação sem escolas talvez possam eventualmente substituir o sistema educacional como o que conhecemos hoje. Mas a tecnologia do computador, se vai evitar os dilemas de uma educação centrada *no conteúdo ou na máquina*, tem que ser humanizada. E o educador humano talvez possa aceitar a necessidade para uma teoria de aprendizagem centrada no aprendiz, se nós podemos ser gestores e recursos colaborativos mais eficientes dentro da nossa própria comunidade de aprendizagem da ACP. Podemos conceituar juntos uma Educação Centrada na Pessoa?

Referências

BICUDO, V. A filosofia da educação. In: MARTINS, J.; V. BICUDO. **Estudos sobre existencialismo, fenomenologia e educação**. São Paulo: Centauro, 2006. p. 57-104.

BRADFORD, L. P.; GIBB, J.; BERNE, K. D. **T-group theory and laboratory method**. New York: Wiley, 1964.

BLANCO B. R. **Docencia universitária y desarrollo humano.** México: Editorial Alhambra Mexicana, 1982.

BRANDÃO, C. R. **O educador**: vida e morte. Rio de Janeiro: Graal, 1982.

CAMPBELL, J. **O herói de mil faces**. São Paulo: Cultrix/Pensamento, 1999.

CAPPELLETTI, I. F; MASETTO, M. T. (Org.).**Ensino superior**: reflexões e experiência. São Paulo, EDUC – Editora da PUC-SP, 1986.

CODO, W. (Coord.). **Educação**: carinho e trabalho. *Burnout*, a síndrome da desistência do educador que pode levar à falência da educação. Rio de Janeiro: Vozes, CNTE, UNB, 1999.

COSTA, M. C. V. **Trabalho docente e profissionalismo**. Porto Alegre: Sulina, 1995.

CUNHA, M. I. **Desmistificando a profissionalização do magistério**. São Paulo: Papirus, 1999.

DOXSEY, J. R. Um ensino superior com foco no aprendiz e na aprendizagem. É possível? **Momento do Professor**: revista de educação continuada, São Paulo, ano 2, n. 4, p. 33-43, primavera 2005.

DOXSEY, J. R. Autoavaliação: alternativa viável para o ensino superior? **Educação Brasileira – Revista do Conselho de Reitores**. 10, n. 21, Brasília, DF, p. 139-171, 1988.

DOXSEY, J. R. Reflexões teóricas sobre aprendizagem universitária numa abordagem centrada na pessoa do aluno: o mito da não diretividade. In: ROSENBERG, R. (Org.). Vivência acadêmica: o enfoque centrado na pessoa. **Cadernos USP**, n. 2, mar., São Paulo: Universidade de São Paulo, p. 105-113, 1987.

DOXSEY, J. R. A sala de aula universitária como comunidade de aprendizagem e contexto psicossociológico para mudança. In: CAPPELLETTI, I. F.; MASETTO, M. T. (Org.). **Ensino superior**: reflexões e experiência. São Paulo: EDUC – Ed. da PUC-SP, 1986. p. 147-200.

DOXSEY, J. R. Dimensões de autovalorização e transformação pessoal como consequência de uma abordagem centrada no aluno. **Revista das Faculdades Franciscanas – Psicologia II**, v. 2, n. 2, p. 7-28, 1984.

DUBAR, C. **A socialização**: construção das identidades sociais e profissionais. Portugal: Porto Editora, 1997.

EDUCAÇÃO EM ALTA. Rio de Janeiro: **O Globo**, 26/09/1999, p. 2, Caderno Vestibular.

ENGUITA, M. F. A ambiguidade da docência: entre o profissionalismo e a proletarização. **Teoria & Educação**, n. 4, p. 41-61,1991.

ESTEVES, J. M. **O mal-estar docente**: a sala de aula e a saúde dos professores. São Paulo: Edusc, 1999.

ESTEVES, J. M. Mudanças sociais e função docente. In: NÓVOA, A. (org.). **Profissão professor**. Porto: Porto Editora, 1995.

FERREIRA, R. **O professor invisível**: imaginário, trabalho e vocação. Rio de Janeiro: Quartet, 2003.

FERREIRA, R. **Entre o sagrado e o profano**: o lugar social do professor. 3 ed. Rio de Janeiro: Quartet, 2002.

FERREIRA, R.; SOUZA, D. B. (Orgs.). **Bacharel ou professor?**: a reestruturação dos cursos de formação de professores no Rio de Janeiro. Rio de Janeiro: Quartet, 2000.

FUNDERSTANDING. Disponível em: <http://www.funderstanding.com/learning _styles.cfm>. Acesso em: 28 abr. 2007.

GUEDES, S. P. **Educação, pessoa e liberdade. Propostas Rogerianas para uma práxis psicopedagógica centrada no aluno.** São Paulo: Cortez e Moraes, 1979.

GUEDES, S. P. **Psicologia da aprendizagem centrada no estudante.** Campinas: Ed. Papirus, 1986.

HANNOUN, H. **A atitude não diretiva de Carl Rogers.** Lisboa: Livros Horizonte, 1980.

JUSTO, H.; ROGERS, C. R. **Teoria da personalidade aprendizagem**: um relatório de experiência. Lisboa: Horizonte, 1977.

LEITÃO, V. M. **Limites da abordagem centrada na pessoa.** (Dissertação de mestrado). Fortaleza: Universidade Federal do Ceará, 1984.

MARTINS, J.; VIGGIANI BICUDO, M. A. **Estudos sobre existencialismo, fenomenologia e educação.** São Paulo: Centauro, 2006.

LHOLLAN, F.; FORISHA, B. E. **Skinner X Rogers**: maneiras contrastantes de encarar a educação. São Paulo: Summus, 1978.

MORENO LOPEZ, S. **La educacion centrada en la persona.** México: Manuel Moderno, 1979.

MOTSCHNIG-PITRIK, R. **Person Centered e-Learning in a major academic course: What are the results and what can we learn from them?** 4th International Conference on Networked Learning (NLC 2004), 5-7 April, Lancaster, UK. 2004.

MOTSCHNIG-PITRIK, R. **Using the Internet with the student-centered approach to teaching - method and case study.** International Workshop on Interactive Computer-Aided Learning (ICL 2001), 26-28 September, Villach, Austria, 2001.

MOTSCHNIG-PITRIK, R.; DERNTL, M. **Student-centered e-learning (SCeL)**: concept and application in a students' project on supporting learning. International Workshop on Interactive Computer-Aided Learning (ICL 2002), 25-27 September, Villach, Austria. 2002.

MOTSCHNIG-PITRIK, R.; HOLZINGER, A. Student-centered teaching meets new media: concept and case study. **Educational Technology & Society**, 5(4), 160-172, 2002.

MOTSCHNIG-PITRIK, R.; NYKL, L. Towards a cognitive-emotional model of Rogers' Person-Centered Approach. **Journal of Humanistic Psychology**, 43(4), 8-45, 2003.

NYKL, L.; MOTSCHNIG-PITRIK, R. **Uniting Rogers' and Vygotsky's theories on personality and learning**. The Carl Rogers Conference 2002, 24-28 July, San Diego, USA. 2002.

PROUTY, G. Pré-therapy and the pré-expressive self. In: N. T. Merry (Ed.). **TheBACPA Reader**, Llangarron, UK: PCCS Books Ltda. p. 68-76, 2000.

ROGERS, C. R. The interpersonal relationship in the facilitation of learning republicada. In: H. Kirschenbaum; V. L. Henderson (Eds.).**The Carl Rogers Reader**, London: Constable, p. 304-311 1990.

ROGERS, C. R. **A way of being**. Boston: Houghton Mifflin, 1980.

ROGERS, C. R. **Encounter groups**. New York: Harper and Row; London: Penguin, 1970.

ROGERS, C. R. **On becoming a person**: a therapist's view of psychotherapy. Boston: Houghton Mifflin, 1961; London: Constable, 1967.

ROGERS, C. R. **Client-centered counseling**. Boston: Houghton-Mifflin, 1951.

ROGERS, C. R.; FREIBERG, H. J. **Freedom to learn**. 3 ed. New York: Merrill, 1993.

SILVA, M. C. P. A. Lócus de controle e preferência por métodos didáticos: pesquisa empírica baseada na abordagem centrada no aluno e viabilizada em universidades do Rio de Janeiro e do Espírito Santo. **Masters Dissertation in Social Psychology**. Rio de Janeiro: Universidade Gama Filho, 1991.

SMITH, M. K. **Carl Rogers, core conditions and education**. Disponível em: <http://www.infed.org/thinkers/et-rogers.htm>. Acesso em: 27 abr. 2007.

THORNE, B. **Carl Rogers**. London: Sage, 1992.

WOOD, J. K. Communities for learning: A person-centered approach. **New directions in theory, research and practice**. New York, Praeger Publishers, 1984.

5.

5.0 ÉTICA E AS PRÁTICAS DA ABORDAGEM CENTRADA NA PESSOA

Este capítulo analisa a questão ética na universidade e na prática da Abordagem Centrada na Pessoa – ACP. Como Ouvidor Geral na Universidade Federal do Espírito Santo, relato as minhas experiências dentro da perspectiva da Abordagem. Afirmo que o corpo de pressupostos filosóficos e metodológicos da ACP pode subsidiar programas educativos preventivos para a conduta ética e resolução de problemas de interação humana no contexto do ensino superior.

Analiso a nossa herança ética de Rogers e a produção de estudos da ACP aqui no Brasil, à luz da legislação sobre a pesquisa com sujeitos humanos, bem como a conduta ética na instituição ou no consultório.

Em um segundo texto, examino a conduta ética de participantes em eventos da ACP, discutindo possíveis procedimentos preventivos para resguardar direitos individuais e como lidar com outros problemas de relacionamento.

No texto final, questiono a adequação ou não dos cursos de formação em Psicologia que ocorrem após certificação do psicólogo. Levanto questionamentos referentes à ética da conduta educacional como intervenção humana.

5.1 ÉTICA ACADÊMICA E CIENTÍFICA NUMA PERSPECTIVA PSICOSSOCIOLÓGICA: A ESCUTA ATIVADO OUVIDOR

O trabalho está baseado em experiências deste autor como Ouvidor-geral (Omsbudman) da Universidade Federal do Espírito Santo, Vitória, ES. Brasil durante dois anos.[1]

> *Political anatomy does not itself produce knowledge: it retraces its genealogy. In doing so, it deprives knowledge of its apparent objectivity. It denounces the illusion of truth. Knowledge is not so much true or false as legitimate or illegitimate for a particular set of power relations* (ALAN SHERIDAN).

> *Existem autores contemporâneos que fazem uma diferença ente "ética" e "moral" ... A pergunta sobre em que consiste em si a diferença entre ética e moral seria absurda. Ela soa como se a gente quisesse perguntar sobre a diferença entre veados e cervos* (TUGENDHAT, 1993).

Introdução

Não se pretende detalhar aqui os princípios do enfoque psicossociológico utilizado em nosso trabalho como Ouvidor-geral, nem

[1] Trabalho originalmente apresentado no IX Encontro da Abordagem Centrada na Pessoa, São José, Costa Rica. Fevereiro de 1999 e publicado em R. P. LYRA (Org.). **A ouvidoria na esfera pública brasileira**. João Pessoa: Editora Universitária – UFPB; Curitiba: Editora Universitária UFPR, 2000, p. 143-157.

examinar a vasta literatura recente sobre a ética ouafilosofia da ética. De qualquer maneira, é necessário contextualizar a ausência institucional da ética acadêmica no ensino superior brasileiro. Leitores impacientes podem pular essa discussão.

Durante várias décadas, a perspectiva filosófica e metodológica da Abordagem Centrada na Pessoa – ACP – vem sendo aplicada em diversas práticas, no Brasil e na América Latina. A discussão de sua viabilidade, para facilitar a intervenção social, institucional e comunitária, apesar de não ser recente entre praticantes das "profissões de ajuda", recebe pouca divulgação.

Os registros dessa prática também têm sido relegados ao segundo plano, quando comparados aos debates e às publicações mais frequentes relativos à prática clínica da Abordagem Centrada na Pessoa ou da Terapia Centrada no Cliente.

A questão da ética moderna ou a constituição de uma nova ética emerge com as preocupações referentes à crise dos paradigmas. Para Pegoraro (1997), a filosofia registra a "extraordinária ascensão" da ética:

> A emergência da ética coincide com outro fato igualmente bem-vindo: sua laicização, no sentido que o debate ético está ao alcance de todos os interessados na discussão de problemas morais. Por isso, as questões éticas extrapolaram os gabinetes dos doutores em filosofia e teologia e ganharam os laboratórios de pesquisa científica, médica e biológica; chegaram às empresas, aos sindicatos, aos partidos políticos, aos meios de comunicação e através destes, às multidões de espectadores e ouvintes (p. 25).

A ética, porém, e a discussão da intervenção educacional enquanto intervenção humana ética está demorando para chegar à educação formal em qualquer de seus níveis ou dependências administrativas (Doxsey, 1997). Neste artigo, são examinadas essas implicações para o ensino superior, bem como suas relações acadêmicas de ensino e produção científica, ilustrando a discussão segundo a experiência institucional de docente, professor de metodologia de pesquisa social e Ouvidor-geral da Universidade Federal do Espírito Santo, Vitória, ES, Brasil.

Também, refletir-se-á sobre alguns dilemas enfrentados em muitas Instituições de Ensino Superior brasileiras relacionados à falta de um diálogo sobre a ética acadêmica e científica no ensino superior, tentando relacionar a potencialidade do enfoque centrada na pessoa para a ação institucional preventiva (proativa).

As Dimensões da Ética

Não só a pessoa, mas também a comunidade. (Leonardo Boff)

No debate sobre a ética moderna, emergem velhos argumentos sobre o indivíduo/ autonomia versus o "individualismo"/"egoísmo"[2]; a "pessoa" versus a sociedade; o bem individual versus o bem comum e a justiça versus a justiça distributiva (Rawls, 1971). Algumas posições são mais nítidas. Badiou afirma que essa tendência "filosófica" do momento se trata de um verdadeiro niilismo negador de todo pensamento, exceto o pensamento conservador (1995, p. 15).

> O famoso "fim das ideologias", que em toda parte é proclamado como a boa nova que modela o "retorno da ética", significa de fato a adesão às trapaças da necessidade e um empobrecimento extraordinário do valor ativo, militante, dos princípios. A própria ideia de uma "ética" consensual, que parte da impressão geral provocada pela visão de atrocidades e substitui as "velhas divisões ideológicas" é um poderoso fator de resignação subjetiva e de consentimento ao que há (Badiou, p. 40-41).

Como Boff (1997), Badiou entende a objetividade econômica como a lógica do Capital e a política parlamentar como a transformação do "espetáculo" da economia em opinião consensual resignada. "A ética desempenha seu papel de acompanhamento ... ratifica a ausência de qualquer projeto, de qualquer política de emancipação, de qualquer causa coletiva verdadeira" (p. 41).

Boff é mais positivo. Ao perceber a crise atual como tendouma singularidade de ser global e mundial, prevê um "apocalipse ecológico-histórico ou a abertura a um patamar superior (p. 71). Para ele, a

[2] Ver Ernst Tugendhat, p. 98-102.

ética interpessoal "não consegue representar a sociedade em termos estruturais, formando um sistema complexo, dinâmico e em muitos aspectos contraditório. Essa dificuldade faz com que a atitude básica face às transformações históricas sociais seja personalista e moralizante" (p. 76).

Quando Badiou propõe uma crítica radical da ideologia "ética", Boff postula a possibilidade de um *ethos* mundial: "A ética mundial deve poder ser derivada de algo dado pela essência humana como tal, tomado pessoal e coletivamente e articulado ecologicamente. Portanto, a ética mundial tem a ver com a natureza humana, presente em todos os humanos, inseridos na grande comunidade planetária" (p. 84).

Vásquez (1997) define a ética como a teoria ou ciência do comportamento moral dos homens em sociedade (p. 12) e diferencia a ética normativa[3] da teoria ética[4]. Numa discussão do estudo sociológicoda ética, destaca-se que

> o sujeito do comportamento moral é o indivíduo concreto, sendo um ser social. /../ Independentemente do grau de consciência que tenha disto, parte de determinada estrutura social e inserido numa rede de relações sociais, o seu modo de comportar-se moralmente não pode ter um caráter puramente individual, e sim social... Este moral... corresponde a necessidades e exigências da vida social. Por esta relação entre moral e sociedade, a ética não pode prescindir do conhecimento objetivo das estruturas sociais (p. 20).

Vásquez nos alerta contra um sociologismo ético – a redução dos atos morais aos fatos sociais. Ao comentar sobre os processos que influenciam o comportamento moral individual, nota-sea precisão de que os fatos sociais que condicionam o indivíduo sejam vividos pessoalmente e interiorizados ao ponto de dispor da necessária margem individual para decidir e agir – condição para poder dizer que se comporta moralmente.

[3] Tipo de ética atribuída à função fundamental de fazer recomendações e formular uma série de normas e prescrições morais (p. 15).

[4] A teoria ética pretende explicar a natureza, os fundamentos e as condições da moral, relacionando-a com as necessidades sociais do homem (p. 15).

No seu trabalho sobre a ética e seus paradigmas, Pegoraro nos orienta ao fato de que os diversos paradigmas privilegiam um ângulo da existência humana e têm um enfoque peculiar. Nessa fase de uma perspectiva global, questiona o que é uma sociedade justa e como realizar uma política e ética globais.

> Sob o foco da política como ciência arquitetônica, a ética torna-se macroética, recupera sua dimensão pública e perde o cunho individualista.... O comportamento de uma pessoa sempre se refere e se relaciona a outro ser humano, à comunidade e ao cosmos. Passa-se então da microética, à ética da comunidade planetária e das questões globais da biosfera. (Pegoraro, 1997, p. 27-28).

Para Pegoraro, os grandes paradigmas colocam a dignidade da pessoa como centro ético. O edifício global da moralidade tem a pessoa como base. Suas ideias coincidem em grande parte com os princípios norteadores da Abordagem Centrada na Pessoa e as previsões de Carl Rogers para o futuro.

Pegoraro sugere uma concepção da ética com três dimensões integradas.

> A ética é referência incondicional à pessoa na sociedade e no universo. Suas três dimensões são (1) o princípio da ética é a própria vida humana em processo de autoconstrução; (2) a vida ética, que começa na pessoa, estende-se necessariamente ao convívio social; e (3) a ética é mais ampla que a vida pessoal e social, ela abrange o universo, envolvendo todos os seres vivos (p. 33).

Paradoxalmente, é nessa virada do século que também se comenta a crise do conceito do indivíduo:

> Os tempos modernos pressupõem não apenas a preeminência ímpar do indivíduo, mas o próprio individualismo como uma espécie de pressuposto fundamental: tudo foi se desenvolvendo a partir desse individualismo. (Bornheim, 1997, 13).

Para Bomheim, não se trata apenas de um egoísmo moral incontrolado: ..."em verdade esse egoísmo revelou-se ponto de partida para todo o processo emancipatório moderno..." (p. 14).

Entretanto, as críticas às perspectivas que centralizam seus enfoques no indivíduo são dirigidas à dimensão sobressalente: a pessoa humana singular. Em resumo, para alguns, a ética emana da pessoa e se manifesta no social; para outros, a ética emana de um conceito do bem comum, do social, e se manifesta no indivíduo.

Essa pessoa humana singular interage na sociedade maior, em seus grupos e instituições, formais e informais. Para essa discussão, nos interessa a dimensão institucional formal da Universidade, reconhecendo ao mesmo tempo a coexistência de inúmeras dimensões microéticas que moldam e impelem o comportamento humano.

Que conceitos éticos são pertinentes à vida institucional? As normas e os valores sociais, o conceito da pressão social ou uma dimensão microética são suficientes para garantir uma mesoética? O que podemos esperar da instituição ou dos segmentos que a compõem?

A Ética Acadêmica e Científica da Universidade

O primeiro dilema a ser enfrentado numa análise da ética acadêmica é o descaso pelo qual a maioria das universidades brasileiras (Institutos de Ensino Superior – IES) trata seus problemas internos: problemas de relacionamento e de comunicação humana entre todos os segmentos (os funcionários, o corpo docente e discente); problemas de relacionamento acadêmico entre os corpos discente e docente; e a falta de procedimentos e de mecanismos para identificar, solucionar ou prevenir esses problemas. Como veremos adiante, a grande maioria dos problemas internos são problemas éticos e/ou decorrem de situações predominantemente antiéticas.

Pelo menos nos casos dos IES federais, os funcionários e os professores são classificados como servidores públicos federais, sujeitos à legislação federal em vigor que regulamenta esses servidores. Esta legislação, principalmente a Lei Federal Nº 8.112 (11.12.90), estabelece um regime disciplinar cujos deveres do servidor (Art. 116) incluem: observar as normas legais e regulamentares; cumprir as ordens superiores, exceto quando manifestadamente ilegais; levar ao conhecimento da autoridade superior as irregularidades de que tiver ciência em razão do cargo; manter conduta compatível com a moralidade administrativa; tratar com urbanidade as pessoas; e representar contra ilegalidade, omissão ou abuso de poder.

O servidor responde civil, penal e administrativamente pelo exercício irregular de suas atribuições (Art. 121). De acordo com esta Lei, as denúncias sobre irregularidades serão apuradas, desde que contenham a identificação e o endereço do denunciante e sejam formuladas por escrito, mediante sindicância ou processo administrativo disciplinar (Art. 144).

No caso de sindicância para determinar irregularidade, ao "acusado" não é assegurada "ampla defesa", como no caso de processo administrativo disciplinar, e pode ser aplicada penalidade de advertência ou suspensão de até trinta (30) dias. A sindicância pode recomendar instauração de processo administrativo disciplinar. Os dois procedimentos podem demorar até um ano ou mais.

Os estatutos e regulamentos institucionais da maioria das IES datam do período do regime militar, poucas vezes reformulados para estabelecer uma administração acadêmica menos autoritária. Esses instrumentos continuam a fazer referência à conduta discente e docente em termos de "ordem" e da "conduta disciplinar".

Na Universidade Federal do Espírito Santo – UFES, os diretores dos Centros Acadêmicos são os responsáveis por instaurar sindicâncias, inquéritos e aplicar sanções. A legislação federal sobre o processo administrativo disciplinar estabelece a autoridade superior máxima, o Reitor, como autoridade julgadora sobre as penalidades/sanções. Na UFES, cada centro pode estabelecer regulamentos internos para tratar dos problemas "disciplinares"[5].

Os problemas acadêmicos decorrentes do processo de ensino-aprendizagem não são especificados pelos instrumentos, sendo tratados consequentemente como problemas "disciplinares" ou interpretados sob a legislação federal citada acima.

À exceção do direito do aluno solicitar revisão de exame ou prova, não há provisão para o tratamento dos problemas de reprovação por falta; procedimentos de avaliação ou atribuição de nota; agressão professor/aluno, aluno/professor, aluno/aluno, funcionário/aluno;

[5] Apenas dois regulamentos internos dos oito centros são conhecidos por este autor.

abuso de autoridade do professor ou falta de ética no relacionamento professor – aluno-conteúdo. Na UFES, tampouco há normas ou procedimentos estabelecidos para casos de plágio ou representação falsa dos trabalhos acadêmicos.

Em resumo, a ética acadêmica como terminologia ou conceito não faz parte da cultura institucional universitária, pelo menos no sentido de se configurar como princípio organizacional formal. Isso não quer dizer que a ética acadêmica não exista ou que não esteja presente em muitas das ações pedagógicas e acadêmicas do corpo docente e discente, nem no cotidiano dessa cultura.

O fato da ética acadêmico-científica não ser explicitada ou registrada nas normas institucionais formais, entretanto, complica consideravelmente a capacidade institucional para lidar com seus problemas éticos de qualquer espécie. É necessário adotar a estrutura administrativa com os mecanismos necessários para promover a ética acadêmico-científica. Isso inclui um componente de liderança institucional dedicado ao fomento da conduta acadêmica ética e da integridade na pesquisa científica.

Essa liderança precisa facilitar a criação de um diálogo permanente sobre a ética acadêmico-científica e estabelecer programas e projetos de educação preventiva em busca de uma cultura institucional, em quea conduta ética acadêmica forma a base da produção científica e da relação pedagógica[6]. Gunsalus (1993) sugere que um compromisso com a questão ética acadêmico-científica requer atenção aos mecanismos preventivos e reativos.

Em termos de prevenção, os pesquisadores e alunos devem ser educados sobre os padrões da conduta responsável e ética da pesquisa, bem como sobre as suas responsabilidades se confrontados com a conduta acadêmica irresponsável. Os mecanismos "reativos" são considerados procedimentos (rápidos, responsáveis) para examinar situações de conduta acadêmico-científica questionável. Esses mecanismos de educação e resposta permitem à instituição proteger e manter a integridade no ambiente de pesquisa (p. 33).

O tratamento das relações pedagógicas éticas é mais complexo, mas não menos relevante para a integridade e manutenção da cultura

[6] Ver Gunsalus, especificamente o setor sobre *Education for anethicalenvironment*, p. 33-34.

institucional que valorize a ética acadêmico-científica. À medida que as universidades se expandem em cursos de pós-graduação, os problemas de orientação acadêmica/científica aumentam.

Os problemas de ordem ética decorrentes das relações em sala de aula e da orientação da produção científica **não são problemas disciplinares.** É necessário construir respostas institucionais para negociação e resolução desses problemas. Certamente, a instalação de sindicâncias e inquéritos não é mais uma forma adequada para lidar com as implicações éticas para os envolvidos ou para a instituição universitária.

Finalmente, pode ser afirmado que os institutos de ensino superior têm um papel duplo no zelo pela ética acadêmica/científica. É exatamente na universidade onde são preparados os futuros profissionais e uma parte da liderança econômica e política da sociedade.

Todos os cursos precisam de reformulações curriculares para garantir uma educação ética profissional. Como instituição superior inserida numa sociedade global e mundial, é essencial que a cultura institucional e sua prática inspirem pelo menos uma ética acadêmica/científica indiscutível em seu compromisso com a verdade, a equidade e a pluralidade do pensamento.

Em Busca da Intervenção Ética: a Ouvidoria

A seguir, registro a prática de atendimento na Ouvidoria-geral da UFES onde desenvolvi o papel de *ombudsman* a partir de março de 1998. No relato das experiências, serão destacados aspectos éticos multidimensionais desse atendimento em relação ao(s) indivíduo(s) atendido(s) e à instituição UFES.

A Ouvidoria-geral e a figura do *ombudsman* foram estabelecidas, em 1992, pelo Reitor Roberto da Cunha Penedo, gestão – janeiro de 1992 a janeiro de 1996 –, sendo uma inovação inédita nas IES brasileiras. De acordo com o Regimento Interno da Reitoria da UFES, compete à Ouvidoria: (1) receber e encaminhar as reclamações e críticas às Unidades competentes, recomendando ações corretivas, quando for o caso; (2) cadastrar as reclamações, críticas e sugestões recebidas, sistematizando-as por meiode instrumentos estatísticos; (3) analisar as reclamações, críticas e sugestões, em conjunto com seus autores e encaminhá-las aos setores competentes; (4) fornecer as informações que se fizerem necessárias para divulgação; (5) executar outras atividades afins.

Leite (1975) relata as variedades de *ombudsman* (civil, militar, misto) e dos órgãos em que desempenha funções semelhantes. Já nessa época, pelo menos 50 universidades norte-americanas tiveram um *ombudsman* em funcionamento. A palavra *ombudsman* vem do sueco *ombud,* representante, deputado, e do inglês, *man*, homem.

O conceito vem da categoria especial de funcionário instalado em países de democracia avançada: "funcionário do governo que investiga as queixas dos cidadãos contra os órgãos da administração pública; pessoa encarregada de observar e criticar as lacunas de uma empresa, colocando-se no ponto de vista do público" (Novo Dicionário Aurélio, p. 1222).

O ouvidor é aquele que ouve, juiz posto pelos donatários no período colonial (Novo Dicionário Aurélio, p. 1240). Para Leite, o conceito de corregedor administrativo seria o mais adequado para traduzir o *ombudsman.* Historicamente, o termo "corregedor" foi atribuído ao magistrado a quem compete corrigir os erros e abusos das autoridades judiciárias e de serventuários da justiça, promovendo-lhes a responsabilidade funcional (ibid, p. 483). E os verbos também são adequados: corrigir, reparar, consertar, revistar.

Assumi o cargo de *ombudsman* no terceiro ano de mandato do Reitor José Macedo Weber, substituindo o segundo *ombudsman* na função. Os dois *ombudsmen* anteriores tiveram estilos de atuação diferentes. O primeiro agiu de maneira formal com o devido registro e encaminhamentos das reclamações, queixas ou sugestões às Unidades competentes por meiode processos formais. Seu mandato foi marcado pela sua competência e conhecimento da instituição.

O segundo *ombudsman* optou por uma atualização mais pessoal e informal, como mediador na busca de resolução dos problemas e reivindicações recebidas.

O meu estilo pessoal e a orientação psicossocial me levaram a rever a postura institucional do *ombudsman* da Ouvidoria. Em primeiro lugar, na maioria dos atendimentos iniciais, ficou evidente uma busca por parte dos atendidos para uma ação autoritária por parte da Ouvidoria, solicitações e expectativas às vezes não tão implícitas para uma intervenção "de cima" para reparar a situação "em baixo".

Muitos das pessoas atendidas eram alunos que esperaram uma intervenção da administração para corrigir a situação em questão, particularmente quando se tratava de um assunto de interesse do aluno, um direito dele. A função do *ombudsman* seria, então, de representar a administração central em solucionar o problema imediato.

As expectativas desses alunos e outros atendidos podem ser entendidos como de pessoas dependentes, vítimas de uma estrutura institucional arbitrária e autoritária, sem esperanças para que eles se tornassem sujeitos capazes de reivindicar seus direitos ou pleitear a solução de seus próprios problemas.

Adotei a perspectiva de um atendimento centrado na pessoa/grupo, amparado pelos conceitos de cidadania e dos direitos humanos. O atendimento foi concebido como oportunidade para descobrir junto às pessoas a possibilidade de sua própria ação em benefício de si mesmo, de seus interesses válidos e dignos de respeito, também próprio.

Em muitas instâncias, os indivíduos nunca pararam para refletir sobre o quanto não tinham conhecimento de como tentar solucionar os problemas cotidianos. Ir à Ouvidoria sempre foi, para a maioria, apelar para que a figura de autoridade interviesse e resolvesse seu problema.

O aluno universitário é também consumidor/usuário de uma instituição governamental. Enquanto o usuário tem direitos à informação, de ser atendido pela unidade/setor que presta algum tipo de serviço ou desempenha uma atividade-meio para os usuários finais – os alunos.

Eles também têm direitos de receber um tratamento justo, de respeito e com eficiência. Na medida em que os usuários se informam de seus direitos e exigem esse tratamento merecido, a cultura institucional precisa responder à demanda.

Por outro lado, a simples ameaça de intervenção do *ombudsman* reforça a estrutura tradicional da universidade como repartição pública. A intervenção da autoridade pode reparar um problema específico qualquer, mas raramente tem o efeito de revitalizar a estrutura ou transformar atitudes.

Os atendimentos são processados de acordo com os procedimentos ilustrados na Figura 1 a seguir. Trabalha-se com as solicitações/queixas recebidas pela comunidade interna ou externa. Não são aceitas denúncias anônimas ou via telefone de qualquer pessoa que não se identifique. Quando possível, dialoga-se com quem não quer se identificar. São esclarecidas as medidas tomadas para garantir sigilo dos atendidos na tentativa de ajudar esses indivíduos a assumir uma atitude responsável perante sua denúncia ou queixa. E só.

A Figura 1 mostra uma separação entre o atendimento individual/ grupal e a ação institucional. Na prática, essa separação é inexistente. Aqui, por ação institucional, refere-se às medidas tomadas, se tomadas, junto aos setores competentes. Até o momento, as ações iniciadas pela Ouvidoria em forma de processo têm sido limitadas aos pedidos de informação sobre certas situações em que existem processos já em andamento em tal setor.

Em dois momentos, queixas escritas provenientes da comunidade externa foram encaminhadas. Às vezes, é necessário fazerum contato na instituição para saber como o atendido pode e a quem se dirigir no setor/unidade.

Em minha opinião, o atendimento individual/grupal é o ponto crítico do trabalho. Os contatos iniciais têm como finalidade determinar a natureza do problema e identificar os atores principais envolvidos. É importante, também, clarificar as expectativas do(s) atendido(s) referente ao tipo de solução aceitável, o grau de autoiniciativa que o(s) envolvido(s) está(estão) disposto(s) a manifestar no decorrer do processo de confrontação com a situação-problema, bem como identificar suas expectativas reais quanto ao papel do ouvidor.

Um momento difícil, mas interessante, é o da tomada de decisão do atendido para formalizar ou não a sua reivindicação/recurso. Essa formalização significa responsabilizar-se de forma definitiva sobre uma demanda de solução. É o momento em que o aluno se sente mais exposto à possibilidade de retribuições por parte dos outros envolvidos e o provável descaso da universidade em poder solucionar o problema a seu favor.

É o momento em queo indivíduo arrisca confrontar a instituição, ou no caso da relação acadêmica, o professor, contestando "o poder sagrado do mestre". A responsabilidade do ouvidor é indicar os procedimentos necessários a serem seguidos pelo(s) interessado(s), as possíveis consequências para todos e o estabelecimento dos parâmetros temporais mais prováveis para o andamento do processo. Exploram-se as vantagens/desvantagens possíveis nas ações alternativas existentes também.

Caso os interessados resolvam não formalizar uma ação institucional ou permanecem dúvidas com respeito à decisão, o atendido é aconselhado a refletir sobre suas ações e marcar outro horário de atendimento ou contato por telefone. Quando necessário, alguns indivíduos são encaminhados para receber suporte profissional dentro ou fora da universidade.

Quem opta pela formulação oficial de sua solicitação/recurso, às vezes precisa também de suporte profissional além do apoio da Ouvidoria. Esse suporte pode ser de natureza médica, psicológica ou legal. Em caso de encaminhamento para assessoria jurídica, inicialmente é possível ser atendido pela Procuradoria-Geral da UFES.

Uma vez que a instituição é acionada em forma de recurso, porém, a Procuradoria não costuma receber as partes. A falta eventual de assessoria jurídica, particularmente para alunos sem recursos financeiros ou apoio dos seus pais/familiares, tem contribuído para a desistência da ação/reivindicação [Não há serviços legais gratuitos disponíveis para a orientação de problemas acadêmicos dos alunos ou grupos voluntários para enfrentar a jurisprudência federal e essas ações jurídicas consideradas complicadas.].

A garantia do sigilo inicialmente é significativa e decisiva na decisão de registrar a queixa formalmente, principalmente quando se trata de funcionários ou do corpo discente. (As denúncias anônimas tendem a ser de funcionários e professores.). Os envolvidos, portanto, sabem que eventualmente esse sigilo será quebrado pelo andamento do processo e, nos casos mais complexos, na abertura de sindicância ou processo disciplinar.

Não existem mecanismos eficientes de negociação ou incentivos para buscar "soluções" menos formais. Alguns administradores, diretores de Centros e Chefes de Departamentos Acadêmicos tentam soluções via mediação.

É necessário avaliar a necessidade institucional para a informação no caso de situações que podem causar consequências sérias para a Universidade e sua administração. Nesses casos, a Ouvidoria precisa examinar a responsabilidade ética existente. Ao mesmo tempo em que os indivíduos têm direito de ter informações pessoais e detalhes de seus problemas mantidos em sigilo, a instituição pode ter necessidades legítimas de ser informada da intensidade e da natureza dos problemas que devem ser confrontados diretamente.

O poder político da Reitoria e do Reitor é ainda real e pode ser acionado para evitar a escalação de alguns problemas graves. Aqui predomina a ética discreta do administrador ao tomar conhecimento dos fatos e ser engajado ou não na busca ativa para soluções e não apenas camuflagem da problemática institucional.

Em três situações distintas, a Reitoria tomou conhecimento de problemas graves por meio da Ouvidoria. As comunicações à Reitoria foram discutidas com os interessados antes, nos dois casos, ainda sendo atendidos pela Ouvidoria. No terceiro caso, o interessado não voltou a ser atendido diretamente pelo ouvidor. Em duas instâncias, a gravidade do problema envolveu possível ônus para a instituição; na terceira, para o estudante. Deve ser registrado que as atitudes do Reitor nos três incidentes resultaram em ações em favor da resolução ética dos problemas.

A intervenção institucional ética não pode ferir os interesses dos envolvidos, inclusive dos indivíduos sob denúncia. O respeito pelos atendidos requer uma confiança na ação informada do interessado e não de uma atitude paternalista de uma ação precoce do ouvidor em intervir no problema institucionalmente.

O atendimento ético da Ouvidoria está limitado pela falta de uma consciência crítica dos segmentos universitários quanto à natureza ética da conduta acadêmica/científica. Uma abordagem ética isolada não é garantia das mudanças estruturais e da cultura institucional necessárias para encarar o descaso existente.

Figura 1 – Anatomia dos procedimentos de atendimento – Ouvidoria-geral– Universidade Federal do Espírito Santo

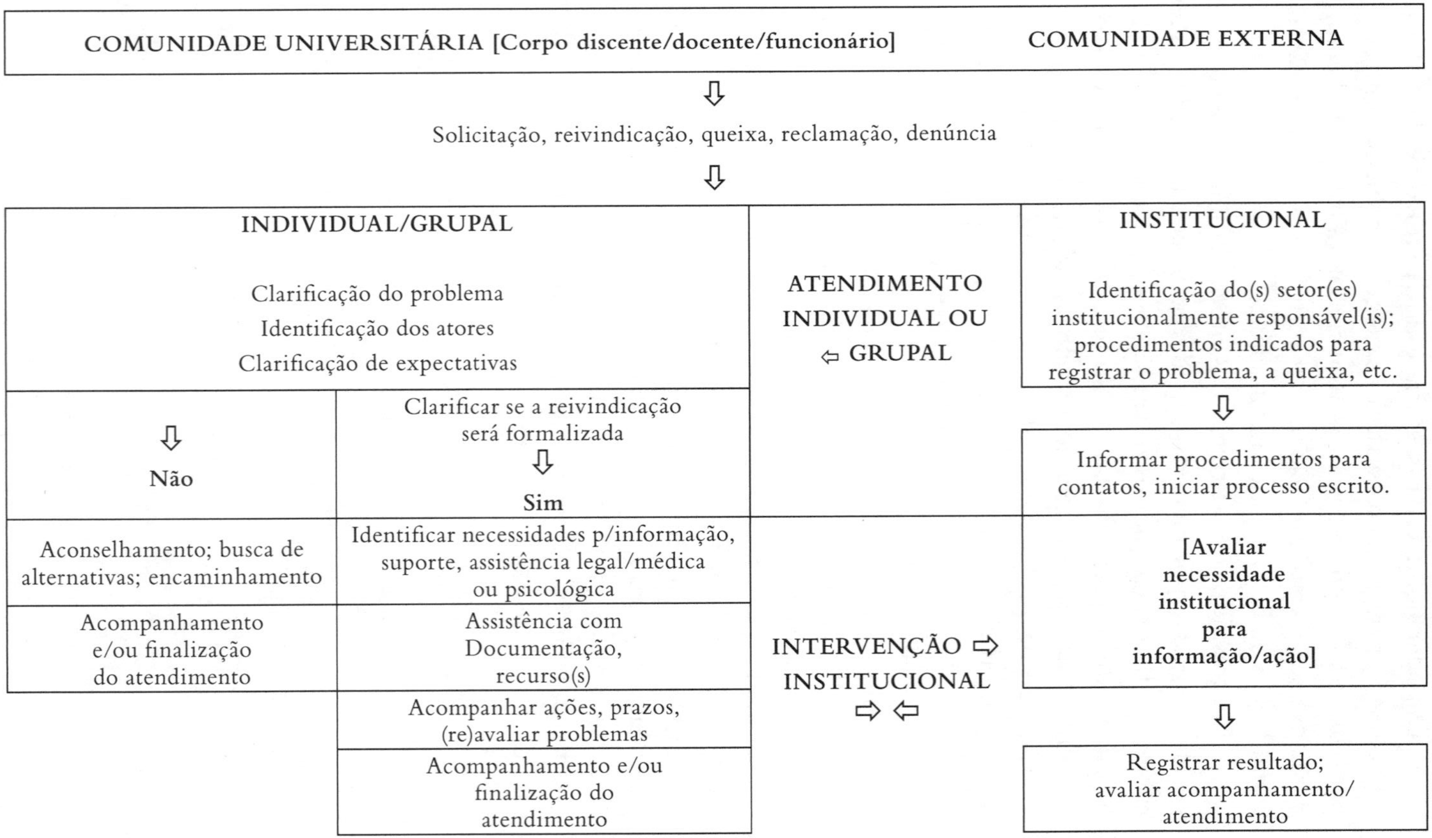

A conduta ética institucional depende de uma liderança administrativa investida no fomento de padrões científicos éticos na pesquisa, nas relações institucionais das atividades-meio da Universidade e na delicada relação pedagógica entre os corpos docente e discente.

A Contribuição da Abordagem Centrada na Pessoa para uma Conduta Ética no Ensino Superior

Na medida em que as instituições, e especificamente as relacionadas ao ensino superior e à qualificação profissional, enfrentarem sua missão de criar estruturas mais éticas e autônomas, haverá uma procura maior para as abordagens filosófico-práticas que facilitam o desenvolvimento de condutas éticas.

A Abordagem Centrada na Pessoa é essencialmente ética no reconhecimento da dignidade inerente da pessoa, do grupo ou da comunidade sob intervenção. Não é um enfoque comprometido apenas com o resultado imediato. Em situações clínicas e institucionais, a ênfase constante do praticante é na promoção das condições postuladas como necessárias (ou suficientes) para fomentar a transformação. Os fins não justificam a mera manipulação dos meios.

Ao mesmo tempo em que o contexto social é compreendido como contexto relevante, a intervenção é reconhecida como micro, acontecendo na pessoa, mas tendo influências para outras dimensões, pessoas e contextos maiores.

A atuação ética do praticante envolve a incorporação dos princípios teóricos não só na intervenção, na prática profissional imediata, mas na sua internalização em seu modo de vida. Essa autenticidade nas relações humanas é uma atitude ética que permeia sua conduta e funcionamento institucional.

A Abordagem Centrada na Pessoa tem um corpo de pressupostos filosóficos e metodológicos para subsidiar programas educativos preventivos para a conduta ética e resolução de problemas de interação humana. Sua potencialidade para mediar situações problemáticas entre grupos e indivíduos tem sido amplamente registrada, também por Rogers em momentos sociopolíticos críticos (América Central, África do Sul, etc.).

Em resumo, os componentes básicos de uma conduta acadêmico/científica ética são idênticos às atitudes principais da Abordagem Centrada na Pessoa, quando incorporados plenamente de forma vivencial no comportamento e na comunicação humana.

Referências

BADIOU, A. **Ética**: um ensaio sobre a consciência do mal. Relume-Dumará, 1995.

BOFF, L. Ética mundial e processo de mundialização. In: L.M. HÜHNE (org.).**Ética**. Rio de Janeiro: UAPÊ/SEAF, 1997. p. 69-98.

BORNHEIM, G. Introdução: notas para o estudo de uma ética enquanto problema. In: L. M. HÜHNE (org.). **Ética**. Rio de Janeiro: UAPÊ/SEAF, 1997. p. 7-23.

COSTA, C. T. **O relógio de Pascal**: a experiência do primeiro ombudsman da imprensa brasileira. São Paulo: Siciliano, 1991.

DOXSEY, J. R. Educação enquanto intervenção humana: reflexões sobre a prática ética. Trabalho apresentado no Seminário Regional de América Latina, Instituto para Desenvolvimento e Educação de Adultos – **IDEA**, Port-de-Prince, Haiti, 3 a 12 de setembro de 1997.

ELLIOT, D. & STERN, J. E. **Research ethics**: a reader. Hanover, CT: University of New England Press, 1997. ISBN 0-87451-797-4.

GUNSALUS, C. K. How to blow the whistle and still have a career afterwards. **Science and Engineering Ethics** (4), Issue 1, 1998. p. 51-64.

GUNSALUS, C. K. Preventing the need for whistleblowing: practical advice for university administrators. **Science and Engineering Ethics** (4), Issue 1, 1998. p. 75-94.

GUNSALUS, C. K. Institutional structure to ensure research integrity. **Academic Medicine**, 68, 1993, p. S33-S38.

HÜHNE, L. M. (Org.). **Ética**. Rio de Janeiro: UAPÊ/SEAF, 1997. p. 195.

LEITE, C. B. **Ombudsman**: corregedor administrativo: a instituição escandinava que o mundo vem adotando. Rio de Janeiro: Zahar, 1975.

MENANDRO, P. R. M.; PENEDO, R. da CUNHA; BOLSANELO, A. Ouvidoria na universidade: uma inovação acertada. **Revista da Ouvidoria do Estado do Paraná**, Vol. 1, n. 1, 1996, p. 59-70.

NATIONAL COMMISSION FOR THE PROTECTION OF HUMAN SUBJECTS OF BIOMEDICAL AND BEHAVIORAL RESEARCH. **The Belmont report**: ethical principles and guidelines for the protection of human subjects in research. Washington, D.C: U.S. Government Printing Office. DHEW Publication n. (OS) 78-0012,1978.

NOVO DICIONÁRIO AURÉLIO, Rio de Janeiro: Nova Fronteira, 1986.

PEACH, L. An introduction to ethical theory. In: R. J. LEVIN (Ed.). **Research ethics**: cases and materials. Bloomington. Indiana University Press, 1995.

PEGORARO, O. A. Ética e seus paradigmas. In: L. M. HÜHNE (Org.). **Ética**. Rio de Janeiro: UAPÊ/SEAF, 1997. p. 25 a 67.

PIGMAN, W. & CARMICHAEL, E. B. An ethical code for scientists. In: R. Chalk. **Science, Technology, and Society**, Washington, D.C.: American Association for the Advancement of Science, 1988. p. 34-37.

RAWLS, J. **A theory of justice**. Harvard, 1971.

SHERIDAN, A. **Michel Foucault**: the will to truth. London: Tavistock Publications, 1980.

TAUBES, G. Misconduct: views from the trenches. American Association for the Advancement of Science. **Science** (261), 1993. p. 1108-1111.

TUGENDHAT, E. **Lições sobre ética**. Petrópolis, RJ: Editora Vozes, 1997. p. 430.

VÁZQUEZ, A. S. **Ética**. Rio de Janeiro: Civilização Brasileira, 1997. p. 272.

5.2 A CONDUTA ÉTICA NA ABORDAGEM CENTRADA NA PESSOA

O texto examina aspectos da produção escrita da Abordagem Centrada na Pessoa – ACP – à luz de preocupações recentes com pesquisa sobre o ser humano. Os comentários iniciais abordam a herança científica de Carl Rogers. Não serão examinados os princípios da Abordagem, nem comentada a vasta literatura sobre ética, a conduta ética em pesquisa ou a filosofia da ética[7]*. Tampouco se questiona se os profissionais brasileiros da ACP são éticos ou registram sua prática e seus resultados, observando a conduta ética de pesquisa com seres humanos.*

> *Não existe, certamente, estudo algum com o objetivo de demonstrar que um terapeuta de atitude fria, intelectualista, analítica e sistemática seja eficaz* (ROGERS).

> *Contra o positivismo, que para perante os fenômenos e diz "Há apenas fatos", eu digo: "Ao contrário, fatos é o que não há; há apenas interpretações"* (NIETZSCHE).

Introdução

É relevante que examinemos com rigor e carinho os rumos da produção dos estudos brasileiros sobre a Abordagem Centrada na

[7] Para os interessados, Vasquez (2010) discute os problemas éticos e as relações entre moral e ciência e o uso social da ciência (Veja páginas 103 a 105.)

Pessoa (acadêmicos ou não) para possibilitar uma reflexão coletiva sobre a evolução da nossa prática. É necessário, ao mesmo tempo, estarmos atentos às exigências em vigor para o registro de estudos com sujeitos humanos.

Questões éticas cada vez mais formam parte da pauta de discussão da pesquisa acadêmica em todas as áreas de conhecimento. Desde 1996-97, resoluções federais[8] nas áreas da saúde, no uso de medicamentos e na pesquisa médica, estabeleceram diretrizes para o protocolo humano, para a integridade de pesquisa, para a proteção de sujeitos humanos, e determinou um procedimento para a revisão de projetos de pesquisa. Essas diretrizes estendem-se para todos os estudos e para as atividades científicas ou acadêmicas de pesquisas que envolvem sujeitos humanos.

O registro e a autorização para o desenvolvimento do trabalho por uma comissão de ética são requisitos atuais para a publicação em muitas revistas acadêmicas e até para a apresentação de pesquisa, artigos e relatórios em congressos, seminários e em outros eventos. Projetos de monografia, trabalhos de terminação de cursos – TCCs –, dissertações e teses exigem aprovação de protocolos de ética antes de sua execução.

Registramos aqui algumas considerações que merecem discussão e debate coerente com os princípios humanistas e a prática ética característica da Abordagem Centrada na Pessoa. É oportuno nos lembrarmos da herança do trabalho inicial de Carl Rogers e outros, bem como rever algumas tendências presentes no contexto brasileiro.

Carl Rogers, William Coulson, John Wood, Gerald Bozarth, John Schlein, entre outros, já enfrentaram críticas sobre ACP em suas obras publicadas, analisando a ciência do homem e a possibilidade de que a postura humanista dos profissionais da Abordagem é, por sua natureza, uma atitude e uma conduta ética. No Brasil, Rosenberg (1987), Freire (1989), Amatuzzi, Cury et. al. (2002) e Amatuzzi (2010) analisaram a psicoterapia, a relação terapêutica e o papel do psicólogo na perspectiva da Abordagem Centrada na Pessoa.

[8] Entre outras, a Resolução 196/96 do Conselho Nacional de Saúde estabelece a formação de um Conselho Nacional de Ética em Pesquisa (**CONEP**), bem como diretrizes para o tratamento de sujeitos humanos em pesquisa.

A Herança Científica de Rogers e sua Produção Inicial

Uma parte significativa da herança científica de Carl Rogers está presente no modo como ele apresentou as evidências de suas descobertas e documentou seus fundamentos teóricos. "A teoria centrada no cliente ainda está se desenvolvendo, não como uma 'escola' ou dogma, mas como um conjunto de princípios hipotéticos" (Rogers e Wood, 1978, p. 193).

Em um dos seus primeiros livros, em 1942, Rogers expõe sua convicção de que a consulta psicológica é "um processo suscetível de ser conhecido, previsto e compreendido, um processo que pode ser aprendido, testado, elaborado e aperfeiçoado" (1987, p. xv)[9]. Ele afirmou que o livro foi escrito na esperança de fomentar novas pesquisas, teorias e práticas para aprofundar o nosso conhecimento.

Nesse livro, Rogers intercalou reflexões teóricas e sessões com pessoas em terapia. Na Quarta Parte, ele reproduz a gravação integra do caso Herbert Bryant onde declara que as transcrições foram corrigidas "quando necessário suprir ou alterar elementos de identificação" do Bryant. De novo, o texto sugere as várias maneiras que as entrevistas podem ser lidas e utilizadas para pesquisa, reflexão ou treinamento.

Em Rogers e Kinget (1977), encontra-se o que Rogers denominou de **estrutura geral**, apresentando um esquema de seu sistema teórico. Para Rogers, a teoria da terapia e a teoria da personalidade deram lugar a outros segmentos teóricos com implicações teóricas para diversas aplicações e para as relações humanas em geral.

Em seguida, acrescenta "noções-chaves" significativas para a compreensão de sua teoria da terapia. E no Capítulo XII – *A pesquisa* – apresenta as raízes científicas de sua abordagem terapêutica. E afirma:

> Acredito que em psicoterapia caminhamos para um mesmo futuro e que, em consequência disto, nós nos basearemos cada vez mais em fatos e cada vez menos em afirmações na arbitragem das nossas divergências. Simultaneamente, alcançaremos o desenvolvimento de uma psicoterapia cada vez mais eficaz e

[9] Nota-se que o livro em Inglês foi publicado mais de 40 anos antes da tradução publicada em português. Isso ocorre com a maioria dos textos neste período.

em contínuo desenvolvimento; de uma psicoterapia que poderia dispensar os rótulos específicos, uma vez que ela compreenderia todos os elementos já verificados pelas diversas orientações terapêuticas anteriores (1977, 253).

Assim, Rogers verificou que sua pesquisa possibilitou identificar as mudanças significativas do cliente "no nível de experiências eminentemente subjetivas de escolha, ... de autopercepção modificada", e que a eficácia do terapeuta ocorre quando é "caloroso e sinceramente humano"; quando se esforça ... "em compreender os pensamentos e sentimentos do cliente tais como se apresentam, na sua sucessão espontânea ... e orgânica" (p. 254).

Segundo Peretti (1979), Rogers sempre deu "mostras" de coerência e comunicação, de invenção e de rigor, utilizando múltiplos procedimentos psico- e sociométricos. O Capítulo 13 – *Desenvolvimento das pesquisas sobre terapia e relações humanas* – é uma excelente apresentação cronológica do trabalho inicial de Rogers. Aqui, o autor também comenta a metodologia objetiva das gravações e filmes que permitem que "o terapeuta, seus colaboradores, estudantes e **inclusive os clientes**" estudem de novo, com a frequência e intensidade que desejam e com a subjetividade que querem, os dados objetivos que as gravações apoiam" (p. 250).

Peretti também organiza uma taxonomia de "puntos-clave" sobre o processo terapêutico, o processo (interno) do cliente e as consequências da terapia nos estudos até 1952, bem como lista as categorias de intervenção (p. 252-255). Além de comentar as diversas metodologias empregadas por Rogers e colaboradores, o autor descreve os planos metodológicos dos programas de pesquisa de Rogers. Para os interessados, o texto de Peretti revela detalhes importantes desta herança científica.

Nos anos 1960, Carl Rogers organizou um seminário polêmico sobre *o homem e a ciência do homem*. Seu livro, escrito com William Coulson (1967), documentou as palestras e os debates deste momento. Num pronunciamento sobre os pressupostos atuais das ciências do comportamento humano, Rogers desafiou os behavioristas afirmando que o ser humano com sua subjetividade deve ser conservado como objeto da investigação dessas ciências (p. 69).

Rogers foi enfático ao declarar que quem se torna cientista teria que mergulhar nos fenômenos:

> Quanto mais completa for a imersão, quanto mais durar, quanto mais abertura eu estiver para todas as sutilezas de minha experiência, maiores probabilidades terei de descobrir novos conhecimentos. Isto significa tolerância face à ambiguidade e à contradição, resistência à necessidade de uma conclusão, valorização da curiosidade sem limites; significa absorver a experiência como uma esponja, de tal modo que ela seja recolhida em toda a sua complexidade, com o meu organismo total, e não apenas minha mente, participando livremente da experiência dos fenômenos (p. 61).

A produção teórica de Carl Rogers é uma herança fortemente fundamentada em pesquisa empírica e acadêmica. Suas hipóteses e pressupostos foram testados, criticados e reformulados durante mais de 60 anos.

Essa produção é, sobretudo, uma tradição de estudos e procedimentos que investigaram milhares de sujeitos humanos, alvos de observações, filmagens, gravações e entrevistas, sem evidências documentadas de plágio, fraude, condutas antiéticas, quebra de sigilo ou protocolos irregulares.

A Ética da Abordagem Centrada na Pessoa

Bozarth (1998) afirma que o pressuposto fundamental da abordagem centrada na pessoa é também uma premissa ética básica para os praticantes da abordagem centrada na pessoa.

> A manifestação do pressuposto é que o praticante se dedica à autoridade de si mesmo e à autodeterminação do cliente. Sendo assim, o princípio sugere novas interpretações e até mesmo afirmações diferentes a respeito de padrões éticos. Tal revisão não sugere menos restrições éticas, mas sim sugere mais fortes princípios éticos e mais atenção à natureza e substância das relações profissionais. (p. 185).

Para Bozarth, "A ética centrada na pessoa consistente opera a partir de ... (certas) qualidades atitudinais. Esta é a maneira como o terapeuta centrado na pessoa se esforça para "ser". A ética centrada na pessoa se baseia nas qualidades das atitudes do terapeuta" (ibid).

Wood (2010) alerta sobre um perigo para o profissional de "escorregar" das crenças e valores da ACP para um raciocínio moralista de como as pessoas "devem ser". "A moralidade e a ética, apesar de não serem formalmente mencionadas, constituem uma parte implícita do comportamento do participante nas aplicações da Abordagem Centrada na Pessoa" (p. 223).

Wood entendeu que as aplicações da Abordagem "não ficam imunes ao mesmo processo cultural geral que ocorre na maioria das inovações: a moralidade substitui a função compreensiva do julgamento, marcando o fim da inovação", sendo "irônico que essa abordagem que ajudou pessoas a se livrarem dos 'deve' e 'tem que' da moralidade de sua época" ... (possa) manifestar nas suas aplicações uma moralidade em tudo e por tudo escravizante" (p. 225).

A conduta de profissionais da Abordagem Centrada na Pessoa se fundamenta em princípios humanistas e fenomenológicos com um respeito ético profundo pelo indivíduo, seu contexto sociocultural, étnico e suas preferências pessoais.

A pesquisa e seus procedimentos científicos empregados na construção de seu embasamento teórico refletem a mesma ética sem seguir normas ou protocolos que os regulamentam sobre a proteção dos seres humanos estudados. Assim, a ACP deve ser considerada vanguarda nas pesquisas científicas sobre o homem e suas relações. **Já não estaria implícita uma ética em toda a proposta humanista?**

Breves Observações sobre Ética no Contexto Brasileiro da ACP

As minhas observações aqui carecem de maiores informações a respeito da ética em textos disponíveis, módulos oferecidos em cursos e seminários da ACP, pesquisas acadêmicas e apresentações realizadas pelos profissionais da Abordagem. Para o presente texto, fica registrada essa lacuna. Um levantamento mais detalhado desse material poderia ser uma relevante análise de nossa prática e de nosso pensamento.

A primeira manifestação pública sobre a ética, registrada nos trabalhos da ACP no Brasil, ocorreu durante o primeiro dia do workshop de Arcozelo I, Aldeia de Arcozelo – Paty de Alferes, Rio de Janeiro, em 1977. A discussão na abertura do encontro focalizou a gravação que estava sendo realizada por uma participante de Brasília. Os participantes, junto à equipe de Carl Rogers, questionaram a ética da gravação sem autorização dos presentes. Após protestos e considerações políticas sobre o uso dessa gravação, o gravador foi removido do grupo.[10]

Em *Palavras sobre a ética*, Rosenberg (1987) refletiu sobre os "efeitos colaterais" de condutas do psicólogo na instituição ou no consultório. A autora alertou sobre:

a. O papel do psicólogo em avaliar o caminho, tratando apenas o "cliente" ou a situação interpessoal – **mãe ou filho**, mulher ou marido, aluno ou professor, etc. (p. 85).
b. A possibilidade de o profissional exercer uma influência indevida sobre o seu cliente, transmitindo-lhe valores pessoais... (p. 86).
c. Sobre o pressuposto de que a "presença do outro" não pode ser anulada, por neutralidade ou anonimato pelo profissional, o qual deve manter-se disponível sem conduzir ou julgar o interlocutor (p. 87).

Rosenberg conclui que "a conduta ética e condizente do psicólogo conselheiro é... vista como resultante de sua postura pessoal básica e ... como decorrência de uma reflexão informada sobre os seres humanos e seus modos de interagir" (p. 88).

Mais recentemente, Amatuzzi (2010) publicou um livro chamado *Rogers – ética humanista e psicoterapia*, em que buscou regatar aspectos "radicais" das afirmações paradoxais de Rogers declarando que "à luz dos pensamentos de Rogers, o próprio humanismo torna-se mais claro." Para Amatuzzi, "(a) ACP é basicamente uma postura ética. Uma ética humana" (p. 36).

Amatuzzi, Cury et. al. (2002) levantaram as características da atitude de "boa vontade – **BV** –", comparando-as às características da Abordagem Centrada na Pessoa. Essa comparação mostrou que há semelhanças e diferenças entre as duas: na ideia de **BV**, o foco é a

[10] Se houve outro evento ou documento escrito sobre a ética na **ACP** antes desta data, desconheço a fonte. Agradeço informações adicionais para editar o texto.

bondade do ato apontando para o aspecto ético e, na ACP, o foco é a relação voltada para o outro confiando nos processos básicos da vida. Enfatizaram a importância do aspecto ético, entendido como essencial, para formação na ACP e, em geral, na formação do psicólogo.

Como a questão da ética é abordada na formação de psicólogos brasileiros? Os cursos de Psicologia em faculdades e universidades com linhas de pesquisa na Abordagem Centrada na Pessoa são poucos. Os institutos e os centros que oferecem formação específica na Abordagem, com ou sem vínculos institucionais para certificação, também não são muitos.

Qual a natureza do ensino da ética e quais são os procedimentos seguidos para a aprovação de estudos, monografias ou outros TCCs[11] com sujeitos humanos?

Desafios Éticos e Científicos

Enquanto a promoção de integridade na pesquisa recebe amplo apoio governamental e institucional nos Estados Unidos e no Canadá, a conduta responsável na pesquisa, a prevenção e a legislação/controle de possível conduta imprópria até recentemente não foram assuntos proeminentes em países como o Brasil. Surge a necessidade para estimular a consciência e o debate institucional em assuntos importantes como a produção e a comunicação de conhecimento científico.

O debate sobre a pesquisa ética é uma discussão que não só cabe aos institutos universitários como entidades comprometidas com o treinamento para o exercício de uma pesquisa científica ética. Os programas de formação na ACP, cursos de graduação e especialização, dentro e fora dos âmbitos acadêmicos, precisam enfrentar os desafios éticos para o desenvolvimento de práticas de pesquisas e estudos responsáveis.

A falta de políticas institucionais eficientes ou de uma preocupação pública relativa à qualidade e à ética de pesquisa científica não isentam investigadores, instituições ou universidades da responsabilidade de estabelecer programas para assegurar a integridade da pesquisa.

[11] Trabalho de Conclusão de Curso (TCC).

Nota-se que o Conselho Nacional de Desenvolvimento Científico e Tecnológico (**CNPq**) tem incluído em seus editais, cláusulas que alertam os pesquisadores sobre suas responsabilidades éticas (Veja um exemplo: É de exclusiva responsabilidade de cada proponente adotar todas as providências que envolvam permissões e autorizações especiais de caráter ético ou legal, necessárias para a execução do projeto.)[12]

As resoluções federais brasileiras determinaram um procedimento para a revisão de projetos de pesquisa nas linhas da legislação norte-americana. Como afirmado anteriormente, as diretrizes estendem-se para qualquer classe de atividade cujo objetivo é desenvolver ou contribuir para o conhecimento generalizável (artigo II.1, p. 1)[13]. Uma pesquisa ou um estudo com seres humanos é aquela definida no artigo II.3 como "pesquisa que, individualmente ou coletivamente envolva o ser humano, de forma direta ou indireta, em sua totalidade ou partes dele, incluindo o manejo de informações ou materiais".

A Resolução 196/96 determina que toda pesquisa envolvendo seres humanos deve ser submetida à apreciação de um – **Comitê de Ética em Pesquisa – CEP. CEPs** são "colegiados interdisciplinares e independentes, com 'múnus público', de caráter consultivo, deliberativo e educativo, criados para defender os interesses dos sujeitos da pesquisa em sua integridade e dignidade e para contribuir no desenvolvimento da pesquisa dentro de padrões éticos"[14].

As universidades, os institutos de pesquisas, os centros acadêmicos, os departamentos e programas de pós-graduação devem estabelecer políticas próprias para a aprovação dos projetos de pesquisa e para as linhas de produção científica de acordo com a Resolução 196/96. Cumprir essa Resolução inicialmente produziu resistências em muitas universidades, sendo considerado como uma burocracia que dificultava a aprovação e execução de trabalhos científicos.

As áreas de conhecimento vinculadas à saúde, à medicina e à psicologia foram as primeiras a adotarem as diretrizes. Programas nas

[12] Edital **MCT/SETEC/CNPq** Nº 75/2010 – **RHAE** Pesquisador na Empresa. Disponível em: <http://www.cnpq.br/editais/ct/2010/docs/075.pdf>. Acesso em: 12 ago. 2011.

[13] Resolução Nº 196 de 10 de outubro de 1996. Conselho Nacional de Saúde/MS.

[14] Parte II, Artigo II.14, p. 1.

demais ciências sociais e humanas, inclusive os cursos na área da educação, terão que se transformar para acatar a resolução.

A recente expansão do número de programas de pós-graduação aumenta a necessidade de esses programas promoverem o ensino da integridade de pesquisa e a ética de orientação científica. A pressão de carreira acadêmica, resultando numa competição entre pesquisadores, tem contribuído para condutas de fraude, falsificação de dados e plágio. Problemas relativos à administração de dados produzidos em pesquisa, a guarda, a retenção dos dados para o registro científico, etc., exigem políticas **proativas** para antecipar conflitos e incidentes de conduta imprópria.

Antes de examinar as implicações para a Abordagem Centrada na Pessoa, é relevante ter um conhecimento pleno sobre o que a Resolução 196/96 define como 1) os aspectos éticos da pesquisa e 2) consentimento informado (Leitores que discordam podem pular para a última parte do texto sobre as implicações para a ACP.)

Conforme a Resolução 196/96:

III.1 – A eticidade da pesquisa implica:

a) consentimento livre e esclarecido dos indivíduos-alvo e a proteção a grupos vulneráveis e aos legalmente incapazes (**autonomia**). Neste sentido, a pesquisa envolvendo seres humanos deverá sempre tratá-los em sua dignidade, respeitá-los em sua autonomia e defendê-los em sua vulnerabilidade;

b) ponderação entre riscos e benefícios, tanto atuais como potenciais, individuais ou coletivos (**beneficência**), comprometendo-se com o máximo de benefícios e o mínimo de danos e riscos;

c) garantia de que danos previsíveis serão evitados (**não maleficência**);

d) relevância social da pesquisa com vantagens significativas para os sujeitos da pesquisa e minimização do ônus para os sujeitos vulneráveis, o que garante a igual consideração dos interesses envolvidos, não perdendo o sentido de sua destinação sociohumanitária (**justiça e equidade**).

III.2 – Todo procedimento de qualquer natureza envolvendo o ser humano, cuja aceitação não esteja ainda consagrada na literatura científica, será considerado como pesquisa e, portanto, deverá obedecer às diretrizes da presente Resolução. Os procedimentos referidos incluem entre outros, os de natureza instrumental, ambiental, nutricional, educacional, sociológica, econômica, física, psíquica ou biológica, sejam eles farmacológicos, clínicos ou cirúrgicos e de finalidade preventiva, diagnóstica ou terapêutica.

III.3 – A pesquisa em qualquer área do conhecimento, envolvendo seres humanos, deverá observar as seguintes exigências:

a) ser adequada aos princípios científicos que a justifique e com possibilidades concretas de responder a incertezas;

b) estar fundamentada na experimentação prévia realizada em laboratórios, em animais ou em outros fatos científicos;

c) ser realizada somente quando o conhecimento que se pretende obter não possa ser obtido por outro meio;

d) prevalecer sempre as probabilidades dos benefícios esperados sobre os riscos previsíveis;

e) obedecer à metodologia adequada. Se houver necessidade de distribuição aleatória dos sujeitos da pesquisa em grupos experimentais e de controle, assegurar que, a priori, não seja possível estabelecer as vantagens de um procedimento sobre outro através de revisão de literatura, métodos observacionais ou métodos que não envolvam seres humanos;

f) ter plenamente justificada, quando for o caso, a utilização de placebo, em termos de não maleficência e de necessidade metodológica;

g) contar com o consentimento livre e esclarecido do sujeito da pesquisa e/ou seu representante legal;

h) contar com os recursos humanos e materiais necessários que garantam o bem-estar do sujeito da pesquisa, devendo ainda haver adequação entre a competência do pesquisador e o projeto proposto;

i) prever procedimentos que assegurem a confidencialidade e a privacidade, a proteção da imagem e a não estigmatização, garantindo a não utilização das informações em prejuízo das pessoas e/ou das comunidades, inclusive em termos de autoestima, de prestígio e/ou econômico-financeiro;

j) ser desenvolvida preferencialmente em indivíduos com autonomia plena. Indivíduos ou grupos vulneráveis não devem ser sujeitos de pesquisa quando a informação desejada possa ser obtida por meio de sujeitos com plena autonomia, a menos que a investigação possa trazer benefícios diretos aos vulneráveis. Nestes casos, o direito dos indivíduos ou grupos que queiram participar da pesquisa deve ser assegurado, desde que seja garantida a proteção à sua vulnerabilidade e incapacidade legalmente definida;

l) respeitar sempre os valores culturais, sociais, morais, religiosos e éticos, bem como os hábitos e costumes quando as pesquisas envolverem comunidades;

m) garantir que as pesquisas em comunidades, sempre que possível, traduzir-se-ão em benefícios cujos efeitos continuem a se fazer sentir após sua conclusão. O projeto deve analisar as necessidades de cada um dos membros da comunidade e analisar as diferenças presentes entre eles, explicitando como será assegurado o respeito às mesmas;

n) garantir o retorno dos benefícios obtidos por meio das pesquisas para as pessoas e as comunidades onde as mesmas forem realizadas. Quando, no interesse da comunidade, houver benefício real em incentivar ou estimular mudanças de costumes ou comportamentos, o protocolo de pesquisa deve incluir, sempre que possível, disposições para comunicar tal benefício às pessoas e/ou a comunidades;

o) comunicar às autoridades sanitárias os resultados da pesquisa, sempre que os mesmos puderem contribuir para a melhoria das condições de saúde da coletividade, preservando, porém, a imagem e assegurando que os sujeitos da pesquisa não sejam estigmatizados ou percam a autoestima;

p) assegurar aos sujeitos da pesquisa os benefícios resultantes do projeto, seja em termos de retorno social, acesso aos procedimentos, produtos ou agentes da pesquisa;

q) assegurar aos sujeitos da pesquisa as condições de acompanhamento, tratamento ou de orientação, conforme o caso, nas pesquisas de rastreamento; demonstrar a preponderância de benefícios sobre riscos e custos;

r) assegurar a inexistência de conflito de interesses entre o pesquisador e os sujeitos da pesquisa ou patrocinador do projeto;

s) comprovar, nas pesquisas conduzidas do exterior ou com cooperação estrangeira, os compromissos e as vantagens, para os sujeitos das pesquisas e para o Brasil, decorrentes de sua realização. Nestes casos, deve ser identificado o pesquisador e a instituição nacional corresponsável pela pesquisa. O protocolo deverá observar as exigências da Declaração de Helsinque e incluir documento de aprovação, no país de origem, entre os apresentados para avaliação do

Comitê de Ética em Pesquisa da instituição brasileira, que exigirá o cumprimento de seus próprios referenciais éticos. Os estudos patrocinados do exterior também devem responder às necessidades de treinamento de pessoal no Brasil, para que o país possa desenvolver projetos similares de forma independente;

t) utilizar o material biológico e os dados obtidos na pesquisa exclusivamente para a finalidade prevista no seu protocolo;

u) levar em conta, nas pesquisas realizadas em mulheres em idade fértil ou em mulheres grávidas, a avaliação de riscos e benefícios e as eventuais interferências sobre a fertilidade, a gravidez, o embrião ou o feto, o trabalho de parto, o puerpério, a lactação e o recém-nascido;

v) considerar que as pesquisas em mulheres grávidas devem ser precedidas de pesquisas em mulheres fora do período gestacional, exceto quando a gravidez for o objetivo fundamental da pesquisa;

x) propiciar, nos estudos multicêntricos, a participação dos pesquisadores que desenvolverão a pesquisa na elaboração do delineamento geral do projeto;

z) descontinuar o estudo somente após análise das razões da descontinuidade pelo CEP que a aprovou (p. 2-4).

A definição de consentimento livre e esclarecido pode ser considerada como a mais importante noção da ética em pesquisa humana:

> **II.11 – Consentimento livre e esclarecido –** anuência do sujeito da pesquisa e/ou de seu representante legal, livre de vícios (simulação, fraude ou erro), dependência, subordinação ou intimidação, após explicação completa e pormenorizada sobre a natureza da pesquisa, seus objetivos, métodos, benefícios previstos, potenciais riscos e o incômodo que esta possa acarretar, formulada em um termo de consentimento, autorizando sua participação voluntária na pesquisa[15].

Segundo a Resolução, o consentimento livre e esclarecido é considerado:

[15] Parte II.11, p. 2.

IV- O respeito devido à dignidade humana exige que toda pesquisa se processe após consentimento livre e esclarecido dos sujeitos, indivíduos ou grupos que por si e/ou por seus representantes legais manifestem a sua anuência à participação na pesquisa.

IV.1 – Exige-se que o esclarecimento dos sujeitos se faça em linguagem acessível e que inclua necessariamente os seguintes aspectos:

a) a justificativa, os objetivos e os procedimentos que serão utilizados na pesquisa;

b) os desconfortos e riscos possíveis e os benefícios esperados;

c) os métodos alternativos existentes;

d) a forma de acompanhamento e assistência, assim como seus responsáveis;

e) a garantia de esclarecimentos, antes e durante o curso da pesquisa, sobre a metodologia, informando a possibilidade de inclusão em grupo controle ou placebo;

f) a liberdade do sujeito se recusar a participar ou retirar seu consentimento, em qualquer fase da pesquisa, sem penalização alguma e sem prejuízo ao seu cuidado;

g) a garantia do sigilo que assegure a privacidade dos sujeitos quanto aos dados confidenciais envolvidos na pesquisa;

h) as formas de ressarcimento das despesas decorrentes da participação na pesquisa; e

i) as formas de indenização diante de eventuais danos decorrentes da pesquisa.

IV.2 – O termo de consentimento livre e esclarecido obedecerá aos seguintes requisitos:

a) ser elaborado pelo pesquisador responsável, expressando o cumprimento de cada uma das exigências anteriores;

b) ser aprovado pelo Comitê de Ética em Pesquisa que referenda a investigação;

c) ser assinado ou identificado por impressão dactiloscópica, por todos, e cada um dos sujeitos da pesquisa ou por seus representantes legais;

d) ser elaborado em duas vias, sendo uma retida pelo sujeito da pesquisa ou por seu representante legal e uma arquivada pelo pesquisador.

IV.3 – Nos casos em que haja qualquer restrição à liberdade ou ao esclarecimento necessários para o adequado consentimento, deve-se ainda observar:

a) em pesquisas envolvendo crianças e adolescentes, portadores de perturbação ou doença mental e sujeitos em situação de substancial diminuição em suas capacidades de consentimento, deverá haver justificação clara da escolha dos sujeitos da pesquisa, especificada no protocolo, aprovada pelo Comitê de Ética em Pesquisa, e cumprir as exigências do consentimento livre e esclarecido, por meio dos representantes legais dos referidos sujeitos, sem suspensão do direito de informação do indivíduo, no limite de sua capacidade;

b) a liberdade do consentimento deverá ser particularmente garantida para aqueles sujeitos que, embora adultos e capazes, estejam expostos a condicionamentos específicos ou à influência de autoridade, especialmente estudantes, militares, empregados, presidiários, internos em centros de readaptação, casas-abrigo, asilos, associações religiosas e semelhantes, assegurando-lhes a inteira liberdade de participar ou não da pesquisa, sem quaisquer represálias;

c) nos casos em que seja impossível registrar o consentimento livre e esclarecido, tal fato deve ser devidamente documentado, com explicação das causas da impossibilidade, e parecer do Comitê de Ética em Pesquisa;

d) as pesquisas em pessoas com o diagnóstico de morte encefálica só podem ser realizadas desde que estejam preenchidas as seguintes condições:

– documento comprobatório da morte encefálica (atestado de óbito);

– consentimento explícito dos familiares e/ou do responsável legal, ou manifestação prévia da vontade da pessoa;

– respeito total à dignidade do ser humano sem mutilação ou violação do corpo;

– sem ônus econômico financeiro adicional à família;

– sem prejuízo para outros pacientes aguardando internação ou tratamento;

– possibilidade de obter conhecimento científico relevante, novo e que não possa ser obtido de outra maneira;

e) em comunidades culturalmente diferenciadas, inclusive indígenas, deve-se contar com a anuência antecipada da comunidade através dos seus próprios líderes, não se dispensando, porém, esforços no sentido de obtenção do consentimento individual;

f) quando o mérito da pesquisa depender de alguma restrição de informações aos sujeitos, tal fato deve ser devidamente explicitado e justificado pelo pesquisador e submetido ao Comitê de Ética em Pesquisa. Os dados obtidos a partir dos sujeitos da pesquisa não poderão ser usados para outros fins que os não previstos no protocolo e/ou no consentimento (p.4).

O protocolo da pesquisa envolve, entre outras informações: 1) a descrição completa do projeto; 2) informações relativas ao(s) sujeito(s), inclusive o termo de consentimento específico para o projeto e as medidas de proteção e confidencialidade. O protocolo deve ser apresentado ao Comitê de Ética em Pesquisa – **CEP** – da instituição ou na sua ausência, a um CEP de outra instituição indicado pelo Conselho Nacional de Ética em Pesquisa (**CONEP**).

O **SISNEP** – Sistema Nacional de Informação sobre Ética em Pesquisa envolvendo Seres Humanos – é um sistema de informações via internet sobre pesquisas envolvendo seres humanos que permite o registro e acompanhamento de projetos.[16] Uma recomendação importante do site: O ideal é que o registro do projeto seja feito quatro meses antes do início previsto da pesquisa. Pesquisadores sem vínculo institucional podem utilizar esse sistema.

Pode ser concluído que ainda há necessidade para ações institucionais urgentes no desenvolvimento de padrões normativos que promovam um ambiente de pesquisa responsável e uma consciência crítica da necessidade de treinamento/pesquisa sobre a integridade científica em todas as áreas de conhecimento no Brasil.

Implicações para ACP

Mesmo para profissionais da Abordagem Centrada na Pessoa sem atuação em instituições acadêmicas, a herança do trabalho pioneiro de

[16] Para maiores informações: disponível em: <http://portal2.saude.gov.br/sisnep/>. Acesso em: 2 nov. 2021.

Rogers nos obriga reconhecer a necessidade de continuar a nossa busca para um conhecimento mais científico da nossa prática. Continuamos com questionamentos e dúvidas referentes ao processo e à relação terapêutica; ao possível papel da **ACP** perante a violência humana, ao abuso de sustâncias, ao racismo e à discriminação de gênero e a preferências sexuais, entre outros problemas psicossociais atuais.

Rogers nos ensinou sobre a importância do estudo científico do nosso trabalho para testar ideias e comunicar fatos. Até que ponto estamos disponíveis individualmente para buscar meios coletivos para avançar em nosso trabalho? Podemos trocar mais nossos projetos de estudo, nossos dados, nossos problemas de conduta (ética ou não) das nossas pesquisas? Existe a possibilidade de linhas de pesquisa em comum? Projetos em comum?

Diretrizes para protocolos de pesquisa com seres humanos nos obrigam a repensar nossos sistemas atuais de coleta de dados e a autonomia anterior utilizada em nossos estudos. Há novos requisitos para a apresentação e publicação de pesquisa. Para submeter um trabalho à Revista **NUFEN**, a comissão do **IX Fórum Brasileiro da ACP** solicitou informações sobre a aprovação do trabalho pelo comitê de ética que autorizou o desenvolvimento do mesmo, caso o trabalho se referisse à pesquisa com seres humanos. Devemos "filtrar" trabalhos para apresentação em nossos encontros, fóruns e seminários na Abordagem Centrada na Pessoa? Ou seria antiético ou autoritário por parte dos organizadores de cada evento? Como podemos discutir isso?

Quais os espaços atuais que podemos criar em nossos eventos para lidar com questões éticas críticas, tanto na psicoterapia quanto em outros estudos científicos? Temos abertura para aprofundarmos a discussão sobre ética? E estamos falando da ética de quem?

Quanto à conduta ética de pesquisa, algumas perguntas são pertinentes, mesmo que não respondidas[17]:

a) O trabalho a ser feito vale a pena? Para quem? Por quê?
b) A temática em si tem considerações éticas para os participantes envolvidos? Há distância ou paridade entre os pesquisadores e os participantes?

[17] Esta nota foi inspirada pelo trabalho de Rivlin, 2002.

c) A seleção dos participantes é "voluntária", livre ou dirigida? Houve seleção? Com quais critérios?

d) Os procedimentos usados tornam as respostas ilícitas ou produzem reações que fogem do alcance de ação pelo pesquisador? Quais as consequências verdadeiras para os participantes?

e) O estudo em si produz expectativas, mesmo silenciosas, sobre ajuda na resolução de algum problema ou situação crítica?

f) Os participantes terão acesso às informações sobre os resultados? Como?

g) A quem pertencem os dados? A informação coletada, mesmo organizada de forma autônoma, estará guardada? Onde? Por quanto tempo? Quem terá acesso a essa informação?

A análise prévia de questões com implicações éticas deve ocorrer durante a escolha do problema de pesquisa. As considerações éticas vão além de protocolos e diretrizes para o estudo dos seres humanos.

Não existiam protocolos humanos para pesquisa psicológica durante as décadas dos estudos de Rogers e seus colaboradores. Não sabemos se as instituições de então teriam autorizado procedimentos tão radicais como a gravação e filmagem de sessões terapêuticas.

Hoje, temos a oportunidade de pesquisar dentro de nossos princípios e crenças que contenham posturas éticas inerentes à abordagem que recriamos e praticamos. Que seja assim.

Mas podemos ir além. Podemos criar e melhorar a dinâmica da nossa busca para a verdade no contexto da comunidade profissional que sustentamos em cada encontro. A nossa ética emerge por meio da desconstrução das estruturas fechadas que nos isolam e nos calam. Vamos discutir a ética dos sentidos e em todos os sentidos!

Referências

ALVES, R. Filosofia da ciência: introdução ao jogo e às suas regras. S.P: Brasiliense, 1987.

AMATUZZI, M. M. Rogers – Ética Humanista e Psicoterapia. S.P: Alinea, 2010.

AMATUZZI, M. M. **Por uma psicologia humana**. 2. ed. Campinas: Alínea, 2008.

AMATUZZI, M. M. et al. A atitude de boa vontade e a abordagem centrada na pessoa. **Estud. psicol.** (Campinas), v. 19, n. 2, maio/ago. 2002.

BECHTEL, R. B.; CHURCHMAN, A. (Ed.). **Handbook of environmental psychology**. NY: Wiley & Sons, 2002.

BOZARTH, J. **Person-centered therapy**: a revolutionary paradigm. Ross-on-Wye, UK: PCCS Books, 2002.

CRESWELL, J. W. **Projeto de pesquisa**. Porto Alegre: Artmed, 2009.

DEWING, J. From Ritual to Relationship: A person-centered approach to consent in qualitative research with older people who have a dementia. **Dementia**. v. 1, n. 2, p. 157-171. Junho, 2002.

DOXSEY, J. R. Educação enquanto intervenção humana: reflexões sobre a prática ética. Trabalho apresentado no Seminário Regional de América Latina, Instituto para Desenvolvimento e Educação de Adultos – **IDEA**, Port-de-Prince, Haiti, 3 a 12 de setembro de 1997.

FREIRE, J. C. **A ética da psicologia centrada na pessoa em Carl Rogers**. Dissertação de Mestrado. Fortaleza: Universidade Federal do Ceará. 1989.

ISRAEL, M.; HAY, I. **Research ethics for social sciences**: between ethical conduct and regulatory compliance. London, Sage, 2006.

NATIONAL COMMISSION FOR THE PROTECTION OF HUMAN SUBJECTS OF BIOMEDICAL AND BEHAVIORAL RESEARCH. **The Belmont Report**: ethical principles and guidelines for the protection of human subjects in research. Washington, D.C.: U.S. Government Printing Office. DHEW Publication N. (OS) 78-0012, 1978.

PERETTI, A. **El pensamiento de Carl Rogers**. Madrid: Sociedad de Educación Atenas, 1979.

RIVLIN, L. G. The ethical imperative. In: R. B BECHTEL; A. CHURCHMAN. (Eds.). **Handbook of environmental psychology**. NY: Wiley & Sons, 2002, p.15-27.

ROGERS, C. R. Pessoas ou ciência? Uma questão filosófica. In: WOOD, J. K. (Org.). **A abordagem centrada na pessoa**. 5. ed. Vitória, ES: Editora EDUFES, 2010. p 117-142. Também, **American Psychologist**, vol. 10 (7) 1955. p. 289-306.

ROGERS, C. R. **Psicoterapia e consulta psicológica**. SP: Martin Fontes, 1987.

ROGERS, C. R.; KINGET, G. M. **Psicoterapia & relações humanas**. BH: Interlivros, 1977.

ROGERS, C. R.; WOOD, J. K. Teoria centrada no cliente: Carl Rogers. In: A. BURTON. **Teorias operacionais da personalidade**. R.J: Imago, 1978.

ROSENBERG, R. L. (Org.). **Aconselhamento psicológico centrado na pessoa**. S.P: Editora Pedagógica e Universitária, 1987.

SCHMID, P. F. The necessary and sufficient conditions of being person–centered: On identity, integrity, integration and differentiation of the paradigm. In: J. WATSON (Ed.). **Client-centered and experiential psychotherapy in the 21st century**: Advances in theory, research and practice. Ross-on-Wye: PCCS Books, 2001.

VÁZQUEZ, A. S. Ética. Rio de Janeiro: Civilização Brasileira, 1997. p. 272.

WOOD, J. K. (Org.). **A abordagem centrada na pessoa**. 5. ed. Vitória, ES: Editora EDUFES, 2010.

5.3 NOVOS DESAFIOS PARA ABORDAGEM CENTRADA NA PESSOA

Este texto levanta considerações éticas relativas à prática, organização e à produção científica/teórica da Abordagem Centrada na Pessoa.[18] *Dividido em quatro partes, o foco é um olhar crítico sobre dilemas e desafios para uma abordagem que valoriza eticamente o ser humano e seus direitos de privacidade e autonomia pessoal.*

> ***O que constituem dados pessoais?***
> *Qualquer informação relacionada a uma pessoa singular*
> *... que pode ser usada diretamente ou indiretamente,*
> *para identificar a pessoa. Pode ser qualquer coisa de um nome,*
> *uma foto, um endereço de* e-mail, *dados bancários, posts em sites*
> *de redes sociais, informação médica ou um endereço IP do computador.*
> *European Union General Data Protection Regulation (GDPR)*

Introdução

É oportuno refletir individualmente e coletivamente sobre polêmicas recentes relacionadas à privacidade, sequestro de informações e dados pessoais nas redes/mídias sociais e como isso pode afetar a

[18] O trabalho foi apresentado no XVIII Encontro Ibero Americano da Abordagem Centrada na Pessoa, e inclui trechos do artigodo texto original **Ensaio sobre conduta ética na Abordagem Centrada na Pessoa**, disponível neste volume.

organização e a condução de nossos cursos e eventos, particularmente nas atividades realizadas no Brasil.

Os princípios da Abordagem Centrada na Pessoa –ACP – não serão examinados e nem a vasta literatura sobre ética, a conduta ética em pesquisa ou a filosofia da ética[19] será comentada. Tampouco se questiona se os profissionais brasileiros da ACP são éticos ou não.

Também é relevante que examinemos com rigor e carinho os rumos da produção de estudos brasileiros da Abordagem Centrada na Pessoa (acadêmicos ou não) para possibilitar uma reflexão coletiva sobre a evolução da nossa prática. É necessário, ao mesmo tempo, estarmos atentos às exigências em vigor para o registro de estudos com sujeitos humanos.

Os avanços tecnológicos digitais e a difusão das mídias sociais configuram um panorama complexo da comunicação profissional, a promoção de serviços e atividades psicológicas, misturando a vida pessoal e profissional. A necessidade para a regulamentação e normatização emerge como novo desafio para a conduta ética de todos. Examinamos as implicações para a ACP perante alguns problemas só agora identificados como essenciais para o respeito à proteção da privacidade e daintegridade humana.

Novas Tecnologias Digitais e suas Implicações para a Abordagem Centrada na Pessoa

Ameaças reais e virtuais para nossa conduta ética

Sem paranoia ou moralismos, podemos contemplar o panorama mundial cibernético atual com cautela desde o ponto de vista psicossociológico humanista que se preocupa com o bem-estar dos indivíduos e da sociedade. Os conceitos de cibercultura, ciberespaço e as novas tecnologias eletrônicas desafiam noções de espaço, tempo e comunicação humana:

[19] Para os interessados, Vasquez (2010) discute os problemas éticos e as relações entre moral e ciência e o uso social da ciência (p. 103-105).

> O termo **Cibercultura** tem vários sentidos, mas se pode entender como a forma sociocultural que advém de uma relação de trocas entre a sociedade, a cultura e as novas tecnologias de base microeletrônicas surgidas na década de 70, graças à convergência das telecomunicações com a informática. A **cibercultura** é um termo utilizado na definição dos agenciamentos sociais das comunidades no espaço eletrônico virtual. Estas comunidades estão ampliando e popularizando a utilização da Internet e outras tecnologias de comunicação, possibilitando assim maior aproximação entre as pessoas de todo o mundo (http://www.dicionarioinformal.com.br/cibercultura/).

Barwinski (2010) considera a internet um potencializador de comportamentos, onde a cultura digital ajuda na definição de uma geração que se acostumou a fazer tudo com a ajuda da tecnologia (p. 1). A autora considera que todos os usuários contribuem para criar e manter a vida no ciberespaço:

> Toda vez que você escreve alguma coisa no seu perfil do Twitter, Facebook, Orkut e outras redes sociais, está fazendo uma contribuição para a formação de um cantinho do ciberespaço. Mas é importante lembrar que a cibercultura não se resume a esses aspectos.... Então, quais são os papéis das redes sociais na internet, dentro desse contexto da cibercultura? É bem fácil entender como o Orkut e outros centros de interligação de pessoas desempenham seus papéis. Se você considerar as redes sociais como espaços específicos, o seu perfil funciona como uma carteira de identidade misturada a uma espécie de "currículo" do usuário (p. 2).

Ao nível pessoal e profissional, é fundamental reconhecer que a nossa participação nas mídias sociais redefine diretamente e indiretamente as nossas identidades individuais e coletivas, no caso dos grupos e *sites* ACP:

> Assim, todo perfil que você tem em uma rede social funciona como uma versão digital sua na grande rede. Portanto, é interessante que você comece a ver o seu comportamento *on-line* como algo que represente quem você é. Então, abusar de conteúdos que não dizem nada ao seu respeito gera ruído

e pode comprometer a comunicação entre os "cidadãos" dessa "cibercidade" (p. 2).

Essa cibercultura tem aspectos perversos que ameaçam direitos e liberdades pessoais. Os acontecimentos recentes revelam problemas gigantescos causados pelo sequestro de informações individuais, empresariais, governamentais afetando eleições nacionais, os sistemas financeiros mundiais. O Quadro 1 a seguir resume apenas alguns aspectos da crise atual.

Eventos Críticos	**Natureza**	**Observações**
Hacking de dados, informações.	Sequestro de material.	Envolvem governos, empresas de informática e grupos criminosos.
Instalação de vírus e distribuição de alterações de procedimentos do sistema.	Alteração de programas e sistemas de armazenamento de dados para causar danos, alterar ou inutilizar arquivos.	Ações isoladas de indivíduos ou de grupos, empresas, governos.
FACEBOOK – Uso de dados de usuários para fins políticos e marketing sem autorização.	Vazamento de dados que disponibiliza endereços eletrônicos e outras informações pessoais.	Google, Twitter, Cambridge Analytica, entre outros também suspeitos de vazamento.
Denúncias de espionagem eletrônica por meio de *hacking* de computadores em rede ou particular.	Podem ser ações de espionagem de indivíduos, reuniões, assembleias, movimentos sociais.	Desconhecida a extensão do problema no Brasil.
Infocalypse – *Fake News*	Desinformação que provoca ação ou inação de terceiros.	Resultados podem provocar desistência de pessoas em se informar ou prestar atenção às notícias, levando o público a acreditar que nada é real.[9]

[20] Tourino, C. Horror show. **A Gazeta**. Vitoria, ES, 2018.

Novos desenvolvimentos tecnológicos constantes prometem um futuro incerto com relação à proteção dos direitos individuais. Sem espaço para detalhar esses acontecimentos, segui uma breve listagem de fenômenos que certamente aceleram a necessidade urgente para a regulamentação e o gerenciamento de tecnologias digitais invasivas:

- Avanços em data *mining*, processamento de grandes bancos de dados, *inovação on-line* de treinamento de programadores e analistas de sistema; novas soluções analíticas, voltadas para a inteligência do negócio e gerenciamento de dados (Dr. Watson, IBM, SAS, etc.).
- Aplicações de inteligência artificial para educação a distância. Exemplo: Sistema Tutorial Inteligente (STI) é qualquer sistema de computador que fornece instruções diretas personalizadas ou *feedback* aos alunos, ou seja, sem a intervenção de seres humanos, ao mesmo tempo em que executa uma tarefa.
- Aplicativos de reconhecimento facial. Exemplo: O Azure (Microsoft) é um conjunto de serviços de nuvem que os desenvolvedores e os profissionais usam para criar, implantar e gerenciar aplicativos por toda uma rede global de *datacenters*. As ferramentas integradas, o DevOps e o *Marketplace* dão suporte para criar de maneira eficiente desde aplicativos móveis simples até soluções usadas em escala da Internet[21].

É fácil discernir que as novas tecnologias servem bem às empresas e aos seus clientes de marketing. E apesar das recentes "garantias" e políticas sobre privacidade e um possível controle (parcial) do uso de dados individuais, a esfera privada e a esfera pública foram transformadas pela esfera virtual da Internet (Souza, 2018, p. 3).

Os aplicativos de reconhecimento facial merecem um cuidado especial, considerando a proliferação de fotografias grupais amplamente distribuídas em *sites* de eventos, cursos e páginas pessoais da ACP. Segundo Souza (2018), a funcionalidade da tecnologia de reconhecimento facial do Facebook:

[21] Veja API de Detecção Facial. Disponível em: <https://azure.microsoft.com/pt-br/services/cognitive-services/face/>. Acesso em: 25 set. 2021.

.... (antes) servia apenas para você marcar seus amigos e a si mesmo nas fotos publicadas na plataforma. Porém, o reconhecimento facial da rede social serve para muitas outras coisas, e Mark Zuckerberg quer se certificar de que você saiba ... que graças ao reconhecimento facial, a rede social também consegue o alertar sobre eventuais fotos que alguém publicar de você e não o marcar, permitindo, por exemplo, que você saiba de imediato se houver alguém querendo se passar pela sua pessoa (p. 2).

Por que é importante entender como funciona essa tecnologia? Simplesmente, para ter conhecimento até que ponto nós queremos ser expostos em fotografias, sabendo que o reconhecimento facial tem implicações conhecidas e outras certamente, até agora, desconhecidas.

Uma câmera e um programa adequado. Só isso basta para identificar uma pessoa, automaticamente, por meio do reconhecimento facial. Graficamente, nosso rosto é composto por muitos pontos e algumas medidas, como o comprimento da linha da mandíbula, tamanho do crânio, distância entre os olhos, largura do nariz, entre outros. O *software* lê essas informações, por meio da câmera, o rosto daquela pessoa é automaticamente codificado em uma sequência digital. Este número, a partir daí, é anexado ao cadastro do indivíduo. Ou seja, toda vez que ele passar por aquela câmera, as suas informações faciais serão comparadas com um banco de dados. Como o conjunto de medições do rosto é único para cada pessoa, a precisão do reconhecimento facial é sempre muito alta; normalmente muito perto dos 100%. E o sistema é rápido, conseguindo identificar até 20 rostos simultaneamente, a uma velocidade de 100 mil faces por segundo (p. 1)[22]

Fotografar ou filmar pessoas, grupos ou reuniões em atividades organizadas ou patrocinadas por profissionais associados à ACP, hoje, tem dimensões significativas para os direitos pessoais de participantes. Se entendermos a importância de respeito e sigilo

[22] Olhar Digital. **Como funciona o reconhecimento facial?** Disponível em: <https://olhardigital.com.br/video/reconhecimento_facial_como_ele_Identifica_um_rosto_na_multidao/16639>. Acesso em: 1 abr. 2018.

em nossas atividades e trabalho, que acordos coletivos precisam ser estabelecidos para salvaguardar nossa privacidade?

O Marco Civil da Internet – mais uma lei brasileira bonita?

A questão ética das novas tecnologias está respaldada na Lei nº 12.965, de 23 de abril de 2014, que promulgou o denominado Marco Civil da Internet, com o intuito de estabelecer princípios, garantias, direitos e deveres para os usuários de internet no Brasil (TOMASEVIVIUS FILHO, 2016).

Independentemente das controvérsias políticas e legais, Tomasevicius Filho nos alerta que o Marco Civil da Internet:

> Embora se tenha comemorado sua aprovação, por supostamente as demais normas jurídicas vigentes no Brasil – como a Constituição Federal, o Código Civil e o Código Penal – não terem aplicação nas relações sociais entabuladas pela internet, essa lei apresenta poucas inovações e muitas insuficiências e deficiências de cunho jurídico. Somando-se a esse fato a impossibilidade jurídica de regulação de uma rede mundial de computadores por meio de lei de um único país, os problemas gerados pela internet continuarão a afetar a privacidade, honra e imagem das pessoas, ao mesmo tempo em que conquistas, como a da neutralidade da rede, terão pouco impacto na vida das pessoas (p. 283).

Mesmo assim, dois artigos dessa legislação são relevantes para a nossa discussão:

Art.7º afirma como direitos dos usuários de internet a inviolabilidade da intimidade e da vida privada, a preservação do sigilo das comunicações privadas pela rede, transmitidas ou armazenadas; o não fornecimento de dados pessoais coletados pela internet a terceiros sem prévio consentimento do usuário, além de estabelecer o dever de informar os usuários acerca da coleta de dados sobre si, quando houver justificativa para tal fato (p. 274).

Art. 10 estabeleceu que a guarda e a disponibilização dos registros de conexão e de acesso a aplicações de internet devem ser realizadas com respeito à intimidade, vida privada, honra e imagem das pessoas direta ou indiretamente envolvidas (p. 274).

Considerações Éticas para a Promoção e Organização da ACP

Num texto anterior, afirmamos em acordo com Bozarth (1998), que o pressuposto fundamental da Abordagem Centrada na Pessoa é também uma premissa ética básica para os praticantes da Abordagem. "A manifestação do pressuposto é que o praticante se dedica à autoridade de si mesmo e à autodeterminação do cliente. Sendo assim, o princípio sugere novas interpretações e até mesmo afirmações diferentes a respeito de padrões éticos. Tal revisão não sugere menos restrições éticas, mas sim sugere mais fortes princípios éticos e mais atenção à natureza e substância das relações profissionais" (p. 185).

Para Bozarth, "A ética centrada na pessoa consistente opera a partir de ... (certas) qualidades atitudinais. Essa é a maneira como o Terapeuta Centrada na Pessoa se esforça para "ser". A ética centrada na pessoa se baseia nas qualidades das atitudes do terapeuta"(p. 185).

Mas a conduta de profissionais da Abordagem Centrada na Pessoa se fundamenta em princípios humanistas e fenomenológicos com um respeito ético profundo pelo indivíduo, seu contexto sociocultural, étnico e suas preferências pessoais.

Assim, a ACP pode ser considerada vanguarda nas pesquisas científicas sobre o homem e suas relações. A pesquisa e os procedimentos científicos empregados na construção do embasamento teórico da ACP refletem a mesma ética sem seguir normas ou protocolos que regulamentam a proteção dos seres humanos estudados.

Breve Histórico das nossas Tentativas de nos Conectarmos

A Abordagem Centrada na Pessoa, mesmo sem organizações formais permanentes ou estruturas institucionais tradicionais, vem crescendo no Brasil e na América Latina. O formato mais comum tem sido as associações de profissionais e alguns centros ou institutos (Veja Tassinari, Trzan-Avila & Jaco-Vilela para resumos dessa história.[23]).

[23] TASSINARI, M. A. **Breve história da ACP no Brasil**. APACP – ASSOCIAÇÃO PAULISTA DA ACP. Disponível em: <https://apacp.org.br/diversos/artigos/

Com o advento dos eventos nacionais e internacionais (Fóruns, Encontros Latino e Iberoamericanos, encontros regionais, etc.), surgiu a confecção e circulação de listas de endereços e informações sobre os participantes. As listas incluíram nomes, telefones de trabalho e residenciais.

Um dos primeiros esforços de manter contato pós-evento internacional entre participantes foi o "*Newsletter*", circulado com cópias Xerox de cartas enviadas à pessoa organizadora. Como o *newsletter* circulou por correios internacionais, os custos e suas demoras eventualmente inviabilizaram sua continuação.

Havia também uma tentativa de uma rede internacional entre profissionais da ACP com vínculos acadêmicos que permitiu o uso do *mainframe* de computadores das universidades usuárias. Houve troca de mensagens pessoais, trabalhos escritos e levantamentos bibliográficos disponibilizados pelo sistema, limitados aos docentes nessas instituições.

Eventualmente, a internet e as mídias sociais facilitaram a emergência de associações, visto que participantes inicialmente trocaram mensagens, convites e anúncios de atividades. Apesar de alguns conflitos entre participantes, não foram registrados incidentes ou problemas mais graves. *Website*s abriram a possibilidade da troca de imagens, de textos ilustrados e outras informações digitalizadas. *WhatsApp* e outras aplicativos iniciaram uma nova forma de comunicação e conexão entre as pessoas, conhecidas ou não, profissionais vinculados à ACP ou não. Não há uma estimativa de *homepage, sites* ou grupos de *WhatsApp* no Brasil ou em outros lugares vinculados à Abordagem.

Questões éticas cada vez mais formam parte da pauta de discussão da pesquisa acadêmica em todas as áreas de conhecimento. Desde 1996-97, resoluções federais[24] nas áreas da saúde, no uso de medicamentos e

breve-historia-da-acp-no-brasil/>. Acesso em: 27 mar. 2018. TRZAN-AVILA, A.; JACO-VILELA, A. M. Uma história da Abordagem Centrada na Pessoa no Brasil. **Estud. pesqui. psicol**. Rio de Janeiro, v. 12, n. 3, p. 1063-1069, dez. 2012. Disponível em: <http://pepsic.bvsalud.org/scielo.php?script=sci_arttext&pid=S1808-42812012000300021&lng=pt&nrm=iso>. Acesso em: 27 mar. 2018.

[24] Entre outras, a **Resolução 196/96** do Conselho Nacional de Saúde que estabelece a formação do um Conselho Nacional de Ética em Pesquisa (**CONEP**), bem como diretrizes para o tratamento de sujeitos humanos em pesquisa.

na pesquisa médica estabeleceram diretrizes para o protocolo humano, a integridade de pesquisa, a proteção de sujeitos humanos determinou um procedimento para a revisão de projetos de pesquisa. Essas diretrizes estendem-se para todos os estudos, para as atividades científicas ou acadêmicas de pesquisas que envolvem sujeitos humanos.

O registro e a autorização para o desenvolvimento do trabalho por uma comissão de ética são requisitos atuais para a publicação em muitas revistas acadêmicas e até para a apresentação de pesquisa, artigos e relatórios em congressos, seminários e outros eventos. Projetos de monografia, trabalhos de conclusão de cursos – TCCs, dissertações e teses exigem aprovação de protocolos de ética antes de sua execução.

Registramos aqui algumas considerações que merecem discussão e debate coerente com os princípios humanistas e a prática ética característica da ACP. É oportuno lembrarmo-nos da herança do trabalho inicial de Carl Rogers e de outros, bem como rever algumas tendências presentes no contexto brasileiro.

Em suas obras publicadas, Carl Rogers, William Coulson, John Wood, Geral Bozarth, John Schlein, entre outros, já enfrentaram críticas sobre a ACP, analisando a ciência do homem e a possibilidade de que a postura humanista dos profissionais da Abordagem é por sua natureza uma atitude e uma conduta ética. No Brasil, Rosenberg (1987), Freire (1989) Amatuzzi, Cury, et. al. (2002) e Amatuzzi (2010) analisaram a psicoterapia, a relação terapêutica e o papel do psicólogo na perspectiva da Abordagem Centrada na Pessoa.

Observações sobre Ética no Contexto Brasileiro da ACP

Essas observações carecem de maiores informações a respeito da ética em novos textos disponíveis, módulos oferecidos em cursos e seminários da ACP, pesquisas acadêmicas e apresentações eventualmente realizadas pelos profissionais da Abordagem. Essa lacuna foi comentada em textos anteriores.

Em *Palavras sobre a ética*, Rosenberg (1987) refletiu sobre os "efeitos colaterais" de condutas do psicólogo na instituição ou no consultório. Rosenberg conclui que "a conduta ética e condizente do psicólogo conselheiro é ... vista como resultante de sua postura pessoal básica e ...

como decorrência de uma reflexão informada sobre os seres humanos e seus modos de interagir" (p. 88).

Em seu livro *Rogers – ética humanista e psicoterapia* (2010), Amatuzzibuscou regatar o que ele chamou aspectos "radicais" das afirmações paradoxais de Rogers. Ele declarou que "à luz dos pensamentos de Rogers, o próprio humanismo torna-se mais claro". Para Amatuzzi, "(a) ACP é basicamente uma postura ética. Uma ética humana" (p. 36).

Amatuzzi, Cury et. al. (2002) levantaram as características da atitude de "boa vontade – **BV** –", enfatizandoa importância do aspecto ético, entendido como essencial para a formação na ACP e, em geral, na formação do psicólogo. Mas permanece a dúvida sobre como a questão da ética é abordada na formação de psicólogos brasileiros. Os cursos de Psicologia em faculdades e universidades com linhas de pesquisa na Abordagem Centrada na Pessoa são poucos. Os institutos e centros que oferecem formação na Abordagem, com ou sem vínculos institucionais para certificação, também não são muitos.

Qual a natureza do ensino da ética nesses cursos? Quais os procedimentos seguidos pelos organizadores desses cursos para a aprovação de estudos com sujeitos humanos? Em cursos *on-line,* como é tratada a questão ética?

Empecilhos para uma Conduta Ética mais Transparente na ACP

A seguir, listamos alguns problemas e algumas dificuldades vivenciadas recentemente no Brasil. Certamente, haverá discordâncias sobre a classificação de alguns incidentes como sendoalgo grave ou antiético. Como o texto carece de uma discussão crítica mais ampla, entendemos os itens seguintescomo pontos de debate e análise.

Confiamos que muito pode ser feito de forma proativa para evitar maiores consequências ou responsabilização legal envolvendo as partes. Em nossa experiência de grandes grupos, vivências e eventos da ACP, a comunidade de participantes se mostra competente para lidar com problemas críticos e condutas inapropriadas encontradas. Por outro lado, algumas considerações merecem ações e procedimentos diferentes por parte de grupos e instituições organizadores dos eventos e das atividades.

1. Cadastramento e seleção de participantes em Fóruns e Encontros: aceitação da inscrição de participantes por ordem de inscrição, visando à sustentabilidade financeira do evento, resultando em:
    - Relaxamento de critérios de seleção de participantes.
    - Grande número de participantes (desproporcional ao número total) sem formação completa em psicologia, sem experiência na ACP ou eventos grupais na ACP.
    - Aceitação de familiares ou suporte para o cuidado de filhos, inclusive recém-nascidos.
    - Presença eventual dos não participantes, filhos, etc., em períodos de trabalho de grupos, períodos de alimentação e comemorações.
2. Incidentes considerados graves envolvendo acusações de assédio sexual, invasão de quartos e comportamento público ofensivo a outros participantes em atividades da ACP.
3. Falta de qualquer normatização de conduta em eventos da ACP que autoriza a retirada de participantes pela comissão organizadora ou pela comunidade perante incidentes graves de comportamento.
4. Utilização de aparelhos digitais / eletrônicos (celulares, câmeras, *notebooks*, gravadores, etc.) sem termo de consentimento assinado pelos participantes.
5. Postagem eletrônica de fotografias e outras informações (endereços residenciais, eletrônicos ou profissionais, telefones e outros dados pessoais) sem autorização.
6. Postagens individuais em redes de comunicação (nacional e internacional) com ataques pessoais, discussões agressivas e comentários antiéticos causando impactos negativos na rede e autoexclusão de alguns participantes agredidos.
7. *Armazenamento* de textos em arquivos abertos sem notificação / autorização dos autores.
8. A falta total de medidas em eventos, cursos ou qualquer atividade que promovem governança das informações disponíveis ou garantias de privacidade para eventuais participantes. Os

arquivos de informações ficam com os organizadores ou guardados sem procedimentos para utilização ou descarte.

9. A falta de qualquer advertência aos usuários / participantes de redes sociais, *homepages*, etc. sobre o perigo da utilização de reconhecimento facial e/ou utilização indevida de dados pessoais.
10. Gravação de aulas, seminários, debates, apresentações de Trabalhos de Final de Curso (TCC) e outras atividades de cursos/eventos promovidos.
11. Transmissão ao vivo por meiodo Facebook, Skype, etc. de apresentação de atendimentos clínicos realizados por estagiários.
12. Utilização sem autorização de material didático (manuais, exercícios, textos, anotações, apresentações de PowerPoint do módulo, curso ou apresentação de projetos e trabalhos TCC).
13. A emergência de cursos *on-line* de formação de psicólogos na Abordagem Centrada na Pessoa, sem requisito de sessões ou módulos presenciais com carga horária muito inferior ao que seria condizente com a formação pretendida.
14. A oferta de cursos da Abordagem Centrada na Pessoa sem psicólogos ou professores com experiência na ACP.
15. Proliferação de grupos de encontro, vivências e *workshops* na ACP sem designação de psicólogo responsável com experiência em facilitação de grupos.
16. Divulgação de atividades/eventos sem que conste o número do registro profissional do proponente no Conselho Regional.
17. A falta de um protocolo ou termo de entendimento assinado por participantes em grupos de encontro, vivências ou *workshops* na ACP que esclarece a natureza privativa da experiência e os direitos dos indivíduos participantes.
18. Aplicação de instrumentos para projetos de pesquisa e avaliação que investigam opiniões, níveis de satisfação, registrando dados pessoais (mesmo sem nome) de participantes / usuários, sem consentimento informado e/ou autorização.
19. Problemas associados à supervisão de estágio, supervisão de profissionais em exercício, ou consultaria profissional:

- Perda, desvio ou furto de material sigiloso – relatórios, fichas, prontuários, etc.
- Inclusão indevida de material sigiloso em meios eletrônicos disponibilizados a terceiros.
- Registro de estudos de caso em textos (mesmo sem publicação) sem seu reconhecido consentimento informado.
- Revelação de tópicos de discussão em grupos de supervisão para terceiros.

Desafios Éticos e na Produção Científica

A pesquisa ética é uma discussão que não só cabe aos institutos universitários como a entidades comprometidas com o treinamento para o exercício de uma pesquisa científica ética. Os programas de formação na ACP, cursos de graduação e especialização, dentro e fora dos âmbitos acadêmicos, enfrentam desafios éticos para o desenvolvimento de práticas de pesquisas e estudos responsáveis. Há necessidade para estimular a consciência e o debate em assuntos importantes como a produção e a comunicação de conhecimento científico na ACP.

As resoluções federais brasileiras determinaram um procedimento para a revisão de projetos de pesquisa. As diretrizes estendem-se para qualquer classe de atividade cujo objetivo é desenvolver ou contribuir para o conhecimento generalizável (Artigo II. 1, p. 1)[25]. Um estudo ou umapesquisa com seres humanos é aqueladefinidano Artigo II. 3 como "pesquisa que, individualmente ou coletivamente, envolva o ser humano, de forma direta ou indireta, em sua totalidade ou partes dele, incluindo o manejo de informações ou materiais".

A **Resolução 196/96** determina que toda pesquisa envolvendo seres humanos deve ser submetida à apreciação de um **Comitê de Ética em Pesquisa – CEP**. É relevante ter um conhecimento pleno sobre o que a **Resolução 196/96** define como: (1) os aspectos éticos da pesquisa, e (2) consentimento informado.

A definição de consentimento livre e esclarecido pode ser considerada como a mais importante noção da ética em pesquisa humana

[25] **Resolução Nº 196**, de 10 de outubro de 1996. Conselho Nacional de Saúde/MS.

(Veja neste volume o texto *Conduta Ética na Abordagem Centrada na Pessoa* para detalhes sobre a **Resolução.**).

Uma graduação em Psicologia não garante conhecimento dessa legislação. Os nossos cursos de formação na Abordagem Centrada na Pessoa precisam normatizar procedimentos para a utilização de sujeitos humanos nos trabalhos de TCC, monografia, etc., especificamente com crianças, adolescentes e outras "populações especiais".

Implicações para ACP

Um protocolo de entendimento para nossos eventos?

Como visto anteriormente, as novas tecnologias afetam tanto a vida pessoal quanto à vida profissional. Este texto buscou explorar facetas éticas dessa tecnologia especificamente em relação à vida profissional de psicólogos da ACP e de outros profissionais que trabalham nas relações de ajuda.

Em textos sobre proatividade encontram-se ações que antecipam problemas, buscam estratégias e processos inovadores e reconhecimento. Há alternativas de mudança que nos posicionam de forma criativa perante dilemas complexos.

Em alguns exemplos dos problemas e de situações apresentadas anteriormente, não se nota preocupação ou uma necessidade percebida para proteger os participantes e sua privacidade. Planejamento proativo de cursos e eventos, então, requer uma mudança de postura dos organizadores. Envolve preocupação com as informações a serem coletadas, com a natureza da inscrição de participantes, com a busca de normas e procedimentos de governança das informações disponíveis e com garantias de privacidade.

O planejamento proativo também é necessário para o estabelecimento de uma política clara das ações organizacionais para anúncios eletrônicos do evento, *e-mails,* advertência sobre os perigos de reconhecimento facial ou uso indevido de dados pessoais. A contratação de hotéis, alojamentos e espaços de lazer tem implicações legais para os organizadores.

A falta de normas que autorizem a equipe ou o instituto organizador a agir junto aos participantes que apresentam comportamentos inadequados à natureza do evento é um obstáculo sério (Não adianta chamar uma reunião da comunidade para resolver incidentes que resultaram em denúncias policiais por participantes ou terceiros.).

Associações, entidades e organizadores de cursos de formação de psicólogos também devem reconsiderar a necessidade denovas formas de governança dos cursos, da proteção dos direitos dos participantes, de consultores e professores, do material didático utilizado, e da natureza dos trabalhos de conclusão de curso. Atividades de supervisão também devem ter uma política clara de governança e proteção de clientes e psicólogos usuários dessa supervisão.

Grupos de encontro, *workshops* e vivências da ACP, residenciais ou não, precisam estabelecer protocolos claros que orientem participantes quanto à natureza privativa da experiência e de seus direitos individuais. O responsável técnico desse tipo de atividade precisa ser um psicólogo formado com registro no conselho regional/local.

Recomendamos às comissões organizadoras, aos institutos e às associações que oferecem cursos ou organizam eventos da ACP de qualquer alcance geográfico que analisem a possibilidade de um **Protocolo de Entendimento** a ser assinado por participantes, facilitadores, professores, consultores e outros colaboradores, que estabeleça as condições mínimas de participação e continuação no curso / evento.

Quadro 2 – Protocolo de entendimento

Protocolo de entendimento do participante / aluno

Para participar e continuar nessa atividade / evento /curso, entendo que, aqui, não é permitido:

1. Fotografar participantes em momentos oficiais e/ou informais do evento, ou divulgar por qualquer meio eletrônico registros da minha experiência pessoal.
2. Gravar palestras, discussões, apresentações ou conversas particulares.
3. Utilizar material disponibilizado no curso / evento sem autorização expressa do(s) autor(es),apresentador(es) ou organizadores.

Concordo em observar o direito de sigilo dos demais participantes em consideração à natureza privativa dessa experiência da Abordagem Centrada na Pessoa.

Assinatura:

A sugestão desse protocolo deve ser entendida como exemplo de um instrumento que possa auxiliar na busca de uma conduta ética de todos.

Buscando conhecimento mais científico numa conduta ética

Como afirmado antes, a herança do trabalho pioneiro de Rogers nos obriga a reconhecer a necessidade de continuar a nossa busca porum conhecimento mais científico da nossa prática. Enfrentamos questionamentos e dúvidas referentesao processo e à relação terapêutica,ao possível papel da ACP perante a violência humana, ao abuso de sustâncias,ao racismo e àdiscriminação de gênero e às preferências sexuais, entre outros problemas psicossociais atuais. Atendimentos não presenciais precisam de registro, documentação e estudos críticos.

Rogers enfatizou a importância do estudo científico de nosso trabalho para testar ideias e comunicar fatos. Até que ponto estamos disponíveis individualmente na busca por meios coletivos para avançar em nosso trabalho? Existe a possibilidade de linhas de pesquisa em comum? Projetos em comum?

Quais os espaços atuais que podemos criar em nossos eventos para lidar com questões éticas críticas, tanto na psicoterapia quanto em outros estudos científicos? Como podemos promover abertura para aprofundarmos a discussão sobre ética? E estamos falando da ética de quem?

Considerações Finais

O privilégio de viver e trabalhar numa Abordagem Centrada na Pessoa não nos isenta da difícil tarefa de nos olharmos criticamente. O presente texto não é uma denúncia nem dirigido aos muitos profissionais da ACP que promovem a conduta ética por meiode suas práticas e organizações.

Nossos desafios e dilemas não são diminuídos nesse cenário das novas tecnologias e da cultura ciberespacial, pelo contrário, foram aumentados. Os aspectos levantados aqui apontam para uma busca continuada por caminhos que valorizem o ser humano num mundo pouco humano.

Referências

ALVES, R. **Filosofia da ciência**: introdução ao jogo e suas regras. SP: Brasiliense, 1987.

AMATUZZI, M. M. **Rogers – Ética humanística e psicoterapia**. SP: Alinea, 2010.

AMATUZZI, M. M. **Por uma psicologia humana**. 2 ed. Campinas: Alínea, 2008.

AMATUZZI, M. M.; CURY, V. E.; GRAETZ, C. F.; BELATINI·J. M.; ANDRADE, M. L.; SEBER, M. M. A atitude de boa vontade e a abordagem centrada na pessoa. **Estud. psicol.** (Campinas), vol. 19, n. 2, maio/ago. 2002.

BARWINSKI, L. O que é cibercultura? **Internet**. Maio 2010. Disponível em: <https://www.tecmundo.com.br/internet/4232-o-que-e-cibercultura-.htm>. Acesso em: 27 mar. 2018.

BECHTEL, R. B.; CHURCHMAN, A. (Eds.). **Handbook of environmental psychology**. NY: Wiley & Sons, 2002.

BOZARTH, J. **Person-centered therapy**: a revolutionary paradigm. Ross-on-Wye, UK: PCCS Books, 2002.

CRESWELL, J. W. **Projeto de pesquisa**. Porto Alegre: Artmed, 2009.

DEWING, J. From Ritual to Relationship: A person-centered approach to consent in qualitative research with older people who have a dementia. **Dementia,** vol. 1, n. 2, p. 157-171, junho 2002.

DOXSEY, J. R. Educação enquanto intervenção humana: reflexões sobre a prática ética. Trabalho apresentado no Seminário Regional de América Latina, Instituto para Desenvolvimento e Educação de Adultos – **IDEA**, Port-de-Prince, Haiti, 3 a 12 de setembro de 1997.

FREIRE, J. C. **A ética da psicologia centrada na pessoa em Carl Rogers.** (Dissertação de Mestrado. Fortaleza: Universidade Federal do Ceará), 1989.

ISRAEL, M.; HAY, I. **Researchethics for social sciences**: between ethical conductandregulatory compliance. London, Sage, 2006.

NATIONAL COMMISSION FOR THE PROTECTION OF HUMAN SUBJECTS OF BIOMEDICAL AND BEHAVIORAL RESEARCH. **The Belmont Report**: ethical principles and guidelines for the protection of human subjects in research. Washington, D.C.: U.S. Government Printing Office. DHEW Publication N (OS) 78-0012, 1978.

NÓRTE, C. E.; MICAS MACIEIRA, R,; FURTADO, A. L .L. (Orgs.). **Formação**: ética, política e subjetividades na Psicologia. Rio de Janeiro: Conselho Regional de Psicologia, 2010. p. 200.

PERETTI, A. **El pensamiento de Carl Rogers**. Madrid: Sociedad de Educación Atenas, 1979.

RIVLIN, L. G. The ethical imperative. In: R. B. BECHTEL; A CHURCHMAN (Eds.). **Handbook of environmental psychology**. NY: Wiley& Sons, 2002, p.15-27.

ROGERS, C. R. Pessoas ou ciência? Uma questão filosófica. In: J. K WOOD (Org.). **A abordagem centrada na pessoa**. 5 ed. Vitória, ES: Editora EDUFES, 2010. p 117-142. Também, **American Psychologist**, vol. 10 (7) 1955. p. 289-306.

ROGERS, C. R. **Psicoterapia e consulta psicológica**. S.P.: Martin Fontes, 1987.

ROGERS, C. R.; KINGET, G. M. **Psicoterapia & relações humanas**. BH: Interlivros, 1977.

ROGERS, C. R.; WOOD, J. K. Teoria centrada no cliente: Carl Rogers. In: BURTON, A. **Teorias operacionais da personalidade**. RJ: Imago, 1978.

ROSENBERG, R. L. (Org.). **Aconselhamento psicológico centrado na pessoa**. SP: Editora Pedagógica e Universitária, 1987.

SCHMID, P. F. The necessary and sufficient conditions of being person–centered: On identity, integrity, integration and differentiation of the paradigm. In: WATSON, J. (Ed.). **Client-centered and experiential psychotherapy in the 21st century**: Advances in theory, research and practice. Ross-on-Wye: PCCS Books, 2001.

SOUZA, R. **Como funciona o reconhecimento facial? Olhar Digital**. 22 jul 2011. Disponível em: <https://olhardigital.com.br/video/reconhecimento_facial _como_ele_identifica_um_rosto_na_multidao/16639>. Acesso em: 1 abr. 2018.

TASSINARI, M. A. Breve história da ACP no Brasil. APACP- ASSOCIAÇÃO PAULISTA DA ACP. Disponível em: <https://apacp.org.br/diversos/artigos/breve-historia-da-acp-no-brasil/>. Acesso em: 27 mar 2018.

TOMASEVICIUS FILHO, E. Marco Civil da Internet: uma lei sem conteúdo normativo. **Estudos Avançados**, 30 (86), 2016. Disponível em:

<http://www.scielo.br/pdf/ea/v30n86/0103-4014-ea-30-86-00269.pdf.>. Acesso em: 27 mar. 2018.

TRZAN-AVILA, A.; JACO-VILELA, A. M. Uma história da Abordagem Centrada na Pessoa no Brasil. **Estud. pesqui. psicol.**, Rio de Janeiro, v. 12, n. 3, p. 1063-1069, dez. 2012. Disponível em: <http://pepsic.bvsalud.org/scielo.php?script=sci_arttext&pid=S1808=42812012000300021-&lng=pt&nrm-iso>. Acesso em: 27 mar. 2018.

VÁZQUEZ, A.S. **Ética**. Rio de Janeiro: Civilização Brasileira, 1997. p.272.

WOOD, J. K. (Org.). **A abordagem centrada na pessoa**. 5 ed. Vitória, ES: Editora EDUFES, 2010.

5.4 EDUCAÇÃO, FORMAÇÃO EM PSICOLOGIA E ÉTICA

O texto examina a formação em psicologia no contexto dos sistemas educacionais brasileiros, a carreira do psicólogo e a ética da educação como intervenção humana. Foge do alcance dessa discussão uma reflexão histórica detalhada da educação brasileira bem como uma crítica fundamentada da carreira profissional do psicólogo.[26]

> *Uma das características de nosso tempo é a percepção generalizada de que é preciso estabelecer sobre bases éticas mais consistentes a sociedade, o Estado, as relações entre pessoas e grupos, a política, a economia, a vida humana.... Está cada vez mais (óbvio) que as referências éticas de que dispomos são, além de insuficientes, inadequadas para desempenhar tão importante e decisivo papel.* (CATÃO, 1996).

Introdução

A reestruturação dos sistemas educacionais e de seus formatos arcaicos de formação de quase todas as profissões das ciências humanas, sociais e de saúde é possibilidade remota na atualidade.

[26] Texto originalmente preparado para um Seminário Regional da América Latina, organizado pelo Instituto para Desenvolvimento e Educação de Adultos – IDEA, em Port-de-Prince, Haiti, 1997.

Os reformados requisitos dessas profissões fazem parte das mudanças estruturais necessárias para o Brasil no século presente. Também é pouco provável perante a rigidez de conselhos, conselheiros, legisladores e uma sociedade confusa que queixa dos sintomas e não das causas da ineficiência e do descaso de profissionais intocáveis no cenário público e privado dos serviços humanos.

O texto analisa os cursos de formação em Psicologia que ocorrem após a certificação do psicólogo, situando essa formação talvez de forma inadequada, numa discussão da educação "informal" que emerge ao lado dos sistemas formais da educação pública e particular (privada). Ele finaliza com alguns questionamentos referentes à ética da conduta educacional como intervenção humana.

As Redes Educacionais

Por que será que a educação, suas filosofias, suas práticas, com suas (in)consequências sociais e individuais, continua como enigma problemático, desafiando todo tipo de transformação? Por um lado, é impressionante estimar a grande proporção da população economicamente ativa, dos setores econômicos e da sociedade envolvidos nos sistemas educacionais públicos e privados, bem como constatar a crescente participação de organizações cíveis na promoção de treinamento, formação e qualificação/requalificação profissional.

Por outro lado, apesar da retórica sobre a importância da educação para o desenvolvimento, a queda teórica da noção do capital humano e as críticas fortes à relevância e à eficiência da educação contemporânea (para capacitar mão de obra, preparar profissionais ou simplesmente contribuir para o bem-estar social, etc.), acabaram atingindo a credibilidade da educação formal e de seus educadores.

A educação, como sistema, teoria ou prática, tem sido, talvez, um dos fenômenos humanos mais pesquisados nos últimos oitenta anos. Ainda assim, sobre e sob ela, todas as reformas substanciais são questionadas e rebatidas. O sistema educacional formal continua imune, praticamente intacto e sobrevive tanto nas sociedades "desenvolvidas" quanto nas "não tão desenvolvidas", sem alterar seus objetivos primordiais, sua filosofia ou sua prática cotidiana.

Emergem alguns fatos curiosos. À medida que a escola formal se mostra incapaz de educar toda a população com qualidade ou competência, em toda a América Latina (menos no Brasil) "nascem" redes educacionais e ações de formação em paralelo.

Inclui-se aqui a emergência de cursos de formação ou de especialização para aprofundar em conteúdos não contemplados ou abordagens mal ensinadas nos cursos de graduação do ensino superior. No campo da Psicologia, constata-se a proliferação emergente de cursos de "pós" e de formação de profissionais, infelizmente dificultados pela regulamentação e burocracia do governo brasileiro.

A rede pública brasileira de ensino permanece como deficiente em termos de sua eficiência e eficácia, desacreditada pela sociedade com um desempenho baixo nas avaliações nacionais e internacionais. A rede deensino particular justifica-se pela sua qualidade, sua seriedade e pela sua suposta competência no ensino médio, na preparação de sua clientela para ingresso no terceiro grau.

Ao mesmo tempo, o ensino particular desempenha um forte papel na reprodução de atitudes e valores que sustentam a elite, uma sociedade de consumo e uma ética individualista (competitiva) na pessoa do aluno.

Outras modalidades educacionais emergentes, paralelas e nãopúblicas são as redes cíveis ou populares da educação: as organizações populares da sociedade, associações de bairro, movimentos urbanos e rurais, grupos religiosos. Esses movimentos, como movimentos educacionais alternativos, são pouco visíveis e cada vez menos frequentes no Brasil secomparado ao México, Chile, Equador e até à Bolívia.

São pouco ameaçadores à hegemonia dos sistemas público ou particular. Face à demanda da população semianalfabeta e desqualificada para sobreviver ou participar mais plenamente no sistema do mercado, a educação popular desenvolve uma variabilidade enorme de projetos, numa tentativa de suprir todas as necessidades educacionais negadas pelos sistemas formais atuais.

Historicamente, a educação popular no Brasil, como em outras sociedades, tem raízes na resistência cultural e política da população aos processos de exclusão. No momento atual brasileiro, a educação popular, mesmo fragilizada, contrapõe-se ao sistema educacional público no sentido de que é onde concentram programas de alfabetização, um bom número de cursos de educação básica, ao mesmo tempo quese tenta aumentar programas e cursos de treinamento, qualificação e requalificação profissional.

A Formação Continuada do Psicólogo Profissional

Os cursos de formação de psicólogos, pressionados pela procura de certificados acadêmicos e credenciamento pelos Conselhos Regionais e pelo Ministério de Educação, são ações de qualificação avançada com uma demanda crescente dos profissionais. Dificilmente, tais cursos conseguem consistência em termos de periodicidade, conteúdo, qualidade ou qualificação de seus instrutores. A diversificação de abordagens e filosofias de formação cria obstáculos para esforços consolidados de cooperação entre praticantes dessa formação continuada.

Na Abordagem Centrada na Pessoa – ACP –, os institutos e clínicas que promovem formação na ACP e na aplicação da psicologia humanista não tiveram sucesso em debater seus problemas em eventos nacionais e regionais. Uma tentativa recente de profissionais no eixo Rio de Janeiro/Espírito Santo paraorganizar um encontro de organizadores e alunos de cursos de formação na ACP não foi adiante.

Cursos e programas de formação de psicólogos merecem atenção cuidadosa por profissionais e seus Conselhos. Há necessidade de reformulações, não só do currículo dos cursos da graduação, mas também nos requisitos da carreira do psicólogo profissional, face à proliferação de cursos para formar "terapeutas" em abordagens religiosas e outras em não científicas. A carreira do psicólogo deve garantir uma formação sólida numa abordagem terapêutica específica.

Onde Entra a Questão Ética?

É importante conceber a conduta educacional como intervenção humana. E, independentemente dos atores, da esfera de ação – pública ou não –, há sempre um elemento de **intervenção** implícito nessa conduta. Intervém quem age sobre algo ou alguém.

Nas profissões de intervenção humana (na prática da Psicologia, do Serviço Social, da Medicina, etc.) não são recentes as discussões sobre a ética profissional nessas "profissões de ajuda". Mas onde é debatida a ética educacional da formação desses profissionais? A ética dos resultados dessa prática pedagógica ou a ética de seus processos educacionais e da supervisão na formação?

A Quem Interessa a Questão Ética? E para que Fim?

Na perspectiva do ator-praticante, que intervém na ação, relação, estado de ser do outro, a intervenção é justificada pela necessidade ou carência de quem recebe tal ato. A legislação até prescreve de várias formas como e quando a intervenção, o serviço ou o ato pode e deve ser executado, com ou sem a concordância do recipiente. A educação pública obrigatória é exemplo dessa legislação.

Na perspectiva de quem recebe, é alvo, afetado pela intervenção social/educacional, nem sempre são prescritos os seus direitos quanto aos processos ou finalidades da intervenção recebida. Quando é a intervenção meramente social-educacional? Terapêutica? Cultural? Intrapessoal? Quando é ideológica ou política?

Quais os direitos dos participantes em reconhecer, compreender ou aceitar a intervenção na forma que está sendo proposta anterior ou durante o processo? Como consumidor ou mero recipiente da intervenção social/educacional, quais são seus direitos perante o fracasso, o erro, a má qualidade ou o engano?

Os conceitos de qualidade e direitos do consumidor são apenas termos aplicáveis aos serviços e produtos do mercado? Em que circunstâncias são aplicáveis à intervenção social/educacional?

As preocupações básicas para examinar uma prática pedagógica ética em qualquer esfera de ação educacional envolvem necessariamente tanto o educador quanto o educando. Penso que é preciso explorar a possibilidade de uma **consciência pós-ética**: a conceituação da postura ética que transcende as necessidades imediatas dos atores e da situação que integram holisticamente dimensões temporais indefiníveis e princípios para uma conduta que emana da própria imagem do educador enquanto educador.

- **Uma reflexão sobre o educando:** Até que ponto o educando é considerado como apto, íntegro, respeitável? Até que ponto é visto como autônomo, capaz, alguém no processo / estado / estágio de possível melhoria, equilíbrio, crescimento?
- **Uma reflexão sobre si mesmo como educador profissional e pessoa:** Até que ponto o educador está engajado verdadeiramente no estabelecimento dessa relação educador-educando-conteúdo? Que poder ou sentido de identidade pessoal estou depositando nesta relação? Quais as possibilidades e limitações neste momento pedagógico que podem estar contribuindo / dificultando para o sucesso / fracasso desta experiência?
- **Que controle se quer sobre essas pessoas, esse processo e os resultados esperados?** Quais os valores, necessidades, expectativas e metas que motivam o educador a estar aqui e em que forma ele/ela está aqui como educador/a?
- **Uma reflexão sobre o contexto educacional, o curso, o programa, o projeto:** A quem e a que serve essa proposta? Como foi / está sendo planejado, executado, avaliado? Até que ponto o(s) educando(s) participara(m) / participa(m)? Quem se beneficia nesse processo? O que está sendo realizado de fato? O que precisa ser mudado? Por quem? Como?

Levanta-se a hipótese de que há uma ética intrínseca na educação informal bem como nas experiências de formação profissional. A educação informal pode promover um conteúdo e uma metodologia de ensino-aprendizagem que não contempla a mera reprodução da sociedade, os valores de mercado, a passividade social ou atitudes de conformidade / submissão.

As experiências e a supervisão de cursos de formação de psicólogos requerem uma prática ética coerente com os princípios da Abordagem Centrada na Pessoa. Módulos e disciplinas precisam incorporar vivências e aprendizagens significativas de onde o aprendiz participa plenamente em sua formação.

Referências

BADIOU, A. **Ética**: um ensaio sobre a consciência do mal. Relume-Dumará, 1995.

CATÃO, F. **A pedagogia ética**. Petrópolis, RJ: Vozes, 1995.

CÓDIGO DE ÉTICA PROFISSIONAL DO PSICÓLOGO, 2014. Disponível em: <http://site.cfp.org.br/wp-content/uploads/2012/07/codigo-de-etica-psicologia.pdf>. Acesso em: 25 jul. 2016.

CÓDIGO DE ÉTICA PROFISSIONAL DO PSICÓLOGO. Encarte especial do **Jornal Argumento – Informativo Mensal do Conselho Regional de Psicologia**. 5ª Região. Ano II (n. 3) março, 1997. p. 4.

DINES, A. A moda da ética e a ética sem dor. **Folha de São Paulo**. 2 de agosto, 1997. p. 9.

FLORES, M. A ética e a vida humana. Ciência & Ética. **Jornal do FEDERAL** – Informativo do Conselho Federal de Psicologia. Ano XII (n. 48) julho, 1997. p. 6.

LEVIN, D. M. **The opening of vision**: nihilism and the postmodern situation. New York: Routledge, Chapman & Hall, 1988. p. 560.

MAY, R. **O homem à procura de si mesmo**. Petrópolis, RJ: Vozes, 1971.

6.

6.0 PROCESSOS GRUPAIS NA ABORDAGEM CENTRADA NA PESSOA

O Capítulo 6 argumenta a favor de uma sistematização das experiências grupais em psicoterapia, educação e aplicações grupais específicas na Abordagem Centrada na Pessoa – ACP. Sugere uma reformulação de alguns eventos regionais e nacionais brasileiros para incentivar essa sistematização continuada dessas aplicações.

O primeiro texto é um ensaio teórico apresentando fenômenos da natureza (da água e da floresta) para estimular uma procura maior de pistas e padrões pouco percebidos nas nossas práticas grupais na ACP. O mundo oculto da floresta e o comportamento social das árvores revelam padrões desconhecidos, estimulando reflexões sobre a formação grupal nas aplicações grupais dessa Abordagem.

Outros textos analisam processos grupais de diversos pontos de vista, inclusive questionando até que ponto estamos realmente criando conhecimento sobre grupos, repetindo alguns erros antigos e avançando ou não nas aplicações grupais. Os textos sugerem que há necessidade de registrar e de fazer uma organização melhor sobre o conhecimento que estamos construindo.

O texto 6.3 contrasta os pressupostos de processos grupais do ponto de vista do Grupo T e os procedimentos comuns na condução das práticas grupais na ACP.

O texto 6.4 discute uma nova denominação para a prática profissional com foco na intervenção grupal. A Perspectiva Centrada no Grupo (PCG) visa à promoção de uma sistematização das aplicações socioafetivas e educacionais que incorporem as teorias e os paradigmas da Abordagem Centrada na Pessoa.

O último texto reproduz uma apostila utilizada em aulas sobre processo grupal, resumindo as fases grupais discutidas nas obras de Rogers sobre grupo.

6.1 A VIDA ENIGMÁTICA DOS GRUPOS HUMANOS NA ABORDAGEM CENTRADA NA PESSOA

Esse ensaio teórico apresenta fenômenos da natureza (da água e da floresta) para estimular uma procura maior de pistas e padrões pouco percebidos nas nossas práticas grupais na Abordagem Centrada na Pessoa – ACP. O mundo oculto da floresta e o comportamento social das arvores revelam padrões desconhecidos, estimulando reflexões sobre a formação grupal estimulada pelas aplicações grupais na ACP. O silêncio e a fala autêntica emergente são examinados como processos iniciais da interação.

> *O silêncio é fundante. Quer dizer, o silêncio é*
> *a matéria significante por excelência, um continuum significante.*
> *O real da significação é o silêncio.*
> (Orlando, 1993, p. 13)

> *É como se quando ele escuta, essa escuta envolve-nos*
> *em um silêncio em que finalmente começamos*
> *ouvir o que nós somos* destinados a fazer.
> (Lao Tse, citado por Buber, 1957)

Introdução

Esse ensaio foi inspirado na leitura de alguns livros que me revelaram a existência de processos encobertos nas águas, nas florestas e nas mentes humanas. As leituras também me inspiraram a rever obras de Carl Rogers e de John Wood em busca de possíveis pistas que suas produções escritas poderiam nos oferecer sobre grupos e processos humanos. Questionamentos próprios sobre aplicações grupais na Abordagem Centrada na Pessoa – ACP levantaram dúvidas pessoais sobre o quanto realmente sabemos sobre as nossas práticas de grupo.

Pondero aqui algumas dimensões e alguns padrões subjacentes às interações humanas que às vezes parecem ter sido simplificados ou ignorados por vários autores da ACP ou mistificados por nossas experiências.

A discussão sobre a natureza tem como finalidade mostrar que a existência de padrões e de processos de interação e sobrevivência pouco visíveis com possível relevância serve também para melhorar nosso conhecimento de vida em grupo. Considero o texto uma introdução a uma vida enigmática dos grupos limitada a certos aspectos dos processos iniciais de grupos realizados na perspectiva da Abordagem Centrada na Pessoa. Certamente, outros textos subsequentes devem ser contemplados para dar sequência à complexidade da análise do fenômeno grupal na ACP.

Ainda há segredos na existência humana? Como e quando eles aparecem na coletividade do grupo? Tais segredos são universais, transcendem culturas, gênero e faixas etárias? Quais são seus padrões? Esses segredos são importantes? E a ciência, não tem resolvido todos os mistérios da existência humana e a psicologia não tem explicado as razões para o comportamento humano?

De que forma o grupo humano e suas complexas interações foram decifradas com sucesso? Toda a interação humana é previsível? E na ACP, por que não estudamos mais os padrões de nossos grupos?

Esta discussão examina a hipótese de que a interação humana entre dois ou mais humanos envolve processos individuais intrínsecos, moldados por predisposições (não instintos) para a cooperação mútua e a aceitação. Estes processos não são necessariamente observáveis, "naturais" ou inerentes nesses indivíduos. Estas predisposições poderiam ser rotuladas como estados latentes, característicos da natureza humana? Em que sentido esses estados latentes são secretos? Secreto não implica em um estado inconsciente.

Secreto pode ser definido aqui como o que está oculto, ignorado, incógnito, não divulgado; escondido, encoberto, não revelado, não sabido, desconhecido. O que não é aparente, o que não é visível.

Leitura de Padrões e Tendências

A história das ciências naturais e humanas está repleta da importância da observação e registro dos fenômenos. A metodologia científica nos guia em busca de comprovações e replicações dos resultados de nossos estudos. A compreensão de fenômenos na natureza também requer atenção e discernimento à variabilidade, diversidade e aos padrões de estabilidade. Causalidades e relações espúrias nos confundem tanto na observação humana quanto no exame da natureza.

Aqui no texto, eu parto de exemplos de fenômenos encobertos que ocorrem na natureza (da água e da floresta), sugerindo que há também pistas e padrões pouco percebidos nas nossas práticas grupais na ACP. Não se trata meramente de estabelecer paralelos estreitos, mas de tornar o fenômeno grupal mais abrangente, buscando sinais e padrões até agora pouco visíveis. Até que ponto há fenômenos "secretos" em nossas experiências grupais, não sei.

Para entender o grupo não é suficiente denominar as etapas do processo grupal. É necessário conceber o grupo humano como um fenômeno em si, com características universais e ao mesmo tempo específicas ao seu contexto, cultura e unicidade.

A prática grupal na ACP busca criar certas condições coletivas e pressupõe resultados intra e interpessoais. O processo vivencial desses grupos é a modalidade comum de todas as aplicações de grupo. Este processo precisa ser mais bem detalhado e conceituado e, ao mesmo tempo ser desconstruído como automático, natural ou inerente em todas ou quaisquer experiências grupais.

Rogers (1994, 1981, 1978), Wood (2013, 2008, 1984) e Fonseca (1988) descrevem processos e fluxos dos grupos, detalhando as interações dos participantes e organizadores. Os textos analisam grupos de vários tamanhos, duração dos encontros e seus resultados. As experiências são apresentadas como positivas com implicações interpessoais e sociais. Wood (2008) nos alerta que: "um pequeno grupo não é meramente uma versão maior de terapia centrada no cliente" (p. 39).

Em texto não publicado, Wood (1986) examinou a psicoterapia individual como ocorrendo num grupo de duas pessoas. Comparou aspectos do grupo grande com processos em grupos pequenos e em psicoterapia. Faltam, porém, maiores esforços na ACP em consolidar experiências em busca de conceituar as aplicações grupais para diversas situações e públicos. Onde encontrar em nossa prática grupal sinais e pistas para continuar aprendendo?

Ao contrário das ciências exatas com seus laboratórios, instrumentos e pesquisas empíricas por meio da experimentação, a pesquisa humana tem limitações éticas e metodológicas que afetam o registro e a análise do comportamento humano. As aplicações de procedimentos grupais, na ACP, porém, datam dos anos 1960. O que temos registrado sobre o processo do grupo nessas experiências?

A seguir, apresento as descobertas de dois cientistas que focaram os padrões encontrados em dois fenômenos distintos. As observações cuidadosas dos fenômenos da água e da floresta são fundamentais para fomentar suas conclusões. Organizadores e facilitadores de grupos na ACP podem também procurar sistematizar suas observações e seus estudos.

A descoberta por meio de observação levou Tristan Gooley (2017) a produzir um guia sobre "como ler água". Neste guia, o autor descreve como os elementos básicos da água formam parte de uma rede intricada – uma matriz, que mostra como as características da água numa área pequena permitem entender os sinais na água em outros meios maiores – rios, grandes lagoas, mares, etc. (p. 20).

A água, como elemento básico, comporta-se num padrão de acordo com suas características físicas, independentemente de seu volume ou localização:

> Moléculas de água... tem dois átomos de hidrogênio e um átomo de oxigênio e estes estão firmemente ligados. Mas os átomos de hidrogênio em uma molécula de água também são atraídos para os átomos de oxigênio em outras moléculas de água nas proximidades. E isso faz água prender água (p. 14).
>
> Dado que as moléculas da água perto da superfície estão sendo puxadas para baixo pelas moléculas abaixo, mas não sendo puxado para cima por outras moléculas, isto conduz à superfície sob tensão, que por sua vez dá água uma espécie de pele fina. (p. 16).

Essas características físicas da água ajudam a entender os padrões de comportamento em qualquer corpo de água:

> Quando olhamos para qualquer corpo de água, este mesmo filtro está funcionando. Nós detectamos movimento na água antes

> de vermos quaisquer mudanças sutis na cor ou forma. (Um dia observando uma lagoa) o vento estava muito forte... soprando em toda a superfície da lagoa. Em uma borda dessa lagoa pequena, houve algumas rochas meio-submersas que usamos como um degrau. Meus olhos foram direcionados para as ondas que o vento estava criando na superfície da água da lagoa, mas não foi esse efeito simples que temos visto milhares de vezes que foi cativando minha atenção. O que eu estava olhando e lutando para decifrar, foi que os padrões na água ao redor das pedras foram ressoando com o reconhecimento de como a água se comporta em uma parte diferente do mundo. (op. cit., p. 22).

O autor também nos fascina com suas habilidades de perceber detalhes, diferenças e semelhanças pouco notadas normalmente:

> Olhando para a alpondra na lagoa vi que as ondas estavam alcançando-a em conjuntos, quando o vento soprava sobre a água. Mas na direção do vento, do lado oposto da pedra, havia uma área de água calma. Foi a única área de água calma em qualquer lugar perto do centro da lagoa. Isto foi uma "sombra de ondulação", uma área protegida das outras ondulações de vento pela alpondra .... (p. 23).

E depois, este autor apresenta algumas generalizações – transferências importantes dos fenômenos observados:

> Após essa primeira vez, notei estes belos padrões em regatos, lagoas, lagos, rios e mares perto de casa e longe. Estes são sinais de que todos podemos encontrar se escolhermos procurá-los. (p. 24).
>
> Houve cinco padrões claros na água em torno de uma das pedras. Havia "mar aberto", a parte principal da lagoa, onde o vento enviou ondas em toda a superfície em forma ordenada. Então havia a "sombra de ondulação" no lado da pedra que as ondas não conseguiam alcançar e onde a água estava calma. Três padrões adicionais também foram reconhecíveis na água. (op. cit).
>
> Quando a ondulação atingiu o degrau, parte dessa energia se recuperou, como um eco. Isso significava que, ao lado da pedra que as ondas estavam chegando do lado oposto a "sombra da ondulação" – havia uma área de águas agitadas e esta pancada foi causada pelas ondas que chegavam correndo para as ondas que estavam sendo refletidas de volta. Nesta pequena área, a água estava se

comportando de uma forma que era diferente de qualquer outro lugar na lagoa. Olhando para o outro lado da pedra, notei que lá estiveram dois fragmentos de água que se comportou de forma semelhante ao outro, mas de uma forma que também foi diferente para o resto da lagoa. Finalmente, havia uma linha onde as ondulações reuniram mais uma vez do outro lado da pedra, engrenagem de volta juntos e criando seu próprio padrão. (op. cit.).

Apreciei, de repente, que eu estava olhando para um "mapa de ondulação", esses padrões de ondulação estavam relacionados com a localização da pedra, de acordo com regras rígidas e as leis da física. Estes mapas de ondulação corresponderam muito bem com os mapas de ondulação do mar que navegadores das ilhas do Pacífico têm usado por séculos para encontrar sua ilha de destino, uma habilidade vital ao procurar por um pequeno ponto em um grande oceano. Diante dos meus olhos uma pedra na lagoa foi metamorfoseada em uma ilha no Pacífico. (op. cit.).

Direção do vento

Reflexão

Figura 1 – As ondas em torno de uma pedra num lago se assemelham às ondas em torno de uma ilha no mar

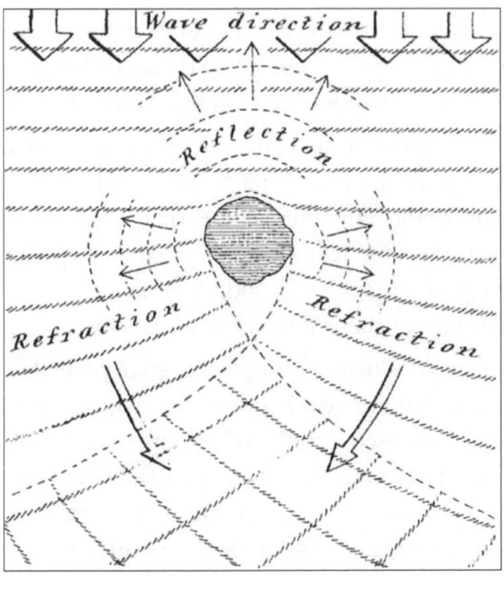

A Figura 1 resume a descoberta principal desse guia de como ler água. Ela sugere que no conjunto de detalhes pouco percebido existem implicações importantes para a compreensão dos fenômenos. A partir dessas reflexões sobre os fenômenos da água, como decifrar melhor os enigmas dos nossos grupos?

O exemplo das árvores, mencionado a seguir, reforça a importância da busca de sinais e pistas despercebidas para entendermos melhor qualquer fenômeno. Certamente, o grupo humano não é uma floresta. No entanto, o que observamos de comunicação entre árvores tem significação simbólica para nossas observações de grupo.

Wohlleben, em *A Vida Secreta das Árvores – Como que Elas Sentem e Como Se Comunicam* (2015) revela que as árvores são seres sociais. Sem estabelecer noções românticas do funcionamento da floresta em comparação à vida humana, Wohlleben descreve como as florestas se organizam como ecossistemas vivos e compartilham diversas características dos humanos: árvores se comunicam entre si, emitem sons e cheiros, entram em sincronia para reproduzir, dão e recebem ajuda de árvores vizinhas, trocando nutrientes e água por meio de suas raízes.

O autor afirma:

> Nos últimos anos a ciência tem comprovado que as árvores e o homem têm muito mais em comum do que poderíamos imaginar. Assim como nós, elas se comunicam, mantêm relacionamentos, formam famílias, cuidam dos doentes e dos filhos, têm memória, defendem-se de agressores e competem ferozmente com outras espécies – às vezes, até com outras árvores da mesma espécie. Algumas são naturalmente solitárias, enquanto outras só conseguem viver plenamente se fizerem parte de uma comunidade. E, assim como nós, cada uma se adapta melhor a determinado ambiente. (2015, capa final).

E como acontece essa "comunicação"? Por incrível que parece, é um tipo *internet*:

> As raízes de uma árvore são muito longas, têm mais que o dobro da extensão da copa. Elas se entrelaçam e aderem àsraízes das árvores vizinhas... (A)s árvore(s) se vale(m) dos fungos para fazer a transmissão rápida das mensagens. Eles funcionam

> como os cabos de fibra óptica da internet. Os filamentos finos penetram a terra e se entremeiam pelas raízes em uma densidade inimaginável, a ponto de uma colher de chá de terra da floresta conter muitos quilômetros desses "condutores". Ao longo dos séculos, um único fungo pode se estender por muitos quilômetros quadrados e criar uma rede capaz de ligar florestas inteiras. Ele transmite sinais de uma árvore para outra e as ajuda a trocar notícias sobre insetos, secas e outros perigos. Aliás, a ciência já fala da existência de uma "wood wide web" que permeia as florestas. (op. cit., p. 16).

Essa comunicação forma a base de um tipo de comunidade em que as árvores têm um comportamento social, um relacionamento diferente:

> Por que as árvores são seres tão sociais? Por que compartilham seus nutrientes com outras da mesma espécie e, com isso, ajudam suas concorrentes? Os motivos são os mesmos que movem as sociedades humanas: trabalhando juntas elas são mais fortes. Uma única árvore não forma urna floresta, não produz um microclima equilibrado; fica exposta, desprotegida contra o vento e as intempéries. Por outro lado, muitas árvores juntas criam um ecossistema que atenua o excesso de calor e de frio, armazena um grande volume de água e aumenta a umidade atmosférica – ambiente no qual as árvores conseguem viver protegidas e durar bastante tempo. (op. cit., p. 11).

A pesquisa de Wohlleben traz informações e descobertas novas. Ajuda a repensar um mundo oculto pouco conhecido:

> Tais fatores tornam a pesquisa ainda mais surpreendente: constatou-se que as árvores igualam os pontos fracos e fortes entre si. Não importa se têm o tronco grosso ou fino: todos os espécimes produzem a mesma quantidade de açúcar por folha. Esse nivelamento acontece nas raízes. No subterrâneo ocorre uma troca ativa, segundo a qual quem tem muitacede e quem tem pouco recebe ajuda. (op. cit., p. 20).

O autor nos oferece, também, algumas considerações sobre sobrevivência, comunicação e comunidade entre as árvores.

> De qualquer forma, descobri como a comunidade das árvores pode ser forte. O antigo ditado que diz que "A corrente tem a força de seu elo mais fraco" poderia muito bem ter sido criado pelas árvores. E, como elas sabem disso por intuição, ajudam umas às outras de maneira incondicional. (p. 22).

Fica evidente o que torna uma coletividade: uma comunidade estar associada à formação e manutenção dessa unidade coletiva. Ecossistemas naturais são compostos de diversas comunidades que interagem entre si. Há muita discussão sobre como quando uma coletividade humana é comunidade.

Na ACP, temos utilizado o nome de comunidade de aprendizagem para descrever os workshops, grandes grupos e grupos vivenciais em geral. Quando é que um grupo vivencial se torna comunidade?

Rogers (1978), focado na emergência de um processo orgânico em grupos humanos, observou:

> Em um grupo, no qual o controle é compartilhado por todos, em que, por meio de um clima prévio facilitador..., cada pessoa adquire poder, torna-se viável um novo tipo de comunidade, um tipo de fluxo orgânico, com indivíduos vivendo juntos em um estilo ecologicamente relacionado. Nesse grupo, cada um manda e ninguém manda. O locus de escolha reside em cada pessoa, e intuitivamente, a escolha da comunidade torna-se um consenso, levando em consideração cada uma dessas escolhas individuais. Poder, liderança e controle fluem facilmente de uma pessoa para outra, à medida que surgem diferentes necessidades. (p. 169).

Assim, Rogers construiu como pressuposto fundamental a tendência atualizante como processo formativo tanto ao nível individual quanto ao nível coletivo. Suas analogias vêm da natureza:

> As únicas analogias que vêm à mente são as da natureza. A seiva sobe ou desce na árvore quando as condições tornam uma ou outra direção adequada. O botão se abre quando está pronto para fazê-lo – não se esforçando para vencer uma competição. O cacto se retrai na seca e resplandece e cresce para brotar, após a chuva – em cada caso, a ação sendo apropriada para sua própria sobrevivência. E, uma analogia final que, para mim, ajusta-se

> a muitas pessoas de nosso grupo (de todos os grupos?). As sementes de muitas plantas podem permanecer inativas durante anos. Mas, quando as condições são oportunas, elas germinam, crescem e desabrocham. Para mim, isto ajuda a descrever nosso processo de comunidade. (Rogers, 1978, p. 169).

A noção de comunidade, a formação de um grupo orgânico, mesmo temporário, permea as aplicações de grupo na Abordagem Centrada na Pessoa. Já sabemos tudo sobre a coletividade que promovemos – seus padrões e tendências?

O Começo de uma Experiência Vivencial em Grupo: um Padrão?

Carl Rogers formulouquinze fases vivenciadas duranteoprocesso grupal (Rogers, 1994). Neste texto, após examinar o silêncio inicial dos grupos, examino outros aspectos das primeiras fases destacadas por Rogers:

1ª Fase: **Fase de Hesitação:** No momento inicial do grupo, as pessoas ficam confusas diante da falta de estruturação e descontinuidade. As conversas são "soltas" e fúteis, com vários períodos de silêncio.

2ª Fase: **Resistência à expressão e exploração pessoal:** As pessoas ainda não se sentem seguras em relação ao grupo. Ao mesmo tempo em que se defronta com a necessidade de expressar os sentimentos, a falta de confiança permite que demonstrem apenas o "eu exterior", aquilo que pode ser revelado ao mundo.

Vamos construir um silêncio juntos na Abordagem Centrada na Pessoa. Não é assim que se deve fazer para iniciar um grupo, uma aula? Ficar em silêncio até o momento que alguém não quer isso mais? É assim que começa um grupo, um encontro, um evento, uma aula, uma terapia, um diálogo? Um diálogo sem barulho, apenas uns olhares disfarçados, uma pessoa esperando as outras? Tem que ser assim? É sempre assim? Uma norma, um padrão, um rito a ser seguido?

Neste silêncio no grupo, percebemos um buraco, um abismo. Um espaço impenetrável e ao mesmo tempo algo que nos aproxima do abismo. O que posso dizer aqui? Como falar algo? Nossas dúvidas e incertezas nos silenciam.

As primeiras falas muitas vezes são as esperadas: do incômodo, da ansiedade, do desnorteamento, da raiva de algo que parece que foi criado intencionalmente para produzir desconforto. Às vezes, sem receber retorno direto pelos outros, as pessoas se calam. Um silêncio volta e se torna aparentemente mais profundo.

A quebra eventual do impasse pode demorar ou ser rápida. O espaço se preenche com nomes, perguntas, declarações, falas quebradas, ainda reinando certo desconforto e tensão. A identificação de quem somos para os outros tende a ser superficial, incompleta. Emerge, porém, vestígios de alguns estados emocionais latentes nos participantes. Os olhares se intensificam.

Teoricamente, parece um passo essencial em direção a fala mais autêntica, uma transição das apresentações banais de quem somos, de que queremos e para onde gostaríamos de ir junto. Marca um movimento emocional, desconhecido, em direção à possibilidade de um encontro, de uma interação mais significativa.

O silêncio inicial pode ser entendido como um processo de reconstrução ou desconstrução de padrões "normais" de interação. Marca, para muitos em retrospectiva, o início de um aprofundamento de visão na construção de um grupo vivencial – uma clarificação de consciência de si e da comunicação para com os outros.

A linguagem dos conteúdos se mistura com a linguagem dos sentimentos. Só o decorrer do tempo e o envolvimento dos participantes transformam a vivencia em processos mais profundos de interação e troca emocional.

Num contexto mais amplo, Orlandi (1993) oferece algumas reflexões sobre o silêncio e a linguagem:

> O silêncio foi relegado a uma posição secundária como excrescência, como o "resto" da linguagem. Nosso trabalho o erige em fator essencial como condição do significar... Por outro lado, há uma dimensão do silêncio que remete ao caráter de incompletude da linguagem: todo dizer é uma relação fundamental com o não dizer. Esta dimensão nos leva a apreciar a errância dos sentidos, a vontade do "um" (da unidade, do sentido fixo), o lugar do **non sense**, o equívoco, a incompletude (lugar dos muitos sentidos, do fugaz, do não apreensível), não como meros acidentes da linguagem, mas como o cerne mesmo de seu funcionamento. (p. 12).

Orlandi postula "o silêncio como horizonte, como iminência do sentido" (1993, p. 13). Neste sentido, podemos afirmar que é um importante início para a maioria dos grupos vivenciais, a partir de experiências não dirigidas. O silêncio apresenta um fundo, mesmo sem fundo, abrindo a possibilidade desse horizonte. Um espaço.

> O silêncio é assim a "respiração" (o fôlego) da significação; um lugar de recuo necessário para que se possa significar, para que o sentido faça sentido. Reduto do possível, do múltiplo, o silêncio abre espaço para o que não é "um", para o que permite o movimento do sujeito. (op. cit).

Ao longo de uma vivência e de muitas vezes na fala individual, encontramos silêncios profundos. O grupo, o facilitador e o próprio participante aprendem a aguardar em silêncio o momento da expressão do significado.

> Silêncio que atravessa as palavras, que existe entre elas, ou que indica que o sentido pode sempre ser outro, ou ainda que aquilo que é o mais importante nunca se diz, todos esses modos de existir dos sentidos e do silêncio nos levam a colocar que o silêncio é "fundante". Desse modo, procuramos indicar as várias pistas pelas quais alcançamos esse princípio da significação: o silêncio como fundador. Assim, quando dizemos que há silêncio nas palavras, estamos dizendo que: elas são atravessadas de silêncio; elas produzem silêncio; o silêncio fala por elas; elas silenciam. As palavras são cheias de sentidos a não se dizer e, além disso, colocamos no silêncio muitas delas. (op. cit., p. 14).

Orlandi (1993) nos alerta para a natureza histórica e política da linguagem e dos silêncios. Emergem necessidades pessoais e culturais que nos calam perante os demais. Precisamos de uma melhor leitura dos silêncios vivenciados em nossos grupos.

> De todo modo, em relação à significação, essa reflexão nos leva à compreensão de um aspecto fundamental, o da necessidade do sentido, que fica assim formulada: se um sentido é necessário, ele épossível; se impossível, é porque não é necessário historicamente. Sendo o silêncio a garantia dessa necessidade, já que mesmo o não formulável (ou não formulado) significa. O

> que não é a linguagem, quando se trata dos sentidos, não é o nada, mais silêncio. Por exemplo, os sentidos da negritude ou do feminino silenciados em sua expressividade social própria significam de outro modo (na umbanda, na capoeira ou na moda, numa forma de fazer literatura, etc.). Essa migração resulta (e é a marca) da necessidade histórica dos sentidos. Deriva também daí o modo como podemos conceber o político no que chamamos de silêncio. Se ao falar sempre afastamos sentidos não desejados, para compreender um discurso devemos perguntar sistematicamente o que ele "cala". (Orlandi, 1993, p. 160).

É fundamental também reaprender que no profundo silêncio do outro, "o sentido ecoa no sujeito". Lembramos que "antes de ser palavra o sentido já foi silêncio".

> O silêncio é a possibilidade do dizer vir a ser outro. No silêncio, o sentido ecoa no sujeito. É esse processo que lhe torna possível perpassar as diferenças dos diferentes processos de identificação sem, no entanto perder sua unidade, a de um sujeito que diz. Senão, atravessado por múltiplos discursos..., ele se desmancharia em sua dispersão. É isso que significa dizer que, assim como o sentido é errático, o sujeito é itinerante: ele perpassa e é perpassado pela diferença; habita e é habitado por muitos discursos, muitas formações discursivas. O que o mantém em sua "identidade" não são os elementos diversos de seus conteúdos, de suas experiências diferentes de sentidos, nem sua configuração: é o seu estar no silêncio. Porque antes de ser palavra o sentido já foi silêncio. Dito de outro modo, todo sentido posto em palavra já se dispôs antes em silêncio. (op. cit., p. 162).

Ao longo do grupo, da interação, a multiplicação dos sentidos forma a essência dos processos grupais. A abertura no estágio inicial para um silêncio coletivo abre também os espaços individuais. Esses silêncios todos formam e fecundam a nossa comunicação.

> A metáfora que pode nos fazer compreender esse processo é a do silêncio como "dobra": é ele o ponto de inversão possível... onde o discurso se redobra em "outras" palavras. Ele funciona assim como "um ponto de fuga", para onde vão os sentidos, no

> se multiplicaram: sentidos se abram em sentido, que se abrem em sentidos... no silêncio.(op. cit., p. 162-163).

O silêncio, então, tem formas diferenciadas. Decifrar sua forma, sua função, suas nuances nos exige atenção e cautela. Para não interpretar, não interferir, não distorcer a realidade de um fenômeno subtil e valoroso.

A Fala Autêntica Emergente

Como descrito anteriormente, o silêncio estabelece um espaço para ser preenchido. Na maioria das vezes, as primeiras falas tendem a ser banais, poucas vezes falas com profundas significações. Mauro Amatuzzi, no livro *O Regate da Fala Autêntica* (1989), convida-nos a contemplar a expressividade da fala autêntica por meio de quatro autores: Merleau-Ponty, Martin Buber, Paulo Freire e Carl Rogers.

Amatuzzi cita Merleau-Ponty na tentativa de diferenciar a fala banal da fala genuína:

> Vivemos num mundo onde a fala está instituída. Para todas essas falas banais, possuímos em nós mesmos significações já formadas. Elas só suscitam em nós pensamentos segundos; estes, por sua vez, se traduzem em outras falas que não exigem de nós nenhum verdadeiro esforço de expressão e não pedem de nossos ouvintes nenhum esforço de compreensão. (Merleau-Ponty, 1967, p.214).

Em que momento ocorre uma fala mais autêntica, genuína, num grupo vivencial? Como a fala autêntica não depende dos facilitadores ou organizadores do grupo, como que o processo grupal promove uma fala autêntica coletiva?

> Na fala autêntica, seu rearranjo visa a criar significações novas a partir do silêncio primordial. Visa a expressar carências mais profundas do que aquelas que já são providas bem ou mal no cotidiano. O pensamento segundo é aquele que não tem nada a ver, diretamente, com o silêncio primordial, mas apenas

> com outras falas faladas. A fala banal é, portanto, um jogo com produtos culturais, mas que não envolve explicitamente a experiência primordial. (op. cit., p. 35).

Essa transição de uma fala banal para uma genuína nos parece pouco elaborada nas obras sobre grupos de encontro e grandes grupos na ACP. Não é, porém, um processo por acaso, fortuito. E pode ter relações significativas para uma compreensão maior de nossos grupos. A vivência do silêncio e eventualmente a experienciação da fala autêntica implicam no redimensionar da interação em direção a um sentido de coletividade. As falas emergem de forma mais congruente com sentimentos e pensamentos de maior relevância para os participantes.

Amatuzzi, fazendo referência a Buber, afirma que a conversação genuína "... é uma 'oportunidade de Ser'; nela o 'homem revela-se como homem'; ... tornando-se singularmente homem" (op. cit.; p. 44).

Para Amatuzzi, "Dizer tudo isso é ainda dizer que a verdadeira interpretação é que dá um clima de *reciprocidade*". É na vivência efetiva de uma relação que surgem novos sentidos (1989, p. 138). Os significados, muitas vezes, tornam-se comuns, tornam-se nossos (p. 140).

Em resposta ao questionamento – O que é então a conversação genuína? – Buber elaborou três condições (Buber, apud Amatuzzi, 1989):

> A primeira é a genuinidade (ou autenticidade) de seus participantes nesse sentido de eles se deixarem guiar pelo que são, ou melhor, de serem o que são na conversação, cada um deles, e isso em vez de se deixarem guiar pelo desejo de parecer ou de estarem preocupando em proteger ou criar uma imagem que produza a ilusão (p. 47).
>
> A segunda condição é uma condição de percepção: que cada um veja o parceiro como ele é em sua totalidade e concretude. É tomar conhecimento íntimo dele como outro. É só através desse conhecimento íntimo do outro enquanto tal, junto com sua aceitação, que eu o legitimo como parceiro de uma conversação genuína (p. 48).
>
> A terceira condição da conversação genuína é que os parceiros não queiram se impor um ao outro (p. 51).

Ao abrir-nos ao outro na interação do grupo vivencial, a nossa percepção do genuíno, do verdadeiro, é um passo adiante no processo da construção do grupo. Ouvimos, participamos, respondemos num clima de congruência coletiva. Mas quando é que isso realmente ocorre? Como sabemos desse processo? Que sinais estão presentes?

Cérebro Social

A neurociência expandiu seu campo de conhecimento para introduzir os conceitos de inteligência emocional e social. Os pressupostos teóricos de Rogers não necessariamente conflitam com essas hipóteses. Por outro lado não se percebe os trabalhos recentes da ACP com qualquer incorporação dessas noções. Especificamente o conceito do cérebro social interessa a nossa discussão grupal.

Os processos de escuta empática e congruência são resultados da vivência grupal? Até que ponto estão relacionados à natureza humana gerado ou liberada pela interação coletiva? Teoricamente quais aprendizagens podem ser atribuídas à perspectiva da Abordagem Centrada na Pessoa nessas práticas grupais?

Para Goleman (2006),

> o cérebro social é a soma dos mecanismos neurais que orquestram nossas interações, bem como nossos pensamentos e sentimentos a respeito das pessoas e dos relacionamentos. A notícia mais reveladora aqui pode ser que o cérebro social representa o único sistema biológico de nosso organismo que nos sintoniza continuamente com o estado interno das pessoas com as quais convivem e, por sua vez, se é influenciado por ele....Os caminhos adotados pelo cérebro social são únicos em sua sensibilidade ao mundo como um todo. Sempre que ocorre urna conexão face a face (ou voz a voz, ou pele com pele) com outra pessoa, nossos cérebros sociais se entrosam (p.12).

O campo emergente da neurociência social aponta a necessidade para uma revisão urgente do que imaginamos ser a verdade sobre a interação social no grupo humano. Duas descobertas específicas são relevantes:

> Um novo tipo de neurônio, recém-descoberto, a célula fusiforme, atua com extrema velocidade, permitindo-nos tomar decisões sociais com milésimos de segundo – descobriu-se que

> tais células existem com maior quantidade no cérebro humano do que em qualquer outra espécie. Uma variedade diferente de células cerebrais, os neurônios-espelho, é capaz de sentir tanto os movimentos que a outra pessoa está prestes a fazer quanto seus sentimentos, preparando-nos instantaneamente para imitar tais movimentos e sentimentos. (Goleman, 2006, p. 10).

Essas descobertas têm implicações para as nossas práticas grupais? Parece que sim, quando continuamos a atribuir apenas ao grupo vivencial muitas aprendizagens sobre empatia, congruência e receptividade coletiva independentemente dessas descobertas. Segundo Goleman:

> Nossas interações sociais chegam mesmo a moldar o cérebro poor meio da "neuroplasticidade", o que significa que experiências repetidas esculpem a forma, o tamanho e o número de neurônios e suas ligações sinápticas. Direcionando repetidamente o cérebro em um determinado registro, nossos principais relacionamentos podem, aos poucos, moldar certos circuitos neurais.... Essas novas descobertas revelam que nossos relacionamentos têm um impacto sutil, porém poderoso e duradouro, sobre nós. (op. cit., p. 12).

Há evidencia científica, então, de que o ser humano inicia sua aprendizagem sobre sincronia e comunicação bem cedo:

> A protoconversa marca a primeira aula do bebê sobre interação. Aprendemos a nos sincronizar emocionalmente muito antes de termos palavras para expressar tais sentimentos. As protoconversas continuam sendo um de nossos modelos mais básicos de interação, uma consciência tácita que define silênciosamente nosso ritmo ao nos conectarmos com outra pessoa. A capacidade de entrar em sincronia... nos acompanha ao longo da vida, guiando-nos em todas as interações sociais. E, assim como os sentimentos foram o principal tópico de nossas protoconversas quando bebês, continuam sendo a pedra fundamental da comunicação na idade adulta. Esse diálogo silêncioso sobre os sentimentos é o substrato sobre o qual todos os outros encontros se constroem e a agenda oculta de toda e qualquer interação (p. 42).

Nas horas (ou dias) inicias do processo grupal na ACP transcorre uma interação truncada. Raramente há clareza no grupo ou nas pessoas quanto às agendas permitidas, esperadas. A sincronia precisa ser construída por tentativas sucessivas dos participantes para estabelecer parâmetros mínimos de comunicação. Como ocorre ao nível individual e coletivo uma interação mais genuína? Será que é parcialmente auxiliada pelo "dom para a empatia primordial".

Segundo Goleman, esse dom é "a capacidade imediata de sentir as emoções dos outros. Habilidade da via secundária, esse tipo de empatia ocorre – ou não –de maneira rápida e automática. Os neurocientistas consideram essa empatia intuitiva e visceral como sendo ativada, em grande parte, pelos neurônios-espelho" (2006, p. 99).

Para este autor, a sintonia ocorre quando há uma "atenção que ultrapassa a empatia momentânea, transformando-se em uma presença confirmada e completa que facilita a conexão. Oferecemos a uma pessoa nossa atenção total e a ouvimos até o fim. Procuramos entendê-la, em vez de simplesmente dar nossa opinião" (p. 101).

> O estilo de falar de uma pessoa oferece pistas sobre sua capacidade subjacente de saber ouvir com atenção. Durante alguns momentos de genuína conexão, o que dizemos é responsivo ao que o outro sente, diz e faz. Quando a conexão é ruim, porém, nossas comunicações tornam-se projéteis verbais: nossa mensagem não muda de acordo com o estado da outra pessoa, simplesmente reflete a nossa. Saber ouvir faz toda a diferença. Falar com uma pessoa em vez de ouvi-la reduz a conversa a um monólogo (p. 102).

Receptividade e congruência coletiva são resultados de falas autênticas emergentes na interação. As condições construídas no grupo para uma escuta ativa produzem essa sintonia? Ou temos dons ou capacidades internas para ouvir os outros?

> Quando assumo o rumo da conversa falando com você, estou satisfazendo às minhas necessidades, sem levar em contas as suas. Ouvir, ao contrário, exige que eu me sintonize com seus sentimentos, deixe você expressar sua opinião e permita que a conversa siga um curso mutuamente acordado. Quando os dois escutam, há um diálogo recíproco no qual cada um ajusta o que diz de acordo com o que o outro responde e sente.... Essa capacidade de ouvir parece ser umdom natural. Mesmo assim,

> a exemplo do que ocorre com todas as outras dimensões da inteligência social, as pessoas podem melhorar sua capacidade de se sintonizar (p. 102).

Nossos grupos vivenciais, então, promovem oportunidades para exercer interações de qualidade e consequência. A noção da inteligência social oferece outra oportunidade: para re-conceituar um possível viés interno que contribui para estados de empatia, congruência e sintonia coletiva. Suas implicações para a Abordagem Centrada na Pessoa são inúmeras e todas significativas.

Identidadee as Novas Redes Sociais – Implicações para ACP?

As novas tecnologias e redes sociais formam parte da nossa realidade e transformam drasticamente relações interpessoais em muitas dimensões. É importante contemplar as possíveis implicações para a ACP e especificamente para as experiências grupais. Susan Greenfield, neurocientista, investiga os impactos da cibertecnologia nas relações, nos conceitos de privacidade e nas alterações no comportamento social (Mind Change, 2014).

A autora questiona se o *ciberworld* oferece um novo tipo de ambiente, alterando as condições onde opera, se há mudanças no cérebro humano em formas paralelas.

Estudos das vivências grupais da ACP relatam o crescimento pessoal e as mudanças construtivas em termos de identidade, compreensão empática e sintonia. Como já apontado, os encontros iniciais da vivência desconstróem as tentativas normais de estabelecer uma identidade individual no grupo. Redes sociais modernas pouco nos preparam para uma interação vivencial face a face. Greenfield dedica um capítulo inteiro à questão da identidade,

> Mas como você se vê não precisa ser compartilhado com todos os outros: seu self *on-line* e seu verdadeiro "eu" não são necessariamente os mesmos. Esta noção de um verdadeiro "eu" foi introduzida pela primeira vez em 1951 pelo influente psicólogo americano, o falecido Carl Rogers, amplamente considerado

> como um dos fundadores da psicoterapia. Sua teoria era que o verdadeiro self baseia-se em existentes características e que não precisam necessariamente ser plenamente expresso na vida social normal, talvez porque e nem sempre há ocasiões quando eles se manifestam, mas talvez sejam imaginados como particulares reações em situações hipotéticas. Cinquenta anos mais tarde, a era digital viu John Bargh e sua equipe desenvolvendo o conceito do "verdadeiro eu na Internet" para referir-se àtendência do indivíduo em expressar os aspectos "reais" do self através de comunicação anônima da Internet em vez de comunicação face a face. A alegação é que a Internet oferece a indivíduos com uma oportunidade única para a autoexpressão que incentiva as pessoas a revelar seu verdadeiro eu, incluindo os aspectos que não são confortavelmente expressos face a face. Por causa deste efeito, cyber comunicação pode ser considerado comunicação mais íntima e pessoal do que a comunicação face a face. Formar amizades desta forma através de *sites* de redes sociais é mais propenso a colocar um prêmio na autorrevelação, na esperança de expressar seu verdadeiro eu. (Greenfield, 2014, p.117-118).

Sem dúvida as experiências grupais na ACP fomentam uma comunicação "mais íntima e pessoal" do que a interação nas redes sociais. Ao mesmo tempo um público considerável, descontando alunos da Psicologia e dos cursos de formação, está sendo seduzido nos *sites* de redes sociais para encontrar novos relacionamentos.

O grupo vivencial acaba em poucos dias; *Facebook* e outras redes não têm prazo para terminar. Há tempos encontramos muitas barreiras para promover grupos, workshops e experiências vivenciais. Há quem questiona o valor desses grupos na sociedade atual. Nossos grupos estão competindo com a *Internet*?

Greenfield questiona também o valor do *Facebook* na vida real:

> Querer expressar o verdadeiro eu através do Facebook está também relacionado com o uso obsessivo do Facebook. Mais uma vez lá é um paradoxo: aqueles que mais vivamente desejam expressar sua identidade "verdadeira" são precisamente aqueles que dependem muito mais de relacionamentos no ciberespaço. Então, não é tanto que o Facebook é intrinsecamente bom ou ruim, mas prefiro como é usado, e o papel e a importância que

> isso desempenha na vida de alguém.... Ao contrário do mundo real, uma identidade Facebook é mais implícita do que explícita: usuários mostram ao invés de dizer, sublinhando seus gostos e desgostos em vez de elaborar na sua narrativa de vida, suas estratégias e atitudes para lidar com problemas e decepções e toda a bagagem de uma vida normal. (op. cit., p. 119).

Segundo Greenfield, usuários podem mostrar três *selfs* distintas, construídas e mantidas pela rede social. Isso tem implicações com a procura de relações face a face:

> Pesquisas mostram que a identidade retratada no Facebook não é o verdadeiro self desinibido, anteriormente exibido em ambientes anônimos mediados por computador, nem é o ego que é apresentado em interações tridimensionais, cara a cara. Pelo contrário, é um self deliberadamente construído, socialmente desejável ao que indivíduos aspiram, mas ainda não foram capazes de alcançar. Surpreendentemente, as redes sociais agora permitem três selfs possíveis: o verdadeiro self, expressado em ambientes anônimos sem as restrições de pressões sociais; o verdadeiro eu, o indivíduo conformado restrito por normas sociais nas interações face a face; e, pela primeira vez, um self esperado, possível, exibido nos *sites* das redes sociais.... Podemos imaginar um círculo vicioso onde mais a sua identidade é comprometida devido às redes sociais, e você se sente mais inadequada, quanto maior o apelo de um meio onde você não precisa se comunicar com as pessoas cara a cara (p. 121; p. 123).

Nossas identidades e histórias pessoais de vida são os conteúdos predominantes na experiência vivencial. No grupo, descobrimos semelhanças e diferencias profundos dificilmente alcançados em outros ambientes. A autorrevelação no grupo exige certo clima de confiança e apoio mútuo. Greenfield aponta que a autorrevelação irrestrita *on-line* carece de freios e de um *feedback* normal:

> Até agora, o diálogo permanente entre o indivíduo e o meio ambiente tem sido ponderado em favor de uma história de vida interiorizada, personalizada e observações internas que eu sugiro formam o que chamamos de identidade. .... (A) unidade básica para tentar compartilhar esta narrativa com qualquer um e todos

> tem tradicionalmente sido compensada pelas restrições de base biológica da interação face a face, onde as amizades são formadas consequentemente gradualmente e são altamente seletivas. No entanto, meios de comunicação social removem estas precauções evolutivas e pressionam o acelerador na autorrevelação irrestrita em um contexto onde os habituais freios aplicados por *feedback* interpessoal normal estão ausentes. Então em vez de um pequeno círculo de amigos, o self é agora divulgado para um público de centenas e, como todas as apresentações públicas, está sujeito de comentários e análise interminável. Como se sairá dessa identidade excessivamente egocêntrica, ainda frágil, na comunicação interpessoal e nos relacionamentos? (p. 134).

Não devemos "culpar" as novas tecnologias pelas dificuldades encontradas na promoção e condução dos processos grupais na Abordagem Centrada na Pessoa. Há muitos outros fatores num mundo líquido, globalizado e fragmentado que complicam a compreensão da perspectiva humanista e a aceitação de suas propostas. As redes sociais, porém, merecem ser analisadas à luz de possíveis implicações para a ACP. O celular, os *tablets* e os computadores estão alterando a formação de nossas identidades e nossos relacionamentos?

O que significa isso para uma experiência vivencial como nós conhecemos hoje? Que padrões e sinais aparecem na interação grupal que possam ajudar decifrar melhor esses fenômenos?

Algumas Considerações

Somos cúmplices na mistificação das práticas grupais na Abordagem Centrada na Pessoa. Com as contribuições recentes da neurociência e a emergência do campo científico da neurociência social, talvez nossos grupos possam ser melhor entendidos como permeados com processos intrínsecos ao ser humano, moldados por predisposições para empatia, aceitação e cooperação mútua. São "estados" latentes, características da condição e natureza humana?

Esse texto tocou em alguns aspectos inicias do processo grupal discutidos por Rogers e outros autores da ACP. Há muitos outros fenômenos que merecem maior atenção e estudo.

A nossa produção sobre o grupo humano tende a ser relatos de experiência, ensaios teóricos, enquetes e avaliações de participantes. Desconheço estudos longitudinais ou pesquisas (quantitativas ou qualitativas) que abordam mais cientificamente esses complexos processos grupais.

Que pressupostos ou teorias nós temos sobre estados alterados da consciência, descobertos transpessoais, transformações e mudanças de participantes ao médio e longo prazo em termos de identidade, poder pessoal, crescimento emocional, adaptação cultural, etc.?

Como avançar para observar melhor, conduzir melhor, entender melhor a vida enigmática dos grupos na Abordagem Centrada na Pessoa?

Referências

FONSECA, A. H. L. **Grupo, fugacidade, ritmo e forma**. São Paulo: Ágora, 1988.

GOOLEY, T. **How to read water – clues and patterns from puddles to the sea**. London: Hodder & Stoughton, 2016.

GOLEMAN, D. **Inteligência social**: o poder das relações humanas. Rio: Elsevier, 2006.

GREENFIELD, S. **Mind change**: how digital technologies are leaving their mark on our brains. Croydon, U.K: Ebury Publishing, 2014.

MCLUHAN, M. **The médium is the massage**: an inventory of effects. New York: Bantam Books, 1967.

ORLANDI, E. P. **As formas do silêncio**: no movimento dos sentidos. Campinas, UNICAMP, 1993.

ROGERS, C. R. **Grupo de encontro**. São Paulo: Martins Fontes, 1994.

ROGERS, C. R. **Sobre o poder pessoal**. São Paulo: Martin Fontes, 1978.

ROGERS, C. R. **Tornar-se pessoa**. São Paulo: Martins Fontes, 1981.

WOHLLENBEN, P. **A vida secreta das árvores**: o que elas sentem e como comunicam. Rio: GTM, 2017.

WOOD, J. K. **Carl Rogers' person-centered approach**: toward an understanding of its applications. Herefordshire, U.K: PCCS Books, 2008.

WOOD, J. K. Communities for learning: a person-centered approach to large groups. In: R. Levante & J. Shlien (Eds.). **Client-centered therapy**

and the person-centered approach: new directions in theory, research and practice.New York: Praeger, 1984.

WOOD, J. K. **Dasein der gruppe**: people, places and connections, 1986. (Texto não publicado.).

WOOD, J. K. **Sete verões entre pessoas**: diário de bordo sobre a abordagem centrada na pessoa em grandes grupos. São Paulo: Via Lettra, 2013.

WOOD, J. K. (Org.). **A abordagem centrada na pessoa**. 5 ed. Vitória, ES: Editora EDUFES, 2010.

WRONA, R. R. Comunidades de aprendizagem: comunidade e abordagem centrada na pessoa. In: A. BACELLAR (Org.) **Psicologia humanista na prática**: reflexões sobre a abordagem centrada na pessoa. Vol. 1. Palhoca, SC: UNISUL, 2009. p. 115-127.

6.2 REFLEXÕES SOBRE PROCESSOS GRUPAIS VIVENCIADOS NA ABORDAGEM CENTRADA NA PESSOA

> *O paradoxo é que Carl Rogers era uma pessoa tão aberta às novas ideias e frequentemente expressava o desejo de que todos nós deveríamos nos tornar mais criativos e inovadores, e ainda nós encontramos consideráveis dificuldades para imaginar como ir além dele* (Brazier, 2000).

Introdução

Faço aqui uma reedição de algumas reflexões sobre os processos grupais promovidos na prática da Abordagem Centrada na Pessoa – ACP. O escrito tem como meta refletir sobre a lacuna existente na sistematização de nossa prática e experiência com processos grupais na Abordagem. A seguir, proponho:

- Identificar algumas questões críticas para a reflexão e para o estudo dos processos grupais na ACP.
- Refletir sobre a necessidade de uma sistematização maior de nossos conhecimentos e das experiências brasileiras sobre grupos.
- Examinar até que ponto os nossos conhecimentos atuais sobre processos grupais fazem parte de um senso comum que dificulta a busca de uma produção teórica / prática sobre grupos.
- Socializar um arquivo bibliográfico sobre processos grupais, grupos de encontro, pesquisa sobre grupos e outras práticas

grupais. A bibliografia referenciada se encontra ao final deste texto (Uma bibliografia maior está localizada no Anexo I deste volume. No Anexo II há uma lista do Jack Gibb, comentado no texto.).

Onde Estamos?

Acredito que temos acumulado um vasto conhecimento e uma vasta experiência prática com processos grupais desde as primeiras aplicações da **ACP** em terapia de grupo e nos grupos de encontro, bem como nos eventos, fóruns, grupos grandes, comunidades de aprendizagem, cursos, *workshops*, oficinas, treinamentos, "vivências", etc., promovidos no Brasil. Alguns trabalhos examinam diversos aspectos desses grupos (Barceló, 2003; Coppe, 2001; Fonseca, 1988; Rogers, 1994; Wood, 2010, 1988, 1983; Gibb, 1974; entre vários outros).

Sabemos muito o valor dos grupos humanos para criar condições especiais que promovam a transformação pessoal e interpessoal (Coulson, 2000; Wood, 2010). Sabemos, também, que os grupos de encontro e as vivências em comunidades de aprendizagem contribuem para o crescimento pessoal e profissional.

Nossos principais eventos, os encontros internacionais, nacionais ou regionais na **ACP** foram criados para valorizar o encontro profissional e um entrosamento dos participantes, com diferentes graus de "estruturação" prévia. Em muitos desses eventos, o grupo grande, o grupão (o plenário com todos os participantes presentes), é a arena central para a interação da comunidade.

Assim, diversos processos grupais foram "institucionalizados" como mecanismos para reunir as pessoas e para "trabalharmos juntos". Alguns estudos reportam as consequências de participação nesses processos. Há inúmeros depoimentos sobre os impactos e resultados da experiência grupal. Alguns autores também, inclusive Rogers, examinam a facilitação desses grupos, apontando momentos críticos, processos considerados "comuns" tanto à terapia individual quanto às experiências em grupo.

Mesmo menosprezando a ideia de que existe um modelo, uma forma, um processo único nesses grupos, faz muito tempo que se discute, dentro e fora dos grupos, sobre a "importância" e as dificuldades do grupão. Não há um consenso sobre "como fazer", como "facilitar" ou como utilizar melhor o que achamos que sabemos sobre esse fenômeno de grupão.

Ainda há controvérsia em relação à necessidade de estruturação nos grupos da ACP. Alguns argumentam que a não estruturação inicial é fundamental para que se estabeleçam condições importantes para a criação de uma comunidade de aprendizagem. Outros afirmam que a suposta falta de estrutura é uma meia verdade, que a não estrutura é uma estrutura, que se perde tempo e energia em discussões inúteis, quando todos sabem que há maneiras mais eficazes para nos organizarmos, principalmente para discutir as apresentações teóricas.

O demorado processo de formar um grupo, de (re)aprender sobre a interação humana por meioda tarefa de formar um grupo e de praticar os princípios de um enfoque centrado no grupo e na pessoa formam parte da cultura da ACP. Essa cultura é transmitida e socializada por meiodos eventos realizados entre profissionais em diversos estágios de formação e de acumulação de experiências na ACP e em alguns cursos de formação.

Nem todos os profissionais na ACP necessariamente estão familiarizados com a vasta literatura sobre pequenos grupos, laboratório de grupo, grupos-T (Bradford, Gibb e Benne, 1964), grupos de desenvolvimento, dinâmica de grupo, treinamento de liderança ou a aplicação de processos grupais em instituições e comunidades.

Poucos programas de graduação em Psicologia no Brasil oferecem disciplinas sobre grupos na ACP ou promovem experiências diretas com essas práticas. Na ACP, com a exceção de alguns cursos de formação, há pouca ênfase num estudo sistemático de pequeno grupo. A prática clínica não é necessariamente um referencial suficiente para o trabalho grupal.

Do mesmo modo, as participações em grupos vivenciais, grupos de encontros e fóruns nacionais/internacionais na ACP não nos preparam necessariamente para sermos facilitadores de grupo, nem nos qualificam para intervenções em processos grupais. Contudo, a nossa qualidade de pessoa humana, sim, nos qualifica para ter opiniões, intuições e compreensões desses processos. No entanto, penso que não é suficiente permanecer nesse estágio místico ou "romântico" desses importantes fenômenos.

Existem até algumas "confusões conceituais" sobre o que é uma vivência, se os eventos ou os cursos devem ser ou não "vivenciais". Os eventos devem ser apenas um encontro de profissionais, com as experiências grupais limitadas aos horários específicos para esse "tipo de grupo"?

Alguns tendem a comparar o grupo de encontro com os grupos grandes, e com o processo de psicoterapia [Veja Yalom e Leszcz, (2005, p. 418) para uma excelente análise da relação entre o grupo de encontro e o grupo de terapia.].

Wood, em apostilha mimeografada durante o Arcozelo I, um encontro realizado em 1977, no Rio de Janeiro, com a equipe de Rogers, compara terapia individual com o grupo grande e relata:

> Na terapia individual, apesar de ser uma pessoa "inteira", eu estava ainda de alguma forma, num papel de ajuda. O cliente me procurava para receber ajuda. No grupo de encontro, como está sendo chamado, a pessoa normalmente vem ao **grupo** para ajuda. De fato, o próprio grupo não tolera ninguém, mesmo o facilitador designado (como chamamos quem ajuda o grupo) a manter-se à parte ou diferente dos demais membros do grupo.

Em outro momento, Wood compara o grupo de encontro com o grupo grande:

> O grupo de encontro consiste de 10 a 15 pessoas. Nos últimos anos, temos convocados grupos de mais de 100 pessoas. Esse novo ambiente de aprendizagem é único por si mesmo e não apenas uma versão maior do grupo de encontro. No grupo de encontro, um entra através da fala, por meio de um compartilhar de si mesmo com os outros. O *status* é obtido dependendo do grau de se tornar vulnerável através da habilidade a ser facilitativo. Apesar de que não foi sempre possível manter o drama pessoal de cada um em mente, aprenda-se manter "consciente"o processo do grupo. Aprendemos habilidades que nos permitem traçar o drama do grupo. Nos grupos com mais de 100 pessoas essas habilidades não são tão valiosas. No grupo grande nem todos tem ou assume a oportunidade para falar. O método de entrada no grupo não é a fala, é a forma de ser (being). Não é mais prático traçar o processo grupal

> intelectualmente. Uma entrega intelectual mais profunda é necessária e uma dependência maior nas percepções intuitivas é necessária. Essa necessidade resulta numa compreensão e na emergência de novas habilidades.

Essa citação de Wood aponta exemplos de diferenças sutis entre uma aplicação de grupo e outra. Sem dúvida, há inúmeros aspectos dos processos grupais para serem explorados e melhor conceituados. A seguir, apresento alguns pontos críticos que merecem atenção. São exemplos de algumas questões abertas para maior reflexão e estudo:

Algumas Questões
Quais os principais fenômenos humanos que se reproduzem constantemente no processo de um grupo e de um grupo grande? Esses processos estão presentes em todas as diversas formas de aplicação da **ACP**?
Esses processos humanos se dão de forma diferente na Abordagem Centrada na Pessoa? Como podemos saber que esses processos são diferentes ou não de outros tipos de grupo, inclusive de grupos humanos em geral?
Há diferenças culturais regionais ou nacionais nos comportamentos e funcionamento de grupos?
Até que ponto grupos compostos de psicólogos, estagiários de Psicologia e alguns clientes produzem um novo tipo de grupo com características próprias?
Que outras características, atitudes, expectativas, condutas facilitam ou dificultam a formação e o funcionamento desses processos grupais (além das já mencionadas por Rogers)?
Existem conceitos, construtos, teorias e/ou mapas conceituais de outras abordagens que ajudam a sistematizar as nossas experiências?
Que métodos, técnicas e condições são mais apropriadas para estudar esses processos grupais na **ACP**?
Que trabalhos, estudos, pesquisa, referências e teorias sobre grupos na **ACP** já existem? Como organizar e disponibilizar essa informação?

Às vezes, parece que temos conceituado os processos grupais como fenômenos muito especiais, diferentes de experiências "normais" ou das produzidas por meiode outras abordagens/metodologias de grupo. Nossas experiências realmente são tão <u>únicas</u>?

Para Onde Queremos Ir?

Por que precisamos de algum tipo de modelo para discutir, viver ou facilitar um grupo ou uma comunidade de aprendizagem? O grupo grande não é terapia nem necessariamente o melhor lugar para dar ou receber consideração incondicional, ser ouvido empaticamente oureceber aceitação incondicional de todos. No processo de grupo, emerge o melhor e, frequentemente e infelizmente, o pior de quem nós somos e como nós nos comportamos perante a compulsão, a competição, a tensão emocional, a confrontação com nossas diferenças, com nossa humanidade. Por que tanta pregação sobre "como" essas experiências deveriam ser ou o que elas deveriam prover?

Até que ponto realmente sabemos:

a) que os "maiores momentos" desses encontros acontecem frequentemente só quando eles precisam acontecer?
b) que não há nenhuma forma, técnica, para facilitar, intervir, influenciar ou "controlar" esses processos?
c) que certas atitudes e comportamentos não facilitam os grupos?
d) que nós somos alterados pelos processos grupais – passamos ter uma consciência alterada de nós mesmos e dos outros nesses encontros?

Essas experiências de grupo frequentemente revelam nossos maiores medos sobre nossas limitações e, ao mesmo tempo, sobre as nossas possibilidades. Com certeza, desenvolvemos uma tolerância para diversos estados de "confusão" cognitiva e afetiva, bem como descobrimos a possibilidade para a sobrevivência emocional num grupo. Nem sempre a experiência satisfaz completamente.

Como um processo profundo e complexo, a construção da comunidade-grupo e o processo de estabelecer o clima num grupo grande não é um processo particularmente confortável. Há desestruturação, momentos desorientados e consequências dolorosas para muitos, frequentemente em momentos diferentes do mesmo processo.

Mas o processo de formação de uma comunidade de aprendizagem é um processo verdadeiro, um processo humano natural com grande potencial para aprender em várias dimensões – sobre nós mesmos, sobre os outros, a sociedade, sobre as nossas instituições. À medida que reaprendemos a aprender e escutar a nós mesmos e aos outros nesse espaço especial, somos expostos à essência de viver numa forma centrada.

Questões sobre a possível formação de facilitadores levantam discussões polêmicas. Como podemos avançar numa sistematização de nossos conhecimentos? Será que a discussão e a reflexão sobre esses processos grupais precisam continuar? Coppe (2001) afirma que a ausência de marcos teóricos mais precisos e a dificuldade de acesso a um conhecimento sobre grupos de encontro têm dificultado a formação adequada de facilitadores:

> Mais uma vez, é importante ressaltar a falta de estudos sobre o tema ...sendo a sua evidência corroborada por Tassinari & Portela (1996) e, principalmente, por Wood (1983) ao afirmar que "estudos de grupos centrados na pessoa têm sido, desafortunadamente, dificultados pelo lento desenvolvimento de métodos apropriados para pesquisar os grupos em seus termos naturais" (p. 70). E também por Fonseca (1988) ao dizer que "a teorização sobre grupos vivenciais tem sido muito limitada e escassa" (p. 15) e "que pela ausência de uma explicitação teórica mais efetiva, a proposta do grupo vivencial tem tendido de um modo geral a estagnar-se" (p. 45).

Jack R. Gibb, um dos maiores autores e pesquisadores atuantes nos anos 70, produziu manuais sobre processos grupais e facilitação (1974). Para auxiliar na produção do manual, Gibb examinou 344 estudos sobre treinamento em grupo (vejam Anexo II para a lista bibliográfica.). Ele organizou o material de acordo com algumas dimensões ou orientações presentes nas pesquisas.

Veja a seguir a lista dos estudos por categoria. Os números entre parênteses correspondem ao número do estudo listado em Anexo II.

- Qualidades terapêuticas ou comportamento dos líderes, participantes ou suas relações (9, 16, 43, 47, 48, 58, 62, 75, 102, 123, 187, 232, 271, 290, 334).
- Estágios de desenvolvimento do grupo (13, 70, 72, 133, 169, 184, 194, 200, 210, 268, 302, 303).

- Formação de processos de confiança (37, 49, 70, 94, 97, 99, 107, 154, 169, 176, 244, 270).
- Qualidade e quantidade de *feedback* (49, 76, 79, 82, 91, 92, 106, 113, 164, 186, 222).
- Vivenciando e compartilhando afeto na interação do grupo (2, 29, 60, 150, 182, 211).
- Desenvolvimento de autoestima (31, 34, 46, 50, 54, 73, 139, 173, 233).
- Integração cognitiva da experiência (7, 10, 103, 111, 136, 173, 228, 306, 315).
- Revelação mútua no grupo (23, 60, 119, 155, 177, 192, 273, 291, 318).

Bozarth continua como um dos poucos autores preocupados com processos grupais na Abordagem Centrada na Pessoa. Numa obra de 1986, *The basic encounter group: an alternative view.* The Journal for Specialists in Group Work, o autor levanta algumas hipóteses sobre as aplicações da ACP em diversos grupos.

Mais tarde, Bozarth desenvolveu uma síntese das suas experiências em grupo, avançando algumas premissas sobre facilitação, as condições internas do grupo e as implicações de pesquisa para a teoria e para a prática da Abordagem aplicada ao grupo.

A Internet oferece uma diversidade de informações e fontes sobre grupos de encontro e suas aplicações no Brasil. As histórias da evolução dos grupos tendem a ser incompletas, repetindo como fonte os livros de Rogers. O material em inglês é datado dos anos 70 e 80, porém com material interessante e conflitante sobre os resultados dos grupos.

Talvez um ponto de partida seja a busca mais ampla de material escrito, publicado ou não. Apresentamos três listas de referências bibliográficas – a primeira, a lista básica que eu utilizei na sala de aula, na minha linha de pesquisa num Programa de Pós-Graduação em Educação e as obras citadas aqui no texto. O Anexo I é uma bibliografia colecionada durante alguns anos de diversos cursos e fontes. O Anexo II é a lista bibliográfica de Gibbs comentada anteriormente.

Se os processos grupais são tão importantes meios de nos formar, sustentar e promover o crescimento humano, por que não estamos mais preocupados em avançar na compreensão e na utilização desses grupos? Os grupos de encontro e os *workshops* são artefatos do passado da Abordagem?

Referências

AMADO, G. (et al.). **A dinâmica da comunicação nos grupos**. Rio de Janeiro, Zahar, 1978.

BARCELÓ, B. **Crescer en grupo**: una aproximación desde el enfoque centrado en la persona. Bilbao: Descleé de Brouwer, 2003.

BAREMBLITT, G (Org.). **Grupos, teoria e técnica**. Rio de Janeiro. Graal, 1986.

BARRETO, M. F. M. **Dinâmica de grupo**: história, práticas e vivências. Campinas, Alínea, 2006.

BENEVIDES, R. B. **Grupo**: a afirmação de um simulacro. Porto Alegre: UFRGS, 2007.

BION. W. R. **Experiência com grupos**: os fundamentos da psicoterapia de grupo. São Paulo, Imago, 1975.

BOZARTH, J. D. *The basic encounter group: An alternative view.* **The Journal for Specialists in Group Work**, 11(4), p. 228-232, 1986.

BRADFORD, L. P.; GIBB, J. R.; BENNE, K. D. **T-group theory and laboratory method: innovation in re-education**. New York: John Wiley, 1964.

BRAZIER, D. Beyond Carl Rogers. In: MERRY, T. (Org). **Person--centered practice**: the BAPCA reader. Herefordshire, UK: PCCS Books Ltd., 2000: p 97-109.

BRUNELLE, L. **A não diretividade**. São Paulo: Nacional, 1978.

BRUNNER/MAZEL Publishers. **Clinical Sociology Review**. Vol. 3, New York, 1985.

BRUNNER/MAZEL Publishers. **Clinical Sociology Review**. Vol.5, New York, 1987.

CAHILL, S. E. **Inside social life**: readings in sociological psychology and microsociology. Roxbury Publishing Company, 1995.

CARDOSO, R.**A aventura antropológica**: teoria e pesquisa. São Paulo, Paz e Terra, 1986.

CARTWRIGHT, D. e ZANDER. **Dinâmica de grupo**. Vol. 1 e 2. S.P.: Ed. Herder, 1972.

CASTILHO, A. **A dinâmica de trabalho em grupo**. R.J.: Qualitymark, 2003.

COPPE, A. A. F. **A vivência em grupos de encontro**: um estudo fenomenológico de depoimentos. Tese (Mestrado, UFRJ/PUC Minas), 2001.

COPPE, A. A. F. Grupos de encontro: uma abordagem experiencial. **Cadernos de Psicologia da PUC Minas**, 5 (6) 53-62.

COREY, G (et. al.). **Técnicas de grupo**. Rio de Janeiro: Zahar, 1983.

COULSON, A. Person-centered practice and personal transformation. In: T. MERRY, (Org.). **Person-centered practice**: the BAPCA reader. Herefordshire, UK: PCCS Books Ltd., 2000: 236-242.

CURY, V. E. **Abordagem centrada na pessoa**: um estudo sobre as implicações dos trabalhos com grupos intensivos na terapia centrada no cliente. Tese de Doutorado, Universidade Estadual de Campinas, 1993.

DOXSEY, J. R. A sala de aula universitária como comunidade de aprendizagem e contexto psicossociológico para mudança. In: I. F. CAPPELLETTI; M.T. MASETTO (Org.). **Ensino superior**: reflexões e experiência. São Paulo: EDUC – Editora da PUC – SP. 1986, p. 147-200.

DOXSEY, J. R. Dimensões de autovalorização e transformação pessoal como conseqüência de uma abordagem centrada no aluno. **Revista das Faculdades Franciscanas – Psicologia II**, Vol. 2, N. 2, 1984, 7-28.

DUARTE, N. A **Individualidade para si**: contribuição a uma teoria histórico-social da formação do indivíduo. São Paulo: Editora Autores Associados, 1993.

FRAZÃO, L. M. **Modelo de aprendizagem experiencial aplicado ao ensino de terapia de grupo**. Dissertação de Mestrado, Universidade de São Paulo, 1983.

FONSECA, A. H. L. **Grupo, fugacidade, ritmo e forma**. São Paulo, Ágora, 1988.

FRIEDENBERG, E. O mito da doença mental. In: FRIEDENBERG, E. **As ideias de Laing**. SÃO PAULO: Cultrix, 1973.

FRITZEN, S. **Exercícios práticos de dinâmica de grupo**. Rio de Janeiro, Vozes, 1990.

FOUCAULT, M. **Doença mental e psicologia**. Rio de Janeiro: Tempo Brasileiro, 1975. (Ver especialmente Capítulo VI – "A loucura, estrutura global".)

GIBB, J. R. The effects of human relations training. In: A. E. BERGIN; S. L. GARFIELD (Ed). **Handbook of psychotherapy and behavior change**. New York: Wiley, 1971, 839-862.

GIBB, J. R. A research perspective on the laboratory method. In: L. B. BENNE; J. R. GIBB; & R. LIPPITT (Eds). **The laboratory method of changing and learning**. New York: Wiley, 1974.

GAHAGAN, J. **Comportamento interpessoal e de grupo**. Rio de Janeiro, Zahar, 1980.

GLASSER, P. et al. **Individual change through small groups**. New York, free Press, 1974.

GUARESCHI, P. A. **Sociologia da prática social**: classe, estado e ideologia em diálogo com Erick Wright. Petrópolis, Editora Vozes, 1992.

HAMSHER, J. Herbert & SIGALL, H. **Psychology & social issues**. The Macmillan Company, New York, Collier-Macmillan Publishers, London, 1973.

HOLLAND, R. **Eu e o contexto social**. Rio de Janeiro, Zahar, 1979.

LANE, S. O processo grupal. In: S. LANE e W. CODO (Orgs.). **Psicologia Social**. São Paulo, Ed. Brasiliense, 1984.

LAPASSADE, G. **Grupos, organizações e instituições**. R.J.: Francisco Alves, 1977.

LA PUENTE, M. **Carl R. Rogers**: de la sicoterapia a la enseñanza. Madrid: Razone Fé, 1973.

MAILHIOT, G. B. **Dinâmica e gênese dos grupos**. Duas Cidades, s/d.

MAISONNEUVE, J. **Introdução à psicossociologia**. São Paulo: Nacional, 1977.

MANNHEIM, K. **Sociologia sistemática**: uma introdução ao estudo da sociologia. São Paulo, Livraria Pioneira Editora, 1962.

MELLO, J. de., et al. **Psicossomática hoje**. Porto Alegre, Artes Médicas, 1992.

MICHIGAN STATE UNIVERSITY PRESS. **Clinical Sociology Review**. Volume Six, Michigan, 1988.

MILITÃO, A.; MILITÃO, R. **Jogo, dinâmicas e vivências grupais**. Rio de Janeiro: Qualitymark, 2000.

MINICCUCI, A. **Dinâmica de grupo – teorias e sistemas**. São Paulo, Atlas, 1987. (Também: **Dinâmica de grupo – manual de técnicas**, s/d.).

MORENO, J. L. **Fundamentos do psicodrama**. São Paulo: Summus, 1983.

MOSCOVICI, F. **Desenvolvimento interpessoal**. Rio de Janeiro: Livros Técnicos e Científicos, 1985.

NERI, C. **Grupo–Manual de psicanálise de grupo**. Rio de Janeiro: Imago, 1999.

MUCCHIELLI, R. **Dinâmica de grupos**. Rio de Janeiro: Livros Técnicos, 1979.

OSÓRIO, L. C. **Psicologia grupal**: uma nova disciplina para o avento de uma nova era. Porto Alegre: Artes Médicas Sul, 2003.

PAGE, R. C; WEISS, J. F.; LIETAER, G. Humanistic group psychotherapy. In: D. J. CAIN; J.SEEMAN (Eds.). **Humanistic psychotherapies**: handbook of research and practice. Washington, D.C.: American Psychological Association, 2002, 339-368.

PAGÉS, M. **A vida afetiva dos grupos**. Rio de Janeiro: Vozes, 1982.

PICHON-RIVIÉRE, E. **O processo grupal**. São Paulo: Martins Fontes, 2000.

PERESTRELLO, D. **A medicina da pessoa**. São Paulo: Atheneu Editora, 1989.

ROSENBERG, R. **Estudo da percepção das condições psicoterápicas em grupos de aconselhamento psicológico**. Tese (Doutorado, USP), 1973.

ROGERS, C. R. **Liberdade para aprender**. Belo Horizonte: Interlivros, 1975.

ROGERS, C. R. **Grupo de encontro**. São Paulo, Martins Fontes, 1994.

ROGERS, C. R. Aprender a ser livre. In: C. R. ROGERS e B. STEVENS. **De pessoa para pessoa**: o problema de ser humano. São Paulo: Pioneira, 1978.

ROSZAK, T. **The voice of the earth**: an exploration of ecopsychology. N.Y. Touchstone, 1992.

SAIDON, O. **Práticas grupais**. Rio de Janeiro: Campus, 1983. Disponível em: <http://www.continents.com/Art62.htm>. Acesso em: 15 jun. 2003.

SILVA, M. C. P. A. **A busca de uma comunicação mais autêntica**: reflexões sobre o processo de facilitação como instrumento para uma aprendizagem significativa. Monografia de Formação de Psicoterapeuta, Universidade Gama Filha, Rio de Janeiro, 1991.

SILVEIRA, G. **Influência dos grupos rogerianos de encontro sobre a personalidade ou repercussões de grupo de encontro rogeriano sobre**

a personalidade dos participantes. Dissertação (Mestrado, Pontifícia Universidade Católica do Rio de Janeiro), 1994.

SMITH, C.; GEMMILL, G. Change in the small group: a dissipative structure perspective. **Human Relations**, Vol 44, N. 7, 1991.

TASSAINARI, M. A.; PORTELA, Y. **A história da abordagem centrada na pessoa no Brasil**. Trabalho apresentado no VIII Encontro Latino-Americano da Abordagem Centrada na Pessoa, Aguascalientes, México, 1996.

TELLEGEN, T. A. **Gestalt e grupos**: uma perspectiva sistêmica. 5 ed. São Paulo: Summus, 1984.

THORN, B. J. The person-centered approach to large groups. In: M. AVELINE; E. DRYDEN (Ed.). **Group therapy in Britain**. Milton Kynes: Open University Press, 1988.

VINOGRADOV, S.; YALOM, I. D. **Psicoterapia de grupo**. Porto Alegre: Artes Médicas, 1992.

WEIL, P. **Dinâmica de grupo e desenvolvimento em relações humanas**. Belo Horizonte, Ed. Itatiais, 1967.

WOOD, J. K. (Org.). **A abordagem centrada na pessoa**. 5 ed. Vitória, ES: EDUFES, 2010.

WOOD, J. K. (Org.).**Carl Rogers' person-centered approach**: toward an understanding of its implications. Herefordshire: PCCS Books, 2008.

WOOD, J. K. (Org.). A rehearsal for understanding the phenomenon of group.**The Person-Centered Journal**. 1 (3), 1994, p. 96-105.

WOOD, J. K. (Org.). **Menschilchesdarseinalsmiteinandersein**: gruppenarbeitnachpersonenzentrietenansatzen. Koln, Germany: Edition Humanistichen Psycholgie, 1988. p. 350.

WOOD, J. K. (Org.). Terapia de grupo Centrada na Pessoa. In Rogers, C.R. **Em busca de vida**. São Paulo, Summus Editorial, 1983. p. 45-77.

WOOD, J. K. (Org.). Sombras de Entrega. In: C. R. Rogers. **Em busca de vida**. São Paulo, Summus Editorial, 1983. p. 23-44.

YALOM, I. D. **A cura de Schopenhauer**. Rio de Janeiro: Ediouro, 2005.

YALOM, I. D.; LESZCZ, M. **Psicoterapia de grupo**: teoria e prática. Porto Alegre: Artmed, 2006. p. 528.

ZIMERMAN, D. E. et. al. **Como trabalhamos com grupos**. Porto Alegre: Artmed, 1997.

6.3 PROCESSOS GRUPAIS E APRENDIZAGEM NA ABORDAGEM CENTRADA NA PESSOA

O peso de sermos nós mesmos às vezes nos custa muito, outras vezes não sentir, ouvir, e aceitar aquilo que somos dito pelo outros nos parece um pouco doloroso. Viver intensivamente a nossa própria realidade seja ela qual for, me parece à luz desta abordagem, o próprio caminho da libertação. O mais sublime é, descobrir e entender que é o "outro" que faz essa mediação. Anália da Costa

Introdução

Há lacunas graves na sistematização da experiência com processos grupais na Abordagem Centrada na Pessoa – ACP. Este ensaio pretende apresentar considerações sobre as práticas grupais na ACP, examinando especificamente alguns fundamentos do desenvolvimento de *laboratory training* [laboratório de treinamento] e seus conceitos de aprendizagem vivencial. Também relata a estrutura, os procedimentos e os recursos desenvolvidos num curso de um ano sobre processos grupais.

O exemplo e referenciais do *laboratory training*, especificamente **o Grupo T** – o grupo de treinamento – foram escolhidos para formar um contraste conceitual do processo grupal nas aplicações da ACP. Essa comparação se justifica perante a escassez do conhecimento sobre a história do **National Training Laboratory in Group Development**, suas publicações, seus programas e a pesquisa realizada. Muitos de seus trabalhos publicados não foram traduzidos para o português e são raramente citados por profissionais brasileiros.

Trechos inteiros de um capítulo do livro *T-Group Theory and Laboratory Method* (Bradford, Gibb e Benne, 1964) são comentados aqui, por representar uma síntese interessante dos princípios do Grupo T e a atuação do treinador/facilitador.

Nesse sentido, espera-se contribuir para uma discussão teórica continuada entre profissionais da Abordagem Centrada na Pessoa interessados em avançar na compreensão de processos grupais e da-sua aplicação na ACP. Esse contraste pode ser construído com outras abordagens de grupo, mas fica além das limitações desse texto.

Onde Está a Abordagem Centrada na Pessoa em Relação aos Grupos de Hoje?

A utilização de grupos de vários tamanhos e composições é característica da ACP. No capítulo anterior, *Reflexões sobre processos grupais vivenciados na Abordagem Centrada na Pessoa*, analisamos algumas questões críticas para a reflexão e para o estudo dos processos grupais na ACP, bem como a necessidade para uma sistematização maior de nossos conhecimentos e das experiências brasileiras sobre grupos. Alguns desses questionamentos já foram feitos em artigos anteriores.

Como comentado anteriormente, a ACP acumulou um vasto conhecimento e experiência prática com processos grupais desde as primeiras aplicações da ACP em terapia de grupo e nos grupos de encontro, bem como nos eventos, fóruns, grupos grandes, comunidades de aprendizagem, cursos, *workshops*, oficinas, treinamentos, "vivências", etc., promovidos.

Também sabemos muito do valor dos grupos humanos para o estabelecimento decondições especiais que promovam a transformação pessoal e contribuam para o crescimento pessoal e profissional. Há muita evidência, até "evidência científica", de que os processos grupais desencadeiam importantes alterações no autoconceito, na reformulação de estados internos e na geração de novos referenciais para a vida (Coppe, 2001; Smith e Gemmill, 1991).

Bozarth (1998) observa que um ambiente psicológico terapêutico é promovido por indivíduos que são congruentes em sua relação com qualquer pessoa em um momento determinado:

> As instruções (por exemplo, experimentar aceitação positiva incondicional ou compreensão empática), quando são aplicadas à teoria de grupos, frequentemente são feitas referências aos facilitadores. Hoje sabemos que o empurrão terapêutico recebido por um indivíduo através do grupo, é muito mais influenciado por sua própria percepção das características particulares dos outros participantes, e não necessariamente o foco é dirigido às atitudes do facilitador. Os grupos podem ou não ter facilitadores designados. Cada um dos participantes em um grupo é um facilitador em potencial em qualquer momento em que seja percebido como tal por outro participante. O ambiente terapêutico é criado por indivíduos que são congruentes em sua relação com qualquer pessoa em um momento determinado. A atmosfera psicológica é criada através das experiências do indivíduo ao sentir-se livre de juízos de valor e merecimento e ao sentir-se aceito incondicionalmente pelos demais membros do grupo. Daí que, na relação imediata, certos indivíduos sejam mais empáticos e mais aceitadores incondicionais na interação com os demais.

Bozarth também considera que um grupo não estruturado e não diretivo como na Abordagem Centrada na Pessoa pode fomentar um ambiente psicológico terapêutico. Coulson (1999) afirma que a "percepção do cliente de um grupo impregnado com um ambiente psicológico não diretivo estimula a liberdade":

> O indivíduo se sente e é psicologicamente livre de juízo de valor. A não diretividade é considerada como uma consequência natural criada por indivíduos que são congruentes no grupo. Ao mesmo tempo, o indivíduo se encontra menos propenso a querer dirigir a vida dos outros. Isso significa que a crescente diretividade da própria vida e a não diretividade das vidas dos outros são qualidades que emergem da congruência (p. 168).

Algumas Dificuldades e Questionamentos

No Brasil, e em outros países latino-americanos, o trabalho profissional da ACP foi mais concentrado na psicoterapia clínica, na maioria das vezes, individual. O foco nos cursos de formação de psicólogos na ACP concentra-se em aplicações clínicas e terapêuticas. Os cursos acadêmicos e as linhas de pesquisa científica destacaram-se pouco os fenômenos grupais da ACP.

Livros, textos e artigos sobre o grupo humano são de limitado acesso com informações mais acessíveis via redes de *Internet*. Nem todos os profissionais na ACP, necessariamente, estão familiarizados com a vasta literatura sobre pequenos grupos, que inclui *laboratory training*, grupos-T (Bradford, Gibb e Benne, 1964), grupos-d, dinâmica de grupo, treinamento de liderança ou a aplicação de processos grupais em instituições e comunidades. Também, como comentado aqui, poucos programas de graduação em Psicologia no Brasil oferecem disciplinas sobre grupos na ACP ou promovem experiências diretas com essas práticas.

Na ACP, com exceção de alguns cursos de formação, há pouca ênfase num estudo sistemático de pequeno grupo. A formação e prática clínica não é um referencial suficiente para um trabalho grupal. Do mesmo modo, as participações em grupos vivenciais, grupos de encontros e fóruns nacionais / internacionais na ACP não nos preparam para sermos facilitadores de grupo, nem nos qualificam necessariamente para intervenções em processos grupais.

Existem ainda até algumas "confusões conceituais" sobre o que é uma vivência, se os eventos ou os cursos da ACP devem ser ou não "vivenciais". Os eventos devem ser apenas um encontro de profissionais, com as experiências grupais limitadas aos horários específicos para esse "tipo de grupo"? Alguns tendem a comparar o grupo de encontro com os grupos grandes e com o processo de psicoterapia.

Relatando uma Experiência em Grupos

É possível (ou necessário) um curso de formação de facilitadores de grupo na ACP? Alguns acreditam que sim ou até escreveram livros e textos sobre isso. No entanto, partindo do pressuposto de que não há teorias consolidadas, experiências comprovadas ou formuladassuficientementepara essa tarefa, buscamos fomentar cursos e experiências que **focalizam o grupo** e não a ação do facilitador.

É nossa hipótese de que, para "definir papéis", responsabilidades e estratégias para a facilitação grupal, precisamos mergulhar profundamente em questões psicossociais: (1) da aprendizagem humana, (2) dos fenômenos grupais que aparecem na interação humana e (3) numa exploração pessoal de atitudes, valores e crenças sobre a possibilidade da intervenção humana dentro da ACP.

Foi com esse intuito que, junto à equipe do Espaço Viver (Florianópolis, Santa Catarina), foi organizado um curso com carga horária de 100 horas, durante o período de Agosto 2016/2017. O curso teve como finalidade fortalecer o embasamento teórico metodológico para a intervenção grupal na Abordagem Centrada na Pessoa com otítulo de *Processos Grupais e a Abordagem Centrada na Pessoa: Fundamentos Teóricos e a Experiência Vivencial.*

Como objetivos, o curso buscou: (1) explorar os fundamentos para a abordagem grupal na **ACP**, contrastando as outras modalidades de grupo, seus referenciais teórico-práticos, suas indicações para a aplicação e suas características técnicas; e (2) vivenciar experiências na Abordagem Centrada na Pessoa em dois encontros intensivos e durante os módulos do curso.

O curso foi organizado dentro de uma metodologia participativa e vivencial, visando à formação de uma comunidade de aprendizagem. A **Etapa Preliminar** envolveu: 1) uma Introdução ao *Workshop* Vivencial da Abordagem Centrada na Pessoa (quatro horas); 2) participação num *Workshop* intensivo de fim de semana (aproximadamente vinte horas –sexta-feira, sábado, domingo até o almoço); 3) reflexão da experiência vivencial do *Workshop* (duas horas, domingo à tarde). A segunda vivência fechou o curso com o mesmo formato, sendo importante a reflexão anterior e posterior à experiência de grupo.

O conteúdo temático abordou a natureza de uma aprendizagem vivencial; o percurso histórico de dinâmica de grupo, principais descobertas sobre o grupo pequeno, a evolução dos conceitos e das práticas da Abordagem Centrada na Pessoa; técnicas, abordagens e estratégias de processos grupais; pesquisa científica em treinamento; terapia, grupos de encontro, grupos T e workshops de grandes grupos; papéis, mitos e transtornos na facilitação dos grupos; planejamento e organização de experiências grupais; monitoramento e avaliação de grupos.

Os participantes desenvolveram Resenhas Críticas sobre o livro *Grupos de Encontro* (Rogers) e a retrospectiva da ACP escrito por John Wood (Segunda Parte de *Abordagem Centrada na Pessoa*, 2010). Uma terceira resenha foi produzida pelos participantes analisando os livros ou capítulos de livros listados a seguir, selecionados especificamente para comparar diversas abordagens diferentes da ACP:

Leituras Combinadaspelos Participantes
BION. W. R. **Experiência com grupos**: os fundamentos da psicoterapia de grupo. São Paulo, Imago, 1975.
BOZARTH, J. D. (1986). The basic encounter group: Na alternative view.**The Journal for Specialists in GroupWork**, 11(4), 228-232.
BRADFORD, L. P.; GIBB, J. R.; BENNE, K. D. **T-group theory and laboratory method**: innovation in re-education.New York: John Wiley, 1964.
COPPE, A. A. F. **A vivência em grupos de encontro**: um estudo fenomenológico de depoimentos. Tese de mestrado, UFPR/PUC, Minas, 2001.
COPPE, A. A. F. Grupos de encontro: uma abordagem experiencial. **Cadernos de Psicologia da PUC Minas**, 5 (6) 53-62.
FONSECA, A. H. L. **Grupo, fugacidade, ritmo e forma**. São Paulo, Ágora, 1988.
LANE, S. O Processo Grupal. In S. LANE e W. CODO (Org.). **Psicologia social**. São Paulo: Ed. Brasiliense, 1984.
LA PUENTE, M. **Carl R. Rogers**: de la sicoterapia a la enseñanza. Madrid: Razone Fé, 1973.
MOSCOVICI, F. **Desenvolvimento interpessoal**. Rio de Janeiro: Livros Técnicos e Científicos, 1985.
NERI, C. **Grupo** – manual de psicanálise de grupo. Rio de Janeiro: Imago, 1999.
PAGÉS, M. **A vida afetiva dos grupos**. Rio de Janeiro: Vozes, 1982.
PICHON-RIVIÉRE, E. **O processo grupal**. São Paulo: Martins Fontes, 2000.
ROGERS, C. R. **Grupo de encontro**. São Paulo: Martins Fontes, 1994.
TELLEGEN, T. A. **Gestalt e grupos**: uma perspectiva sistêmica. 5 ed. São Paulo: Summus, 1984.

Leituras Combinadaspelos Participantes
VINOGRADOV, S.; YALOM, I. D. **Psicoterapia de grupo**. Porto Alegre: Artes Médicas, 1992.
WOOD, J. K. (Org.). **A abordagem centrada na pessoa**. 5 ed. Vitória, ES: EDUFES, 2010.
WOOD. J. K. **Carl Rogers' person-centered approach**: toward an understanding of its implications. Herefordshire: PCCS Books, 2008.
WOOD, J. K. Terapia de grupo centrada na pessoa. In: C. R. ROGERS. **Em busca de vida**. São Paulo, Summus Editorial, 1983. p. 45-77.
WOOD, J. K. Sombras de entrega. In: C. R. ROGERS. **Em busca de vida**. São Paulo. Summus Editorial, 1983. p. 23-44.
YALOM, I. D.; LESZCZ, M. **Psicoterapia de grupo: teoria e prática**. Poro Alegre: Artmed, 2006. p.528.
ZIMERMAN, D. E., et al. **Como trabalhamos com grupos**. Porto Alegre: Artmed, 1997.

Após a distribuição das resenhas, a agenda dos módulos foi organizada pela comunidade de aprendizagem. Durante cada módulo, houve horários para discussão, apresentação de resenhas, vivências não estruturadas e atividades ou exercícios para ilustrar diferentes técnicas grupais. Entre tarefas consideradas importantes foram a avaliação de aprendizagens da vivência inicial, um diagnóstico de estilo de aprendizagem e estruturados microlaboratórios.

A análise das aprendizagens pessoais e dos processos grupais confirmou, em parte, a hipótese de que os grupos compostos primariamente por psicólogos e estagiários de Psicologia vivenciam dificuldades de uma participação mais aberta em grupos devido a preocupações e limitações de uma consciência de si.

Numa síntese das reflexões foi observada uma dimensão que Rogers chamou "expressões de como sentimentos externos incomodam/imobilizam/silenciam" (1982, p. 116). Essa categorização das respostas à avaliação foi chamada "reconhecimento interno de contradições da experiência" e foi importante para examinar possíveis dificuldades vivenciadas pelos participantes e como foram muitas vezes imobilizados por depoimentos dos outros.

Outra dimensão de que chamamos "aprendizagens em movimento" considerada importante foi "autodescobertas através do processo grupal." Outra categoria, "silêncio e o fluxo do grupo", revelou quanto a compreensão de processos grupais ocorre com uma análise cuidadosa da experiência imediatamente após a vivência. A avaliação escrita produziu material significativo para reflexão e aprendizagem no curso:

Categoria 3 – Silêncio e o Fluxo do Grupo
Cada vez mais compreendendo a importância de respeitar o tempo de cada um sem interferências. Confesso que me assustei com a prática a princípio, porém, a cada vivência, aprendia que no silêncio ouvimos mais, vimos mais, sentimos mais.
E assim descobri o quanto é bom estar com o outro segundo seu tempo, mesmo que para isso o silêncio seja a companhia principal de nós.
Percebi que há um fluxo no grupo que se inicia com a dificuldade das pessoas de entrarem em contato consigo, de apresentarem a si mesmas. O silêncio é o grande catalizador para que as pessoas se reconheçam e se apresentem.

A categoria subsequente também mostra a profundidade das observações registradas:

Categoria 4 – Fluidez, Aceitação Mútua e Compreensão no Grupo
A diversidade de características das pessoas e suas vivências acabaram por se encaixar em sentimentos individuais de todos os que gostariam de viver o grupo, todos os sentimentos muito humanos, nas suas diferenças.
Aprendi que num grupo deste, onde ao decorrer das falas nos percebemos aceitos e acolhidos como particularidades e singularidades que somos, vamos nos sentindo à vontade para nos explorar e buscar nosso crescimento pessoal.
Compreendo a facilitação de uma forma mais ampla, recheada de pessoalidade e estilos variados, provocativo, acolhedor, reflexivo, mas todas com intenção de permitir que as pessoas experimentem a si mesmas.
Consegui perceber as fases da expressão dos componentes do grupo que Rogers fala no livro *Grupos de Encontro*, onde se inicia com uma superficialidade e com o tempo as reflexões se aprofundam. Encantei-me mais por esse movimento fluido e gerador de um clima facilitador de crescimento.

Categoria 4 – Fluidez, Aceitação Mútua e Compreensão no Grupo
O grupo me mostrou/comprovou a fluidez das relações, que a interação com o outro pode provocar reflexões e sentimentos.
Para citar algo como maior aprendizado sobre o grupo nestes dias, posso dizer que fui marcada ao vivenciar a expressão dos sentimentos mais íntimos e pessoais serem recebidos de forma tão coletiva, ecoando como harmônicos, notas diferentes que ressoam juntas. Uma ponte se cria de coração a coração

As reflexões sobre a segunda vivência ainda estão sendo produzidas, mas as discussões serão organizadas para a publicação dos resultados do curso. O desenho de um curso teórico e vivencial, porém, merece ser testado com grupos variados e não está apresentado aqui como modelo.

As Propostas e a Metodologia do Grupo T

Esta parte do texto exemplifica como podem ser analisadas propostas e metodologias diferentes da ACP. Aqui comparamos a Abordagem e o Grupo T para ilustrar a importância das diferenças entre "técnicas" e posturas de condução de grupos.

Apesar do foco inicial do *laboratory training* ou Grupo T ser em melhorar a qualidade da associação colaborativa em organizações, indústria e empresas, os laboratórios foram concebidos como meios de experimentar novos métodos para a reeducação do comportamento humano e relações sociais (Bradford, Gibb e Benne, 1964, p vii).

A publicação do livro *T-GroupTheory and Laboratory Method*desses mesmos autores é considerada um marco na mobilização acadêmica que reúne textos teóricos, estudos e ensaios que fortalecem a compreensão dométodo de treinamento de laboratório.

Observação: O capítulo de Leland Bradford, *Associação colaborativa em grupo e o processo de aprendizagem* (1964, p. 190-215), resume noções sobre as finalidades do Grupo T, seus processos e a atuação do treinador / facilitador. Os trechos selecionados para este capítulo foram traduzidos e são apresentados sem aspas em espaço único a seguir. Meus comentários estão localizados em caixas com negrito no texto de Bradford para apresentar reflexões sobre a ACP.

Bradford: Notas Explicativas sobre o Método do Laboratório

Experiência em criatividade social fornecida pelo Grupo T tem valores de aprendizagem difíceis de alcançar em outros lugares. Os indivíduos nascem em famílias em que uma estrutura e uma organização já estão presentes. Indivíduos entram na escola, vão para uma igreja, tornam-se partes de uma comunidade. Em cada instância, esses indivíduos confrontam, aceitam ou resistem às regras, aos costumes e às leis estabelecidas para eles. Até no casamento, em que é criado um novo grupo familiar, há expectativas relativamente estabelecidas de papéis e tradições culturais; e mesmo quando se trata de uma instituição nova com um membro fundador, o padrão de organização é amplamente definido por meio dos precedentes e pela tradição.

> **O Grupo T, assim como o grupo de encontro, apresenta oportunidades únicas para a aprendizagem multidimensional. A diferença aqui é a possibilidade no Grupo T de gerar comportamentos alternativos visando ao desenvolvimento do grupo. ACP não fixa metas para explicitar as novas habilidades adquiridas. E o facilitador ACP não planeja, ordena metas de aprendizagem. O texto de Bradford reconhece o contexto social e cultural dos participantes.**

Poucas pessoas têm a oportunidade de serem jogadas, no sentido figurado, do céu para enfrentar a necessidade de agir de forma colaborativa na "selva social". Se tiverem uma oportunidade como essa, é possível que elas venham a entender, em níveis de sentimento, cognitivos e comportamentais, a grande necessidade de mudança da ordem e da relação delicada e equilibrada que deve passar a existir entre elas. Se experimentarem viver o processo de reconquistar *status* por meiode realizações presentes, em vez de confiar em símbolos de *status* previamente estabelecidos, elas poderão se tornar mais inovadoras e criativas em outras situações sociais. Se por meiodeste mesmo processo que elas aprenderam a testar hipóteses sobre as organizações sociais, puderem se recusar a perpetuar modelos organizacionais arcaicos e, se tiverem que criar um novo tipo de organização, elas podem desenvolver melhor a vasta gama de competências necessárias para uma adesão coletiva responsável.

Se elas examinam as dificuldades interpessoais, na sua luta colaborativa da "selva social", podem aprender verdades importantes sobre si mesmas e suas relações com os outros. Cada pessoa existe numa rede de inter-relações humanas e numa mistura de forças culturais que colocam pressões conflitantes sobre sua capacidade de se ajustar e de utilizar seus recursos potenciais para o crescimento. Como resultado, as pessoas se ajustam parcialmente aos seus mundos. Elas permitem que suas habilidades atrofiem. Elas apresentam pouca compreensão adequada de si mesmas. Com medo de perturbar o equilíbrio precário das relações interno-externas, encontram poucas oportunidades para se tornarem mais conscientes de si mesmas, para encontrarem um significado maior na vida.

Pode-se notar que a noção da coleta e da análise de dados pelo grupo diferencia o Grupo T das experiências na ACP. O Grupo T recebe incentivos para a observação do grupo e da cognição de seus processos de interação. Esses são os "dados" gerados pelo grupo, às vezes coletados por instrumentos e escalas. A sequência dessas informações permite analisar a história do grupo.

A natureza não estruturada do Grupo T fornece a oportunidade para esses tipos de aprendizagem. Métodos de observação e coletade dados sobre os processos complexos envolvidos no desenvolvimento de grupo ajudam para dar sentido a esses processos.

Essa coleta ocorre por meiode questionários e formulários (*checklist*) e as informações são analisadas pelos participantes.

As normas que oferecem suporte a uma abordagem experimental para problemas individuais e do grupo ajudam a dar um leque a tudo o que pode ser aprendido. A natureza pessoal intensa de envolvimento no Grupo T fornece a energia – a motivação – para uma aprendizagem de considerável profundidade.

A aprendizagem pode ter focos variados: no desenvolvimento de normas culturais do grupo; no processo de organização social; na dinâmica do comportamento de grupo; no relacionamento interpessoal; nas percepções e motivações individuais; ou nos valores individuais e de grupo. Dados sobre todos esses aspectos do comportamento humano – muito mais informação do que pode ser utilizada – são gerados no Grupo T (p. 190-191).

A gama de aprendizagens inter-relacionadas faz com queo treinador ordene e organize metas de aprendizagem que clarifiquem seus pressupostos e guiem seu comportamento facilitador (p. 191).

Os Objetivos do Grupo T

O primeiro objetivo: aprender a aprender

O primeiro objetivo do Grupo T é ajudar as pessoas a aprender a aprender com sua experiência contínua nas áreas de autoconsciência, sensibilidade aos fenômenos de comportamento interpessoal e dacompreensão das consequências de seu comportamento e dos outros. Nessa área, a aprendizagem requer disponibilidade para explorar abertamente as motivações e os sentimentos, para utilizar as reações dos outros como *feedback* sobre as consequências do seu comportamento e para experimentar novas formas de estar no grupo. Considerando que cada um desses processos requer apoio emocional, o Grupo T enfrenta a dupla tarefa de criar um clima favorável e de desenvolver situações nas quais membros podem aprender, examinando sua própria experiência.

Esse primeiro objetivo é fundamental para um Grupo T. Os participantes são incentivados a validar suas experiências e seus sentimentos. Crescem como grupo à medida que estabelecem sua interdependência. O treinador é visto como parceiro. Na ACP, os facilitadores raramente incentivam diretamente comportamentos individuais ou grupais. Atento aos problemas nas relações, o facilitador da ACP acredita na força do grupo para resolver esses problemas e evita comentar suas observações de processo.

A essência dessa experiência de aprendizagem é um processo transacional, em que os membros negociam como tentar influenciar ou controlar o fluxo de eventos do grupo e, ao mesmo tempo, satisfazer suas necessidades pessoais. Os indivíduos aprendem à medida que eles expõem suas necessidades, valores e padrões de comportamento para que as percepções e reações dos outros possam ser trocadas. Comportamento torna-se assim a moeda para transação. A quantidade que cada um investe ajuda a determinar o retorno.

Por meio dessa "negociação", o indivíduo pode validar ou corrigir as suas suposições. Ele pode aprender a reconhecer e a expressar seus sentimentos. Ele pode avaliar seu comportamento e aprender a torná-lo mais coerente com suas intenções. À medida que os membros individuais crescerem nessas direções, o próprio grupo cresce em sua capacidade de incentivar mais a aprendizagem individual. Por meio dessa experiência muito genuína, o grupo aprende que as barreiras à aprendizagem – reações defensivas, fuga do grupo, o medo, a desconfiança – podem ser reduzidas para que os problemas das inter-relações possam ser tratados em níveis mais profundos e mais realistas.

No processo de aprender a aprender, o conceito de interdependência assume um novo significado. Aprendizagem como um processo transacional implica negociação ativa entre os pares, em vez de depender de superiores (ou "autoridades"). Isso implica o uso da ajuda mútua para lidar com problemas que não podem ser resolvidos pelo "professor". O treinador é parceiro nessa transação. Ele, também, deve estar tantodisposto a receber reações quanto a dar opiniões – tanto para aprender quanto para ensinar. Na verdade, essa é uma parte da recompensa do facilitador (p. 192).

Ao ajudar as pessoas a aprender a aprender, geralmente certas atitudes sobre aprendizagem devem ser alteradas. Normalmente, acredita-se que só se aprende em situações de aprendizagem formal. Nesses casos, os indivíduos repetem o comportamento anterior, mesmo que este não seja muito satisfatório, em vez de tentar mudar deliberadamente. A maioria dos indivíduos parece ignorar que eles podem participar em um processo deliberado de aprendizado dos acontecimentos cotidianos do grupo (p. 193).

Na ACP, os processos de aprendizagem no grupo e as tentativas de criar um grupo efetivo não formam parte do propósito do grupo de vivência. O "aprender a aprender" numa vivência ACP também raramente é comentado pelos próprios participantes ou facilitadores. O grupo na ACP não "incentiva" os participantesa alterar seus comportamentos ou a mudar sua forma de estar no grupo.

O segundo objetivo: aprender como dar ajuda

A natureza transacional do processo de aprendizagem é ilustrada pelo fato de que indivíduos podem procurar a usar, com mais eficiência, o *feedback* sobre o seu comportamento e como eles ajudam os outros nesse mesmo processo. A resistência à aprendizagem pode ser vista mais claramente nos outros do que em si mesmo. O indivíduo não se sente tão sozinho se outros estão envolvidos com ele na aprendizagem. Observando os outros que estão trabalhando em problemas semelhantes aos seus próprios, estimula ideias para melhorar o próprio comportamento.

Os grupos de encontro e *workshops* da ACP não formalizam o conceito de "aprender dar ajuda". Sem dúvida, muitos participantes ajudam outros, mas raramente ter aprendido "dar ajuda" é citado em avaliações pós-grupo como consequência direta da experiência. A colaboração em conjunto no Grupo T como objetivo está relacionada ao interesse do treinamento em buscar a aplicação dos resultados à realidade organizacional e/ou pessoal do participante.

Finalmente, a colaboração em conjunto diminui a possibilidade de que uma oferta de ajuda seja interpretada como um ataque. Como essas descobertas são feitas, indivíduos aprendem que dar ajuda e receber ajuda seja extremamente difícil, mas que podem ajudar um ao outro mais do que eles tenham pensado ser possível.

O terceiro objetivo: desenvolver participação efetiva coletiva

Uma transação bem sucedida requer uma associação, porém temporária, das pessoas envolvidas. A mais difícil e delicada transação, a associação coletiva deve ser cuidadosamente desenvolvida e tornar-se a mais aberta, estável e confiável possível. Para construir e manter uma associação coletiva desse tipo, requer habilidades de colaboração e ajuda mútua. Os membros desenvolverão sensibilidades para diagnosticar e entender as dificuldades que o grupo enfrenta.

O grupo deve aumentar suas capacidades de comunicar entre si para que as sugestões e os diagnósticos dessas dificuldades sejam ouvidos, aprendendo a agir de uma forma que ajudará o grupo a seguir em frente. Essas habilidades de associação colaborativa não são facilmente adquiridas. Sua aquisição é um dos principais objetivos do Grupo T e, na verdade, a chave para a realização dos outros objetivos.

A participação colaborativa é alvo fundamental para o Grupo T. Muitas outras aprendizagens dependem da comunicação, aceitação e ajuda mútua. Nos grupos na ACP, isso também é essencial e precisa ser construídoem conjunto. Mesmo atento à possível falta de colaboração mútua, o facilitador não explicita formalmente tais observações ao grupo. No Grupo T, os processos grupais são explicitados pelos participantes e pelo treinador. Aprendizagem sobre associação colaborativa é uma meta e um princípio do Grupo T.

Há também outras razões por que o desenvolvimento da capacidade de adesão é importante. Cada indivíduo tem a satisfação de participar com os outros e de ser aceito por eles. Cada um descobre parte da sua própria identidade, como ele se relaciona com os outros. Cada um deve tanto influenciar os outros como ser influenciado por eles e, juntos, vão resolver problemas de forma colaborativa. Todos esses precisam demonstrar capacidade de realizar as funções de membro efetivamente.

O grupo T procura, entre outros resultados, uma aprendizagem sobre um grupo eficiente e eficaz. A transferência dessa aprendizagem é parte da visão de *laboratory training* da reeducação do comportamento humano individual e social. Mesmo que profissionais da ACP procurem ou esperem de forma indireta afetar as relações interpessoais e coletivas de seus participantes, tais expectativas não são foco da facilitação. No grupo T, o treinador ativamente procura gerar uma aprendizagem sobre a ação colaborativa, aplicável a todos os tipos de grupo.

Em qualquer associação, cada membro traz muitas diferenças: diferentes experiências e problemas presentes; diferentes medos e ansiedades sobre possíveis consequências da adesão; pressões diferentes de aprender e de mudar; diferentes graus de dor no processo; diferentes pressupostos, valores e telas perceptuais; autoconceitos diferentes; diferentes padrões de relacionamentos com os outros e a autoridade; e diferentes abordagens para a aprendizagem. Todas essas diferenças de alguma forma devem ser acomodadas pelos membros, se uma associação de aprendizagem está a ser criada.

Manter a associação também é uma responsabilidade de adesão. Barreiras para a abertura e confiança devem ser localizadas e reduzidas; diferem de ofensas em premissas sobre os objetivos e métodos descobertos e resolvidos; motivações dos membros individuais compreendidos; desenvolvem estruturas normativas para a comunicação e resolução de problemas.

O Grupo T oferece oportunidade para o desenvolvimento de conhecimentos e de habilidades, em níveis sucessivamente mais profundos, necessários para a realização dessas responsabilidades de adesão. Os participantes aprendem por meio da experiência que manter a adesão apática, irresponsável ou ineficaz reduz a eficácia do grupo; que membros silenciosos ou desprovidos da compreensão de grupo desgastam os recursos necessários para o crescimento individual e de grupo. Membros irresponsáveis distorcem o grupo para servir seus próprios fins. Os participantes aprendem que a adesão plena exige o questionamento contínuo de suposições e valores subjacentes do comportamento e a validação das percepções e diagnósticos (p. 194).

O Processo do Grupo T

O grupo T, então, é um espaço em que as interações pessoais são tão fundidas que a aprendizagem é produzida como resultado. Membros fornecem os dados para a sua própria aprendizagem, na medida em que eles interagem e constroem um grupo de aprendizagem. Em certo sentido, os participantes escrevem seu próprio livro-texto, à medida que "leem" suas experiências. O treinador enfrenta a tarefa de encorajar e ajudar ocasionalmente os membros do grupo para examinar dados relevantes e suficientes, para aprender a ler o livro que estão escrevendo ea utilizar os resultados da leitura, experimentando novas maneiras de comportar-se no grupo.

O maior desafio para os processos grupais da ACP é produzir um conhecimento sobre aprendizagens proporcionadas da experiência grupal. Esse desafio está sempre presente em cursos de formação da ACP e raramente é concebido como importante para um grupo de encontro ou *workshop*. Por outro lado, o grupo T identifica as aprendizagens quando explicita que o processo do desenvolvimento do grupo é parte do conteúdo da aprendizagem.

O processo de Grupo T realiza um objetivo substantivo, bem como um objetivo metodológico de desenvolver sensibilidades e habilidades. Os aprendizados sobre o processo de grupo, o comportamento de grupo e seu desenvolvimento são adquiridos por meioda análise da dinâmica do Grupo T. Assim, o processo do desenvolvimento do grupo, com todos os problemas relacionados às mudanças individuais, é parte do conteúdo de aprendizagem.

Os objetivos de aprender a aprender e deajudar os outros a aprender; de desenvolver as competências de associação e de crescente sensibilidade, gradualmente, são abordados à medida que os indivíduos ganham mais autoconsciência, sensibilidade aos outros, habilidades para diagnósticos e a resolução de problemas no desenvolvimento do grupo e a capacidade para procurar e aceitar funções de associação realista e responsável. Eles são aprendidos no calor do processo transacional do Grupo T.

O início não estruturado do grupo T produz as mesmas tensões e ambiguidades vivenciadas nos eventos e grupos da ACP. A teoria do Grupo T, porém, configura mais claramente a significação dessa situação para a identidade individual e a sobrevivência do grupo. É interessante notar as semelhanças entre os dois enfoques nas reações iniciais dos participantes, as dificuldades encontradas e os mesmos mecanismos emergentes para lidar com o estresse.

Este, então, é o Grupo T: um grupo formado para fins de aprendizagem individual, em queos dados são criados e analisados pelo trabalho do grupo e não alimentados de fora ou interpretados pelo professor/facilitador; em que a aprendizagem é uma tarefa de grupo celebrada em conjunto e o treinador não nega aos membros do grupo a experiência de criar e manter seu próprio grupo, mesmo que essa experiência seja difícil e produza ansiedade, em que a motivação para o aprendizado vem de um alto grau do envolvimento emocional dos membros (p. 195).

Fatores da Situação Ambígua e o Estresse de Identidade

Quem tem observado ou participado de um grupo T ficou impressionado pela quantidade de envolvimento emocional e o gasto de energia. Depois de uma sessão de duas horas, as pessoas se sentem frequentemente drenadas, mas ainda ansiosas para continuar. São realizadas sessões extras.

Pequenos grupos de membros do Grupo T continuam a falar sobre o grupo durante as refeições e períodos de recreação. Vários membros sentam-se nas horas de uma noite longa, reproduzem a gravação da sessão anterior para espremer ainda mais significado. Esse grau de envolvimento parece continuar ao longo da vida do Grupo T. Quais são as causas de tal envolvimento? O grau de envolvimento produz aprendizagem ou inibe a aprendizagem? Ou ambos?

Uma fonte de envolvimento emocional, particularmente nos primeiros dias do Grupo T, encontra-se na situação ambígua, criada no início não estruturado. Essa ambiguidade parece produzir tensões relacionadas para a identidade individual e a sobrevivência do grupo... (p. 195).

O grupo abre com ambiguidade e incerteza sobre poder e liderança, sobre os objetivos e caminhos para metas, sobre normas para guiar o comportamento, sobre quais símbolos de *status* ou esforços garantirão um lugar no grupo, sobre recompensas e punições e sobre o que vai acontecer com cada indivíduo.

O contexto institucional do Grupo T contribui para reações diferentes das reações dos participantes de vivências na ACP. Na Abordagem, competições e embates são mais associados às diferenças individuais do que a fatores de liderança, poder, controle do grupo. A situação ambígua inicial é comum às duas experiências. Fora das reuniões da comunidade ACP, os participantes também passam muito tempo analisando o ocorrido, as reações observadas no grupo e discutem os possíveis "rumos" do grupo.

Essa situação mobiliza sistemas de defesa individual até sentir maior segurança. Em algum grau, um estresse de identidade é criado para cada indivíduo. Pessoas ganham identidade parcialmente em relação a outras pessoas, em diferenciação deles. Em uma situação com alguns limites e muito pouca estrutura e direção, cada pessoa é incerta sobre o que deve fazer e, consequentemente, em quem ele vai ser (no grupo) (p. 196).

O Fator da Intervenção do Treinador

Por meio desse complexo processo de descoberta, erro, reorganização e realização, a posição do treinador do grupo T é difícil, pois envolve uma aparente contradição. Suas intervenções ou a falta de intervenções têm muito a ver com o processo do grupo, os problemas analisados e a aprendizagem que resulta. Ele não pode predeterminar as aprendizagens específicas ou dirigir o trabalho do grupo, mas também não é passivo e sem responsabilidade para ajudar a aprendizagem ocorrer. Ele não tem a autoridade clara do professor ou de um líder e ele nem é um membro completo do grupo. Uma das suas recompensas é asua própria aprendizagem.

Bradford sugere que as metas do treinador podem ser resumidas como segue:

Meta 1 – Para ajudar a desenvolver um grupo cujo objetivo é aprender sobre as sensibilidades, entendimentos e habilidades necessárias para a adesão e a colaboração em situações grupais

No Grupo T, em quea ambiguidade é aumentada e cria-se uma tensão inicial, os membros tendem a subordinar os fins de aprendizagem que trouxeram com eles para a necessidade percebida desobreviver. Os membros e o treinador provavelmente vejam diferentes necessidades no início do Grupo T[1].

Necessidades do Grupo vistas pelos Participantes	**Necessidades do Grupo vistas pelo Treinador**
Para uma estruturação Para uma previsibilidade Para segurança Para um progresso mensurável Para uma posição segura	A exposição do comportamento de membros Para permissividade a fim dereduzir atitudes defensivas Para sanção e apoio a fim deexplorar sentimentos Para métodos de coleta de dados, *feedback*, estudo e experimentação

Essa diferença de necessidades percebidas significa que o treinador deveria ajudar a desenvolver um grupo de aprendizagem que seja o contrário de grupos habituais. Em seu contato inicial com o grupo: 1) sua suposição é de que um grupo diferente irá emergir, e 2) sua crença de que os membros podem aprender com suas experiências, se eles estudam essas experiências – isso ajuda a manter presente a tarefa de desenvolver um grupo como uma maneira para aprender (p. 210).

[1] Quadro sugerido de Bradford no texto.

As percepções do facilitador na ACP são parecidas com a lista de percepções de necessidades no grupo T, mas participantes em experiências ACP não precisam de "dados" sobre o processo grupal e nem se preocupam com o "progresso" do grupo. Pode haver uma necessidade de constatar que o grupo está "indo bem", mas isso tende a desaparecer ao longo das sessões do grupo. O facilitador (ACP) às vezes expressa seus sentimentos sobre o clima inicial no intuito de reforçar a noção de normalidade das ansiedades e dificuldades vivenciadas. Pode também expressar seus anseios.

Meta 2 - Para ajudar a remover bloqueios de aprendizagem sobre si mesmo, sobre os outros e sobre o grupo (Sub2)

A maioria dos indivíduos tem barreiras para a aprendizagem que precisam ser superadas. Talvez tenham que remover restrições autoimpostas à participação em experiências de aprendizagem ou reduzir a ansiedade sobre a revelação de suas suposições e de seus sentimentos. Eles podem ter que superar sua resistência a observar seu próprio comportamento ou tornar-se mais analítico sobre seu próprio comportamento e o comportamento dos outros. Talvez tenham que se tornar mais dispostos a considerar o *feedback* dos outros.

Nas fases iniciais do Grupo T, o treinador deve tomar determinados passos definitivos para ajudar os membros do grupo a desenvolver processos de aprendizagem. Primeiro, ele deve legitimar a expressão e a análise de sentimento. Se os membros não são encorajados a expressar suas reações verdadeiras, informações importantes podem ser retidas e nenhum padrão de coleta de dados será estabelecido.

As intervenções do treinador no grupo T têm semelhanças com intervenções comuns no grupo de encontro. À medida que o treinador / facilitador se mostra com suas sensações, sentimentos e questionamentos, as barreiras de grupo são explicitadas. Essas reações os colocam como parte do grupo e legitimam expressões afetivas abertas.

O treinador pode ajudar mostrando tranquilidade em vez de tensão, quando os sentimentos começam a ser expressos num comportamento conflitante. Ele pode aceitar uma explosão de sentimento como normal, pode se manter e exercer o controle interno quando um conflito explode, ou pode resistir a castigar os indivíduos ou o grupo. Ele pode se sentir livre para expressar seus sentimentos como dados objetivos, se ele não se esforçar para impor seus sentimentos sobre os outros.

Ele pode falar diagnosticando e analisando as barreiras de grupo: "O que está acontecendo no grupo agora?"; "Como estão se sentindo agora?". Em seus esforços para ajudar o grupo a enfrentar seus problemas de sentimento, ele pode reagir a um evento do grupo, expressando suas próprias reações como parte do mesmo.

Meta 3 – Para ajudar a desenvolver um clima no grupo em que a aprendizagem tenha lugar (Sub2)

Deve haver uma norma da permissividade no grupo, que torne a expressão de sentimentos e reações pessoais, sem medo de punição ou derejeiçãomais fácil para todos. Deve haver apoio emocional para os membros que se submetem, às vezes, à dolorosa reavaliação de suas atitudes e comportamento. Devem emergir normas que permitam aos participantes investir em aprendizagem que aumente a vontade para explorar essas novas atitudes e esse novo comportamento.

Aqui, Bradford descreve importantes condições para a aprendizagem no processo grupal. Essas condições emergem com o tempo. O texto enfatiza que o treinador não deve construir o clima sozinho, mas pode comentar os problemas constatados. Na ACP, a facilitação neste ponto depende do estilo e do "jeito" do facilitador. Em equipes de facilitação, essa "função" pode emergir ou não. Parece que há mais preocupação pelo facilitador no grupo T para garantir esse clima.

Deve haver suficiente confiança interpessoal, aceitação, cuidados e coesão de grupo para que os indivíduos possam dar e aceitar a influência. Deve haver uma norma da permissividade no grupo que torne mais fácil a expressão dos sentimentos e das reações, sem medo de punição ou derejeição. Deve haver apoio emocional para os membros que se submetem, às vezes, à dolorosa reavaliação das atitudes e do comportamento. Deve haver normas que facilite aos membros invistirna aprendizagem de situações e promovera disposição para explorar novas atitudes e comportamento. Deve haver suficiente confiança interpessoal, aceitação, cuidados e uma coesão no grupo para que os indivíduos possam influenciar uns aos outros, sem ameaça ou medo.

O treinador pode ajudar de muitas maneiras na construção de um clima, mas ele não constrói o clima sozinho. Se ele pudesse, controlaria o grupo, impedindo, assim, a aprendizagem. Ele pode tornar explícitas, de vez em quando, as evidências da construção desse clima e pode querer elevar o nível de discussão em relação às consequências de um clima inadequado.

Meta 4 – Para ajudar o grupo a descobrir e utilizar métodos de investigação / ação, observação, feedback, análise e experimentação como formas de desenvolvimento do grupo e do crescimento individual

O treinador deve incentivar o grupo a focar na experiência do "aqui e agora" durante a primeira parte do grupo de T. Ele deve indicar algumas dimensões de comportamento para observações. Ele pode querer apoiar a coragem em cada membro para avaliar e diagnosticar seu próprio comportamento e fazer experiências com novas abordagens.

> **Na ACP, a facilitação não indica comportamentos a serem observados, seguidos ou experimentados. O grupo ACP, às vezes, demora a focar no presente ou lidar com seus problemas. A facilitação também não se dirige ao grupo ou a qualquer participante para apontar comportamentos, crescimento ou problemas de interação.**

Meta 5 – Para ajudar o grupo a aprender para interiorizar, para generalizar e aplicar o aprendizado para outras situações (Sub2)

Uma visão não é internalizada eusada até que resulte na alteração da forma como os eventos são percebidos e da forma como o indivíduo responde. O papel do treinador inclui responsabilidade para incentivar os indivíduos a explorarem e testarem novas percepções, até se tornarem parte do padrão de pensamento e comportamento do grupo. Igualmente, ele deve ajudar no processo de generalização, a fim de que a aprendizagem seja utilizada em outras situações. Com prática e incentivo, o próprio grupo aprende a generalizar a sua aprendizagem.

Na ACP, o papel do facilitador difere totalmente do papel do treinador do grupo T. No grupo T, espera-se ao longo da experiência que o grupo aprendaa generalizar a sua aprendizagem. Isso é parte de um pressuposto de *laboratory training* em que a reeducação dos participantes é prioridade. Logicamente, na prática da ACP, há pressupostos sobre a internalização da experiência e sobre o crescimento pessoal. Os grupos ACP promovem isso como finalidade do grupo ou *workshop* e frequentemente isso é analisado em conjunto.

O treinador deve ser sistematicamente compreensivo e consciente dos problemas de aprendizagem efetiva que o grupo encontra. Ele deve estar ciente dos pontos em que o grupo precisa de ajuda, da sedução para resolver as dificuldades atuais, sem aprender com essas dificuldades. Talvez, o mais importante de tudo, é ele se esforçar para ajudar os membros do grupo a se tornarem igualmente sensíveis aos seus problemas, para que cresçam na habilidade de dirigir sua própria aprendizagem continuada; caso contrário, ele, sutilmente, mantém o controle em suas próprias mãos.

As perguntas continuamente presentes para o treinador são se deve ou não intervir em qualquer ponto e, em caso afirmativo, em que papel (ou sentido) e com que finalidade. Sua intervenção deve ajudar o grupo, e não completar o trabalho que o próprio grupo está pronto para fazer.

O treinador tem três funções e somente nelas ele pode fazer intervenções. Como um **observador** e, ocasionalmente, como **um intérprete**, pode ser apropriado para ele pedir ao grupo que relate as observações de um determinado evento. O treinador pode relatar suas próprias observações para estimular ainda mais os pensamentos e a discussão no grupo. Ele pode achar apropriado dar sua interpretação sobre algumas das possíveis causas e consequências do evento e convidar a interpretação dos outros também.

Em seu papel de membro, o treinador pode ocasionalmente intervir, contribuindo com seus próprios sentimentos como parte dos dados necessários, quando o grupo está lidando com suas relações com ele, ou para trabalhar com o grupo em outros eventos, em que o comportamento dele esteja envolvido. Como **fonte de recursos** para o grupo, o treinador pode sentir que é apropriado sugerir ou mostrar outras formas de coleta de dados, para que as interações de grupo sejam efetivamente utilizadas para a aprendizagem.

Antes de o treinador tomar decisões sobre intervenções, deve existir uma teoria pessoal de aprendizagem e de mudança. Deve ser consciente de um conjunto de valores sobre suas relações com os outros participantes. Esses valores incluem a importância de ser empático, bem como o discernimento e a vontade de ser aberto quanto a seus próprios motivos e fins, na medida em que os indivíduos e o grupo precisam. Assim, as primeiras metas para aprender melhor a como continuar aprendendo de experiências e a como aprender a dar ajuda para os outros nas suas aprendizagens são interativas e recíprocas. A relação pode ser expressa assim:

APRENDER COMO APRENDER ⇦ ⇨ **APRENDER COMO DAR AJUDA**

O terceiro objetivo do Grupo T é desenvolver habilidades de colaboração efetiva. Os dados brutos para aprender essas habilidades são as ações que o grupo leva em direção aos seus objetivos. Como o indivíduo investe na associação de grupo, ele aprende melhor a como dar e aceitar a influência e a como trabalhar com os outros na criação de um clima que incentive a resolução colaborativa de problemas e um processo por meiodo qual ele pode tomar o lugar. Ao fazê-lo, ele cria condições para a aprendizagem sobre si mesmo e sobre os outros, sobre os processos de aprendizagem continuada e sobre maneiras de ajudar os outros a aprender e crescer. Ele está aprendendo a ser um membro mais eficaz.

Assim, uma terceira dimensão é adicionada ao modelo:

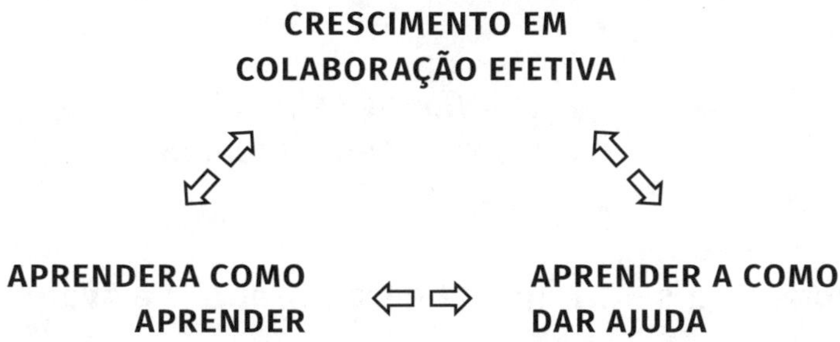

> **Os objetivos de aprender como aprender, aprender como dar ajuda, a promoção de crescimento em colaboração efetiva e sensibilidade aos processos grupais formam a base da teoria pessoal do treinador do grupo T. Suas intervenções são dimensionadas a facilitar e reforçar essas habilidades nos participantes. O treinador é também empático, aceita os participantes como são e secoloca genuinamente aberto a expressar seus sentimentos e motivos. Entende-se que existem limites para garantir as condições no grupo e em se estabelecer como membro do grupo. Assim, no grupo T, o facilitador interage de forma semelhante ao facilitador ACP, utilizando métodos mais diretivos ao longo do processo grupal.**

O Grupo T não estruturado segue procedimentoscujos objetivos de aprendizagem podem ser realizados. Por meiode uma experiência vivencial e muito real, indivíduos desenvolvem sensibilidade para processos de grupo e uma compreensão do comportamento individual. Ao fazer isso, eles estão desenvolvendo habilidades para continuar a aprender e para continuar a ajudar os outros. E eles estão aprendendo sobre o processo grupal do comportamento colaborativo (p. 215).

Assim, os efeitos do Grupo T interagem da seguinte maneira:

CRESCIMENTO EM COLABORAÇÃO EFETIVA

⇧

APRENDER A COMO APRENDER ⇦ ⇨ **APRENDER A DAR AJUDA**

⇩

TORNAR-SE SENSÍVEL AOS PROCESSOS GRUPAIS

Reflexões Finais – Caminhos para Aprender e Avançar?

Os grupos e agrupamentos humanos são desafios para o estudo e a intervenção. Os profissionais de ajudapromovem frustradas intervenções em busca de melhores formas de transformar as pessoas e a sociedade. As abordagens teóricas nem sempre são adequadas para planejar, executar, prever ou medir as complexidades do comportamento humano, especialmente em relação ao comportamento coletivo.

Inovações continuadas em treinamento, reeducação e terapia são tentativas de mitigar as limitações de seus métodos e prática. Embora a Abordagem Centrada na Pessoa trace caminhos alternativos de terapia e experiências grupais, há inúmeras dificuldades para confirmar suas eficácias. Como outras abordagens, inclusive das psicologias humanistas, nem sempre foram reconhecidas ou incorporadas às teorias e metodologias de outras visões relevantes para a intervenção humana.

Como um processo profundo e complexo, a construção da comunidade-grupo e o processo de estabelecer o clima num grupo grande não é um processo particularmente confortável. Há desestruturação, momentos desorientados e consequências dolorosas, frequentemente em momentos diferentes no mesmo processo.

Mas o processo de formação de uma comunidade de aprendizagem é um processo verdadeiro, um processo humano natural com grande potencial para aprender em várias dimensões – sobre nós mesmos, sobre os outros, sobre a sociedade, sobre as nossas instituições. À medida que reaprendemos a aprender e aescutar, a nós mesmos e aos outros nesse espaço especial, somos expostos à essência de viver numa forma centrada.

Como podemos avançar numa sistematização de nossos conhecimentos? Será que a discussão e a reflexão sobre esses processos grupais podem acontecer? Como citado anteriormente em outro texto, Coppe (2001) afirma que a ausência de marcos teóricos mais precisos e que a dificuldade de acesso a um conhecimento sobre grupos de encontro têm dificultado a formação adequada de facilitadores:

> Mais uma vez, é importante ressaltar a falta de estudos sobre o tema ... sendo a sua evidência corroborada por Tassinari & Portela (1996) e, principalmente, por Wood (1983) ao afirmar que "estudos de grupos centrados na pessoa têm sido, desafortunadamente, dificultados pelo lento desenvolvimento de métodos apropriados para pesquisar os grupos em seus termos naturais" (p. 70). E também por Fonseca (1988) ao dizer que "a teorização sobre grupos vivenciais tem sido muito limitada e escassa" (p. 15) e "que pela ausência de uma explicitação teórica mais efetiva, a proposta do grupo vivencial tem tendido de um modo geral a estagnar-se" (p. 45).

A teoria do Grupo T, seus métodos de *laboratory training* e a vasta investigação científica resultante dessa experimentação é um exemplo a ser conhecido. Aqui foi apresentada apenas uma amostra dessa abordagem. Destaca-se pela ênfase na possibilidade da cognição e transferência da aprendizagem. Como na ACP, o foco está no participante, no grupo e nas possibilidades para a aprendizagem, sua internalização, uma mudança de comportamento nas relações. A explícita exploração no Grupo T para umatransferência para a vida pessoal e profissional diferencia o Grupo T das vivências na ACP.

Para avançar na aplicação de grupos, é imperativo sistematizar mais a experiência na ACP, estudando também outras teorias e abordagens dos processos grupais. Bozarth continua como um dos poucos autores preocupados com processos grupais na Abordagem Centrada na Pessoa. Numa obra de 1986, *The basic encounter group: na alternative view*, o autor levanta algumas hipóteses sobre as aplicações da ACP em diversos grupos. Mais tarde, Bozarth desenvolve uma síntese das suas experiências em grupo, avançando algumas premissas sobre a facilitação, as condições internas do grupo e as implicações de pesquisa para a teoria e a prática da Abordagem aplicada ao grupo.

Mas há outros subsídios para estudos e pesquisa. Jack Gibb, um dos maiores autores e pesquisadores atuantes nos anos 1970, produziu manuais sobre processos grupais e facilitação (1974). Para auxiliar na produção do manual, Gibb examinou 344 estudos sobre treinamento em grupo. Ele organizou o material de acordo com algumas dimensões ou orientações presentes nas pesquisas. Outro ponto de partida talvez seja a busca mais ampla de material escrito, publicado ou não. As referências desse texto formam uma lista básica de material citado aqui e inclui outro material selecionado sobre grupos.

A natureza acadêmica, cognitiva e a origem do trabalho do *National Training Laboratory* não devem minimizar uma reflexão sobre suas contribuições para entender a aprendizagem vivencial privilegiada pela Abordagem Centrada na Pessoa. Devemos e podemos aprender muito da história dessa metodologia grupal.

Uma indagação não aprofundada aqui está relacionada à formação de facilitadores e às equipes de facilitação. O que qualifica uma pessoa para ser facilitador de uma experiência na Abordagem Centrada na Pessoa? Que aprendizagens e experiências são necessárias ou suficientes para essa qualificação? Há fundamentos teóricos, técnicos, metodológicos para estabelecer habilidades básicas que qualificam profissionais para a intervenção grupal na ACP?

Finalmente, se os processos grupais são tão importantes meios de nos formar, sustentar e promover o crescimento humano, por que não estamos mais preocupados em avançar na compreensão e na utilização desses processos? Os grupos de encontro e os *workshops* são artefatos do passado da Abordagem Centrada na Pessoa ou podemos ir adiante à compreensão e ao exame da eficácia das nossas práticas grupais?

REFERÊNCIAS

BACELAR, A. (Org.). **Psicologia humanista na prática**: reflexões sobre a abordagem centrada na pessoa. Vol, 3. Florianópolis, SC: UNISUL, 2017.

BION. W. R. **Experiência com grupos**: os fundamentos da psicoterapia de grupo. São Paulo: Imago, 1975.

BOZARTH, J. D. Non-directive personal-centered groups: facilitación of freedom and personal power. In: B. E. Levitt (Ed.). **Embracing non--directivity.** Ross-on-Wye: PCCS Books. 2005. p. 282-303.

BOZARTH, J. D. The basic encounter group: An alternative view. **The Journal for Especialists in Group Work**, 11(4), 1986. p. 228-232.

BOZARTH, J. D. **Person-Centered therapy**: a revolutionary paradigm. Ross-on-Wye, England: PCCS Books. 1998.

BRADFORD, L. P. Associação colaborativa em grupo e o processo de aprendizagem. In: L. P.; BRADFORD, J. R.; GIBB; K. D. BENNE. **T-group theory and laboratory method**: innovation in re-education. New York: John Wiley, 1964, p. 190-215.

BRADFORD, L. P.; GIBB, J. R.; BENNE, K. D. **T-group theory and laboratory method**: innovation in re-education. New York: John Wiley, 1964.

COPPE, A. A. F. **A vivência em grupos de encontro**: um estudo fenomenológico de depoimentos. (Mestrado, UFRJ/PUC Minas), 2001.

COPPE, A. A. F. Grupos de encontro: uma abordagem experiencial. **Cadernos de Psicologia da PUC Minas**, 5 (6), p. 53-62.

COULSON, A. Experiences of separateness and unity in person-centered groups. In: O. LAGO e M. MACMILLAN (Eds.). **Experiences in relatedness**: group work and the PCA, Ross-on-Wye: PCC Books, 1999.

COULSON, A. Person-centered practice and personal transformation. In: T. MERRY (Org). **Person-centered practice**: the BAPCA reader. Herefordshire, UK: PCCS Books Ltd., 2000. p. 236-242.

FONSECA, A. H. L. **Grupo, fugacidade, ritmo e forma**. São Paulo: Ágora, 1988.

GIBB, J. R. A research perspective on the laboratory method. In: L. B. BENNE, J. R. GIBB, & R. LIPPITT (Ed). **The laboratory method of changing and learning**. New York: Wiley, 1974.

GIBB, J. R. The effects of human relations training. In: A. E. BERGIN; S. L. GARFIELD (Ed). **Handbook of psychotherapy and behavior change**. New York: Wiley, 1971. p. 839-862.

LANE, S. O processo grupal. In: S. LANE e W. CODO (Org.). **Psicologia Social**. São Paulo, Ed. Brasiliense, 1984.

LA PUENTE, M. **Carl R. Rogers**: de la sicoterapia a la enseñanza. Madrid: Razone Fé, 1973.

PAGE, R. C; WEISS, J. F.; LIETAER, G. Humanistic group psychotherapy. In: D. J. CAIN; J. SEEMAN (Eds.). **Humanistic psychotherapies**: handbook of research and practice.Washington, D.C.: American Psychological Association, 2002. p. 339-368.

PAGÉS, M. **A vida afetiva dos grupos**. Rio de Janeiro: Vozes, 1982.

PICHON-RIVIÉRE, E. **O processo grupal**. São Paulo: Martins Fontes, 2000.

ROGERS, C. R. **Grupo de encontro**. São Paulo: Martins Fontes, 1994.

TELLEGEN, T. A. **Gestalt e grupos**: uma perspectiva sistêmica. 5 ed. São Paulo: Summus, 1984.

THORN, B. J. The person-centered approach to large groups. In: M. AVELINE; E. DRYDEN (Ed.). **Group therapy in Britain**. Milton Kynes: Open University Press, 1988.

WOOD, J. K. (Org.). **A abordagem centrada na pessoa**. 5 ed. Vitória, ES: EDUFES, 2010.

WOOD, J. K. (Org.). **Apostila sem título**. Rio de Janeiro: Arcozelo, 1977.

WOOD, J. K. (Org.). **Carl Rogers' person-centered approach**: toward an understanding of its implications. Herefordshire: PCCS Books, 2008.

WOOD, J. K. (Org.). Sombras de Entrega. In: C. R. Roger. **Em busca de vida**. São Paulo: Summus Editorial, 1983: p. 23-44.

WOOD, J. K. (Org.). Terapia de Grupo Centrada na Pessoa. In: C. R. ROGERS. **Em busca de vida**. São Paulo: Summus Editorial, 1983. p. 45-77.

WRONA, R. Comunidades de aprendizagem: comunidade e abordagem centrada na pessoa. In: A. BACELAR (Org.). **Psicologia humanista na prática**: reflexões sobre a abordagem centrada na pessoa. Vol. 2. Florianópolis, SC: UNISUL, 2016. p. 115-127.

YALOM, I. D. **A cura de Schopenhauer**. RJ: Ediouro, 2005.

YALOM, I. D.; LESZCZ, M. **Psicoterapia de grupo**: teoria e prática. Porto Alegre: Artmed, 2006. p. 528.

ZIMERMAN, D. E., et al.**Como trabalhamos com grupos**. Porto Alegre: Artmed, 1997.

6.4 APLICAÇÕES SOCIOAFETIVAS E EDUCACIONAIS NUMA PERSPECTIVA CENTRADA NO GRUPO

O presente capítulo repete material apresentado em outros textos deste volume. Justifica-se para enfatizar a necessidade de uma nova denominação para a prática profissional com foco na intervenção grupal.

A Perspectiva Centrada no Grupo – PCG – visa à promoção de uma sistematização das aplicações socioafetivas e educacionais que incorporem a teoria eo paradigma da Abordagem Centrada na Pessoa – ACP. O texto indaga onde estamos na compreensão e no registro das aplicações diversas, sugerindo a necessidade de um esforço coletivo no avanço do conhecimento dessas práticas. Aponta também para alguns pontos críticos e metodológicos decorrente de foco no profissional para garantir resultados, da contaminação do senso comum produzido pelos eventos e fóruns da ACP e da procura para "modelos" de atuação. As referências bibliográficas têm finalidade de incentivar a leitura e a pesquisa. Repete alguns parágrafos de outros artigos e sua intenção principaléa de testar as ideias de sistematização das aplicações e a possibilidade de aceitação de PCG.

Introdução

A Perspectiva Centrada no Grupo – PCG – conceitua a prática profissional com foco na intervenção grupal, incorporando a teoria e o paradigma da Abordagem Centrada na Pessoa – ACP – de Carl Rogers, de modo integral, com procedimentos apropriados para trabalhos eficazes com grupos específicos.

A PCG visa à atualização de aplicações da ACP integrando conceitos e práticas humanistas e fenomenológicas, preservando a natureza vivencial de aprendizagens multidimensionais por meio da interação grupal e das intervenções psicossociais focadas no grupo e nos participantes.

A Perspectiva Centrada no Grupo procura sistematizar a gama de práticas oferecidas e planejadas por meio de um registro de experiências e aplicações em busca de possíveis hipóteses específicas, análise crítica e um diálogo teórico-metodológico.

O desenvolvimento de uma nomenclatura distinta para aplicações dos fenômenos grupais – uma PCG se justifica àluz do reconhecimento de que o nome dado à Abordagem Centrada na Pessoa, mesmo quanto à indicação da aplicação de seus princípios, abrange um leque diversificado de ações e práticas, nem sempre como um foco grupal. A Perspectiva Centrada no Grupo seria delimitada às aplicações da Abordagem ao trabalho grupal no sentido mais amplo possível.

O propósito dessa delimitação visa fortalecer as práticas grupais emergentes da ACP encontrando seu potencial para intervenções efetivas em instituições sociais, educacionais e setores de saúde e comércio. Há, portanto uma carência de informações sistematizadas sobre essas práticas e esses serviços. Esse foco pode mobilizar profissionais para encontrar uma identidade específica, estimulando registros e trocas de experiência em práticas até agora isoladas, pouco enfatizadas e, às vezes, marginalizadas em eventos da ACP.

Onde Estamos?

A utilização de grupos de vários tamanhos e composições é característica da ACP. No capítulo anterior, *Reflexões sobre processos grupais vivenciados na Abordagem Centrada na Pessoa*, analisamos algumas questões críticas para a reflexão e estudo dos processos grupais na ACP, bem como a necessidade de uma sistematização maior de nossos conhecimentos e das experiências brasileiras sobre grupos. Alguns desses questionamentos também já foram feitos em textos anteriores neste volume.

Há um vasto conhecimento e certa experiência prática acumulados com processos grupais desde as primeiras aplicações da ACP em terapia de grupo e nos grupos de encontro, aqui no Brasil e no mundo. Como citado anteriormente, os trabalhos publicados examinam características dos diferentes grupos e relatam experiências nos eventos promovidos na Abordagem.

Também sabemos do valor dos grupos humanos na ACP como possibilidade para a criação de condições especiais que promovam transformação pessoal e interpessoal. Esses grupos contribuem para o crescimento pessoal e profissional e são incorporados na maioria dos cursos de formação na ACP.

Nossos principais eventos da ACP, os fóruns – encontros internacionais, nacionais ou regionais – foram criados para valorizar o encontro profissional e entrosar participantes. O grupo grande, o grupão (o plenário com todos os participantes presentes) é a arena central para a interação da comunidade e tem sido "institucionalizado" como o mecanismo principal desses eventos.

Não há um consenso sobre "como fazer", como "facilitar" ou como utilizar melhor o que achamos que sabemos sobre esse fenômeno de grupão. O grupão, muitas vezes, gera discordância sobre sua importância e eficiência. Num evento internacional recente, houve um "boicote" das sessões do grupo grande gerando discussões fortes entre participantes. Até que ponto essas controvérsias são decorrentes da falta de compreensão ou não dessa modalidade de interação não tem sido estudado.

A não estruturação inicial é teoricamente considerada por alguns como fundamental para que se estabeleçam condições importantes para a criação de uma comunidade de aprendizagem. Essa não diretividade é um processo de desconstrução de relações tradicionais de estrutura, controle e direcionamento.

Outros afirmam que a nãoestrutura é uma estrutura, perdendo tempo e energia em discussões inúteis quando há maneiras mais eficazes para se organizar, principalmente para discutir apresentações teóricas, no caso de fóruns e encontros.

Essa formação de um grupo, uma comunidade, de (re)aprender sobre a interação humana por meioda tarefa de formar um grupo e de praticar os princípios de um enfoque centrado no grupo e na pessoa é parte da cultura da ACP. Essa cultura é transmitida e socializada por meio dos eventos realizados entre profissionais, em diversos estágios de formação e prática grupal.

Na ACP, há pouca ênfase num estudo sistemático e intenso do pequeno grupo. A prática clínica não é necessariamente um referencial suficiente para o trabalho grupal. Do mesmo modo, participações em grupos vivenciais, grupos de encontros e fóruns nacionais/internacionais na ACP não são suficientes para formar facilitadores de grupo, nem para aplicações com processos grupais.

Contudo, como afirmado em texto anterior, a nossa qualidade de pessoa humana, sim, nos qualifica para termos opiniões, intuições e compreensões desses processos. No entanto, penso que não é suficiente, como profissional na aplicação de práticas grupais na ACP, permanecer nesse estágio místico, desorganizado ou "romântico" dos importantes fenômenos que ocorrem nos processos grupais.

Para onde queremos Ir?

Aonde queremos ir com a nossa prática profissional com foco na intervenção grupal? Essas aplicações socioafetivas e educacionais precisam de maior fundamentação teórica e metodológica? Estamos dispostos a nos engajarmos em processos coletivos para uma sistematização dessas práticas? Como organizar isso de forma participativa e democrática?

- Como é possível explorar caminhos para compartilhar experiências, registrar aplicações, destacar outras perguntas relevantes, identificar conceitos básicos e socializar material bibliográfico?
- Podemos desenvolver meios eletrônicos para comunicar e registrar a nossa produção em direção ao desenvolvimento de uma Perspectiva Centrada no Grupo (PCG) para aplicações grupais?
- Por meio de um planejamento estratégico, que outras ações específicas para consolidar nossas propostas podem ser organizadas, dentro e fora dos fóruns regionais, nacionais e internacionais?
- É necessário planejar eventos específicos com foco especial em práticas grupais?

- Podemos oferecer seminários, cursos e jornadas para avançar a PCG, buscando uma formatação (aberta) dos processos grupais atuais e a disseminação de resultados obtidos?

Para começar uma categorização inicial, tento fazer a seguir uma classificação preliminar de práticas conhecidas, precisando ser atualizadase refinadas à medida que evolema formatação da PCG. Essa categorização não é exaustiva e os nomes das práticas podem sofrer distinções personalizadas pelos profissionais. Em 2020, alguns avanços recentes têm ocorrido perante o desafio para a utilização da mídia, do telefone e das plataformas a evitar contágio do vírus COVID19 nos contatos presenciais.

1. Grupos de convivência (residenciais ou não)

1.1 Grupo de encontro

1.2 Grupo vivencial

1.3 *Workshop* (grande grupo)

1.4 Grupo de comunidade (Veja Wrona, 2009, para definições recentes)

2. Grupo emergente

2.1 Grupo aberto

2.2 Plantão em grupo (atendimento de duas ou mais pessoas juntas)

2.3 Grupo de apoio (presencial e virtual)

2.4 Grupo para emergências / desastres

3. Grupo psicoterapêutico

3.1 Psicoterapia de grupo

3.2 Psicoterapia de casal

3.3 Psicoterapia de grupo familiar

3.4 Psicoterapia com grupos temáticos

4. Grupo temático

4.1 Grupo de mulheres (grávidas, vítimas de violência doméstica, de mães)

4.2 Grupo de homens
4.3 Grupo de jovens
4.4 Grupo para casais
4.5 Grupo de pais
4.6 Grupo para famílias
4.7 Grupo institucional
4.7.1 Treinamento de equipe / gerentes
4.7.2 Diagnóstico / avaliação institucional
4.7.3 Planejamento estratégico
4.8 Grupo de crianças
4.9 Grupo para adoecimentos crônicos

5. Grupo de aprendizagem

5.1 Grupo de formação
5.2 Seminário, jornada (curta duração)
5.3 Curso (intensivo ou duração variável)
5.4 Evento (encontro, congresso, simpósio, fóruns focados na ACP/PCG)
5.5 *Lives on-line* (seminários, simpósios, cursos)

Pontos Críticos e Contradições

Sem dúvidas, há inúmeros empecilhos e inúmeras armadilhas que tendem dificultar um trabalho coletivo como o proposto acima. No limite do espaço, aqui levanto alguns pontos.

1) **Será que precisamos de algum tipo de modelo para discutir, viver ou facilitar um grupo, uma prática grupal ou uma comunidade de aprendizagem?** Por que tanta pregação sobre "como" essas experiências deveriam ser ou o que elas deveriam prover?
2) **Até que ponto realmente sabemos e podemos comprovar:**
    a) que os "maiores momentos" desses grupos acontecem só quando eles precisam acontecer?

b) que não há nenhuma técnica, para facilitar, intervir, influenciar ou "controlar" esses processos grupais?
c) que certas atitudes e comportamentos facilitam ou não facilitam os grupos?
d) que nós somos alterados pelos processos grupais – passamos a ter uma "consciência alterada" de nós mesmos e dos outros nestes grupos?
e) o que realmente ocorre nos grupos? As experiências de grupos frequentemente revelam nossos maiores medos sobre nossas limitações e, ao mesmo tempo, sobre as nossas possibilidades. Com certeza, desenvolvemos uma tolerância para diversos estados de "confusão" cognitiva e afetiva, bem como descobrimos a possibilidade para a sobrevivência emocional num grupo. E os demais participantes?
f) que o processo de grupo pode ser facilitado? Existem opiniões diversas sobre a possibilidade e anecessidade de cursos de formação de facilitadores. Em cursos recentes, temos rotulado o curso como sendo de Processos Grupais e Aprendizagem para descaracterizar o conceito de Formação de Facilitadores de Grupo. Wood (2010) nos alerta:

> Em suas formulações iniciais da Terapia Centrada no Cliente, Rogers reconheceu que para a psicoterapia ser eficaz, as simples palavras que passam entre terapeuta e cliente não são tão importantes quanto o relacionamento emocional entre eles.... Entretanto, ao longo da evolução do sistema de mudança na personalidade, tanto a pesquisa quanto suas interpretações começaram a inclinar-se distintamente em um sentido centrado no terapeuta. A preocupação de descobrir métodos que ajudassem mudou para: o que o terapeuta deve **fazer** para ter êxito? **A experiência em grupos de encontro conseguiu quase apagar essa linha de questionamento.**
>
> Quando a Abordagem Centrada na Pessoa começou a ser aplicada a grupos, o interesse inicial quanto ao relacionamento foi reavivado. Grupos são relacionamento. Não há como impedir esse fato. O participante (cliente) tinha tanto a ver com o seu "crescimento" quanto o facilitador (terapeuta). De fato,

> a evidência esmagadora dos grupos de encontro e grupos de terapia mostrou que é **o relacionamento entre participantes**, e não entre facilitador e participante (que seria entre terapeuta e cliente), o que tem mais probabilidade de ser significativo para uma mudança construtiva e individual na personalidade (p. 262).

Reflexões Finais

Como um processo profundo e complexo, a construção da comunidade-grupo e o processo de estabelecer o clima num grupo grande não é um processo particularmente confortável. Há desestruturação, momentos desorientados e consequências dolorosas, frequentemente, em momentos diferentes no mesmo processo.

Mas o processo de formação de uma comunidade de aprendizagem é um processo verdadeiro, um processo humano natural com grande potencial para aprender em várias dimensões – sobre nós mesmos, sobre os outros, sobre a sociedade, sobre as nossas instituições. À medida que reaprendemos a aprender e aescutar, a nós mesmos e aos outros nesse espaço especial, somos expostos à essência de viver numa forma centrada.

Como podemos avançar numa sistematização de nossos conhecimentos? Será que a discussão e a reflexão sobre esses processos grupais podem acontecer? Coppe (2001) afirma que a ausência de marcos teóricos mais precisos e a dificuldade de acesso a um conhecimento sobre grupos de encontro têm dificultado a formação adequada de facilitadores.

Mais uma vez, é importante ressaltar a falta de estudos sobre o tema ... sendo a sua evidência corroborada por Tassinari & Portela (1996) e, principalmente, por Wood (1983) ao afirmar que "estudos de grupos centrados na pessoa têm sido, desafortunadamente, dificultados pelo lento desenvolvimento de métodos apropriados para pesquisar os grupos em seus termos naturais" (p. 70). E também por Fonseca (1988) ao dizer que "a teorização sobre grupos vivenciais tem sido muito limitada e escassa" (p. 15) e "que pela ausência de uma explicitação teórica mais efetiva, a proposta do grupo vivencial tem tendido de um modo geral a estagnar-se" (p. 45).

Finalmente, se os processos grupais são tão importantes meios de formar, sustentar e promover o crescimento humano, por que não estamos mais preocupados em avançar na compreensão e nautilização desses grupos? Os grupos de encontro e os *workshops* são artefatos do passado da Abordagem ou podemos ir adiante à compreensão e ao exame da eficácia das nossas práticas?

Referências

[Consulte textos 6.1, 6.2, 6.3, Anexo I e Anexo II neste volume para referências mais completas sobre grupos]

COPPE, A. A. F. **A vivência em grupos de encontro**: um estudo fenomenológico de depoimentos. (Mestrado, UFRJ/PUC Minas), 2001.

DOXSEY, J. R. **Reflexões sobre processos grupais vivenciados na Abordagem Centrada na Pessoa**. XI Encontro Latino-Americano da Abordagem Centrada na Pessoa. Socorro, São Paulo, 13 a 19 de outubro de 2002: Pensamentos e reflexões sobre os processos grupais vivenciados na Abordagem Centrada na Pessoa: lições mal aprendidas?

FONSECA, A. H. L. **Grupo, fugacidade, ritmo e forma**. São Paulo: Ágora, 1988.

WOOD, J. K. (Org.). **A abordagem centrada na pessoa**. 5 ed. Vitória, ES: EDUFES, 2010.

WRONA, R. R. Comunidades de aprendizagem: comunidade e abordagem centrada na pessoa. In: A. BACELLAR (Org.). **Psicologia humanista na prática**: reflexões sobre a abordagem centrada na pessoa. Vol. 1. Palhoça, SC: UNISUL, 2009. p. 115-127.

6.5 – O PROCESSO DE GRUPO

Este texto tem sido utilizado em cursos sobre processos grupais e em cursos de formação de psicólogos. É reproduzido aqui para facilitar sua reprodução para cursos e seminários sobre grupo.

A proposta dos trabalhos de grupo desenvolvida por Rogers fundamenta-se basicamente no princípio da tendência atualizante. Essa proposta considera que cada pessoa no grupo, possui um poder interno, autorregulador, em busca de uma autorrealização. No momento em que essas tendências individuais se encontram, num grupo, onde algumas condições facilitadoras são oferecidas, há uma disposição do grupo à autorrealização.

O grupo descobre seu poder e a extensão desse poder na comunidade, em sua globalidade.

O objetivo desses grupos é possibilitar, através do fluxo de relações entre os participantes, incluindo também o facilitador, o crescimento e reconhecimento de que o poder de decidir e agir reside em cada pessoa, no grupo. Neste encontro interpessoal, as pessoas têm possibilidade de descobrir a multiplicidade de diferenças individuais que se manifestam.

Os grupos vivenciais, assim como denomina Rogers, propiciam um espaço para que essas diversidades de pessoas se reúnam e formem uma comunidade voltada para interesses globais e centralizada no grupo.

O grupo permite haver um intercâmbio dos problemas, necessidades, satisfações e inovações. Possibilita, segundo a Abordagem Centrada na

Pessoa, que as relações entre individuais e intersubgrupais se constituam, desdobrem e fluam a partir das necessidades e experiências pessoais em direção à "autogestão do grupo e a criação de condições para uma participação automotiva das pessoas" (FONSECA, 1988, p. 27).

Em síntese, o objetivo do grupo vivencial é proporcionar o desenvolvimento pessoal e levar apessoa a uma compreensão melhor sobre si mesma e de sua responsabilidade para com suas atitudes e para com o mundo. Tornar cada participante capaz de realizar mudanças pessoais e sociais, encontrando, dessa forma, uma maneira melhor de conduzir sua vida.

O grupo vivencial caracteriza-se inicialmente, por não ter uma agenda formalizada. As decisões são tomadas a partir da manifestação, em menor ou maior grau, de todos os participantes. Todos os sentimentos e opiniões pessoais devem ser considerados e valorizados, verificando-se assim, a possibilidade de cada pessoa se sentir realmente "ouvida" e respeitada (ROGERS, 1983).

O facilitador de grupo que segue uma orientação centrada na pessoa procura não controlar o grupo. Ele confia apoiado na tendência atualizante, no grupo, acredita e conhece o seu processo de desenvolvimento, ajudando-o a criar-se e a "realizar escolhas sensatas na busca de experiências".

O facilitador não avalia, permite que todos os participantes questionem e manifestem suas opiniões a fim do grupo chegar a um consenso, considerando-se cada uma das escolhas individuais. Ouve atentamente, sem julgar ou diagnosticar, procurando responder 'as solicitações individuais quando os demais participantes do grupo não estiverem atentos para elas. Essa "abstenção no avaliar, junto a uma valorização positiva..., cria uma tendência ao autoquestionamento e à classificação dos próprios interesses" (ROSEMBERG, apud ROGERS, 1977, p. 112).

Assim, a criação destas condições facilitadoras pode permitir que pessoas alienadas convertam-se em pessoas participativas, capazes de criar, escolher e se autorrealizar.

Rogers, numa tentativa de situar o que acontece no interior dos grupos de encontro vivencial, formulou quinze fases que ocorrem durante esse processo. Essas fases nem sempre se apresentam com a rigidez que será aqui descrita, apenas as descrevemos para efeito de estudo do processo grupal.

1ª Fase: Fase de Hesitação

No momento inicial do grupo, as pessoas ficam confusas diante da falta de estruturação e descontinuidade. As conversas são "soltas" e fúteis, com vários períodos de silêncio.

2ª Fase: Resistência à expressão e exploração pessoais

As pessoas ainda não se sentem seguras em relação ao grupo. Ao mesmo tempo em que se defrontam com a necessidade de expressar os sentimentos, a falta de confiança permite que demonstrem apenas o "eu exterior", aquilo que pode ser revelado ao mundo.

3ª Fase: Descrição de sentimentos passados (Sub1)

Nesse momento, as pessoas ainda optam por não se abriremàs experiências pessoais imediatas e falam de sentimentos que para elas "estão fora do grupo". Mostram apenas o que acreditam que os outros querem ouvir.

4ª Fase: Expressão de sentimentos negativos

Rogers afirma que os primeiros sentimentos que surgem direcionados aos membros do grupo e ao facilitador, com significado de "aqui e agora", são os que surgem em atitudes negativas. As explicações para esse fato, como esclarece Rogers, seria primeiro verificar a possibilidade deconfiar ou não no grupo a ponto de "ser eu próprio positiva e negativamente". Em segundo, na suposição de que os sentimentos positivos são percebidos, inadequadamente, como perigosos de exprimir.

5ª Fase: Expressão e exploração de material com significado pessoal

As pessoas começam a perceber o grupo de forma menos ameaçadora. Sentem-se mais confiáveis em falar de suas experiências e de seus sentimentos mais íntimos.

6ª Fase: Expressão de sentimentos interpessoais imediatos no grupo

Aqui, as pessoas se sentem mais capazes de se verem melhor. Elas buscam expressar os sentimentos imediatos em relação aos outros participantes do grupo.

7ª Fase: O desenvolvimento de uma capacidade terapêutica no grupo

Certos participantes do grupo funcionam terapeuticamente, em relação a outros grupos, e assim, começam as relações de ajuda.

8ª Fase: Aceitação do eu e começo da mudança

A aceitação dos próprios sentimentos e a constatação da dificuldade em vivê-los, possibilita uma reflexão sobre novos métodos e novas maneiras de agir.

9ª Fase: O estalar das fachadas (Sub1)

Nessa fase, passa a existir um encontro mais profundo. As pessoas são mais autênticas em suas relações. "O grupo exige que o indivíduo seja ele próprio, que retire a máscara do convívio social".

10ª Fase: O indivíduo é o objeto de reação por parte dos outros

Com essa interação, a pessoa percebe como é vista pelos outros.

11ª Fase: Confrontação

É uma interação muito mais forte do que da fase anterior, em que uma pessoa enfrenta as outras em pé de igualdade.

12ª Fase: Relação de ajuda das sessões de grupo

Uma pessoa pode se tornar disponível a outra fora do momento do grupo. Elas tendem a se ajudar mutuamente, mesmo quando não estão no encontro grupal.

13ª Fase: O encontro básico (Sub1)

Algumas pessoas entram em contato com outras do grupo, num verdadeiro encontro, mais íntimo, autêntico e empático.

14ª Fase: Expressão de sentimentos positivos e intimidade (Sub1)

No momento em que os sentimentos são expressos e aceitos, desenvolve-se uma relação de intimidade entre os membros do grupo. A confiança implica em atitudes positivas, como também a expressão de sentimentos tanto positivos quanto negativos.

15ª Fase: Mudanças de comportamento no grupo (Sub1)

As pessoas se tornam mais abertas e espontâneas, mais livres e honestas nas relações e nos sentimentos. "Os indivíduos mostram espantosa capacidade de solicitude e ajuda uns aos outros".

Rogers, em outra oportunidade, ao se referir ao processo do grupo vivencial, afirma:

> Não gostaria de dar a impressão de que o grupo se desenvolve suavemente. As sessões iniciais são quase sempre caóticas. A falta de estrutura gera confusão. Às vezes ocorrem violentas discordâncias. Há uma tendência em fazer discursos sem ouvir o que está sendo dito. A rivalidade e o desejo do poder ficam evidentes à medida que alguns membros tentam assumir o controle do grupo, ou assumir a liderança. Mas, na presença de uma atitude facilitadora criada pela equipe e por muitos participantes, os indivíduos gradualmente começam a ouvir uns aos outros e lentamente, a compreender e respeitar. À medida que o Workshop avança ocorre uma transformação no critério de escolha de valores feita pelos participantes. Valores que se baseiam na autoridade, que emanam de fontes externas às pessoas, tendem a enfraquecer. Valores vivenciados tendem a se fortalecer. O centro de avaliação encontra-se na pessoa e não fora dela. Assim, o indivíduo passa a viver cada vez mais segundo um conjunto de normas que tem uma base interna, pessoal. (1983, p. 59-61).

Referências

FONSECA, A. H. L. **Grupo, fugacidade, ritmo e forma**. São Paulo: Ágora, 1988.

ROGERS, C. R. **Em busca de vida**. São Paulo: Summus, 1983.

ROGERS, C. R.; ROSEMBERG, R. **A pessoa como centro.** São Paulo: Editora Pedagógica e Universitária, 1977.

7.0 CONSIDERAÇÕES FINAIS

Este texto final resume apontamentos em capítulos anteriores e inclui observações sobre tendências recentes com implicações para o desenvolvimento da Abordagem Centrada na Pessoa – ACP. Não é tradicional incluir bibliografias e ou referências numa conclusão. Quebrando essa "norma", comento eventos, realizados ou não, textos, livros e artigos (alguns no prelo) importantes para futuras considerações.

As nuances do Coronavírus mundial são impossíveis de contemplar neste final de livro. Não obstante haja inúmeras consequências para as relações humanas em todas as suas dimensões. Faço referência a alguns pontos de relevância para as perspectivas da ACP e seu aprimoramento.

Se livros são difíceis de organizar, são mais difíceis ainda de terminar ou ainda de perceber quando a obra terminou. Em retrospectiva, encontro-me duvidando de muito do que escrevi aqui e de como me expressei. Mas, em dados momentos da vida pessoal e profissional, pensei tudo o que está escrito aqui. Tenho textos que não achei como incluir, explicar ou detalhar.

Felizmente, a Abordagem Centrada na Pessoa – ACP – e sua significação futura não dependem de mais um livro. A verdade de seus pressupostos, de suas teorias, de seus conceitos e de suas hipóteses encontram seus caminhos no pensamento humanista que, em dados momentos, tanta falta faz neste mundo de doenças, guerras e intolerâncias. Certamente, outras propostas futuras da Abordagem vão ter mais apelo e talvez melhores respostas para quem intervenha em vidas humanas, buscando promover saúde, equilíbrio emocional e desenvolvimento.

A Abordagem avança em sua prática e aplicação. Pode avançar mais ainda com maior sistematização do que já propõe. Esperamos ter apontado isso muitas vezes nestas páginas.

Se os desafios para avançar e enriquecer a ACP são os mesmos, alguns são nítidos e merecem maior atenção:

O desafio científico

Como aprimorar a rica herança teórica deixada por Carl Rogers? Ele nos desafiou a irmos além do que ele conseguiu produzir em teoria e na sua prática. Para mim, isso implica maiores esforços para gerar pesquisa científica de forma cumulativa, seguindo metodologias pós-qualitativas e inovadoras.

A pesquisa cumulativa e a produção escrita, seja na filosofia, na fundamentação teórica, seja na metodologia e na prática da Abordagem são quase limitadas aos programas acadêmicos de universidades. Não há institutos ou organizações particulares criados para desenvolver programas de pesquisa na ACP. Profissionais dedicados à prática clínica raramente encontram incentivos ou tempo para uma investigação científica de sua prática.

A possibilidade de pesquisa científica cumulativa nos diversos aspectos da ACP envolveria um trabalho coletivo de profissionais experientes ao médio e longo prazo. Talvez faltasse ainda uma "cola pessoal e profissional" para engajar em projetos permanentes de natureza coletiva – um difícil objetivo mesmo em cursos e programas acadêmicos.

Projetos de pesquisa científica podem emergir de eventos e fóruns (reformulados para esse fim), valorizando a produção em grupos de trabalho e projetos individuais. O conceito original de **Fórum** foi iniciado nos anos 80, no México. Sua finalidade expressa foi a troca de material escrito e discussões teóricas. Ao longo dos anos, a finalidade dos fóruns internacionais, nacionais e regionais englobou processos de grupo e de vivência. Participantes inexperientes com a ACP, processos grupais ou sem qualquer produção escrita dificultaram as possibilidades de avanços teóricos e/ou a formação de grupos permanentes de investigação.

Como muitos autores têm demonstrado, de várias formas o grande desafio existencial da ACP é a construção e a recriação da sua própria identidade. Por motivos diversos, a identidade da ACP no Brasil e no mundo tem sido alvo de análise crítica aguda. Os paradigmas da Abordagem e da psicologia humanista, em geral, alcançaram limitado acolhimento acadêmico. No Brasil, os cursos acadêmicos "mais centrados" sobrevivem com nomenclaturas de humanismo, existencialismo, etc.

Recentes eventos *on-line* exemplificam esforços brasileiros para aprofundar o paradigma Rogeriano. Ao nível mundial, o cancelamento/adiamento de conferências, fóruns, cursos e outros eventos em função da pandemia tornou-se um obstáculo para abrir e/ou continuar diálogos entre profissionais.

A reformulação dos cursos de formação de psicólogos na ACP pode garantir uma produção continuada de reflexão e teorização, diferenciado-as dos cursos de graduação. O curso de formação na ACP é uma oportunidade para uma avaliação crítica dos pressupostos básicos da Abordagem. A produção escrita do curso de formação transcende a mera reprodução das teorias e os conceitos da ACP e a resistênciade alguns aprendizes para escrever.

A maioria dos cursos de formação dá conta de transmitir os fundamentos básicos da ACP e abrir discussões sobre atitudes, empatia, conceitos essenciais e a relação terapêutica. Os cursos nem sempre alcançam um aprofundamento das raízes do pensamento Rogeriano ou desafiam o aprendiz a criticar a ACP.

Talvez, signifique a reformulação de eventos e fóruns valorizando a produção científica, não apenas uma produção de ensaios teóricos ou relatos de experiência. Um relato de experiência fundamentado teoricamente, porém,pode produzir conhecimento. Rogers encarou a questão da ciência: lançou hipóteses sobre a essência da terapia como experiência e como ciência sugerindo uma ciência da pessoa. A nossa produção recente peregrina nessa direção?

Se analisarmos o paradigma da ACP, é notável o aprofundamento teórico em busca de uma fundamentação dos conceitos e atitudes de Carl Rogers. A gama de experiências práticas, psicoterapêuticas e grupais é também visível com o aumento de clínicas e institutos em todo o

Brasil. Não sei se podemos afirmar muito o avanço de procedimentos metodológicos para consolidar essa teoria-prática.

Num artigo recente na revista *Person-Centered & Experiential Psychotherapies,* Bazzano aponta a necessidade para pesquisa pós-qualitativa:

> A promessa implícita de pesquisa pós-qualitativa é que no estado atual de seu nascimento poderia permitir a abertura necessária para treinamento experimental em psicoterapia, prática e pesquisa para abrir novas avenidas de investigação.... Um benefício adicional de pesquisa pós-qualitativa é que pode promover críticos de métodos quantitativos e qualitativos, mas também apontar para uma nova epistemologia, convidando-nos a pensar diferente sobre conhecimento (p. 7).[2]

Há três pontos importantes no artigo:

1) O *ethos* que domina o treinamento de terapeutas (inclusive na Abordagem) é a preservação e a perpetuação de um conjunto existente de princípios canônicos em vez de um questionamento genuíno.
2) Treinamento centrado na pessoa, experiencial e outras psicoterapias poderia se beneficiar com o estudo de textos pós-estruturalistas e de teoria crítica.
3) Muito pode e deve ser desconstruídoem pesquisa pós-qualitativa: a entrevista[3], autenticidade, empatia[4], refletividade[5], tendência formativa, etc. (p. 18). Os conceitos podem ser eliminados e repensados, assim, criando espaço para o novo.

[2] Bazzano, M. Making Love to your Data: Postqualitative Research and Person-Centered/Experiential Psychotherapies. In: **Person-Centered & Experiential Psychotherapies**, Publicação do artigo aprovada, aguardando revisão final.

[3] SCHEURICH, J. J. A postmodernist critique of research interviewing. **International Journal of Qualitative Studies in Education**, 8(3) 1995, p. 239-252.

[4] LATHER, P. Against empathy, voice and authenticity. **Women, Gender and Research** (Cophenhagen). 4, 2000, p.16-25.

[5] PILLOW, W. S. Confession, catharsis or cure? Rethinking the uses of reflexivity as methodological power in qualitative research. **International Journal of Qualitative Studies in Education**.16(2) 2003, p. 175-196.

O último ponto pode assustar. Eliminar conceitos sempre considerados fundamentais para a ACP ou repensar os mesmos conceitos incorporando reflexões críticas?

Central às questões importantes dos procedimentos metodológicos é a necessidade para maior abertura interdisciplinar. Schmid (2003)[6] e Wood[7], entre outros autores, destacaram a importância da cultura (coletiva e individual) para a compreensão da ACP. Conceitos antropológicos precisam de maior atenção na avaliação dos paradigmas da Abordagem. Outras disciplinas das Ciências Exatas, Sociais e Humanas oferecem subsídios para enriquecer as nossas metodologias de investigação do organismo humano.

O desafio profissional ético

Vamos caminhar mais juntos? Como eliminar competição buscando estratégias de cooperação e planejamento mútuo de cursos e eventos? Como podem ser construídas linhas de cooperação e de produção que respeitem as diferenças regionais, geográficas, divergências pessoais e uma ética profissional em todos os sentidos? Penso que é preciso explorar a possibilidade de uma **consciência pós-ética**: a conceituação da postura ética que transcende as necessidades imediatas dos atores e da situação que integram holisticamente dimensões temporais indefiníveis e princípios para uma conduta que emana da própria imagem do psicólogo como educador e profissional.

O desafio de novas configurações e novos esforços

O livro em vários capítulos examinou tendências na educação e na condução de grupos de vários tamanhos e diversas finalidades. Uma idéia que gostaria reforçar é a concepção da sala de aula enquanto grupo humano, com processos relevantes para aprendizagem

[6] SCHMID P. F. The characteristics of a Person-Centered Approach to Therapy and counseling: criteria for identity and coherence. **Person-Centered & Experiential Psychotherapies**, 2:2, 2003, p.104-120,

[7] WOOD, J. K. (Org.). **A abordagem centrada na pessoa**. 5 ed. Vitória, ES: Editora EDUFES, 2010.

e crescimento. Educação Centrada no Aprendiz e seus pressupostos teóricos e metodológicos podem contribuir tanto para educação presencial quanto para educação digital. Alguns livros recentes da ACP apontam em nessa direção.

As mídias sociais populares, aparelhos diversos de comunicação e plataformas digitais, aparentemente são os canais para satisfazer as necessidades atuais de relacionamento e de compartilhamento de conteúdos. Ainda estamos enfrentando problemas de privacidade como evidenciado num texto deste livro. Novas questões éticas devem acompanhar a expansão dessas mídias e plataformas.

Uma área de considerável significância é a falta de informações sistematizadas sobre o atendimento terapêutico *on-line* sendo realizado em todo o Brasil. Que tipo de problemas, sucessos e dificuldades estão sendo vivenciados? Como podem ser organizados contatos entre profissionais, clínicas e instituições que oferecem esse serviço *on-line*?

Mesmo a distância, a Abordagem tem necessidades específicas que merecem atenção:

- A falta de organização de uma rede social de conteúdo que seria focadano compartilhamento de informações (imagens, textos, vídeos, etc.).
  - Como estabelecer essa rede de conteúdo de forma participativa?
  - Quais seriam as funções, os controles e os acessos a essa rede?
  - Teria características de um arquivo nacional / internacional aberto?
  - Com que recursos financeiros e humanos?

- A falta de um grupo de trabalho ou núcleo para cursos de Formação de Psicólogos na ACP para facilitar trocas de informação, textos, arquivos de Trabalhos de Conclusão de Curso, planos de curso, intercâmbio de alunos, professores e orientadores.
- A falta de um centro de divulgação de eventos, cursos, encontros, fóruns e seminários.

- É possível a cocoordenação de um calendário prevendo acontecimentos e promovendo uma distribuição de datas para evitar conflitos?
- Com que recursos financeiros e humanos?

- Um registro de estudos e pesquisas vinculado à rede social de conteúdo.
  - Há possibilidade de formatar uma Comissão de Ética de Pesquisa em comunicação com conselhos estaduais e nacional?

O ano de 2020 marca um período sem precedentes em termos da contaminação planetária do Coronavírus, denominado SARS-CoV-2. O desafio principal da Abordagem Centrada na Pessoa é descobrir como seus princípios e intervenções podem contribuir para mitigar as consequências humanas já afetando toda a população brasileira. Não há mais tempo para desenvolver estratégias sofisticadas e nos preparar para agir. Espero que este livro, de alguma forma, contribua para reflexões e reconsiderações desses nossos desafios.

Marechal Floriano, ES, 12 de dezembro 2020.

ANEXO I

Bibliografia Maior sobre Grupos[8]

ACHATE, M. H.; D´ANDREA, F. F. Psicoterapia de grupo com depressivos. **Jornal Brasileiro de Psiquiatria**, 36 (2), 1987.

AGUIAR, M. **O psicodramaturgo**. Casa do psicólogo, 1990.

AGUIAR, M. **O teatro da anarquia**: Um resgate do psicodrama. Campinas: Ed. Papyrus, 1988.

AGUIAR, M. **O teatro terapêutico**. Escritos psicodramáticos, Campinas: Ed. Papyrus, 1990.

ALMEIDA, K. Sobre a cura em psicoterapia de grupo. **Cadernos de Psicanálise**, 4 (4), 1983.

AMADO, S. G. **A dinâmica da comunicação nos grupos**. R.J.: Zahar, 1978.

ANDRADE, L. Q. **Identidade profissional caminhos**. Uma experiência metodológica na escola = empresa, 1985.

ANDREOLA, B. A. **Dinâmica de grupo** – jogo da vida e didática do futuro. Petrópolis: Ed. Vozes, 1989.

ANNES, R.; VIEIRA, N. Grupos operativos: uma experiência com adolescentes. In: J. Outeiral, et. al. **Infância e adolescência**. Porto Alegre: Ed. Artes Medicas,1982.

[8] Lista original – autoria desconhecida. Lista alterada por Jaime Roy Doxsey e Maria da Conceição Passos Almeida da Silva. Última versão – agosto de 2012.

ARAÚJO, F. A.; CAMPOS, C. Teatro terapêutico: conclusões de uma experiência de psicoterapia institucional de 8 anos. **Jornal Brasileiro de Psiquiatria**, 31 (5), p. 302-314, 1982.

ARGUMED, J. A. J. **Psicoterapia em grupos com crianças**. Tese (Mestrado). PUC/Campinas: 1980.

ARRUDA, S. L. **Grupo de encontro de mães**: Vivências clínicas de seu funcionamento em um ambulatório de saúde mental infantil. Tese (Mestrado). Unicamp, 1989.

ASSUNÇÃO, M. L. Grupo terapia: transferência simbiótica. **Arquivos Brasileiros de Psicologia**, 35 (3), 81-91, 1983.

AZULAY, J. D. **O estudo sobre o papel da "ovelha negra" no grupo terapêutico**. 15 (1), 1966.

AZULAY, J.D.; CORREA, D. P. Progresso num grupo visto num paciente. **Jornal Brasileiro de Psiquiatria**, 16 (3-4), p. 33-345, 1967.

BACHELLI, L. P. de C. Terapia de grupo em consultório. **Jornal Brasileiro de Psiquiatria**, 37 (5), 1988.

BAHIA, A. B. Esquema para uma Teoria da Psicoterapia de Grupo. **Jornal Brasileiro de Psiquiatria**, vol. 7 (4), 1958.

BAHIA, A. B. **Experiência em terapia de grupo**. Medicina Cirúrgica. Farmácia.

BAHIA, A. B. Segredo e revelação no grupo terapêutico. **Revista Brasileira de Saúde Mental**, Rio de Janeiro, 1961.

BAHIA, A. B. Segredo e revelação no grupo terapêutico. **Revista Brasileira de Saúde Mental**. S/d.

BARCELLOS, L. H. **A dinâmica das instituições, sua estrutura interna e influências no desenvolvimento da personalidade**. Coedição: Ministério do Trabalho, Conselho Federal de Psicologia, Conselho Regional de Psicologia, Rio de Janeiro: 1990.

BARENBLIT, G. (Org.). **Grupos**: Teoria e Técnica. Rio de Janeiro: Graal, 1982.

BARRIO, M. A. N. A. Resolução de conflitos inter e intragrupais nas organizações através de técnica de grupo operativo. **Arquivos Brasileiros de psicologia**, n 1, 1980.

BARROS, A. L. A. A propósito do afeto e da implicação do sociopsicanalista com os grupos e o movimento institucionalista. **Cadernos de Psicanálise/círculo Psicanalítico do Rio de Janeiro**, n 6, 1988.

BARROS, A. Psicoterapia de grupo: Técnica para a introdução de novos membros. **Jornal Brasileiro de Psiquiatria**, 32 (2), 121-123, 1983.

BECHARA, O. T. **Estudo comparativo do autoconceito de adolescentes em diferentes experiências de grupo em atividades escolares**, 1978.

BLAY NETO, B. A. A influência das ideias de Bion em meu trabalho. **Gradiva**, n 34, Rio de Janeiro, 1986.

BLAY NETO, B. A. Alguns aspectos da contratransferência em grupo. **Jornal Brasileiro de Psiquiatria**. 14 (3-4), 1965.

BLAY NETO, B. A. Conceito de interpretação grupal. **Revista Brasileira de Psicanálise**, vol. 1, n 4, 1968.

BLAY NETO, B. A. Influência e a relação da cultura africana na psicanálise e na psicoterapia de grupo. **Revista Brasileira de Psicanálise**, vol. XXI, n 3, 1987.

BLAY NETO, B. A. O grupo como um todo: Um enfoque psicanalítico. **Revista Brasileira de Psicanálise**, vol. 3, n3/4, 1969.

BLAYA, M. O tratamento de psicóticos pela psicoterapia psicanalítica de grupo. **Jornal Brasileiro de Psiquiatria**, 15 (1), 33-51, 1966.

BUSTOS, D. M. **Psicoterapia psicodramática**: ação e palavra. São Paulo: Brasiliense, 1979.

BUYS, R. C. **Supervisão de Psicoterapia na abordagem humanista centrada na pessoa**. São Paulo: Summus, 1987.

CAMPOS, A. C. S.; CARDOSO, M. V. L. M. L.; SOUSA, R. A. Vivenciando um grupo de encontro com mães de recém-nascidos internados. An. 8. **Simp. Bras. Comun. Enferm**. Maio. 2002.

CARBENITE, L.; DUTRA Jr; A. J.; SCHNEIDER, G.; BARATA, A. M. A. **O grupo terapêutico e a psicanálise**. Rio de Janeiro: Imago, 1974.

CARBENITE, L.; CORREA, P. **O complexo de Édipo na psicanálise e na análise de grupo**. Rio de Janeiro: Imago, 1976.

CARPILOVSKY, J. C.; CORREA, P. **Reações de um grupo à internação de um dos seus componentes**. Anais do 1 Congresso Brasileiro de Psicoterapia Analítica de Grupo. Porto Alegre, 1968.

CARPILOVSKY, J. C. Considerações sobre o sigilo em psicoterapia de grupo. **Revista Brasileira de Saúde Mental**, N XI, 1967.

CARPILOVSKY, J. C. Recursos dramáticos em psicoterapia analítica de grupo. **Gradiva**, Rio de Janeiro: n 30, 1984.

CARPILOVSKY, J. C. Fantasias de um grupo terapêutico sobre o ingresso do observador. **Jornal Brasileiro de Psiquiatria**, 14 (3-4), 159-23, 1965.

CARPILOVSKY, J. C. Sobre o Psicodrama como técnica de mobilização em psicoterapia psicanalítica de grupo. **Jornal Brasileiro de Psiquiatria**, 35 (1), 1988.

CARPILOVSKY, J. C. Sobre o reajustamento dos honorários em psicoterapia de grupo. **Jornal Brasileiro de Psiquiatria**, 16 (2), 187-192, 1967.

CARRENHO, E. G. L. Qual o programa? 2002. Disponível em: <http://www.encontroacp.psc.br/qual_o_programa.htm>. Acesso em: 9 ago. 2009.

CARRENHO, E. G. L. **Encontro**. Disponível em: <http://www.encontroacp.psc.br /encontro.htm>. Acesso em: 9 ago. 2009.

CARVALHAES, J. Sociometria e experimentação de dinâmica de grupo de futebol. **Arquivos Brasileiros de Psicologia Aplicada**, 1971.

CARVALHO, M. M. M. J. **Orientação profissional em dinâmica de grupo**. Tese (Mestrado). USP/São Paulo, 1979.

CASTELLAR, C.; FREITAS, A. L. A: Crise da adolescência visão psicanalítica. **Gradiva**, n 44, Rio de Janeiro: 1989.

CASTELLAR, C. C. Grupoterapia – algumas dicas sobre a seleção de paciente. **Gradiva**. Rio de Janeiro: n 22, 1983.

CASTELLAR, C. C. Psicanálise de grupo: Uma prática a ser repensada. **Gradiva**, n 44, Rio de Janeiro: 1989.

CASTILHO PEREIRA, W. **Dinâmica de grupos populares**. Ed. Vozes, 1982.

CELI, A. Relações entre grupo terapêutico e grupo teatral. **Arquivos Brasileiros de Psicologia**, 13 (3), 19-26, 1961.

CHEBABI, W. de L.; CARPILOVSKY, J. C. A função da identificação projetiva na psicoterapia de grupo. **Jornal Brasileiro de Psiquiatria**, 16 (3-4), 355-362, 1967.

CHEBABI, W. L.; LIMA, A. H. Fantasias de acasalamento no grupo terapêutico. **Primeiras Jornadas Brasileiras de Psicoterapia de Grupo**. Rio de Janeiro,1961.

CONTEL, J. O. B.; AZOUBEL NETO, D. O uso das atividades lúdicas na formação de grupos psicóticos crônicos. **Jornal Brasileiro de Psiquiatria**, 15 (1), 53-61, 1966.

CORREA NETO, P. A. **A necessidade da ação terapêutica grupal no ambiente de trabalho.** Tese (Mestrado/Psicologia/PUC/Rio/), 1975.

CORREIA, M. O. B. **Influência do grupo social, realização linguística, tipo de família e autoestima no rendimento escolar**: Um estudo teórico empírico. Tese (Mestrado, Univ. Gama Filho), 1986.

COSTA, J. F. **Psicanálise e contexto cultural: O imaginário psicanalítico, grupos e psicoterapia.** Rio de Janeiro: Campus, 1989.

COUTINHO DE LIMA, M. **Análise e avaliação do processo de mudanças em um grupo fechado de Gestalt – Terapia.** Tese (Mestrado/UNB), 1988.

CRUZ, L. M. C. **A situação social do trabalho em grupo na escola**: uma análise da mediação ideológica. Tese (Mestrado/Psicologia/PUC/SP), 1978.

D´ANDREA, F. E. Transferência e contratransferência em psicodrama. **Jornal Brasileiro de Psiquiatria.** 34 (2), 95-98, 1985.

D´ANDREA, F. E. **A Realidade interna, psicodrama aplicado.** Ed. Oifel, 1972.

D´ANDREA, F. E. **Psicodrama**: teoria e técnicas. Rio de Janeiro: Bertrand Brasil, 1987.

DANTAS, L. F. T. **Redução da ansiedade manifesta e da defensividade em psicoterapia de grupo.** Tese (Mestrado/Psicologia/PUC/Rio).

ELID, K. **Psicodiagnóstico de criança em grupo**: análise de uma experiência. Tese (Mestrado PUC/São Paulo), 1985.

EMERIQUE, P. S. **Estruturas grupais e implicações numa situação de jogo com regras.** Tese (Mestrado de psicologia), USP/São Paulo, 1981.

ENGEL, J. Características especiais de um grupo de psicoterapia breve e de baixa renda. **Jornal Brasileiro de Psiquiatria**, 32 (3), 139-146, 1983.

ENGEL, J. Sobre o papel da técnica da supervisão e da instituição em uma psicoterapia breve de grupo. **Jornal Brasileiro de Psiquiatria.** 34 (4), 211-216, 1985.

ETZEL, E. Sobre a dinâmica de psicoterapia de grupo. **Revista Brasileira de Psicanálise**, vol. 1, n 3, 1967.

FALCÃO, E. B. **Dinâmica de grupo**: instrumento de transformação ou conservação? Tese (Mestrado em Psicologia, FGV), 1980.

FALCONE, E. **A eficácia do tratamento em grupo da ansiedade social.** Psicologia Clínica Pós-Graduação e Pesquisa, ano 4, PUC/Rio, 1989.

FERNANDES, M. I. A. **De como emerge a questão do narcisismo e da alteridade no grupo operativo**. Tese (Doutorado, USP), São Paulo: 1989.

FERRARO FILHO. **O processo grupal como condição de ensino e conscientização**. PUC/SP, Tese (Mestrado), 1988.

FONSECA, A. H. C. **Grupo** – fugacidade, ritmo e forma. São Paulo: Agora, 1988.

FONSECA, A. H. C. **Instituição poder e vida**: ideias sobre a facilitação de grupo centrado na pessoa. São Paulo: Ed. Summus, 1983.

FONSECA, A. H. C. **Psicodrama da loucura** – correlações entre Buber e Moreno. São Paulo: Editora Agora, 1980.

FRAZÃO, L. M. **O Modelo de aprendizagem experiencial aplicado ao ensino superior de terapia de grupo**. Tese (Mestrado/Psicologia/USP), São Paulo, 1983.

FREITAS, L. A. P. O início do grupo. **Gradiva**, n 39, Rio de Janeiro, 1987.

FREITAS, L. A. P.; PRAVAZ, S.; MELLO, S.; ZALCHERG, M. Novas abordagens no trabalho terapêutico com grupos. **Arquivos Brasileiros de Psicologia**. 34 (3), p. 81-88, 1982.

FRITZEN, S. J. **Exercícios práticos de dinâmica de grupo e de relações humanas**. v. 1 e 2, Ed. Vozes, 1973.

FRUTUOSO, D. Efeitos de um curso 101 de análise transacional sobre autorrealização de seus participantes. **Arquivos Brasileiros de Psicologia**, 30 (1), p. 59-66, 1980.

FURTADO, A. M. Grupoterapia em instituição = elementos transferenciais. **Gradiva**, n 32, Rio de Janeiro, 1985.

GALANO, M. H. **Todos somos iguais (só que alguns são mais iguais que outros)**: Relações de poder e afeto num pequeno grupo. Tese (Mestrado, PUC). São Paulo, 1989.

GANDINI, R. C. **Estudo da influência da duração limitada de grupos de encontros na autoaceitação e nível de experiência de jovens universitários**. Tese (Mestrado, IMES), 1986.

GERSCOVICH, J. **Prática clínica da moderna psicanálise em grupos**. Petrópolis: Ed. Vozes, 1980.

GODOY, M. B. A **Supervisão no curso de Psicologia**: Análise de um caso. Tese (Mestrado), 1985.

GOMES, C. **Caracterização do método rogeriano e situações pedagógicas autoritárias**: tentativas de adequação. Tese (Mestrado. Univ. Gama Filho, Rio de Janeiro), 1983.

GOMES, J. P. S. **Psicodrama analítico, estudo descritivo de um grupo**. Rio de Janeiro: Ed. São José, 1975.

GONÇALVES, C. S. (Org.). **Psicodrama com crianças**. S. P.: Summus, 1988.

GROISMAN, M. Dinâmica de grupo no ensino de psiquiatria. **Jornal Brasileiro de Psiquiatria**, 20 (1-2), p. 23-32, 1971.

GROISMAN, M. O clima dramático e a interpretação na psicoterapia de grupo com adolescente. **Jornal Brasileiro de Psiquiatria**, 30 (2), 179-184, 1981.

GRZYBOWSKY, C. **Estudo da participação em grupos da experiência de educação comunitária de IJUZ – RS – Brasil**. Tese (Mestrado/ Educação/PUC/Rio), 1973.

GUIMARÃES, L. A. **Os efeitos de psicoterapia de grupo de orientação psicanalítica com pacientes portadores de cefaleia tensional**. Tese (Mestrado, Instituto Metodista de Ensino Superior), 1984.

GUIMARÃES, L. A. M., et al. A psicoterapia de orientação psicanalítica no tratamento da depressão. **Jornal Brasileiro de Psiquiatria**, 1990.

GUIMARÃES, S. T. **Grupo de autoajuda**: uma alternativa da assistência psicológica. Tese (Mestrado PUC/São Paulo), 1985.

HESKETH, J. L. Um modelo de desenvolvimento interpessoal. **Arquivos Brasileiros de Psicologia**, 31 (17), 121-133, 1979.

HILL, T. **Mudanças de atitude em jovens durante experiência religiosa** – grupal de um fim de semana. Tese (Mestrado/Psicologia/USP),1975.

HUTTER, J. **A Mudança de percepção de si mesmo em grupo de encontro básico extensivo**. Tese (Mestrado/Psicologia/PUC/Rio), 1975.

INNOCENZI, R. E. **O grupo operativo na instituição escola e a investigação do psicólogo**. Tese (Mestrado PUC/Rio), 1983.

JUBELINI, S. R. Psicodiagnóstico grupal. **Arquivos Brasileiros de Psicologia**, 34 (2), 1982.

JURBERG, M. **A identidade social, as relações intra e intergrupais e influência social de feministas no Rio de Janeiro**. Tese (Doutorado/ São Paulo/USP), 1989.

KAES, R. O trabalho psicanalítico grupal. **Gradiva**, n 33, Rio de Janeiro, 1985.

KUSNETZOFF, J. C.; GROISMAN, M. Supervisão e cossupervisão grupal = ensino. Terapia e Aprendizagem em setor Institucional. **Jornal Brasileiro de Psiquiatria**, 30 (1), 71-84, 1981.

LA PORTA, E. Generalidade e Histórico da Psicoterapia de Grupo no Brasil. **Jornal Brasileiro de Psiquiatria**, 7 (4), 1958.

LANE, S. O processo grupal. In: S. E. LANE; W. CODO (Org.). **Psicologia Social**. São Paulo. Ed. Brasiliense, 1984.

LAVABURE, S. A. L. **Contribuição para atendimento psíquico em instituição**. In: R. MACEDO (Org.). Psicologia e Instituição: Novas Formas de Atendimento. São Paulo: Cortez, 1984.

LEMOS, D. I. M. **Aplicação e avaliação de um programa de treino assertivo a um grupo de menores institucionalizados**. Tese (Mestrado. PUC/Campinas), 1981.

LIMA, C. Q.; MELLO FILHO, J.; e COSTA, L.P.M. Grupoterapia com pacientes HIV+. **Gradiva**, n 42, Rio de Janeiro, 1988.

LIMA, E. **Os grupos operativos como instrumento de educação popular**: Análise de uma experiência no hospital Padre Zé. Tese (Mestrado de Psicologia, Universidade Federal da Paraíba), 1986.

LIMA, H. A. A maturação emocional no grupo terapêutico. **Jornal Brasileiro de Psiquiatria**. 11 (1-2), p. 23-43, 1952.

LIMA, I. O. **Treinamento em dinâmica de grupo**. Ed. Vozes, 1969.

LIMA, O. R.. Particularidades da Interpretação em Psicoterapia de Grupo. **Jornal Brasileiro de Psiquiatria**, 7 (1), p. 73-78, 1957.

LOPES, J. L. (Número todo sobre grupo). **Jornal Brasileiro de Psiquiatria**, 13 (3), p. 315-388, 1964.

LOPES, J. L.**Psicoterapia de grupo**. Jornal Brasileiro de Psiquiatria, 8 (3,4), 189-239, 1959.

MALUFE, J. R. **Caça ao tesouro**: Um experimento de grupo em psicologia social. PUC/São Paulo, 1974.

MANHAES, M. Reações de um grupo diante da gravidez. **Jornada Brasileira de Psiquiatria**, 10 (2), 39-52, 1961.

MANN, R. D (1975). Winners, losers and the search for equality in groups. In: Cary L COOPER (Ed). **Theories of group processes**. London: Wiley, 1975.

MARIANTE, J. G. Alguns aspectos da técnica da psicoterapia analítica de grupo. **Revista Brasileira de Psicanálise**, vol. 2, n 4, 1969.

MARTIN, E. G. **Psicologia do encontro.** Ed. Duas Cidades, 1978.

MARTINS, A. M. B.; MARTINS, M. D. E.; DIAS, S. Grupos com adolescentes: uma abordagem interdisciplinar. **Psico**, 11 (2), 221-229, 1988.

MARTINS, S. M. M. A. A crise da formação do psicólogo: **O grupo operativo como técnica de ensino = uma forma alternativa de solução para o problema**. Tese (Mestrado/Psicologia/PUC/Rio), 1982.

MEADOR, B. Individual process in a basic encounter group. **Journal of Counseling Psychology**, 18, 70-76, 1971.

MELLO FILHO, J. Psicoterapia grupal e doença somática. **Gradiva**, n 31, Rio de Janeiro, 1985.

MELLO FILHO, J. Técnica analítica grupal: passado e presente. **Jornal Brasileiro de Psiquiatria**, 26 (1), 29-40, 1977.

MILAN, B. **O jogo do esconderijo, terapia em questão**. São Paulo: Pioneira, 1976.

MINICUCCI, A. **Dinâmica de grupo**. São Paulo: Ed. Atlas, 1977.

MINTZ, E.E. **Marathon groups**: reality and symbol. New York: Avon, 1972.

MONTEIRO, R. F. **Jogos dramáticos**. S. P.: McGraw-Hill do Brasil, 1979.

MOREIRA DA SILVA. Grupo estrutural de vivência para pais. In: MACEDO ROSA (Org.). **Psicologia e Instituição**: novas formas de atendimento. S.P.: Cortez, 1984.

MULLEN, R. **Encounter groups for addictions**: Volume I: Evolution of the encounter group. Disponível em: <http://www.therapeuticresources.com/32-Evolution%20of%20the%20Encounter%20Group%20DVD.html>. Acesso em: 10 ago. 2009.

NAFFAH NETO, A. **Psicodrama – descolonizando o imaginário.** São Paulo: Ed. Brasiliense, 1979.

NAFFAH NETO, A. **Psicodramatizar**. Ed. Agora, 1980.

NATRIELLI, D. G. A revivência da violência do mito de Édipo do "setting" grupal. **Jornal Brasileiro de Psiquiatria**, 30 (6), 497-502, 1981.

NATRIELLI, D. G.; SOARES, N. C.;VIDIGAL, S. Psicoterapia de grupo – vivência corporal e existencial do grupo terapeuta. **Jornal B. de Psiquiatria**, 36 (4), 1987.

NICK, E. Uma aplicação do método dos grupos a análise confirmatória do problema das caixas de Thurstone. **Arquivos Brasileiros de Psicologia**, n 3, 1985.

NOVAES, M. H. **Dinâmica de grupo**. Ed. Vozes, 1968.

NOVAES, M. H. Liderança e psicoterapia de grupo. **ABP**, 20 (4), 25-30, 1968.

OLIVEIRA, A. R. O acompanhamento terapêutico como tarefa de grupo. **Gradiva**, n 40, Rio de Janeiro, 1987.

OLIVEIRA, M. M. **Contatos sociais em pré-escolares em grupo**. Tese (Doutorado/São Paulo/USP), 1989.

OLIVEIRA, W. L. Sobre psicoterapia analítica de grupo. **Jornal Brasileiro de Psiquiatria**, 7 (4), 1958.

OLIVEIRA, W. I. Notas sobre a terminação da análise de grupo. **Jornal Brasileiro de Psiquiatria**, 13 (1), 21-52, 1964.

OLIVEIRA, W. I. Relações entre analista: Um estudo do grupo psicanalítico. **Jornal Brasileiro de Psiquiatria**, 14 (3-4), 159-23, 1965.

OLIVEIRA, W. I.; PEREIRA, W.; BASTOS, J. C. Grupo de psicoterapia breve. **Jornal Brasileiro de Psiquiatria**, 23 (3-4), 1974.

OLIVEIRA, W. I; LA PORTA, E.; NUNES, E.; LIMA Filho, H. A.; CHEBABI, W. e SCHNEIDER, F. Grupos terapêuticos e grupos ideológicos. **Jornal Brasileiro de Psiquiatria**. 11 (3-4), 173-188, 1962.

OLIVEIRA, W.; PINTO, M. L.; AZULAY, J. Fantasias e ansiedades básicas no grupo terapêutico. **Jornal Brasileiro de Psiquiatria**, 14 (1-2), p. 5-22, 1965.

OSÓRIO, L. C. **Grupoterapia hoje**. Porto Alegre, Artes Médicas, 1985.

OSÓRIO, L. C. O futuro das grupoterapias. **Revista de Psiquiatria**, R.S., 9 (1), p. 37-48, Jan/Abr., 1987.

PAMPLONA, V. **Recriando a realidade através do psicodrama**. Tese (Mestrado, IESAE/EGV), 1989.

PEDROSA, M. A. L. **Pesquisa sobre grupo Ralint com doutorandos e residentes de medicina**. Tese (Mestrado, USP São Paulo), 1986.

PELOSI, R. M.; SUSE MIHL, E. V. K. P. O grupo como sonho – o sonho manifesto, a realização de um desejo e a elaboração de um grupo de coterapia. **Gradiva**, n 44, Rio de Janeiro, 1989.

PERARO FILHO, C. **Conflito no grupo segundo a teoriade Kurt Lewin**. Tese (Mestrado/Psicologia/PUC/SP), 1978.

PEREIRA, L. Algumas considerações sobre a coterapia de grupo. **Jornal Brasileiro de Psiquiatria**, 28 (1-4), 23-28, 1979.

PESSAGNA, V. L. **Psicodrama de casais**: sete estudos de caso. Tese (Mestrado/PUC/Campinas), 1981.

PINHEIRO, Raquel dos Santos Leal. **Vita**: Estudo clínico da influência de dois procedimentos de grupo na resposta sexual de mulheres com difusão sexual. Tese (Mestrado, PUC/Campinas),1986.

PINTO, I. M. e NESSI, C. A. Ensino-aprendizagem – uma experiência grupal. **Arquivos Brasileiros de Psicologia**, 31 (2), p. 169-172, 1979.

PY, L.A. (org.). **Grupo sobre grupo**. Rio de Janeiro: Rocco, 1987.

PY, L.A. **A conquista da convivência na grupoterapia**. **Gradiva**. Rio de Janeiro: n 29, 1984.

QUEIROZ, A O; MELLO FRANCISCO, J., et al. Dinâmica grupal com pacientes de clínica médica. **Jornal Brasileiro de Medicina**. 30, 100, 1976.

RABELO DE CASTRO, L. e MOURA PINTO, S. Psicodiagnóstico infantil em grupo. In: Langenbach. M. **O SPA da PUC/Rio**: uma prática em debate. PUC/Rio, DIE, 1982.

RAMOS, N. Terapia grupal dos transtornos psicopatológicos. **Jornal Brasileiro de Psiquiatria**, 32 (2), 95-100, 1983.

RHERING, A. Grupo: Pontos e contrapontos. **Gradiva**, n 40, Rio de Janeiro, 1987.

RIBEIRO, E. P. C. **O Psicodrama**: fundamentos histórico aplicação. Tese (Mestrado, U. São Paulo),1983.

RIBEIRO, J. **O conceito de resistência na psicoterapia grupo-analítica**: Repensando um caminho. Psicologia teoria e Pesquisa, 5 (1), p.123-135, 1989.

RIBEIRO, J. **Psicoterapia de grupo analítica**. Ed. Vozes, 1981.

RICOTTA, L. C. (Org.). **Psicodrama nas instituições**. São Paulo: Summus, 1990.

ROGERS, C. R. Carl Rogers describes his way of facilitating encounter groups. **The American Journal of Nursing**., Vol. 71, n. 2 (Feb.),p. 275-279, 1971.

ROMANA, M. A. **Psicodrama pedagógico**. Campinas: Ed. Papyrus, 1987.

ROMANA, M. A. **Psicodrama pedagógico**. Ed. Papirus, 1985.

ROSENBERG, R. **Estudo da percepção das condições psicoterápicas em grupos de aconselhamento psicológico**. Tese (Doutorado/São Paulo/USP), 1973.

ROWAN, J. Integrative encounter. In: Windy DRYDEN (Ed). **Integrative and eclectic therapy**: A handbook. Milton Keynes: Open University Press, 1992.

RUBINI, C. J. **Grupos de adolescentes numa instituição escolar**: uma experiência de trabalho e estudo de seus resultados. Tese (Mestrado PUC/Rio), 1980.

SAIDON, O. **Práticas grupais**. Rio de Janeiro: Campus, 1983. Disponível em: <http://www.continents.com/Art62.htm>. Acesso em: 15 jun. 2003.

SAIDON, O.; RODRIGUES, L. A. et. al.As formações de coordenadores de grupo. **Jornal Brasileiro de Psicologia**. S/d.

SANDLER, J. Contribuições para uma psicoterapia de grupo com coronariopatas. **Revista Brasileira de Psicanálise**, Vol. IX, n 4, 1975.

SANTOS, M. A. Psicodiagnóstico infantil em grupo: Uma experiência em instituição. **Arquivos Brasileiros de Psicologia**, 39 (2), p. 3-17, 1987.

SHAFFER, J. B. P.; GALINSKY, M. **Models of group therapy**. EnglewoodCliffs: Prentice-Hall, 1989.

SCHNEIDER, G. Histórico e desenvolvimento da psicoterapia de grupo. **Revista Brasileira de Saúde Mental**. Rio de Janeiro, 1965.

SCHNEIDER, G. A formação de um setor de grupoterapia analítica num hospital psiquiátrico. **Jornal Brasileiro de Psiquiatria**, 16 (3-4), p. 347-354, 1967.

SCHNEIDER, G. Dinâmica de grupo. **Gradiva**, n 3, 1980.

SCHNEIDER, G. O Suposto básico de dependência na psicoterapia de grupo. **Jornal Brasileiro de Psiquiatria**, 11 (3-4), p. 231-241, 1962.

SCHUTZ, W. Holistic education. In: R CORSINI (Ed). **Innovative psychotherapies**. New York: Wiley, 1981.

SCHUTZ, W. **Elements of encounter**. Big Sur: Joy Press, 1973.

SHVINGER, A. **O grupo T e a psicoterapia de grupo**: uma comparação. Tese (Mestrado PUC/Rio), 1974.

SILVA DIAS, V. **Psicodrama**: teoria e prática. São Paulo: Summus, 1987.

SOUZA, E. O consultor e o manejo de clima grupal. **Psicologia Ciência e Profissão**, ano 3 (1), 1982.

TEITELBAUM, S. Supervisão de estágios de clínica: uma abordagem em psicologia dinâmica e social. **Psico**, 10-11 (1 e 2), p. 38-55, 1985.

TELLEGEN, I. **Gestalt e grupo**. São Paulo: Summus, 1984.

TIGRE, B.; GROISMAN, M. Sobre a psicoterapia de grupo breve em adolescentes numa instituição psiquiátrica. **Jornal Brasileiro de Psiquiatria**, 32 (6), p. 405-408, 1983.

TOLENTINO, M. C. **Uma proposta de dinâmica de grupo e o estudo da mudança de atitude em instituições escolares** – Adaptação pioneira do sistema SMYLOG no Brasil. Rio, Tese (Mestrado Universidade Gama Filho), 1986.

Vários Autores. **O processo educativo segundo Paulo Freire e Pichon--Riviere**. Petrópolis Ed. Vozes, 1989.

VERNY, T. R. **Inside groups**: a practical guide to encounter groups and group therapy. New York: McGraw-Hill, 1975.

VIANA, A. **Os grupos de encontro de Carl R. Rogers**. Disponível em: <http://www.musicaeeducacao.mus.br/artigos/viana_andersen_gruposdeencontro.pdf>. Acesso em: 10 ago 2009.

VOLPE, A. J. **Édipo**: psicodrama do destino. São Paulo: Agora, 1990.

WIBBERLEY, M. Encounter. In: J ROWAN; W DRYDEN (Ed). **Innovative therapy in Britain**. Milton Keynes: Open University Press, 1988.

WEIL, P. Dinâmica de grupo e psicodrama no ensino de psicologia social. **Arquivos Brasileiros de Psicologia**, 20 (3), p. 23-29, 1968.

WEIL, P. **Dinâmica de grupo e desenvolvimento em relações humanas**. Ed. Itatiaia, 1967.

WOLF, S. R. **O processo experiencial e a modificação de personalidade nos participantes de um grupo de encontro com focalização**. Tese (Mestrado PUC/São Paulo), 1979.

WOLF, S. R. **Uma experiência de grupo de encontro básico com jovens sujeitos farmacodependentes**. Tese (Mestrado Psicologia/PUC/Campinas), 1975.

YABLONSKY, L. **Synanon**: the tunnel back. Macmillan: London,1965.

ZIMMERMANN, D. **A dinâmica do grupo terapêutico**. Tese inaugural da cadeira de clínica psiquiátrica, Faculdade de Medicina, Porto Alegre, RS, 1957.

ZIMMERMANN, D. **Estudos sobre psicoterapia analítica de grupo.** São Paulo: Mestre Jou, 1971.

ZIMMERMANN, D. Alguns aspectos característicos dos sonhos em psicoterapia de grupo. **Revista de Psiquiatria Dinâmica**, 5(1), p. 39-51, Porto Alegre, 1965.

ZIMMERMANN, D. Contribuições ao estudo da técnica da interpretação em psicoterapia analítica de grupo. **Revista Brasileira de Psicanálise**, vol. 4, n1, 1970.

ANEXO II

Bibliografia (J. GIBB)

1. ACKERMAN, P. H. A staff group in a women's prison. **International Journal of Group Psychotherapy**, 1972, 22, 364-373.

2. ALDERFER, C. P.; LODAHL, T. M. A quasi experiment on the use of experimental methods in the classroom. **Journal of Applied Behavioral Science**, 1971, 7, 43-69.

3. ALLAN, T. K.; ALLAN, K. H. Sensitivity training for community leaders. **Proceedings of the Annual Convention of the American Psychological Association**, 1971, 6, 577-578.

4. ANZALONE, A. P. **Personality characteristics relevant to research in human relations training**. Tese (Doutorado, University of Nevada), 1972.

5. ARGYRIS, C. Explorations in interpersonal competence-II. **Journal of Applied Behavioral Science**, 1965, 1, 255-269.

6. ARMOR, T. H. **Peak-experiences and sensitivity training groups**. Tese (Doutorado University of California, Los Angeles), 1969.

7. ARONSON, S. R. **A comparison of cognitive vs focused-activities techniques in sensitivity group training**. Tese (Doutorado, University of Connecticut), 1971.

8. BAGDASSARROFF, B. J.; CHAMBERS, N.E. **An evaluation of the encounter group process through assessment of value shifts and patterns of black and white educators**. Tese (Doutorado, United States International University), 1970.

9. BAKER, F. S. **A comparison between two methods of teaching prospective counselors to provide high therapeutic conditions**. Tese (Doutorado, Case Western Reserve University), 1970.

10. BALDWIN, B. A. Change in interpersonal cognitive complexity as a function of a training group experience. **Psychological Reports**, 1972, 30, 935-940.

11. BARE, C. E.; MITCHELL, R. R. Experimental evaluation of sensitivity training. **Journal of Applied Behavioral Science**, 1972, 8, 263-276.

12. BASS, B. M. Reactions to "12 Angry Men" as a measure of sensitivity training. **Journal of Applied Psychology**, 1962, 46, 120-124. (a)

13. BASS, B. M. Mood changes during a management training laboratory. **Journal of Applied Psychology**, 1962, 46, 361-364. (b)

14. BAUMGARTEL, H.; GOLDSTEIN, J. W. Need and value shifts in college training groups. **Journal of Applied Behavioral Science**, 1967, 3, 87-101.

15. BEBOUT, J.; GORDON, B. The value of encounter, L. N. In: Solomon & B. Berzon (Eds.). **New perspectives on encounter groups**. San Francisco: Jossey-Bass, 1972, 83-118.

16. BELLANTI, J. **The effects of an encounter group experience on empathy, respect, congruence, and self-actualization**. Tese (Doutorado, Pennsylvania State University), 1971.

17. BEN-ZEEV, S. Comparison of diagnosed behavioral tendencies with actual behavior. In: D. STOCK; H.A. THELEN (Eds.). **Emotional dynamics and group culture**. Washington, D.C. National Training Laboratories, 1958, 26-34. (a)

18. BEN-ZEEV, S. Sociometric choice and patterns of member participation. In: D. STOCK; H.A. THELEN (Eds.). **Emotional dynamics and group culture**. Washington, D.C. National Training Laboratories, 1958, 84-91. (b)

19. BERLIN, J. 1. Program learning for personal and interpersonal improvement. **Acta Psychologica**, 1964, 13, 321-335.

20. BERZON, B.; PIOUS, C.; & FARSON, R. E. The therapeutic event in group psychotherapy: A study of subjective reports by group members. **Journal of Individual Psychology**, 1963, 19, 204-212.

21. BERZON, B.; REISEL, J.; DAVIS, D. P. PEER. An audio tape program for self-directed small groups. **Journal of Humanistic Psychology**, 1969, 9, 71-86.

22. BERZON, B.; SOLOMON, L.N. Research frontier: The self-directed therapeutic group-three studies. **Journal of Counseling Psychology**, 1966, 13, 490-497.

23. BIDWELL, W.W. **A study of openness as a factor in the human relations training of preservice teachers**. Tese (Doutorado, Ohio State University), 1966.

24. BITNER, J.A. **Diabetes,self-concept, and an encounter group**: A pilot study using phenomenological analysis and the Tennessee Self Concept Scale. Tese (Doutorado, United States International University), 1972.

25. BLAKE, R.R., & MOUTON, J.S. Some effects of managerial grid seminar training on union and management attitudes toward supervision. **Journal of Applied Behavioral Science**, 1966, 2, 387-400.

26. BOBELE, H.K. **An exploratory study of the use of body-movement as a personal growth adjunct in sensitivity training**. Tese (Doutorado, University of California, Los Angeles), 1970.

27. BOLMAN, L. Laboratory versus lecture in training executives. **Journal of Applied Behavioral Science**, 1970, 6, 323-336.

28. BOLMAN, L. Some effects of trainers on their T groups. **Journal of Applied Behavioral Science**, 1971, 7, 309-326.

29. BRAMSON, R. M. **Changes in social sensitivity in group training**. Tese (Doutorado, University of California, Berkeley), 1969.

30. BRENNER, A. M. Self-directed T groups for elementary teachers: Impetus for innovation. **Journal of Applied Behavioral Science**, 1971, 7, 327-341.

31. BROOK, R. C. **Self concept changes as a function of participation in sensitivity training as measured by the Tennessee Self Concept Scale**. Tese (Doutorado, Michigan State University), 1968.

32. BROWN, L. D. "Research action": organizational *feedback*, understanding, and change. **Journal of Applied Behavioral Science**, 1972, 8, 697-712.

33. BUNKER, D.R.; KNOWLES, E.S. Comparison of behavioral changes resulting from human relations training laboratories of different lengths. **Journal of Applied Behavioral Science**, 1967, 3, 505-523.

34. BUNKER, G.L. **The effect of group perceived esteem on self and ideal concepts in an emergent group**. (Mestrado, Brigham Young University), 1961.

35. BURKE, R. L.; BENNIS, W. G. Changes in perception of self and others during human relations training. **Human Relations**, 1961, 14, 165-182.

36. BURNS, C. W. **Effectiveness of the basic encounter group in marriage counseling**. Tese (Doutorado, University of Oklahoma), 1972.

37. BYRD, R. E. **Self-actualization through creative risk taking**. Tese (Doutorado, New York University), 1970.

38. CALLIOTTE, J. A. **The effect of basic encounter groups on student teachers' personality traits and subsequent teaching behaviors**. Tese (Doutorado, St. Louis University), 1971.

39 CAMPBELL, J. P.; DUNNETTE, M. D. Effectiveness of T-group experiences in managerial training and development. **Psychological Bulletin**, 1968, 70, 73-104.

40. CARNEY, E. A measurement study of passively defensive persons in communication work-shops. **Dissertation Abstracts International**, 1971, 31, 12.

41. CARRON, T. J. Human relations training and attitude change: A vector analysis. **Personnel Psychology**, 1964, 17, 403-424.162

42. CECERE, G. J. **Change in certain personality variables of counselor education candidates as a function of T-groups**. Tese (Doutorado, Rutgers University), 1969.

43. CERRA, P. F. **Theeffects of T-group training and group video recall procedures on affective sensitivity, open-mindedness, and self-perception change in counselors**. Tese (Doutorado, Indiana University), 1969.

44. CHERLIN, D. L. **Anxietyand consultant differences in self-study groups**. Tese (Doutorado, Yale University), 1967.

45. CIMBOLIC, P. **The effects of sensitivity training upon black clients' perceptions of counselors**. Tese (Doutorado, University of Missouri), 1970.

46. CIRIGLIANO, R. J. **Group encounter effects upon the self-concepts of high school students**. Tese (Doutorado, St. John's University), 1972.

47. CLARK, J. V.; CULBERT, S. A. Mutually therapeutic perception and self-awareness in a T-group. **Journal of Applied Behavioral Science**, 1965, 1, 180-194.

48. CLARK, J. V.; CULBERT, S. A.; BOBELE, H. K. Mutually therapeutic perception and self-awareness under variable conditions. **Journal of Applied Behavioral Science**, 1969, 5, 65-72.

49. CLARKE, J. F. **Some effects of nonverbal activities and group discussion on interpersonal trust development in small groups**. Tese (Doutorado, Arizona State University), 1971.

50. CLEVELAND, S. E.; MORTON, R. B. Group behavior and body image: a follow-up study. **Human Relations**, 1962, 15, 77-85.

51. CONNOLLY, W. J. **Participation in a communication training laboratory and actualizing changes in church leaders**. Tese (Doutorado, United States International University), 1970.

52. CONYNE, R. K. **Facilitator-directed and self-directed sensitivity models**: Their effect on self-perceptual change. Tese (Doutorado, Purdue University), 1970.

53. COOPER, C. L. An attempt to assess the psychologically disturbing effects of T-group training.**British Journal of Social & Clinical Psychology**, 1972, 11, 342-345. (a)

54. COOPER, C. L. Coping with life stress after sensitivity training. **Psychological Reports**, 1972, 31, 602. (b)

55. COOPER, C. L. The influence of the trainer on participant change in T-groups. **Human Relations**, 1969, 22, 515-530.

56. COOPER, C. L. T-group training and self-actualization. **Psychological Reports**, 1971, 28, 391-394.

57. COOPER, C. L.; ODDIE, H. Group training in a service industry: Improving social skills in motorway service area restaurants. **Interpersonal Development**, 1972, 3, 13-39.

58. COSTINEW, A. E. **The basic encounter group as an innovation in counselor education**. Tese (Doutorado, Wayne State University), 1970.

59. COUNSELING CENTER STAFF. Effects of three types of sensitivity groups on changes in measures of self actualization. **Journal of Counseling Psychology**, 1972, 19, 253-254.

60. CULBERT, S. A. Trainer self-disclosure and member growth in two T-groups. **Journal of Applied Behavioral Science**, 1968, 4, 4773.

61. CULBERT, S. A.; CLARK, J. V.; BOBELE, H. K. Measures of change toward self-actualization in two sensitivity training groups. **Journal of Counseling Psychology**, 1968, 15, 5357.

62. DANISH, S. J. Factors influencing changes in empathy following a group experience. **Journal of Counseling Psychology**, 1971, 18, 262-267.

63. DAVIES, M. M. **A comparison of the effects of sensitivity training and programmed instruction on the development of human relations skills of beginning nursing students in an associate degree program.** Tese (Doutorado, St. Louis University), 1970.

64. DELANEY, D. J.; HEIMANN, R. A. Effectiveness of sensitivity training on the perception of non-verbal communications. **Journal of Counseling Psychology**, 1966, 13, 436-440.

65. DELANEY, E. T. **The effects of a group experience on the self--awareness of supervisor trainees and teacher trainees in supervision.** Tese (Doutorado, University of Illinois), 1970.

66. DEMICHELE, J. H. **Themeasurement of rated training changes resulting from a sensitivity training laboratory of an overall program in organization development**. Tese (Doutorado, New York University), 1966.

67. DIETTERICH, P.M. **An evaluation of a group development laboratory approach to training church leaders**.Tese (Doutorado, Boston University), 1961.

68. DILLER, J. V. **The encounter group as a means of reducing prejudice**.Tese (Doutorado, University of Colorado), 1971.

69. DODSON, J. P. **Participation in a bi-racial encounter group**: Its relation to acceptance of self and others, racial attitudes, and interpersonal orientations. Tese (Doutorado, Purdue University), 1970.

70. DRAEGER, C. **Level of trust in intensive small groups**. Tese (Doutorado, University of Texas, Austin), 1968.

71. DUNNETTE, M. D. People feeling: joy, more joy, and the "slough of despond. **Journal of Applied Behavioral Science**, 1969, 5, 25-44.

72. DUNPHY, D. C. Phases, roles, and myths in self-analytic groups. **Journal of Applied Behavioral Science**, 1968, 4, 195-226.

73. DYER, R. D. **The effects of human relations training on the interpersonal behavior of college students**. Tese (Doutorado, University of Oregon), 1967.

74. EASTON, C. W. **The effect of the structure and emphasis of group training methods on communication skills attitude change and problem-solving ability**. Tese (Doutorado, Rutgers State University), 1971.

75. EDWARDS, D. D. **Effects of an extended encounter group experience upon counselor facilitation of client self-exploration.** Tese (Doutorado, North Illinois University), 1971.

76. EGELHOFF, E. A. **Encounter group feedback and self-perception change.** Tese (Doutorado, University of Texas), 1970.

77. EISENBEISS, M. J. **The effect of sensitivity group experience on counselors-in-training and their understanding of counselee communication.**Tese (Doutorado, University of Wyoming), 1972.

78. EISENSTADT, J. W. An investigation of factors which influence response to laboratory training. **Journal of Applied Behavioral Science,** 1967, 3, 575-578.

79. ELBERT, W. E. **Changes in self-concept, selfactualization, and interpersonal relations as a result of video feedback in sensitivity training.** Tese (Doutorado, East Texas State University), 1969.

80. ELLIOTT, A. L. **Fostering self actualization of high school students through general semantics training in encounter groups.** Tese (Doutorado, United States International University), 1969.

81. ELLIOTT, G. R. **The effects of the T-group method upon the communication and discrimination skills of counselor trainees.** Tese (Doutorado, Kent State University), 1971.

82. FADALE, V. E. **An experimental study of the effects of videotape feedback in a basic encounter group.** Tese (Doutorado, East Texas State University), 1969.

83. FENNELL, N. W.; KENTON, R.W. **Some effects on personality of a basic encounter group in a community college class.** Tese (Doutorado, United States International University), 1970.

84. FENWICK, D. D. **An evaluation of a planned program of human relations development for college students.** Tese (Doutorado, University of Nebraska, Teachers College), 1967.

85. FISHER, I. S. **The relationship between selected personality characteristics and the effects of training to develop small group productivity skills and interpersonal competence.** Tese (Doutorado, University of Miami), 1970.

86. FORCE, E. J. **Personal changes attributed to human relations training by participants, intimates and job colleagues.** Tese (Doutorado, Michigan State University), 1969.

87. FOSTER, B. W. **An investigation of changes in levels of dogmatism, self-concept, needs for inclusion, affection, and control, as a result of encounter group experiences with selected graduate students.** Tese (Doutorado, University South Dakota), 1972.

88. FOULDS, M. L. Effects of a personal growth group on a measure of self-actualization. **Journal of Humanistic Psychology**, 1970, 10, 33-38.

89. FOULDS, M. L. Changes in locus of internal-external control: A growth group experience. **Comparative Group Studies**, 1971, 2, 293-300.

90. FOULDS, M. L., DIRONA, R.; BUINAN, J. F. Changes in ratings of self and others as a result of a marathon group. **Comparative Group Studies**, 1970, 1, 349-355.

91. FREID, J. B. **The effects of input and feedback on accuracy of self descriptions in short-term sensitivity training.** Tese (Doutorado, University of South Carolina), 1970.

92. FRENCH, J. R. P., SHERWOOD, J. J.; BRADFORD, D. L. Change in self-identity in a management training conference. **Journal of Applied Behavioral Science**, 1966, 2, 210-218.

93. FRIEDLANDER, F. The impact of organizational training laboratories upon the effectiveness and interaction of ongoing work groups. **Personnel Psychology**, 1967, 20, 289-308.

94. FRIEDLANDER, F. The primacy of trust as a facilitator of further group accomplishment. **Journal of Applied Behavioral Science**, 1970, 6, 387-400.

95. FRIEDMAN, V. S. **The effects of sensitivity training on students at a major metropolitan university.** Tese (Doutorado, St. Louis University), 1969.

96. GAGE, N. L.; EXLINE, R. V. Social perception and effectiveness in discussion groups. **Human Relations**, 1953, 6, 381-396.

97. GAMEZ, G. L. **T-groups as a tool for developing trust and cooperation between Mexican-American and Anglo-American college students.** Tese (Doutorado, University of Texas), 1970.

98. GAMEZ, K. B. **Transfer of learning from T-groups to other groups.** Tese (Doutorado, University of Texas), 1970.

99. GARNER, H. G. **Effects of human relations training on the personal, social, and classroom adjustment of elementary school children with behavior problems.** Tese (Doutorado, University of Florida), 1970.

100. GASSNER, S. M.; GOLD, J.; SANDOWSKY, A. M. Changes in the phenomenal field as aresult of human relations training. **Journal of Psychology**, 1964, 58, 33-41.

101. GEISLER, J.; GILLINGHAM, W. The effects of a personal growth experience. **National Catholic Guidance Conference Journal**, 1971, 15, 183-186.

102. GEITGEY, D. A. **A study of some effects of sensitivity training on the performance of students in associate degree programs of nursing education**. Tese (Doutorado, University of California, Los Angeles), 1966.

103. GIBB, J. R. **Effects of role playing upon (a) role flexibility and upon (b) ability to conceptualize a new role**. Paper presented at the meeting of the American Psychological Association, Cleveland, September 1953.

104. GIBB, J. R. The effects of human relations training. In: A. E. BERGIN; S. L. GARFIELD (Ed). **Handbook of psychotherapy and behavior change**. New York: Wiley, 1971. p. 839-862.

105. GIBB, J. R. A research perspective on the laboratory method. In: L. B. BENNE; J. R. GIBB; R. LIPPITT (Ed). **The laboratory method of changing and learning**. New York: Wiley, 1974.

106. GIBB, J. R.; SMITH, E. E.; ROBERTS, A. H. **Effects of positive and negative feedback upon defensive behavior in small problem--solving groups**. Paper presented at the meeting of the American Psychological Association, San Francisco, September 1955.

107. GIBB, L. M.; GIBB, J. R. **Effects of the use of "participative action" groups in a course in general psychology**. Paper presented at the meeting of the American Psychological Association, Washington, D.C., September 1952.

108. GILLIGAN, J. F. **Personality characteristics of selectors and non--selectors of sensitivity training and the relationship between selector characteristics and training outcomes**. Tese (Doutorado, University of Idaho), 1972.

109. GILLILAND, S. F. **Some effects of a human relations laboratory on moral orientation**.Tese (Doutorado, Boston University), 1971.

110. GOLD, J. S. **An evaluation of a laboratory human relations training program for college undergraduates**.Tese (Doutorado, Columbia University), 1967.

111. GOLDBERG, R. M. **Changes in self-ideal discrepancies in sensitizers and repressors as a function of a sensitivity training experience**. Tese (Doutorado, University of Cincinnati), 1970.

112. GOLDSTEIN, S. R. **Differential effects of physical and nonphysical encounter group techniques on dimensions of self-esteem, interpersonal relations and defense**. Tese (Doutorado, Temple University), 1970.

113. GOLEMBIEWSKI, R. T.; BLUMBERG, A. Confrontation in complex organizations: Attitudinal changes in a diversified population of managers. **Journal of Applied Behavioral Science**, 1967, 3, 525-547.

114. GOLEMBIEWSKI, R. T.; CARRIGAN, S. B.; MEAD, W. R.; MUNZENRIDER, R.; BLUMBERG, A. Toward building new work relationships: an action design for a critical intervention. **Journal of Applied Behavioral Science**, 1972, 8, 135-148.

115. GORDON, R. D. **A quantitative investigation of selected dynamics and outcomes of the basic encounter group**. Tese (Doutorado, University of Kansas), 1971.

116. GRANT, S. J. **The effects of a basic encounter group experience on supervision by supervisor trainees**. Tese (Doutorado, University of Illinois), 1970.

117. GRATER, H. Changes in self and other attitudes in a leadership training group. **Personnel Guidance Journal**, 1958, 37, 493496.

118. GREEN, F. **The effects of a task-encounter work-shop on the administrative staff of a public school system**.Tese (Doutorado, U. S. International University), 1970.

119. GREEN, J. G. **A study of expressed behavior changes occurring as a result of exposure to filmed classroom situations and T-group sensitivity training**. Tese (Doutorado, Washington State University), 1969.

120. GREINER, L. E. **Organizational change and development**. Tese (Doutorado, Harvard University), 1965.

121. HAIMAN, F. S. Effects of training in group processes on open-mindedness. **Journal of Communication**, 1963, 13, 236-245.

122. HALL, J.; WILLIAMS, M. S. Group dynamics training and improved decision making. **Journal of Applied Behavioral Science**, 1970, 6, 39-68.

123. HAMMANN, K. A. **Trainer orientation, member experience, and empathy**: A true experiment exploring the source and kinds of impact of sensitivity training. Tese (Doutorado, University of Michigan), 1970.

124. HARPEL, R. L. **The effect of encounter group composition upon social and political attitudes**. Tese (Doutorado, University of Colorado), 1970.

125. HARRISON, R. Impact of the laboratory on perceptions of others by the experimental group. In: C. ARGYRIS. **Interpersonal competence and organizational effectiveness**. Homewood, Ill.: Irwin, 1962, 261-271.

126. HARRISON, R. Cognitive change and participation in a sensitivity training laboratory. **Journal of Consulting Psychology**, 1966, 30, 517-520.

127. HARRISON, R. Research on human relations training: Design and interpretation. **Journal of Applied Behavioral Science**, 1971, 7, 71-86.

128. HARRISON, R.; LUBIN, B. Personal style, group composition, and learning. **Journal of Applied Behavioral Science**, 1965, 1, 286-301.

129. HARROW, M., et al. The T-group and study group laboratory experiences. **Journal of Social Psychology**, 1971, 85, 225-237.

130. HECK, E. J. A training and research model for investigating the effects of sensitivity training for teachers. **Journal of Teacher Education**, 1971, 22, 501-507.

131. HEINER, H. G. **An application of T-group method to the teaching of family relationships**. Tese (Doutorado, University of Washington), 1970.

132. HELLEBRANDT, E. T.; STINSON, J. E. The effects of T-group training on business game results. **Journal of Psychology**, 1971, 77, 271-272.

133. HILL, W. F. **The influence of sub groups on participation in human relations training groups**. Tese (Doutorado, University of Chicago), 1955.

134. HIMBER, C. Evaluating sensitivity training for teen-agers. **Journal of Applied Behavioral Science**, 1970, 6, 307-322.

135. HIPPLE, J. L. **Effects of differential human relations laboratory training designs on the interpersonal behavior of college students**. Tese (Doutorado, University of Iowa), 1970.

136. HOLLOMAN, C. R.; HENDRICK. H. W. Effect of sensitivity training on tolerance for dissonance. **Journal of Applied Behavioral Science**, 1972, 8, 174-187.

137. HOLMES, C. B. **The effect of sensitivity training on counseling behavior**. Tese (Doutorado, University of Toled), 1971.

138. HOWARD, R. D. **The effects of structured laboratory learning on the inter-personal behavior of college students**. Tese (Doutorado, University of Oregon), 1969.

139. HULL, D. **The effect of laboratory training on self concept and self actualization**. Tese (Doutorado, University of Missouri), 1971.

140. HULL, W. F. Changes in world-mindedness after a cross-cultural sensitivity group experience. **Journal of Applied Behavioral Science**, 1972, 8, 115-121.

141. INNIS, M. N. **An analysis of sensitivity training and laboratory method in effecting changes in attitudes and concepts**. Tese (Doutorado, University of Houston), 1970.

142. JACOBSON, E. A.; SMITH, S. J. Effect of weekend encounter group experience upon interpersonal orientations. **Journal of Consulting & Clinical Psychology**, 1972, 38, 403-410.

143. JEFFERS, N. E. **An examination of new techniques for enhancing human growth experiences**. Tese (Doutorado, Claremont Graduate School, California), 1971.

144. JEPSON, P. **Some effects of self-actualizing growth on teen-agers**. Tese (Doutorado, United States International University), 1969.

145. JOHNSON, D. L. **The relationships between human relations training for educational administrators and changes in their leader behavior**. Tese (Doutorado, University of Maryland), 1969.

146. JOHNSON, D. L.; HANSON, P. G.; ROTHAUS, P.; MORTON, R. B.; LYLE, F. A.; MOYER, R. Follow-up evaluation of human relations training for psychiatric patients. In: E.H. STEIN; W.B. BENNIS (Ed). **Personal and organizational change through group methods**. New York: Wiley, 1965, 152-168.

147. JOHNSON, D. L., ROTHAUS, P.; HANSON, P. G. A human relations training program for hospital personnel. **Journal of Health and Human Behavior**, 1966, 7, 215-223.

148. JOHNSON, D. W.; KAVANAGH, J. A.; LUBIN, B. T-groups, tests, and tension. **Small Group Behavior**, 1973 (February), 81-88.

149. JOHNSON, L. K. **The effect of trainer interventions on change in personal functioning through T-group training**. Tese (Doutorado, University of Minnesota), 1966.

150. JOHNSON, R. F. **The effects of encounter groups on selected age related variables in a volunteer geriatric population**. Tese (Doutorado, University of Miami), 1970.

151. JOHNSTON, J. J. **Some effects of three kinds of groups in the human relations area**. Tese (Doutorado, University of California, Los Angeles), 1967.

152. JOURE, S. A.; FRYE, R. L.; GREEN, P. C.; CASSENS, F. P. Examples of overuse of sensitivity training. **Training & Development Journal**, 1971, 25, 24-26.

153. KASSARJIAN, H. H. Social character and sensitivity training. **Journal of Applied Behavioral Science**, 1965, 1, 433-440.

154. KEGAN, D.L. **Trust, openness, and organizational development**: short-term relationships in research and development laboratories and a design for investigating long-term effects. Tese (Doutorado, Northwestern University), 1971.

155. KELLEY, H. H. **First impressions in interpersonal relations**. Tese (Doutorado, Massachusetts Institute of Technology), 1948.

156. KELLEY, H.; PEPITONE, A. An evaluation of a college course in human relations. **Journal of Educational Psychology**, 1952, 43, 193-209.

157. KENNEDY, T. F. **An exploration of the effects of sensitivity training upon selected personality traits**. Tese (Doutorado, St. John's University, New York), 1972.

158. KEPES, S. Y. **Experimental evaluations of sensitivity training**. Tese (Doutorado, Michigan State University), 1965.

159. KERNAN, J. P. **Laboratory human relations training: its effect on the "personality" of supervisory engineers**. Tese (Doutorado, New York University), 1963.

160. KHANNA, J. L. **A discovery learning approach to inservice training**. Paper presented at the meeting of the American Psychological Association, San Francisco, September, 1968.

161. KING, W. R. **The effects of a T-group experience on teacher self-perception and classroom behavior**. Tese (Doutorado, Stanford University), 1970.

162. KLINGBERG, H. E. **An evaluation of sensitivity training effects on self-actualization, purpose in life, and religious attitudes of**

theological students. Tese (Doutorado, Fuller Theological Seminary, California), 1971.

163. KOILE, E. A.; Draeger, C. T-group member ratings of leader and self in human relations laboratory. **Journal of Psychology**, 1969, 72, 11-20.

164. KOLB, D. A.; Winter, S. K.; Berlew, D.E. Self directed change: two studies. **Journal of Applied Behavioral Science**, 1968, 4, 453-471.

165. KOMINS, A. S. **An analysis of trainer influence in T-group learning**. Tese (Doutorado, Boston University), 1972.

166. KOZIEY, P. W., LOKEN, J. O.; FIELD, J. A. T-group influence on feelings of alienation. **Journal of Applied Behavioral Science**, 1971, 7, 724-732.

167. KRAUS, W. A. **Laboratory groups**: Effect on the tolerance scale of the California Psychological Inventory. Tese (Doutorado, Ohio University), 1970.

168. KREAR, M. L. **The influence of sensitivity training on the social attitudes of educational leaders or racially-unbalanced schools**. Tese (Doutorado, United States International University), 1968.

169. LAGOON, S. **TORI**: a theory of community growth. (Mestrado, United States International University), 1971.

170. LAKIN, M.; CARSON, R. C. Participant perception of group process in group sensitivity training. **International Journal of Group Psychotherapy**, 1964, 14, 116-122.

171. LASALLE, A. J. **The effects of encounter and programmed group treatments on self-concept**.Tese (Doutorado, State University of New York), 1970.

172. LEE, R. E. **Relationship between basic encounter group and change in self concepts and interpersonal relationships of college low achievers**. Tese (Doutorado, United States International University), 1969.

173. LEE, W. G. **Differences in self-concept changes among three educative treatments**. Tese (Doutorado, Florida State University), 1971.

174. LEE, W. S. Human relations training for teachers: The effectiveness of sensitivity training. **California Journal of Educational Research**, 1970, 21, 28-34.

175. LEITERMAN, P. R. **Attitudinal and behavioral changes in self-directed and leader-directed personal growth groups**. Tese (Doutorado, University of Kentucky), 1970.

176. LEON, J. E. **Attitude change, as a result of T-group sessions, in a pre-teaching population**. Tese (Doutorado, Case Western Reserve University), 1972.

177. LEVY, S. J. **An empirical study of disclosing behavior in a verbal encounter group**. Tese (Doutorado, Yeshiva University), 1971.

178. LEVY, S. J.; ATKINS, A. L. An empirical investigation of disclosing behavior in a verbal encounter group. **Proceedings of the Annual Convention of the American Psychological Association**, 1971, 6, 297-298.

179. LIEBERMAN, M. A. **The relationship between the emotional cultures of groups and individual change**. Tese (Doutorado, University of Chicago), 1958. (a)

180. LIEBERMAN, M. A. The relation of diagnosed behavioral tendencies to member perceptions of self and of the group. In: D. Stock & H. A. Thelen (Ed). **Emotional dynamics and group culture**. Washington, D.C.: National Training Laboratories, 1958, 35-49. (b)

181. LIEBERMAN, M. A. Sociometric choice related to affective approach. In: D. Stock and H. A. Thelen (Ed). **Emotional dynamics and group culture**. Washington, D.C.: National Training Laboratories, 1958, 71-83. (c)

182. LIEBERMAN, M. A. The influence of group composition on change in affective approach. In: D. Stock; H. A. Thelen (Ed). **Emotional dynamics and group culture**. Washington, D. C.: National Training Laboratories, 1958, 131-139. (d)

183. LIEBERMAN, M. A.; Yalom, I. D.; Miles, M. B. **Encounter groups**: first facts. New York: Basic Books, 1972.

184. LIEBOWITZ, B. A method for the analysis of the thematic structure of T-groups. **Journal of Applied Behavioral Science**, 1972, 8, 149173.

185. LINK, S. L. **A study of degree of change in self-concept as a result of participation in a marathon T-group**. Tese (Doutorado, University of Oregon), 1971.

186. LIPPITT, G. L. **Effects of information about group desire for change on members of a group**. Tese (Doutorado, American University), 1959.

187. LIPPITT, L. L. **Participant learnings resulting from a human relations training experience for teacher trainees**. Tese (Doutorado, University of Michigan), 1971.

188. LITTLE, F. W. **The effect of a personal growth group experience upon measured self concept of a selected group of black college freshmen.** Tese (Doutorado, Purdue University), 1971.

189. LIVINGSTON, D. G. **The effects of varying group organization upon perception of power and benefit.** Tese (Doutorado, University of Kansas), 1951.

190. LIVINGSTON, L. B. **Self-concept change of black college males as a result of a weekend black experience encounter workshop.** Tese (Doutorado, Arizona State University), 1971.

191. LOHMAN, K., ZENGER, J. H.; WESCLER, I. R. Some perceptual changes during sensitivity training. **Journal of Educational Research**, 1959, 53, 28-31.

192. LOPER, M. D. **Videotaped feedback and changes in self-concept during and after sensitivity training.** Tese (Doutorado, University of California, Los Angeles), 1970.

193. LUBIN, B.; ZUCKERMAN, M. Affective and perceptual-cognitive patterns in sensitivity training groups. **Psychological Reports**, 1967, 21, 365-376.

194. LUBIN, B.; ZUCKERMAN, M. Level of emotional arousal in laboratory training. **Journal of Applied Behavioral Science**, 1969, 5, 483-490.

195. LUMPKIN, M. A. **The effect of an encounter group experience on the role anxiety and therapeutic competence of student therapists.** Tese (Doutorado, Texas Technological University), 1971.

196. LUNDGREN, D. C. **Interaction process and identity change in T-groups.** Tese (Doutorado, University of Michigan), 1968.

197. LUNDGREN, D. C. Trainer style and patterns of group development. **Journal of Applied Behavioral Science**, 1971, 7, 689-709.

198. LYNCH, A. Q. **The effects of basic encounter and task training group experiences on undergraduate advisors to freshmen women.** Tese (Doutorado, University of Florida), 1968.

199. LYNN, A. W. **Measures of self-actualization changes and their relationship to interaction preferences among encounter group participants.** Tese (Doutorado, University of Southern California), 1972.

200. MANN, R. D. The development of the member-trainer relationship in self-analytic groups. **Human Relations**, 1966, 19, 84-117.

201. MARCHAND, R. H. **A comparison of T-group and practicum approaches to the training of undergraduate resident assistants**. Tese (Doutorado, Florida State University), 1972.

202. MAROUN, T. J. **Differential effects of two methods of encounter group training on the personal growth of counselor candidates**. Tese (Doutorado, Indiana University), 1970.

203. MASE, B. F. **Changes in self-actualization as a result of two types of residential group experience**. Tese (Doutorado, Northwestern University), 1971.

204. MASSARIK, F.; CARLSON, G. **The California Psychological Inventory as an indicator of personality change in sensitivity training**. (Mestrado, University of California, Los Angeles), 1960.

205. MATES, M. E. **The effects of trainer personality on trainer behavior and on participant personality change in a sensitivity training experience**. Tese (Doutorado, George Peabody College for Teachers), 1972.

206. MATHIS, A. G. **Development and validation of a trainability index for laboratory training groups**. Tese (Doutorado, University of Chicago), 1955.

207. MAXEY, J. H. **The effects of interaction analysis training and sensitivity training on the verbal teaching behavior of pre-service teachers**. Tese (Doutorado, University of Michigan), 1970.

208. MCFARLAND, G. N. **Effects of sensitivity training utilized as in service education**. Tese (Doutorado, George Peabody College for Teachers), 1970.

209. MCGEE, R. D. **A study of sensitivity training as a method of changing self concept**. Tese (Doutorado, University of Tennessee), 1969.

210. MEADOR, B. D. Individual process in a basic encounter group. **Journal of Counseling Psychology**, 1971, 18, 70-76.

211. MERRIAM, M. L. **The effects of two group methodologies on interpersonal behavior**. Tese (Doutorado, Pennsylvania State University), 1970.

212. MICHAEL, E. M. **The effect of the human relations training upon the academic achievement of pre- and early adolescent children**. Tese (Doutorado, Wayne State University), 1968.

213. MILES, M. B. Changes during and following laboratory training: A clinical-experimental study. **Journal of Applied Behavioral Science**, 1965, 1, 215-242.

214. MILLER, G. M. **The effects of sensitivity training design and personality factors upon the attitudes of group participants**. Tese (Doutorado, Case Western Reserve University), 1969.

215. MILLER, J. H. **Sensitivity training with incarcerated criminals: Personality correlates of participant duration and an assessment of therapeutic value**. Tese (Doutorado, Auburn University), 1971.

216.MINDES, S. **The differential effect of a modified encounter group experience on the achievement test performance of high and low-defensive pupils**. Tese (Doutorado, New York University), 1970.

217. MINTER, J. R. **The effects of sensitivity training on self concept and attitudes of student teachers**. Tese (Doutorado, East Texas State University), 1969.

218. MITCHELL, M. D. **Machiavellianism, control, and social desirability**: Their relation to certain outcomes of human relations training. Tese (Doutorado, Purdue University), 1967.

219. MITCHELL, R. R. **An evaluation of the relative effectiveness of spaced, massed, and combined sensitivity training groups in promoting positive behavior change**. Tese (Doutorado, University of California, Los Angeles), 1969.

220. MORTON, R. B. The organizational training laboratory – some individual and organization effects. **Advanced Management Journal**, 1965, 30, 58-67.

221. MOSCOW, D. T-group training in the Netherlands: An evaluation and cross-cultural comparison. **Mens en Onderneming**, 1969, 23, 345-362.

222.MYERS, G. E.; Myers, M. T.; Goldberg, A.; Welch, C. E. Effect of feedback on interpersonal sensitivity in laboratory training groups. **Journal of Applied Behavioral Science**, 1969, 5, 175-186.

223. MYRICK, R. D.; PARÉ, D. D. A study of the effects of group sensitivity training with student counselor-consultants.**Counselor Education & Supervision**, 1971, 11, 90-96.

224. NADLER, E. B.; FINK, S. L. Impact of laboratory training on sociopolitical ideology. **Journal of Applied Behavioral Science**, 1970, 6, 79-92.

225. NANCE, E. E. **The effects of human relations training on selected personality variables**. Tese (Doutorado, Western Michigan University), 1971.

226. NATH, R. **Dynamics of organizational change**: Some determinants of managerial problem solving and decision making competences. Tese (Doutorado, Massachusetts Institute of Technology), 1964.

227. NYE, L.S.K. **The development and implementation of two pre-p: acticum training approaches and an evaluation of their effects upon counseling performance**. Tese (Doutorado, Purdue University), 1971.

228. ORSBURN, J. D. **Sensitivity training versus group lectures with high school problem students**. Tese (Doutorado, Kent State University), 1966.

229. OSBORNE, G. E. **The relationships between sensitivity training, self-perception and student teaching behavior in a program for elementary education student teachers**. Tese (Doutorado, Purdue University), 1970.

230. OSHRY, B. K., & Harrison, R. Transfer from here-and-now to there-and-then: Changes in organizational problem diagnosis stemming from T-group training. **Journal of Applied Behavioral Sciences**, 1966, 2, 185-198.

231. PARKER, C. C. **The effects of the group process experience on rigidity as a personality variable**. Tese (Doutorado, Ball State University), 1971.

232. PARRY, K. A. **The effect of two training approaches on counselor effectiveness**. Tese (Doutorado, University of Missouri), 1969.

233. PETERS, D. R. Self-ideal congruence as a function of human relations training. **Journal of Psychology**, 1970, 76, 199-207.

234. PFISTER, G. C. **An investigation of the effectiveness of laboratory training in increasing interpersonal communication skills with police officers**. Tese (Doutorado, University of Washington), 1970.

235. PICKHARDT, C. E. **Perceptions by self and others of female black and white teachers from segregated and desegregated schools before and after a six week training institute**. Tese (Doutorado, University of Texas), 1970.

236. PILDER, R. J. **Some effects of laboratory training on married couples**. Tese (Doutorado, United States International University), 1972.

237. PINO, C. J. **Illinois Institute of Technology interaction in sensitivity training groups**. 438. Tese (Doutorado, Illinois Institute of Technology), 1969.

238. PIPER, W. E. **Evaluation of the effects of sensitivity training and the effects of varying group composition according to interpersonal trust**. Tese (Doutorado, University of Connecticut), 1972.

239. POE, B. J. **The effect of sensitivity training on the relationship between risk taking and other selected behavioral factors**. Tese (Doutorado, East Texas State University), 1971.

240. POLLACK, D.; STANLEY, G. Coping and marathon sensitivity training. **Psychological Reports**, 1971, 29, 379-385.

241. POLLACK, H. B. Change in homogeneous and heterogeneous sensitivity training groups. **Journal of Consulting and Clinicial Psychology**, 1971, 37, 60-66.

242. POWERS, J. R. **Trainer orientation and group composition in laboratory training**. Tese (Doutorado, Case Institute of Technology), 1965.

243. PRATT, W. M. **The effectiveness of the use of the T-group laboratory method as an adjunct to a developmental approach to teaching**. Tese (Doutorado, East Texas State University), 1969.

244. PRESSMAN, M. L. **A study of an intensive TORI weekend group experience and its effects on interpersonal skills**. (Mestrado, University of Utah), 1970.

245. PSATHAS, G.; HARDEN, R. Trainer interventions and normative patterns in the T-group. **Journal of Applied Behavioral Science**, 1966, 2, 149-169.

246. PYKE, S. W.; NEELY, C. A. Evaluation of a group communication training program. **Journal of Communication**, 1970, 20, 291304.

247. RAND, L. P.; CAREW, D. K. Comparison of T-group didactic .approaches to training undergraduate resident assistants. **Journal of College Student Personnel**, 1970, 11, 432

248. RANKIN, R. C. **Attitudinal perceptions of black students and white students as influenced by an instrumented laboratory experience**. Tese (Doutorado, Arizona State University), 1971.

249. REDDY, W. B. Interpersonal compatibility and self-actualization in sensitivity training. **Journal of Applied Behavioral Science**, 1972, 8, 237-240. (a)

250. REDDY, W. B. On affection, group composition, and self-actualization in sensitivity training. **Journal of Consulting & Clinical Psychology**, 1972, 38, 211-214. (b)

251. REDDY, W. B. Sensitivity training as an integral phase of counselor education. **Counselor Education & Supervision**, 1970, 9, 110-115. (a)

252. REDDY, W. B. Sensitivity training or group psychotherapy: The need for adequate screening. **International Journal of Group Psychotherapy**, 1970, 20, 366-371. (b)

253. REDDY, W. B. The impact of sensitivity training on self-actualization: A one year follow-up. **Comparative Group Studies**, in press.

254. REDDY, W. B.; BYRNES, A. The effects of interpersonal group composition on the problem solving behavior of middle managers. **Journal of Applied Psychology**, 1972, 56, 516-517.

255. REISEL, J. **A search for behavior patterns in sensitivity training groups**. Tese (Doutorado, University of California, Los Angeles), 1959.

256. RILEY, R. **An investigation of the influence of group compatibility on group cohesive ness and change in self-concept in a T group setting**. Tese (Doutorado, University of Rochester), 1970.

257. RING, B. **Recognized similarity**: An investigation of significant events reported by encounter group participants. Tese (Doutorado, Boston University), 1972.

258. RIOS, R.M. **The comparative effects of 269.tape-led, led, and leaderless groups**. Un published doctoral dissertation, University of Southern California, 1972.

259. ROSENTHAL, D. **Perception of some personality characteristics in members of a small group**. Tese (Doutorado, University of Chicago), 1952.

260. ROTHAUS, P. **Instrumented role playing in a psychiatric training laboratory**. Archives of General Psychiatry, 1964, 11, 400-410.

261. ROTHAUS, P.; JOHNSON, D. L.; BLANK, G. Changing the connotations of mental ill ness in psychiatric patients. **Journal of Counseling Psychology**, 1967, 14, 258-263.

262. ROTHAUS, P., JOHNSON, D. L., HANSON, P. G.; BROWN, J. B.; LYLE, F. A. Sentence-completion test prediction of autonomous and therapist-led group behavior. **Journal of Counseling Psychology**, 1967, 14, 28-34.

263. ROTHAUS, P.; JOHNSON, D. L.; HANSON, P. G., LYLE; F. A.; MAYER, R. Participation and sociometry in autonomous and trainer-led patient groups. **Journal of Counseling Psychology**, 1966, 13, 68-76.

264. ROTHAUS, P., MORTON, R. B., JOHNSON, D. L., CLEVELAND, S. E.; LYLE, F. A. **Human relations training for psychiatric patients**. Archives of General Psychiatry, 1963, 8, 572-581.

265. RUBIN, I. The reduction of prejudice 275. through laboratory training. **Journal of Applied Behavioral Science**, 1967, 3, 29-50. (a)

266. RUBIN, I. Increased self-acceptance: A means of reducing prejudice. **Journal of Personality and Social Psychology**, 1967, 5, 233-238. (b)

267. RUDMAN, S. **Positive changes in self-concept as a function of participation in encounter groups and encountertape groups**. Tese (Doutorado, Memphis State University), 1970.

268. RUNKEL, P. J., LAWRENCE, M.; OLDFIELD, S.; RIDER, M.; CLARK, C. Stages of group development: an empirical test of Tuckman's hypotheses. **Journal of Applied Behavioral Science**, 1971, 7, 180-193.

269. RUSSELL, W. J. **A study of changes in measures of inner-direction, open-mindedness, and intraception during laboratory training designs of the Methodist church**. Tese (Doutorado, Syracuse University), 1968.

270. RUTAN, J. C. **Self acceptance change as a function of a short term small group experience**. Tese (Doutorado, Boston University), 1971.

271. SALES, A. P. **Rehabilitation counselor candidate change resulting from sensitivity group experiences**. Tese (Doutorado, University of Florida), 1971.

272. SANTUCCI, A. A. **The effects of T-group process and study skill training on self-confidence levels of economic opportunity fund college freshmen**. Tese (Doutorado, Lehigh University), 1972.

273. SCHERZ, M. E. **Changes in self-esteem following experimental manipulation of selfdisclosure and feedback conditions in a sensitivity laboratory**. Tese (Doutorado, George Peabody College for Teachers), 1972.

274. SCHMUCK, R. A.; RUNKEL, P. J.; LANGMEYER, D. Improving organizational problem solving in a school faculty. **Journal of Applied Behavioral Science**, 1969, 5, 455-482.

275. SCHUBERT, P. W. **Personality type and self-perceived change resulting from sensitivity group experience**. Tese (Doutorado, Purdue University), 1971.

276. SCHUTZ, W. C.; ALLEN, V.L. The effects of a T-group laboratory on interpersonal behavior. **Journal of Applied Behavioral Science**, 1966, 2, 265-286.

277. SCHWARTZ, R. I. **An experimental study of massed and spaced encounter**. Tese (Doutorado, State Univer sity of New York), 1971.

278. SEASHORE, C. N. **Attitude and skill changes in participative action training groups**. (Mestrado, University of Colorado), 1955.

279. SEBRING, R. H. **The effects of human relations training on selected student teacher personality variables, attitudes, and behaviors**. Tese (Doutorado, Pennsylvania State University), 1970.

280. SELDMAN, M. L. **An investigation of aspects of marathon--encounter group phenomena**: Types of participants and differential perceptions of leaders. Tese (Doutorado, Temple University), 1971.

281. SHAPIRO, J. L. **An investigation into the effects of sensitivity training procedures**. Tese (Doutorado, University of Waterloo), 1970.

282. SHAPIRO, J. L.; DIAMOND, M. J. Increases in hypnotizability as a function of encounter group training: Some confirming evidence. **Journal of Abnormal Psychology**, 1972, 79, 112-115.

283. SHAPIRO, J. L.; ROSS, R. R. Sensitivity training for staff in an institution for adolescent offenders. **Journal of Applied Behavioral Science**, 1971, 7, 710-723.

284. SHERWOOD, J. J. Self identity and referent others. **Sociometry**, 1965, 28, 66-81.

285. SHILLING, L. E. **The differential effect of two small group training procedures upon the acquisition of interpersonal communication skills and the extinction of interpersonal anxiety**. Tese (Doutorado, University of Georgia), 1970.

286. SHINN, R. **The effects of sensitivity training on oral communication competence among secondary school social studies student teachers**. Tese (Doutorado, University of California, Los Angeles), 1969.

287. SIKES, W. W. **A study of some effects of a human relations training laboratory**. Tese (Doutorado, Purdue University), 1964.

288. SKINNER, W. W. **Effects of systematic human relations training on the organizational and performance characteristics of a medical unit**. Tese (Doutorado, University of Georgia), 1971.

289. SLAGER, J. B. **Leader personality type as a factor of change in T-groups**. Tese (Doutorado, Purdue University), 1972.

290. SMITH, D. J. **A comparison of the effects of short-term individual counseling, group counseling, and sensitivity training on the self-concepts of male college students**. Tese (Doutorado, Boston College), 1971.

291. SMITH, O. P. **Changes in self-actualization and self-concept as a result of the use of visual feedback in marathon sensitivity training**. Tese (Doutorado, East Texas State University), 1970.

292. SMITH, P. B. Attitude changes associated with training in human relations. British **Journal of Social and Clinical Psychology**, 1964, 3, 104-112.

293. SMITH, P.B.; HONOUR, T.F. The impact of Phase I managerial grid training. **Journal of Management Studies**, 1969, 6, 318-330.

294. SMITH, W. D. **A study of the effects of sensitivity training on the self-concept of student teachers**. Tese (Doutorado, University of New Mexico), 1970.

295. SNORTUM, J. R.; MYERS, H.F. Intensity of T-group relationships as a function of interaction. **International Journal of Group Psychotherapy**, 1971, 21, 190-201.

296.SOLOMON, L. N.; BERZON, B.; DAVIS, D.P. A personal growth program for self-directed groups. **Journal of Applied Behavioral Science**, 1970, 6, 427-452.

297. SPEHN, M. R. **Relationship between an intensive group experience and change in church leaders' religious attitudes**. Tese (Doutorado, Dissertation Abstracts International), 1971, 31, 12.

298. STEELE, F. I. **The relationship of personality to changes in interpersonal values effected by laboratory training**. Tese (Doutorado, Massachusetts Institute of Technology), 1965.

299. STEELE, F. I. Personality and the "laboratory style". **Journal of Applied Behavioral Science**, 1968, 4, 25-45.

300. STEELE, F. I.; ZAND, D. E.; ZALKING, S. S. Managerial behavior and participation in a laboratory training process. **Personnel Psychology**, 1970, 23, 77-90.

301. STINSON, J. E. **The differential impact of participation in laboratory training in collaborative task effort on intact groups and fragmented groups**.Tese (Doutorado, Ohio State University), 1970.

302. STOCK, D. **The relation between the sociometric structure of the group and certain personality characteristics of the individual.** Tese (Doutorado, University of Chicago), 1952.

303. STOCK, D.; BEN-ZEEV, S. Changes in work and emotionality during group growth. In: D. STOCK AND H. A. THELEN (Ed). **Emotional dynamics and group culture**. Washington, D.C.: National Training Laboratories, 1958, 192-206.

304. STOCKTON, R. A. **An investigation of the effect of sensitivity training on the attitudes of teacher education students.** Tese (Doutorado, Ball State University), 1969.

305. STONE, P. A. **Comparative effects of group encounter, group counseling and study skills instruction on academic performance of underachieving college students.** Tese (Doutorado, University of South Dakota), 1972.

306. STONE, W.O. **A study of pre-recorded relaxation training, rational-emotive and personal growth group counseling intervention techniques in the reduction of state anxiety in black multi-occupational trainees.** Tese (Doutorado, Florida State University), 1971.

307. STOUDT, C. L. **The comparative effects of sensitivity training, didactic training, and no training on the rating of responses to the Wisconsin counselor education selection.** Tese (Doutorado, University of Wisconsin), 1970.

308. SUTFIN, A. B. **An evaluation of activities in a human relations training experience.** Tese (Doutorado, Purdue University), 1971.

309. TALLANT, W. J. **Changes in pre-service teachers involved in a multi-cultural training program utilizing formal presentations, sensitivity training, planned social activities, and a cooperative living arrangement.** Tese (Doutorado, East Texas State University), 1970.

310. TAYLOR, F. C. **Effects of laboratory training upon persons and their work groups. Paper presented at the meeting of the American Psychological Association.**Washington, D.C., September 1967.

311. TCHACK, E. **Self-actualization and clarity of perception of self and others during sensitivity training.** Tese (Doutorado, Columbia University), 1972.

312. TERLESKI, D. R. **The relationship between unstructured and structured sensitivity group experiences and self-perceived changes of group members.** Tese (Doutorado, Purdue University), 1970.

313. THOMAS, M. D. **Developing human potential through group interaction**: A study of changes in personality factors, personal attitudes, and group functioning in university students participating in human relations training. Tese (Doutorado, University of Kansas), 1970.

314. TILLY, G. T. **An evaluation of personality factors associated with changes following laboratory training.** Tese (Doutorado, Louisiana State University), 1971.

315. TOLELA, M. **Effects of T-group training and cognitive learning on small group effectiveness.** Tese (Doutorado, University of Denver), 1971.

316. TOMPKINS, D. S. **Group effectiveness as a function of leadership style moderated by stage of group development**. Tese (Doutorado, Ohio State University), 1972.

317. TREPPA, J. A.; FRICKIE, L. Effects of a marathon group experience. **Journal of Counseling Psychology**, 1972, 19, 466-467.

318. TROTZER, J. P. Process comparison of encounter groups and discussion groups using videotape excerpts. **Journal of Counseling Psychology**, 1971, 18, 358-361.

319. TUCKER, M. F. **An experimental investigation of human relations laboratory training among disadvantaged Job Corpsmen**. Tese (Doutorado, University of Utah), 1969.

320. UHES, M. J. Expression of hostility as a function of an encounter group experience. **Psychological Reports**, 1971, 28, 733-734.

321. UNDERWOOD, W. J. Evaluation of laboratory-method training. **Training Directors Journal**, 1965, 19, 34-40.

322. VAIL, J. P. **The effects of encounter-tapes for personal growth on certain specific aspects of the intellectual, behavioral, and self--concept development of culturally disadvantaged Negro girls**. Tese (Doutorado, University of Georgia), 1970.

323. VALIQUET, M. I. Individual change in a management development program. **Journal of Applied Behavioral Science**, 1968, 4, 313-326.

324. VARNER, E. B. **Impact of basic group encounter on self-actualization of junior college students**. Tese (Doutorado, University of Florida), 1969.p. 335.

325. VOGT, J. F. **A cross-cultural study (Lebanon and United States) of perceptual, attitudinal, and behavioral effects of the laboratory**

method in a teacher education course. Tese (Doutorado, University of Michigan), 1970.

326. WAGNER, A. B. The use of process analysis in business decision games. **Journal of Applied Behavioral Science**, 1965, 1, 387-408.

327. WALKER, R. E.; SHACK, J. R.; EGAN, G.; SHERIDAN, K.; SHERIDAN, E. P. Change in self-judgments of self-disclosure after group experience. **Journal of Applied Behavioral Science**, 1972, 8, 248-253.

328. WASHBURN, R. W. **Human relations training for confined delinquents**. Tese (Doutorado, Colorado State University), 1968.

329. WEDEL, C. C. **A study of measurement in group dynamics laboratories**. Tese (Doutorado, George Washington University), 1957.

330. WEIGEL, R. G. **Outcomes of marathon group therapy and marathon group topical discussion**. Tese (Doutorado, University of Missouri), 1968.

331. WEISSMAN, H. N.; SELDMAN, M.; RITTER, K. Changes in awareness of impact upon others as a function of encounter and marathon group experiences. **Psychological Reports**, 1971, 28, 651-661.

332. WELDON, F. A. **The effects of a value seminar group experience in relation to selected student teacher needs, level of self-esteem and attitudes**. Tese (Doutorado, University of Montana), 1971.

333. WHEELER, W. F. **Effects of encounter group methods upon selected measures of the body image**. Tese (Doutorado, University of Southern California), 1971.

334. WILKER, P. B. **The effect of sensitivity training on specific counseling skills**.Tese (Doutorado, Rutgers State University), 1971.

335. WILLIS, R. J. **A search for predictors of growth through interpersonal interaction**. Tese (Doutorado, United States International University), 1972.

336. WOLFE, W. W. **A study of a laboratory approach to in-service development programs for school administrators and supervisors**. Tese (Doutorado, University of Texas), 1965.

337. WYSE, M. **Sensitivity training versus group lectures with elementary school problem students**. Tese (Doutorado, Case Western Reserve University), 1969.

338. YOUNG, J. R. **The effects of laboratory training on self-concept, philosophies of human nature, and perceptions of group behavior.** Tese (Doutorado, George Peabody College for Teachers), 1970.

339. ZACKER, J. W. **The effects of experimental training upon empathy, interpersonal sensitivity, cynicism, and alienation in police recruits.** Tese (Doutorado, City University of New York), 1971.

340. ZAND, D. E.; STEELE, F. I.; ZALKING, S. S. The impact of an organizational development program on perceptions of interpersonal, group, and organization functioning, **Journal of Applied Behavioral Science**, 1969, 5, 393-410.

341. ZENER, A. E. **Human relations training and job corps adjustment.** Tese (Doutorado, University of Utah), 1971.

342. ZENGER, J. H. **The effect of a team human relations training laboratory on the productivity and perceptions of a selling group.** Tese (Doutorado, University of Southern California), 1967.

343. ZIMET, C. N.; FINE, H. J. Personality changes with a group therapeutic experience in a human relations seminar. **Journal of Abnormal and Social Psychology**, 1955, 51, 68-73.

344. ZULLO, J. R. **T-group laboratory learning and adolescent ego development.** Tese (Doutorado, Northwestern University), 1972.

O AUTOR

JAIME ROY DOXSEY

Sociólogo, professor aposentado da Universidade Federal do Espírito Santo, Vitória, ES; Doutor de Filosofia, Universidade de Miami; Sócio Instituto Brasileira de Abordagem Centrada na Pessoa – Arete; consultor de Espaço Viver Psicologia, Florianópolis, SC; autor, pesquisador, facilitador de processos grupais e aprendizagem humana; co-proprietário da Reserva Particular de Patrimônio Natural, RPPN - Rio Fundo, Marechal Floriano, ES.

Construindo ideias
e conectando mentes

Este livro foi composto com tipografia Bembo Std
e impresso em papel Pólen Soft 80g.
na Gráfica Formato em dezembro de 2021.